dtv

»Massenhaft Abtreibung von Mädchen: Eine unheilvolle Mischung aus traditionellen Vorstellungen und moderner Technik führt in zahlreichen Gesellschaften zu einem eklatanten Frauenmangel – mit dramatischen Folgen.«
Christoph Pöppe, Spektrum der Wissenschaft

»… ein umfangreiches Buch über ein spannendes Thema mit vielen interessanten, zum Teil neuen Zusammenhängen. Die Wissenschaftsjournalistin beschreibt nicht nur ihre eigenen Erfahrungen und Begegnungen, sondern belegt ihre Eindrücke mit viel Fachliteratur und Meinungen von Experten.«
Birgit Langhammer, NDR Info

Maria Hvistendahl ist eine vielfach ausgezeichnete amerikanische Wissenschaftsjournalistin. Sie unterrichtet Journalismus an der Fudan Universität Shanghai, ist Asien-Korrespondentin für ›Science‹ und schreibt unter anderem auch für ›Harper's‹, ›Scientific American‹, ›Popular Science‹, die ›Financial Times‹ und ›Foreign Policy‹.

MARA HVISTENDAHL

Das Verschwinden der Frauen

Selektive Geburtenkontrolle und die Folgen

Aus dem Englischen von
Kurt Neff

Deutscher Taschenbuch Verlag

Ausführliche Informationen
über unsere Autoren und Bücher
finden Sie auf unserer Website
www.dtv.de

MIX
Papier aus verantwortungsvollen Quellen
FSC® C006701

Deutsche Erstausgabe 2013

Titel der amerikanischen Originalausgabe:
›Unnatural selection. Choosing boys over girls, and the consequences of a world full of men‹ (Public Affairs, New York 2011)

Umschlagkonzept: Balk & Brumshagen
Satz: Greiner & Reichel, Köln
Gesetzt aus der Concorde 9/12˙
Druck und Bindung: CPI – Ebner & Spiegel, Ulm
Gedruckt auf säurefreiem, chlorfrei gebleichtem Papier
Printed in Germany · ISBN 978-3-423-08639-4

Für meine Mutter
und für alle anderen Mütter

Inhalt

Wir wollen nun den Kampf ums Dasein
etwas mehr im Einzelnen erörtern.

CHARLES DARWIN
Über die Entstehung der Arten

Prolog

Mao Zedong sagte einmal: »Frauen stützen den halben Himmel«, und bis ich nach China zog, glaubte ich das auch. Dass in der Volksrepublik Männer und Frauen gleichgestellt seien, hörte ich zum ersten Mal von meiner Mutter, einer Missionarstochter mit einer ausgesprochen diesseits gewandten bodenständigen agnostischen Einstellung. Sie hatte ihre Teenagerjahre in Asien verbracht, war dann zum Studium der chinesischen Geschichte in die Vereinigten Staaten zurückgekehrt, und als sie mir von der berühmten Mao-Fraktion erzählte, holte sie wahrscheinlich ein Fotoalbum hervor und deutete auf die Aufnahmen von gescheit aussehenden Frauen mit praktischem Kurzhaarschnitt. Ich erinnere mich nicht mehr. Auf jeden Fall ließ der Lebensstil, den sie für uns gewählt hatte, keinen Zweifel daran, was sie mir klarmachen wollte.

Als sich meine Mutter nach der Scheidung mit zwei kleinen Kindern und einer Hypothek an der Hacke wiederfand, nahm sie eine chinesische Freundin als Mitbewohnerin in unser Haus in Minneapolis auf. Hongyu war ebenfalls frisch geschieden; sie hatte einen Sohn, und mit ihm, meinem Bruder und mir waren wir Kinder zu dritt. Beide, Hongyu wie meine Mutter, nahmen bald ihr jeweiliges Studium wieder auf und entwickelten eine Methode, sich die elterlichen Aufgaben zu teilen, die man heute vielleicht als »Coparenting« bezeichnen würde. Damals hieß das, die Situation mit den vorhandenen kargen Mitteln meistern. Die beiden waren schon ein ziemlich seltsames Paar: Meine Mutter war am glücklichsten, wenn sie in einem neuen Outfit zu Marvin-Gaye-Alben tanzte, Hongyu dagegen, die zur Zeit der Kulturrevolution in der Inneren Mongolei aufgewachsen war, kaufte ihre Kleidung in Secondhandshops und konnte ein Huhn so »strecken«, dass es für eine Woche reichte. Aber wenngleich keine »Lebenspartner«, teilten sie sich partnerschaftlich die erzieherische Verantwortung für uns Kinder, wechselten sich beim Kochen und bei der elterlichen Fürsorge ab und planten gemeinsam für uns Ausflüge und das Ferienprogramm.

Wir bewohnten eine preisgünstig erworbene Immobilie, ein kleines Haus direkt neben dem Flughafen Minneapolis-St. Paul. Mehrmals täglich donnerten Flugzeuge über unser Häuschen hinweg, so niedrig, dass sie den Himmel verdunkelten und eine Unterhaltung fast unmöglich machten. Denke ich an die Flieger und an uns drei in den Minnesota-Wintern immer mal wieder dem Hüttenkoller nahen Kinder zurück, dann ist mir unklar, wie meine Mutter und Hongyu das Studium überhaupt geschafft haben. Aber was sich mir aus jener Zeit am nachhaltigsten ins Gedächtnis gebrannt hat, ist der Eindruck von Stärke. Bei uns zu Hause stützten Frauen den ganzen Himmel – und brachten den Müll raus.

Dieser Eindruck blieb in mir lebendig, als ich erwachsen wurde, mit dem Chinesisch-Studium begann und schließlich China besuchte. Im Sommer 2000 verbrachte ich einige Monate in Beijing und nahm dort an einem Sprachkurs teil. Ich war zwanzig, College-Studentin und hatte noch sehr wenig von der Welt gesehen. Aber soweit ich es beurteilen konnte, traf das Bild von der Gleichstellung der Geschlechter, das ich mir in der Kindheit angeeignet hatte, haargenau zu. In China gab es Top-Managerinnen, Wissenschaftlerinnen, Schriftstellerinnen, und in mancher Hinsicht verbesserte sich hier das Los der Frauen – wie das der Männer – von Tag zu Tag. Die Gesichter auf den Fotos in den aus den 1980er Jahren stammenden Alben meiner Mutter hatten eine Art trotziger Zukunftshoffnung ausgestrahlt. Damals waren die Frauen auf ihren Kühlschrank so stolz, dass sie Zierdeckchen für das Gerät häkelten und es im Wohnzimmer aufstellten (wenn nicht wie meist in chinesischen Wohnungen die Küche zu klein für einen Kühlschrank war). Im Jahr 2000 flitzten Frauen im Audi durch Beijing, aßen in schicken Restaurants und tranken anschließend einen Kaffee bei Starbucks.

Aber es gab auch Anzeichen, die bedenklich stimmten. Als wir die Hälfte des Sommerkurses hinter uns hatten, organisierten die Lehrer für uns den Besuch einer Vorschule. Wahrscheinlich wollte man uns Gelegenheit zum Gespräch mit einem Teil der chinesischen Bevölkerung verschaffen, dessen verbales Ausdrucksvermögen noch ähnlich beschränkt war wie unseres. Die Schülerzahlen sind mir allerdings im Gedächtnis geblieben. In dem Meer von lächelnden Zwergengesichtern, das uns begrüßte, waren die Jungen gegenüber den Mädchen deutlich in der Überzahl.

Auf der Busfahrt zurück zur Uni erläuterte uns dann die dynamische, stämmige Lehrerin Zhang den Sachverhalt in langsamem, deutlich artikuliertem Chinesisch. Dass ich das chinesische Wort für »Ultraschall« hätte kennen sollen, war von mir nicht zu erwarten; der Begriff war erst vor so kurzer Zeit aus dem Westen importiert worden, dass man das zugehörige Schriftzeichen unter Verwendung einer Letter aus der Antiqua-Schrift hatte formen müssen: OOO. Aber irgendwie begriff ich: Manche Frauen entschieden sich in der Mitte der Schwangerschaft für eine Ultraschalluntersuchung. Und wenn sich dabei herausstellte, dass der Fetus ein Mädchen war, trieben sie ab.

Ich wollte, ich könnte sagen, dass ich in diesem Augenblick einen Gedankensprung in die Zukunft machte und mich fragte, welche Konsequenzen es für China haben würde, wenn die Jungen aus der Vorschule einst erwachsen wären – und dass ich bei eingehender Beschäftigung mit dieser Frage erkannte, dass Jungen auch in Indien, Aserbaidschan, Vietnam, Südkorea und Albanien überhandnahmen. In Wahrheit jedoch war es mir unvorstellbar, dass das Ungleichgewicht im Zahlenverhältnis der Geschlechter eine Sache von Dauer sein könnte. Die Ultraschalltechnik in Anspruch zu nehmen, war zwar modern, aber wie viele Menschen damals dachte auch ich, dass der Einsatz der Sonografie zu etwas so Krassem wie der Geschlechtsselektion eine vorübergehende Erscheinung sein müsse: ein letzter Ausläufer sexistischer Traditionen.

Erst als ich vier Jahre später nach China gezogen war, um hier als Journalistin zu arbeiten, begann ich, mir Gedanken über die gesellschaftlichen Auswirkungen einer Bevölkerung von Dekamillionen mehr Männern als Frauen zu machen. Was ich in jener Vorschule erlebt hatte, wiederholte sich wieder und wieder. Einmal reiste ich in eine Kleinstadt in der Provinz Shandong, weil ich einen Artikel über die Solarstromheizung schreiben wollte, die dort in einer Schule installiert wurde. Plötzlich fand ich mich abermals in einem Klassenzimmer voll lächelnder Jungen wieder. Ich war versucht, den Solarstromartikel fallen zu lassen und stattdessen die Lehrer zu den Schülerzahlen zu interviewen. Mich, das Kind meiner Mutter und auch das von Hongyu, stellten sie vor Rätsel. Eines war allerdings klar: Der Himmel war am Absacken.

* * *

Seitdem die Demografen Geburtenzahlen aufzeichnen, registrieren sie, dass auf 100 neugeborene Mädchen durchschnittlich 105 neugeborene Jungen kommen. Das ist unser natürliches Geschlechterverhältnis bei der Geburt. Das Verhältnis kann unter bestimmten Bedingungen und von einer geografischen Region zur anderen leicht schwanken. Nach einem Krieg kommen mehr Jungen zur Welt. Aus bislang noch unbekannten Gründen werden in äquatorialen Breiten mehr Mädchen geboren.[1] Aber im Allgemeinen bewegt sich das Geschlechterverhältnis (männlich:weiblich) bei der Geburt um 105:100 (vereinfachend spricht man von einem »Geschlechterverhältnis von 105«).

Ist also unsere Bevölkerung von Anfang an männlich dominiert? Im Gegenteil: Dass mehr Jungen geboren werden, zielt eigentlich auf ein Gleichgewicht, weil es statistisch gesehen präzise die für männliche Individuen bestehende höhere Wahrscheinlichkeit, jung zu sterben, ausgleicht. Die Ursache, »weshalb aufs Hundert vier bis fünf Knaben mehr als Mädgen geboren werden«, schrieb der Statistiker Johann Peter Süßmilch 1762, sei darin zu suchen, »daß dadurch der größere Abgang des männlichen Geschlechts, so durch den Muthwillen der Knaben, durch Strapazen und gefährliche Arbeiten, durch Krieg, Schiffahrt und Emigration geschicht, ersetzet und die Gleichheit zwischen beyden Geschlechtern erhalten werde, damit also zu der Zeit, da man heyrathet, ein jedes Geschlecht seines gleichen finden könne«.[2] Zwar ist heute die Wahrscheinlichkeit geringer, dass Männer bei der Schifffahrt oder durch Strapazen zu Tode kommen oder als Emigranten aus der Bevölkerungsstatistik ausscheiden, aber noch immer stellen sie weltweit die

Mehrzahl der Soldaten. Zudem setzen sie sich in unverhältnismäßig hoher Quote Gefährdungen wie dem Rauchen – in vielen Ländern eine typisch männliche Gewohnheit – oder riskanten Mutproben aus. Jungen übertreffen Mädchen an Zahl bei der Geburt, weil Männer Frauen auch in puncto frühzeitiger Sterblichkeit übertreffen.

Süßmilch, hauptberuflich protestantischer Geistlicher, war ein früher Vertreter der Intelligent-Design-Theorie; er sah in jenem natürlichen Regelungsmechanismus die Hand eines akkurat planenden Schöpfers am Werk. (Das Buch, in dem er seine Theorie darlegte, trägt den Titel *Die göttliche Ordnung in den Veränderungen des menschlichen Geschlechts aus der Geburt, dem Tode und der Fortpflanzung desselben erwiesen.*)[3] Als sich ein gutes Jahrhundert später Charles Darwin vor die Frage nach dem Geschlechterverhältnis bei der Geburt gestellt sah, schloss er dagegen intuitiv, dass die Evolution auf die eine oder andere Weise eine ausgewogene Zahl von männlichen und weiblichen Neugeborenen hervorbringe. Trends in menschlichen Populationen, so Darwin, sind mit solchen in der Tierwelt vergleichbar.* Doch daraus ergab sich die Frage: Wozu dann die bei vielen Tierarten ausgefochtenen hitzigen Kämpfe um Paarungspartner? Beobachtete man »zwei Männchen ...., welche um den Besitz des Weibchens kämpfen, oder mehrere männliche Vögel, welche ihr stattliches Gefieder entfalten und die fremdartigsten Gesten vor einer versammelten Menge von Weibchen anstellen«, wie Darwin es in *Die Abstammung des Menschen* beschrieb, dann stand außer Zweifel, dass hier, evolutionsbedingt, eine erbitterte Konkurrenz im Gang war.[4] Augenfälligstes Zeugnis für diese Konkurrenz war wahrscheinlich das Gefieder des Pfaus: Einen Sinn konnte das farbenprächtige Federkleid nur dann haben, wenn das Geschlechterverhältnis für gewöhnlich asymmetrisch war. Waren Pfauenhennen generell knapp, musste das Prachtgewand des männlichen Vogels

* Den Ursachen der höheren Sterblichkeit männlicher Individuen, die Süßmilch aufzählt, fügte Darwin eine aus eigener Beobachtung von Tieren hinzu: »Männchen«, schrieb er, »müssen auch, während sie im eifrigen Suchen nach Weibchen umherwandern, oft verschiedenen Gefahren ausgesetzt sein.«

ein über Generationen ausgebildetes Merkmal sein, das die Chancen des Trägers zur Weitergabe seiner Gene erhöhte. Ein gleichgewichtiges Geschlechterverhältnis bedeutete, dass selbst der hässlichste, jämmerlichste Pfauenhahn hoffen konnte, seine Henne zu finden.

Doch im Verlauf eines ausgedehnten Briefwechsels mit Landwirten, Schafhirten und Biologen (methodologisch gewissenhaft, wie er war, führte Darwin sogar Buch über das Geschlechterverhältnis bei englischen Rennpferden) kam der Naturforscher zu der Einsicht, dass die Geschlechterverteilung bei den meisten biologischen Arten in Wirklichkeit eine ausgewogene war. »Nachdem ich ..., soweit es möglich ist, die numerischen Verhältnisse der Geschlechter untersucht habe«, schrieb er, »glaube ich nicht, dass irgendwelche bedeutende Ungleichheit der Zahl für gewöhnlich existiert.«[5]

Darwin überlegt, auf welche Weise genau sich ein gleichgewichtiges Geschlechterverhältnis mit seiner Theorie der natürlichen Selektion in Einklang bringen ließe, und kam in der ersten Auflage von *Die Abstammung des Menschen* der Lösung des Problems schon sehr nah. In der zweiten Auflage machte er dann jedoch einen Rückzieher: »Ich sehe ... jetzt ein, dass dies ganze Problem so verwickelt ist, dass es sicherer ist, seine Lösung der Zukunft zu überlassen ...«[6] Doch ungeachtet dessen vermutete der Forscher, dass ein gleichgewichtiges Geschlechterverhältnis auf die eine oder andere Art für das Überleben einer Spezies entscheidend war.

Auf die Lösung, die Darwin nicht hatte finden können, kam 1930 der englische Evolutionsbiologe und Statistiker Ronald A. Fisher. Seine Theorie beschreibt einen Mechanismus, der in menschlichen Populationen folgendermaßen funktioniert: Wenn die Zahl der männlichen Geburten zurückgeht, haben Männer bessere Aussichten auf Paarungserfolg als Frauen. Menschen mit einer angenommenen Erbanlage für männlichen Nachwuchs haben dann einen Reproduktionsvorteil. Einfacher gesagt: Eltern von Söhnen haben mehr Enkel als Eltern von Töchtern. Je mehr sich jedoch das Geschlechterverhältnis in der Gesamtpopulation dem Gleichgewicht nähert, desto mehr schwindet der mit der Anlage für männliche Nachkommen verbundene Reproduktionsvorteil, und das Geschlechterverhältnis bei der Geburt gleicht sich aus. (Bedauerlicherweise wirkt dieser Mechanismus nicht bei solchen asymmetrischen Geschlechterverhältnissen, wie sie heute in Asien herrschen.) Fisher war zudem ein überzeugter Eugeniker, der die Sterilisierung von biologisch Unangepassten (»unfit«) befürwortete. Zusammen mit John Maynard Keynes zählte er zu den Gründungsmitgliedern der University of Cambridge Eugenics Society.[7] In die Evolutionsbiologie führte er das Theorem ein, dass Geschlechterverhältnisse von Natur aus gleichgewichtig sind, eine Geschlechterverteilung 1:1 bezeichnet man manchmal als »Fisher-Geschlechterverhältnis«.

Ein zahlenmäßiges Gleichgewicht der Geschlechter betrachtet man heute für die meisten biologischen Arten als gesund – so gesund, dass Maßnahmen zur Erhaltung der Fauna häufig auf die Erhöhung der Zahl weiblicher Individuen hinauslaufen. Und das hat nicht nur damit zu tun, dass Weibchen den Nachwuchs zur Welt bringen. Bei Säugern, die Jahre in die Aufzucht ihrer Jungen investieren, kann unter dem Einfluss eines asymmetrischen Geschlechterverhältnisses die Situation schnell aus dem Ruder laufen. Sind Weibchen knapp, entsteht die Gefahr, dass männliche Tiere die gesamte Nachkommenschaft eines Weibchens töten, um ihre Chance zur Weitergabe ihrer eigenen Gene zu maximieren, und dass sie so als Nebeneffekt die Art dem Aussterben ein Stück näher bringen. Als sich vor einiger Zeit das Geschlechterverhältnis einer Teilpopulation von in den Französischen Pyrenäen lebenden Braunbären hin zu mehr männlichen Individuen verschob, regten Naturschützer ein Umsiedlungsprogramm an, das die Männchen in die Nähe von potenziellen Paarungspartnerinnen bringen sollte. »Bärenmännchen brauchen mehr Weibchen«, schrieb ein wissenschaftlicher Beobachter damals.[8]

Um einiges unbekümmerter verhalten wir uns jedoch, wenn es um unsere eigene Spezies geht. Während die Evolution alles tut, um ein ausgeglichenes Geschlechterverhältnis herbeizuführen, arbeiten wir mit unserem großen Gehirn dem entgegen. Denn schon ebenso lange, wie wir unsere biologische Reproduktion dokumentieren, bemühen wir uns auch, sie zu steuern.

Nach Ansicht der alten Griechen hatten die Hoden bei der Zeugung eine je spezifische Funktion: der linke zeugte Mädchen, der rechte Jungen. Aristoteles zog daraus den logischen, aber schmerzhaften Schluss, dass es sich für Männer, die einen Sohn haben wollten, empfahl, den Geschlechtsakt mit abgebundener linker Keimdrüse zu vollziehen. So sahen europäische Männer die Sache noch bis ins 18. Jahrhundert hinein; manch einer ging sogar so weit, sich den linken Hoden abzuschneiden.[9] An der Festlegung des Geschlechts des Neugeborenen war Aristoteles zufolge aber noch eine Anzahl anderer Faktoren beteiligt. Den Frauen riet er, ihren leidenden Gatten beim Akt in der Weise zu unterstützen, dass sie sich um »männliches Denken« bemühten.[10] Aus Gesprächen mit Bauern nahm er die Erkenntnis mit, dass das Vieh »mehr männliche Tiere als weibliche zur Welt bringt, wenn der Wind von Norden und nicht von Süden weht«.[11]

Die Griechen waren keineswegs die Einzigen, die Rezepte für die vorgeburtliche Geschlechtswahl anzubieten hatten. Der Talmud empfahl Männern, ihre Frau zu einem frühen Orgasmus zu bringen, wenn es ein Sohn werden sollte, ein Rat, der zwar die Zahl der Schwangerschaften vermehrt haben dürfte, aber wohl kaum Auswirkungen auf das Geschlechterverhältnis hatte.[12] In ayurvedischen Texten werden Praktiken zur Einflussnahme auf das Geschlecht des Fetus im Mutterleib besprochen.[13]

Doch erst seit drei Jahrzehnten haben wir es in der Hand, das Geschlecht eines Neugeborenen mit Sicherheit vorherzubestimmen. Unsere neue Fähigkeit verlangt, erneut Darwins Werk zu überdenken. Welche Konsequenzen hat es, in eines der fundamentalsten Gleichgewichte der Evolution einzugreifen? Ist unsere Hybris so groß, dass wir meinen, was zum Aussterben der Braunbären führen kann, werde uns ungeschoren lassen? Wir wissen noch nicht, wie sich eine tief greifende Veränderung des Geschlechterverhältnisses bei der Geburt auf die Evolution der Art auswirkt, aber schon ein flüchtiger Blick in die Geschichte lehrt, dass es keine berauschende Idee ist, in etwas hineinzupfuschen, was wir nicht verstehen.[14]

Auf jeden Fall richten wir auf diese Weise in unserer Spezies einen größeren Schaden an, als Braunbären ihn je in der ihren herbeiführen könnten. Als mir der Plan zu diesem Buch erstmals durch den Kopf ging, stellte ich mir vor, Gespräche mit Eltern, Demografen und vielleicht ein paar Regierungsbeamten zu führen. Ich ahnte nicht, dass ich am Anfang einer Reise stand, die mich mit Prostituierten, von Menschenhändlern gekauften Ehefrauen und per Mailorder erworbenen Bräuten in Kontakt bringen würde, mit Waffennarren, militanten Nationalisten und dem Besitzer einer wie nach dem Film *Fight Club* konzipierten »Wut-Bar«; auch mit Genetikern und AIDS-Forschern – und einem für das Pentagon tätigen Unternehmer. Ich wusste nicht, dass meine Reise mich in der Zeitdimension zurück in Amerikas Wilden Westen führen würde und vorwärts in das Indien des Jahres 2047, (das dank dem Autor Ian McDonald neuerdings für Science-Fiction-Fans zum Schauplatz fantastischer Geschichten geworden ist). Ich malte mir keine Dörfer in armen Ländern aus, deren weibliche Bewohner zum größten Teil verkauft worden waren, und keine Dörfer in reichen Ländern, deren weibliche Bewohner größtenteils gekaufte Frauen waren. Ich hatte nur die vage Vorstellung, dass ein steiles Absinken der Frauenzahl für die Menschheit nicht gut sein konnte. Und was das betrifft, sollte ich leider recht behalten.

* * *

Mit anderen Annahmen, von denen ich ausging, war ich im Irrtum. Die Beschäftigung mit dem Ungleichgewicht im Zahlenverhältnis der Geschlechter begann mit einer Reihe von Fahrten in eine Gegend Chinas, wo die Geschlechterverteilung eine besonders krasse Schlagseite aufwies, einen Kreis in der Provinz Jiangsu, wo das Verhältnis männliche:weibliche Neugeborene 3:2 war. Nach dem dritten Besuch dort kehrte ich nach Shanghai zurück und las alles, was ich zu dem Thema auftreiben konnte. Ich hatte den Auftrag, einen längeren Beitrag für die *Virginia Quarterly Review* zu schreiben, eine kleine literarische Zeitschrift, deren Herausgeber den Autoren ausnehmend viel Freiheit lässt. Als ich zu schreiben begann, entschied ich mich für eine Story über sexuelle Diskriminierung und ihr Fortdauern im sich ökonomisch entwickelnden China. Es war kein Vorurteil, was mich dazu bewog. Als Wissenschaftsjournalistin war ich es gewohnt, mich auf meine Quellen zu verlassen, und die hatten alle in diesem Sinn berichtet. Und genauso hatten sich auch die Eltern geäußert, mit denen ich gesprochen hatte. Mein Artikel belief sich auf 19 Seiten, doch ich beendete ihn mit einem vagen Gefühl des Ungenügens. Ich hatte noch immer keine befriedigende Erklärung für das – wie manche es ausdrückten – »Verschwinden« von Mädchen aus China. Der Geist, in dem ich erzogen war, und der fortgeschrittene Grad an Gleichstellung der Geschlechter, den ich in den wenigen Jahren, die ich mich in China aufhielt, schon hatte beobachten können – beides stand im Widerspruch zu der Vorstellung, dass eine tiefverwurzelte Diskriminierung im Spiel war. Irgendwo in meinem Hinterkopf klang noch die Vorstellung einer Gleichstellung nach, die meine Mutter mir vermittelt hatte, doch jetzt sehe ich, dass Männer und Frauen auf elementarster Ebene nicht mehr gleichgestellt waren. In manchen Berichten, die ich gelesen hatte, wurde der Schwund an Mädchen auf die Ein-Kind-Politik zurückgeführt: auf den Wunsch chinesischer Eltern, mit ihrem einzigen erlaubten Nachwuchs etwas für den Fortbestand der Familienlinie zu tun. Doch mit der Ein-Kind-Politik war nicht zu erklären, wieso von Albanien bis Aserbaidschan Mädchen verschwanden. Als sich aus dem Artikel ein ehrgeizigeres Unternehmen entwickelte, blieb ich bei der Darstellung des Sachverhalts als einer Folge sexueller Diskriminierung – eine andere Erklärung hatte ich nicht. »Am ehesten gewinnt man Paare für die Option, eine Tochter zu haben, indem man die gesellschaftliche Stellung der Frau durch verbesserte Bildungs- und Karrierechancen erhöht«, schrieb ich in dem beim Verlag eingereichten Projektvorschlag für dieses Buch.

Mitten auf einer Reise durch Indien wurde mir klar, dass die Berichte, die ich gelesen hatte, falsch lagen. Zwei Männer, die ich dort kennenlernte – ein Gynäkologe und ein Sozialarbeiter im öffentlichen Gesundheitsdienst –, erzählten mir eine ganz andere Geschichte. In ihrer Version lässt sich das Ungleichgewicht im Zahlenverhältnis der Geschlechter, das derzeit in ganz Asien und in Teilen Europas um sich greift, bis in Elite-Institutionen der westlichen Welt zurückverfolgen.

Zunächst war ich skeptisch: Wie konnte es sein, dass Reporter, Demografen und diverse Aktivisten, wenn sie über das Thema ungleichgewichtiges Geschlechterverhältnis schreiben, solch eine enorm wichtige Verbindung übersehen? Aber als ich dann Archive durchstöberte, war ich nach kurzer Zeit von meinem Zweifel geheilt. Und so ist in diesem Buch die Rede von Informationen, von denen mancher hoffte, dass sie im Verborgenen bleiben würden, von fehlgeleiteten Theoretikern, die von der Sache nur die großen Linien wahrnahmen, von Wissenschaftlern mit eingeschränktem Gesichtsfeld, von Populationsdaten, Technik und Abtreibung.

Zum Schluss noch ein Wort zum letztgenannten Punkt. Geschlechtsselektion hat nicht notwendigerweise mit Abtreibung zu tun. Hoch entwickelte Techniken, wie sie bei der In-vitro-Fertilisation oder der intrauterinen Insemination zum Einsatz kommen, erlauben es den künftigen Eltern, das Geschlecht des Babys im Embryonalstadium – in manchen Fällen sogar vor der Befruchtung – zu wählen. Allerdings sind diese Techniken außerhalb der USA erst im Kommen. In den Entwicklungsländern spielt bei der Geschlechtsselektion derzeit meist Abtreibung die Hauptrolle. Vorerst noch.

In den USA ist Abtreibung ein Debattenthema mit einer langen, kummervollen Geschichte. Ich habe den Agnostizismus meiner Mutter geerbt und bin von jeher von dem Recht der Frau zum Schwangerschaftsabbruch überzeugt, aber bei den Vorarbeiten zu diesem Buch bin ich wieder und wieder auf unerwartetem politischen Terrain gelandet. Gelegentlich ertappte ich mich dabei, dass ich rechtsreligiöse Websites durchstudierte, mit Anti-Abtreibungs-Aktivisten einer Meinung war oder mich mit Öffentlichkeitsarbeitern austauschte, die ihre Voicemails damit beendeten, dass sie mir »Gottes Segen« wünschten. Zu anderen Zeiten schüttelte ich bestürzt den Kopf über irreführende Berichte, die von Organisationen veröffentlicht worden waren, deren Verlautbarungen ich früher einmal für bare Münze genommen hatte. Öfter noch war ich enttäuscht darüber, wie weitgehend die amerikanische Innenpolitik die Inangriffnahme eines äußerst wichtigen Problems verhindert, das einem großen Teil der Weltbevölkerung ein neues Gepräge aufdrückt – eine

Tatsache, für die sowohl die Rechte wie die Linke verantwortlich ist.

Die Feinheiten der Abtreibungsdebatte entziehen sich meinem Verständnis. Wann fängt das Leben an? Und was ist mit Leben gemeint – ein Herzschlag, die Fähigkeit, mit medizinischem Beistand außerhalb des Uterus zu existieren, die (heutzutage davon gänzlich verschiedene) Fähigkeit, ohne technische Hilfsmittel außerhalb des Uterus zu existieren? Diese Fragen kamen mir schon immer unbeantwortbar vor, und bei meinen Vorarbeiten für dieses Buch wurden sie für mich nur noch undurchsichtiger. Die Realität, die sich mir darstellt, ist so vielfältig nuanciert, dass sich kein absolut fester Standpunkt auf sie gründen lässt. Eine befruchtete Eizelle ist etwas anderes als ein Fetus im sechsten Monat, und ein Fetus im sechsten Monat ist etwas anderes als ein Baby. Und jede Mutter wird einem versichern, dass es da noch viele Zwischenstadien gibt – die erste morgendliche Übelkeit, der erste Tritt gegen die Bauchwand, der erste Schluckauf aus zweiter Hand.

Da ich es ablehne, Vermutungen darüber anzustellen, wann das Leben beginnt, handelt dieses Buch nicht vom Tod und vom Töten. Ich spreche nicht von Fetozid, Genderzid oder Genozid, obschon einige der Menschen, die ich interviewt habe, diese Begriffe benutzen. Andererseits sind die Stadien der fetalen Entwicklung und der Prozess, in dem das Leben Form annimmt, nach meiner Meinung in diesem Buch keineswegs vernachlässigbar, sind sie es doch, die den Weg zu der weit verbreiteten Geschlechtsselektion gangbar machen. Frauen, die niemals ein neugeborenes Mädchen töten würden, sind vielleicht zu einer geschlechtsselektiven Abtreibung bereit, und Frauen, die niemals zu einer selektiven Abtreibung bereit wären, haben vielleicht nichts gegen Geschlechtswahl mittels Embryonenelimination oder Spermiensortierung. Letzten Endes jedoch ist dies kein Buch über Leben und Tod, sondern über die *Potenzialität* von Leben – und darüber, dass diese Potenzialität ausgerechnet Mitgliedern jener Gruppe von Menschen vorenthalten wird, die dazu berufen ist, den Fortbestand unserer von Problemen bedrängten Spezies zu gewährleisten.

ERSTER TEIL

»Alle haben jetzt Jungen«

ERSTES KAPITEL

Der Demograf

Oft ist zu hören, dass Frauen den größeren Teil der Weltbevölkerung ausmachen. Das ist falsch.

Amartya Sen[1]

Mitten in seiner beruflichen Laufbahn hörte Christophe Guilmoto auf, Neugeborene insgesamt zu zählen, und begann, sich auf die Jungen zu beschränken. Der französische Demograf mit der Liebe des Mathematikers zu Zahlen und der Detailversessenheit des Anthropologen hatte in den 1980er Jahren in Paris studiert, zu einer Zeit, als Neugeborene das große Thema waren – das einzige Thema, genau genommen. Der Wissenschaftszweig Demografie war aus Thomas Malthus' Ende des 18. Jahrhunderts veröffentlichter Prognose eines exponentiellen Bevölkerungswachstums hervorgegangen und blieb noch bis weit in die 1970er Jahre hinein, in denen Bücher wie *Die Bevölkerungsbombe* breite Leserkreise in Bann schlugen, vornehmlich mit Fertilitäts- und Gesamtbevölkerungszahlen befasst. Zu der Zeit, als Guilmoto seine Doktorarbeit in Angriff nahm, hatten zwar rund um den Globus die Geburtenraten in den wohlhabenden Nationen zu sinken begonnen, aber in vielen Entwicklungsländern ging das Bevölkerungswachstum rapide weiter, und so fiel es schwer, sich von der Vorstellung einer drohenden gefährlichen Übervölkerung zu lösen. Wie damals viele es taten, konzentrierte sich Guilmoto auf den starken Fertilitätsrückgang und suchte, den entscheidenden Faktoren für das Absinken der Geburtenrate eines Landes auf die Spur zu kommen. Die Forschungen für seine Dissertation betrieb er in Tamil Nadu, einem Bundesstaat im südwestlichen Indien, in dem bei gleichbleibend niedrigem Einkommensniveau die Geburtenrate auf europäisches Niveau abgesunken war; nach abgeschlossener Promotion kehrte er in seiner akademischen Laufbahn des Öfteren dorthin zurück. 1998 leitete er das South India Fertility Project, eine offizielle Dokumentation der Lage in puncto Fertilitätsrückgang in Tamil Nadu und den umliegenden Bundesstaaten sowie der Determinanten des Rückgangs.[2] Im Laufe seiner Arbeit in Indien wurde ihm klar, dass in den demografischen Gegebenheiten eine grundlegende Veränderung stattgefunden hatte: Die Leute hatten nicht einfach weniger Kinder. Sie hatten weniger Mädchen. Das Bevölkerungswachstum hatte sich unter anderem deswegen verlangsamt, weil die Zahl der weiblichen Neugeborenen sich verringert hatte.

Eine erste Ahnung, dass da etwas im Argen lag, kam Guilmoto, als er im Zusammenhang mit einem kleinen Forschungsprojekt 1992 in Tamil Nadu weibliche Pflegekräfte im ambulanten Dienst interviewte. Er muss schon ein seltsames Bild abgegeben haben, der drahtige Franzose mit den weit auseinanderstehenden Augen, wie er da auf Tamil Fragen herunterrasselte. Nachdem er den Gemeindeschwestern erklärt hatte, dass er die demografische Geschichte der Region erkundete, sprachen sie frisch von der Leber weg. Mehrere berichteten, dass Dorfbewohner gelegentlich eine neugeborene Tochter töteten. Für Guilmoto war dies eine bestürzende Neuigkeit – dem Demografen war durchaus bewusst, dass Kindstötung in verschiedenen früheren historischen Epochen und auch noch in der jüngeren Vergangenheit an der Tagesordnung gewesen war, aber spätestens Anfang des 20. Jahrhunderts war die Praxis in den meisten Kulturen erloschen – und er machte es sich zur persönlichen Aufgabe, den genauen Verbreitungsgrad von Tochtertötung zu ermitteln. Als er später ein Waisenhaus besuchte, stieß er dort auf eine freiwillige Helferin aus Frankreich, die schon so lange in Indien lebte, dass sie kein Französisch mehr sprach. In einem Gemisch aus Tamil und Englisch erklärte sie ihm, dass der größte Teil der ausgesetzten Säuglinge in der Region weiblichen Geschlechts sei. »Sie sehen ja, wir haben hier im Waisenhaus größtenteils Mädchen. Was sagt Ihnen das?«

Die Begegnungen hinterließen bei Guilmoto einen tiefen Eindruck, und er entsann sich ihrer wieder, als um die Jahrtausendwende aus den indischen Zensuszahlen hervorging, dass bei den Geburten im Land auf 100 Mädchen 111 Jungen kamen.[3] Auf den ersten Blick schienen die Erfahrungen der Gemeindeschwestern und der Helferin im Waisenhaus die Erklärung des Missverhältnisses zu sein, und tatsächlich wurden in vielen ausländischen Presseberichten Kindstötung und -aussetzung für den Mädchenmangel in Indien verantwortlich gemacht. Bei genauerem Hinsehen erkannte Guilmoto jedoch, dass die beiden Faktoren keine sonderlich große Rolle spielten. Außerhalb jenes Landstrichs im agrarischen Tamil Nadu, wo er Feldforschung betrieben hatte, war Kindstötung in Indien ein eher seltenes Vorkommnis. »Alle redeten über Infantizid, das weckte ja auch mehr Emotionen«, erinnerte er sich. »Aber eigentlich war dieses Problem kaum existent.« Tamil Nadu gehörte sogar zu den Bundesstaaten, in denen Mädchen tatsächlich eine bessere Überlebensaussicht hatten; aus dem Nordwesten des Landes, einer reichen Region, die als die »Kornkammer Indiens« gilt, wurde ein Geschlechterverhältnis bei der Geburt von 126 gemeldet (also männlich:weiblich von 126:100).[4] Die wirkliche Ursache der Diskrepanz war, wie Guilmoto alsbald in Erfahrung brachte, darin zu suchen, dass Schwangere sich eine preiswerte und überall vorhandene Technik zur Geschlechtsbestimmung – die Ultraschalluntersuchung – zunutze machten und weibliche Feten abtrieben.

Diese Nutzung der Technik war alarmierend, denn sie bedeutete, dass Indiens schieflastiges Geschlechterverhältnis bei der Geburt nicht die Folge von rückständigen Traditionen, sondern der wirtschaftlichen Entwicklung war. Und Indien war nicht das einzige Land, in dem sich in der jüngsten Vergangenheit eine ungleichgewichtige Geschlechterverteilung herausgebildet hatte. Sobald Guilmoto neben Fertilitätsraten noch das Geschlechterverhältnis bei der Geburt mit einbezog, stellte er fest, dass auch in mehreren anderen asiatischen Staaten die biologische Obergrenze von 106 männlichen auf je 100 weibliche Neugeborene überschritten war.* In den 1980ern verzeichneten Südkorea, Taiwan und Teile von Singapur Geschlechter-

* Unser natürliches Geschlechterverhältnis bei der Geburt ist 105, aber alle Zehntelstufen zwischen 104,0 und 106,0 gelten ebenfalls als normal.

verhältnisse bei der Geburt von über 109.[5] China meldete ein Geschlechterverhältnis von 120. (Sowohl in China als auch in Indien sind die Zahlen inzwischen gestiegen, in Indien auf 112, in China auf 121.)[6] Menschen, so erkannte Guilmoto, waren auf bestem Wege, eine, wie er das nannte, »galoppierende demografische Maskulinisierung« ins Werk zu setzen – eine Veränderung mit möglicherweise schwerwiegenden Folgen für künftige Generationen.[7] »Man konnte in dem Geschehen schwerlich etwas anderes als eine Revolution sehen«, sagte er. Binnen weniger Jahre sollte sich die Revolution nach Westasien und weiter bis nach Osteuropa ausbreiten.

Doch da, wo diese nichts Gutes verheißende biologische Verschiebung höchste Aufmerksamkeit hätte erwecken sollen, schenkte man ihr auffallend wenig Beachtung. In Berichten über globale Genderfragen wurde das Ungleichgewicht im Zahlenverhältnis der Geschlechter völlig ignoriert: Man schrieb sehr ausführlich über die rechtliche, wirtschaftliche und gesellschaftliche Stellung der Frauen, dagegen kein Wort über die offensichtliche Tatsache, dass deren Reihen sich lichteten. Vonseiten des Bevölkerungsfonds der Vereinten Nationen (UNFPA), der Bevölkerungsprogramme in Entwicklungsländern finanziert, war zu dem Problem wenig zu hören. Weder geriet das zahlenmäßige Ungleichgewicht der Geschlechter in den Fokus der Organisationen zur Stärkung der sexuellen und reproduktiven Rechte, noch regte es Programme bedeutender philanthropischer Stiftungen an. Mit Ausnahme von einigen passionierten Ärzten und Sozialarbeitern im öffentlichen Gesundheitsdienst in Asien war da niemand, der sich für eine Lösung des Problems eingesetzt hätte. Punkt.

Seit einigen Jahren versucht Guilmoto – inzwischen Forschungsdirektor am Institut de recherche pour le développement in Paris –, diese Leerstelle zu schließen, indem er die Weltöffentlichkeit über die schwerwiegenden Folgen eines Ungleichgewichts im Geschlechterverhältnis aufklärt. 2005 errechnete er, dass heute in Asien 163 Millionen Frauen mehr leben würden, wenn dort das Geschlechterverhältnis bei der Geburt in den zurückliegenden Jahrzehnten sein natürliches Gleichgewicht von 105 behalten hätte.[8] Mit anderen Worten: Die Kombination von Ultraschalluntersuchung und Abtreibung hat über 160 Millionen Frauen und Mädchen schon vor der Geburt als Opfer gefordert – und das allein in Asien. In den Jahren, die er mit seiner Untersuchung verbrachte, fand der französische Wissenschaftler in vielen Regionen parallel zu einer erstmals einsetzenden positiven Wirtschaftsentwicklung eine Verschiebung des Geschlechterverhältnisses bei der Geburt. Gleichwohl geht die UNO-Abteilung für Bevölkerungsfragen in ihrer Hochrechnung der Zahl von Männern und Frauen, die in zwei, drei, fünf Jahrzehnten die Erde bevölkern werden, von der Annahme aus, dass mit dem aktuell bekannten globalen Geschlechterverhältnis bei der Geburt eine Höchstgrenze erreicht sei (was mit den selbst geschaffenen Pressionen zu tun hat, denen die UNO-Demografen unterliegen).[9] Nach Guilmotos Überzeugung zeichnen diese Hochrechnungen ein gefährlich optimistisches Bild von dem Zustand, auf den wir zusteuern. In seinen Augen ähnelt das Ungleichgewicht im Zahlenverhältnis der Geschlechter einem, in demografischer Terminologie ausgedrückt, »Übergangsphänomen« – einer Phase in der Entwicklung eines Volks. Das heißt, es währt nicht ewig. Aber die asiatischen und die osteuropäischen Länder befinden sich in rapider Entwicklung, und für viele andere steht der ökonomische Fortschritt unmittelbar bevor. Millionen Haushalte rund um den Globus werden in den kommenden Jahren in die Mittelklasse aufsteigen. Und das globale Geschlechterverhältnis wird sich auf ein stark verschlechtertes Ungleichgewicht neu einpendeln.

* * *

Wenn aus der US-amerikanischen Bevölkerung 160 Millionen Frauen verschwunden wären, würde man das merken: 160 Millionen, das ist mehr als der gesamte Frauenanteil.[10] Stellen Sie sich ein Amerika vor, dessen sämtliche weiblichen Landesbewohner ausgelöscht sind. Stellen Sie sich die Einkaufsstraßen und Supermärkte des Landes ausschließlich von Männern bevölkert vor, nicht anders die Autobahnen und Krankenhäuser, die Vorstandsetagen und Bildungsanstalten. Stellen Sie sich den Bus, die U-Bahn, das Auto vor, das Sie zum Arbeitsplatz bringt, und denken Sie sich dann die Frauen weg, die den gleichen Weg wie Sie haben. Denken Sie sich Ihre Frau und Ihre Tochter weg. Oder denken Sie sich selbst weg. Stellen Sie sich das alles vor, und Sie haben einen ungefähren Eindruck von dem Problem.

Aber nicht aus Nordamerika sind die Frauen verschwunden. Sie sind aus Asien und Osteuropa verschwunden. Und darum haben Sie, falls Sie von dem Geschlechterungleichgewicht überhaupt schon gehört haben, Ihre Kenntnis wahrscheinlich aus irgendeiner kurzen Meldung in den Auslandsnachrichten. Das Geschlechterungleichgewicht wird bisher als lokales Problem behandelt, als etwas, das anderswo auftritt. Doch es ist kein lokales Problem. China und Indien zusammen stellen ein Drittel der Weltbevölkerung.[11] Infolge beider ungleichgewichtiger Geburtensummen zeigt bereits das weltweite Geschlechterverhältnis bei der Geburt Schlagseite: Von 105 ist es auf biologisch problematische 107 gestiegen.[12] Geschlechtsselektion setzt sich über Kultur, Nationalität, Glaubensbekenntnis hinweg. Das Geschlechterungleichgewicht hat Vietnam erreicht, von dem man eigentlich angenommen hat, dass die Menschen dort nicht patriarchalisch genug denken und empfinden, um Mädchengeburten vermeiden zu wollen. Es hat die Kaukasusstaaten – Aserbaidschan, Georgien, Armenien – erreicht, die als diesbezügliche Problemregionen zu betrachten niemandem in den Sinn gekommen wäre. Und es hat den Balkan erreicht – jene nur eine kurze Schiffspassage von Italien entfernte, vom Krieg erschütterte Region. Nimmt man die einschlägigen Zahlen zusammen, wird eine in der Menschheitsgeschichte beispiellose Differenz zwischen männlichen und weiblichen Neugeborenen offenbar.[13] Ein lokales Problem ist Geschlechterungleichgewicht im gleichen Sinn, wie die Finanzkrise einer Supermacht oder der Krieg, den ein Nachbarstaat führt, ein lokales Problem ist. Früher oder später sieht man sich mitbetroffen.

Wäre die überproportional männliche junge Generation von heute – nennen wir sie die Generation XY – numerisch klein, könnte man das ungleichgewichtige Geschlechterverhältnis einfach abtun. Der Frauenmangel würde mit fortschreitender Zeit wohl wieder ausgeglichen werden. Weil aber parallel zum

Rückgang des Frauenanteils an der Bevölkerung ein Rückgang der globalen Geburtenrate erfolgt, wird diese Generation für viele Entwicklungsländer auf Jahrzehnte hinaus die zahlenmäßig stärkste bleiben.[14] Im heutigen China und in Indien sind die potenziellen Mütter weniger geworden, und morgen werden noch weniger Töchter da sein. Wang Feng, Demograf bei der Brookings Institution, der Chinas ungleichgewichtiges Geschlechterverhältnis untersucht, spricht von »doppeltem Pech«.[15] Guilmoto wiederum müht sich jetzt, mit der Verbreitung eines ganzen Bündels düsterer Prognosen die Welt aufzurütteln. Selbst nach den vorsichtigen UNO-Hochrechnungen der Bevölkerungsentwicklung, die auf der Annahme basieren, dass Paare bald wieder Jungen und Mädchen in ausgeglichener Zahl haben werden, wird das Gleichgewicht der Geschlechter in der Weltbevölkerung erst im Jahr 2050 wiederhergestellt sein.[16]

* * *

So hatte die Entwicklung eigentlich nicht aussehen sollen. Denn solange Sozialwissenschaftler die wirtschaftliche und gesellschaftliche Stellung der Frau thematisieren, ist es für sie eine Selbstverständlichkeit, dass diese Stellung sich mit dem zunehmenden Wohlstand des jeweiligen Landes verbessert. Wirtschaftswachstum bedeutet, dass mehr Mädchen Schulen besuchen, und dass diese Mädchen als Heranwachsende und Erwachsene ein breiteres Angebot von Arbeitsgelegenheiten erwartet. Es bedeutet eine verbesserte Gesundheitsfürsorge und damit den Rückgang der Zahl der Mütter, die bei einer Entbindung zu Tode kommen. Und meist bedeutet es für Frauen auch den Zugang zu Methoden der Empfängnisverhütung, die es ihnen ermöglichen, weniger Kinder zu haben und mehr Zeit mit Arbeit außer Haus zu verbringen.

Der Kausalzusammenhang zwischen der wirtschaftlichen Entwicklung und der Stärkung von Frauen im Erwerbsleben und in der Gemeinschaft ist als allgemeines Credo so geheiligt, dass er den Wissenschaftlern in Entwicklungsländern die Wahrnehmung zu trüben vermochte, während sich die Geschlechtsselektion über ganz Asien ausbreitete. Selbst angesichts der Einführung preisgünstig zu nutzender Ultraschallgeräte bagatellisierten viele von ihnen die Auswirkung geschlechtsselektiver Abtreibung, weil sie glaubten, diese Praxis werde sich mit wachsendem Wohlstand ihres Landes schon von allein verlieren. Whasoon Byun, Sozialforscherin am Korea Women's Development Institute, einer auf Frauenfragen spezialisierten Denkfabrik in Seoul, räumte ein, dass sie, als die Geschlechtsselektion in den 1980er Jahren in Südkorea einsetzte, deren Gefährdungspotenzial unterschätzt hatte. »Ich bin davon ausgegangen, dass Frauen ab einem gewissen Bildungsgrad lieber eine Tochter als einen Sohn haben wollen«, sagte sie mir. »Aber meine Annahme war falsch. Ich habe von mir auf andere geschlossen, damit habe ich mich als schlechte Soziologin erwiesen.« Tatsächlich herrschte in dem Land noch ein unverändert asymmetrisches Geschlechterverhältnis bei der Geburt, als es Ende 1996 dem Staatenklub OECD (Organisation für wirtschaftliche Zusammenarbeit und Entwicklung) beitrat.[17]

In der Sozialwissenschaft begann man 1990 umzudenken; den Wendepunkt markiert der Aufsatz ›More Than 100 Million Women Are Missing‹ (›Über 100 Millionen Frauen sind verschwunden‹), den der indische Wirtschaftswissenschaftler und spätere Nobelpreisträger Amartya Sen in der *New York Review of Books* veröffentlichte. Die sozialwissenschaftlichen Theorien haben versagt, schrieb Sen. Trotz des wirtschaftlichen Fortschritts im ganzen asiatischen Raum waren Frauen und Mädchen dort schlechter dran als je zuvor, wie die nackten Zahlen der Statistik bewiesen. »Eine Verschlechterung der relativen Überlebensrate von Frauen ist eine ziemlich häufige Begleiterscheinung wirtschaftlicher Entwicklung«, konstatierte er und erkannte in diesem Sachverhalt eines der »folgenschwersten Probleme, vor die sich die Welt heute gestellt sieht«.[18]

Sen bot keine hinreichende Erklärung dafür an, warum hundert Millionen Frauen verschwunden waren, aber schon die bloße Feststellung des Defizits schlug ein wie eine Bombe.*

* Wie später die Berichte in der Auslandspresse machte Sen die Tötung von weiblichen Neugeborenen beziehungsweise die durch selektive nachläs-

Sein Aufsatz war für Sozialwissenschaftler sowohl ein Weckruf als auch ein peinlicher Tadel. Anthropologen und Soziologen in der westlichen Welt wurde klar, dass sie bei ihren minuziösen Analysen der wirtschaftlichen und gesellschaftlichen Stellung von Frauen in den einzelnen Ländern und Kulturen das große Ganze aus den Augen verloren hatten. Demografen begriffen, dass sie die falschen Kennzahlen erhoben und hochgerechnet hatten. Wissenschaftler in den Entwicklungsländern wie Byun begannen mit der Suche nach einer Theorie, die die lokalen Gegebenheiten realitätsgetreuer erklärte.

Zu dem Zeitpunkt, als Guilmoto sein Interesse dem Ungleichgewicht im Zahlenverhältnis der Geschlechter zuwandte, waren Studien über Sens verschwundene Frauen an der Tagesordnung. Aber anstatt die Hintergründe des beunruhigenden Frauenmangels auszuleuchten, bewirkten die Untersuchungen und die in ihrem Kielwasser segelnde Presseberichterstattung eine weitere Verwässerung der Problemlage. Falsche Berichte über die Tötung weiblicher Säuglinge oder deren – angeblich weit verbreitete – Aussetzung in Indien waren nur der Anfang. Manchen Wissenschaftlern erschien die Differenz zwischen männlichen und weiblichen Geburtenzahlen so haarsträubend, dass sie nach ihrer Ansicht nur so zu erklären war: Ein Großteil der weiblichen Geburten wurde nicht gemeldet. Nach dieser Auffassung, die etliche Jahre akzeptiert wurde, waren die Frauen nicht verschwunden, sondern *unsichtbar*. Artikel mit Titeln wie »Manipulation statistischer Unterlagen als Reaktion auf Chinas Bevölkerungspolitik« oder »Den ›verschwundenen‹ Inderinnen auf der Spur« wurden veröffentlicht.[19] Andere dachten sich noch fantasievollere Szenarien aus. Emily Oster, Wirtschaftswissenschaftlerin an der University of Chicago, vertrat 2005 in ihrer Dissertation die These, dass annähernd die Hälfte von Amartya Sens hundert Millionen verschwundenen Frauen der hohen Quote von Hepatitis-B-Erkrankungen in Asien geschuldet sei, weil Hepatitis B bei Frauen die Empfäng-

sige Fürsorge erhöhte Sterblichkeit von Mädchen für die klaffende Lücke verantwortlich. Nicht ein einziges Mal berührte er das Thema geschlechtsselektive Abtreibung.

nis eines männlichen Kindes begünstige.[20] (Besonders fragwürdig ist an Osters These auch, dass sie nicht zu erklären vermag, warum in den Ländern mit hohem Geschlechterverhältnis dieses erst nach dem ersten Kind auf unnatürliche Werte emporschnellt. Auf Krankheit lässt sich das Phänomen jedenfalls nicht zurückführen.)[21] Westliche Wissenschaftler gaben sich mit Zahlen zufrieden, die sie drehen und wenden und plausibel erklären konnten. Liest man die einschlägigen Veröffentlichungen aus jener Zeit, sieht man sich in eine Welt versetzt, in der sich der Wert einer Erklärung nach der Eleganz ihrer mathematischen Gleichungen bemisst und nicht danach, wie realitätsgetreu diese Gleichungen das tatsächliche Geschehen in den Dörfern, Krankenhäusern und Klassenzimmern einer Region abbilden. Asiatische Wissenschaftler vor Ort wiederum führten eingehende Gespräche mit Durchschnittsbürgern und erklärten dann auf solch schmaler Grundlage Geschlechtsselektion als Auswuchs von Landessitten und -bräuchen. In Indien hatten sie dabei den Brauch der Mitgift im Visier, der Töchter für die Familie zu – womöglich drückenden – Kostenfaktoren machte; in China machten sie die Ein-Kind-Politik als Wurzel des Problems aus, weil diese die Chance der Eltern, einen Sohn – und also einen Stammhalter – zu haben, erheblich beschnitt.[22] Kulturelle und politische Zwänge waren im gegebenen Zusammenhang zweifellos von Belang, erklärten jedoch nicht, wieso es in so vielen Ländern gleichzeitig zu einem Ungleichgewicht im Geschlechterverhältnis kam. Das Problem verlangte nach einer Theorie aus globaler Perspektive.

Nach einigen Jahren Forschung entschloss sich Guilmoto, eine solche Theorie vorzulegen. »Ich hatte die Theorien satt, die nicht über den heimischen Tellerrand hinausblickten«, sagte er mir. »Es gibt einen allgemeinen Trend zum Wunschkind Sohn, der vielerorts festzustellen ist, und das ist der springende Punkt.« Während die Zahl der verschwundenen Frauen von 100 Millionen rapide auf 160 Millionen anstieg, reiste er durch die Welt und sprach mit amtlichen Statistikern und Krankenhausdirektoren, besuchte Großstädte und Dörfer, sammelte Presseberichte. Er ging zahllose Geburtenstatistiken durch und fertigte digitale Landkarten der Geschlechterverhältnisse in Asien und Europa an, auf denen er die Gefahrenzonen rot einfärbte. Dann begann er, nach länderübergreifenden Mustern zu suchen.

Anfangs ergaben sich aus Guilmotos Datenmaterial mehr Fragen als Antworten. Zu dem Zeitpunkt, an dem er sich an die Analyse seiner Karten machte, ließen sich die asiatischen Länder mit asymmetrischem Geschlechterverhältnis bei der Geburt in drei regionale Blöcke unterteilen: Ostasien (China, Taiwan, Singapur und Vietnam), Südasien (Indien und Pakistan) und Westasien (Armenien, Aserbaidschan und Georgien).[23] In anderer Hinsicht lagen die Dinge verzwickter. Geschlechtsselektion wurde von Hindus, Muslimen und Christen praktiziert, in Staaten, in denen ethnische oder politische Spannungen herrschten, in Staaten, die schon wirtschaftliche Schwergewichte waren, und solchen, die erst am Anfang einer wirtschaftlichen Aufwärtsentwicklung standen. Als Ursache für das Ungleichgewicht käme zuallererst Sexismus infrage – wenn er nicht so allgegenwärtig wäre. In fast allen Kulturen gestehen Eltern ein, dass sie männlichem Nachwuchs den Vorzug geben.* Dennoch ist Geschlechtsselektion nur in einem Teil der Welt ein augenfälliges Phänomen.

Im weiteren Verlauf seiner Recherchen entdeckte Guilmoto doch noch Gemeinsamkeiten zwischen Ländern mit ungleichgewichtiger Geschlechterverteilung. Zum einen befinden sich diese Länder in rapider wirtschaftlicher Entwicklung, und ihr Gesundheitssystem ist so weit gediehen, dass vorgeburtliche Ultraschalluntersuchungen flächendeckend zur Verfügung stehen. Zum anderen ist Abtreibung dort eine weit verbreitete Praxis. China, Vietnam und Südkorea verzeichnen außerordentlich hohe Abtreibungsraten, und in den ehemaligen Sowjetrepubliken im Kaukasus ist Schwangerschaftsabbruch als Methode der Geburtenregulierung gang und gäbe. Auf die dritte und letzte Gemeinsamkeit war Guilmoto schon bei seinen frühen Forschungen in Indien gestoßen. Die meisten betroffenen Länder hatten in der jüngeren Vergangenheit einen Absturz ihrer Fertilitätskurve erlebt.

* Bis vor Kurzem traf das auch auf die Vereinigten Staaten zu.

Im letzten halben Jahrhundert verzeichnete Asien einen Rückgang der Fertilität, wie er rasanter in der gesamten Weltgeschichte noch auf keinem Kontinent aufgetreten war. Ausgangs der 1960er Jahre brachte die Durchschnittsasiatin 5,7 Kinder zur Welt. 2006 waren es 2,3.[24] Was Geschlechtsselektion betrifft, markiert ein Absturz der Gesamtfertilitätsrate auf zwei Kinder so etwas wie einen Wendepunkt. Haben Eltern mehr als zwei Kinder, ist die Chance groß, dass durch reinen Zufall – also ohne künstliches Eingreifen – ein Sohn dabei ist. Haben sie nur zwei Kinder, werden allerdings 24 Prozent nur Töchter zeugen – und 24 Prozent, die eine Geschlechtsbestimmung per Ultraschall vornehmen lassen und abtreiben, reichen aus, um das Geschlechterverhältnis eines Landes in eine bedenkliche Schieflage zu bringen.[25] Doch selten haben Eltern in Teilen Ostasiens noch zwei Kinder. In Südkorea, Japan, Taiwan, Singapur, Hongkong und Macao, Staaten und Zonen, die sich geschlossen der niedrigsten Fertilitätsraten der Welt rühmen können, belassen sie es weit eher bei einem Einzelkind. Geht man die Liste der Länder mit niedriger Fertilitätsrate durch, gewinnt man den Eindruck, es mit einer Aufstellung der Brennpunkte des Verschwundene-Frauen-Problems zu tun zu haben. Die Durchschnittsvietnamesin bringt nur 1,91 Kinder zur Welt, ihr chinesischer Konterpart 1,54. Georgische Paare rangieren mit 1,45 Kindern gleich hinter den schweizerischen (1,46). Weiter unten auf der Liste belegt Armenien mit 1,37 Kindern einen Platz noch unterhalb Italiens (1,39). Aserbaidschaner haben weniger Kinder als US-Bürger.[26]

Die Untersuchung geografischer Schwankungen innerhalb von Ländern mit ungleichgewichtigem Geschlechterverhältnis brachte weitere Erkenntnisse. Als Guilmoto dieses nach Städten und Regionen aufschlüsselte und die so gewonnenen Zahlen mit dem Bildungs- und Einkommensniveau in Beziehung setzte, stellte er fest, dass Geschlechtsselektion in aller Regel in der gebildeten städtischen Oberschicht einsetzt. Gesellschaftliche Eliten haben als Erste die Möglichkeit zur Nutzung neuer medizintechnischer Entwicklungen, sei es die Magnetresonanztomografie, seien es Ultraschallgeräte. In Südkorea waren die ersten Eltern, die selektiv abtrieben, Großstädter in Seoul, in Aserbaidschan Einwohner der Hauptstadt Baku.[27] In Indien hatten laut der Volkszählung von 2001 Frauen mit Bildungsabschluss auf Oberstufenniveau und höher im Vorjahr auf je 100 Mädchen 114 Jungen zur Welt gebracht. Bei analphabetischen Frauen dagegen lag das Geschlechterverhältnis bei Geburten in jüngerer Zeit knapp über 108 – immer noch verschoben, aber dem Normalwert sehr viel näher.[28] Ähnliches gilt für das Bildungsniveau des Vaters: Für indische Haushalte, in denen der Vorstand – und in Indien ist das fast immer der Vater – mindestens über das Diplom für den Oberstufenabschluss verfügt, ist die Wahrscheinlichkeit, dass sie einen Jungen haben, um 25 Prozent höher als für Haushalte, deren Vorstand nur eine Minimalbildung genossen hat.[29]

Aber wie jede Nutzung neuer technischer Geräte und Verfahren bleibt Geschlechtsselektion nicht die Domäne der Elite. Frauen unterhalten sich beim Tee oder Kaffee miteinander darüber, Nachbarn folgen dem Beispiel anderer Nachbarn, die Mittelklasse eifert den Reichen nach. Zu dem Zeitpunkt, da der Trend die unteren Schichten erreicht, ist die Elite oft schon auf dem Sprung zum nächsten. Aber eine Praxis, die in die natürlichen Bedingungen der menschlichen Fortpflanzung eingreift, ist naturgemäß eine gewichtigere Sache als ein Mobiltelefon und nimmt sich länger Zeit, sich auszubreiten. Vom Beginn bis zum Stillstand können da schon dreißig Jahre vergehen – Zeit genug, um zwei Generationen unauslöschlich zu beschädigen.

Wenn, wie Guilmoto überzeugt ist, Geschlechterungleichgewicht eine Übergangsphase ist, dann ist diese Phase in Südkorea vorüber; nach Jahrzehnten grassierender Geschlechtsselektion hat das Land heute ein normales Geschlechterverhältnis bei der Geburt. Die reicheren Gegenden Chinas und Indiens haben den Zenit überschritten; das Geschlechterverhältnis ist dort noch immer empörend hoch, lässt aber ein leichtes Absinken erkennen.[30] In Ländern und Regionen freilich, wo die wirtschaftliche Entwicklung später einsetzte, hat die Phase gerade erst begonnen. In Vietnam beispielsweise wird geschlechtsselektive Abtreibung hauptsächlich von Angehörigen der Mittel- und Oberschicht in und um Hanoi praktiziert. Guilmoto befürchtet, dass sie bald von den Armen für sich entdeckt werden könnte. Andere Regionen haben noch ein normales Geschlechterverhältnis bei der Geburt, aber ihre geografische Nähe zu Ländern oder Regionen mit grassierender Geschlechtsselektion lässt vermuten, dass sie die Nächsten sein werden, die ein Ungleichgewicht ausbilden: Süd- und Ostindien, Westchina, Nepal und Bangladesch.* »Maskulinisierung« ist ein Phänomen, das den Demografen bisher noch nicht begegnet ist – jedenfalls nicht in dieser Größenordnung. Doch bei der Auswertung seines Datenmaterials und der Suche nach Mustern ging Guilmoto auf, dass es eine erschreckende Parallele dazu gab: In der Art, wie sich das Geschlechterungleichgewicht in einer Population verbreitete, hatte es eine gespenstische Ähnlichkeit mit einer Epidemie.

* * *

Ich treffe mich mit Guilmoto an einem dunstigen Augusttag in seinem Büro im Institut de recherche pour le développement, das an einer breiten, von Cafés und Ladengeschäften gesäumten Durchfahrtsstraße im zwanzigsten Pariser Arrondissement liegt. Die meisten Pariser haben sich aus der Stadt an die Strände im Süden geflüchtet, und selbst noch an diesem Dienstag sind die Flure des Instituts wie ausgestorben, dunkel und stickig. Guilmoto sitzt die gesamte Ferienzeit hindurch in seinem kleinen, mit farbenfrohen Batikdrucken ausgeschmückten Büro und arbeitet. Heute wie jedes spätere Mal, wenn ich im Lauf des folgenden Jahres mit ihm zusammentreffe oder telefoniere, spricht sich in seinem Gestus das Empfinden aus, dass eine Frist am Ablaufen ist.

Als ich eintreffe, studiert der Demograf eine Tabelle mit einem Heer von Zahlen auf dem Monitor seines Computers. Er ist gerade dabei, vietnamesische Geburtenstatistiken nach Anomalien zu durchsuchen. In einigen nordvietnamesischen Provinzen wurde ein asymmetrisches Geschlechterverhältnis

* Schwangere aus der nepalesischen Region Terai haben bereits damit begonnen, zu Ultraschalluntersuchungen nach Indien zu reisen.

bei der Geburt festgestellt, andere sind hingegen vorerst noch nicht betroffen. Ebendiese Gebiete untersucht er minutiös. Wie sich gezeigt hat, schwächen frühzeitige Änderungen der Politik im Hinblick auf die Geschlechtsselektion die Vehemenz des Phänomens ab, und wenn es gelänge, ein Ungleichgewicht im Geschlechterverhältnis früher aufzudecken, als es derzeit der Fall ist, meint Guilmoto, könnte man womöglich Regierungen bewegen, etwas dagegen zu tun. »In meiner freien Zeit gehe ich Daten durch«, erklärt er, als ob das Studium von Tabellen ein gängiges Hobby wäre. Er wendet sich vom Monitor ab und erhebt sich, um mir die Hand zu geben. »In allen Sprachen, mit denen ich klarkommen kann. Neulich habe ich mich an Daten für Tunesien in Arabisch versucht. Da musste ich kapitulieren.«

Aber nicht immer ist die Anstrengung vergebens. Es war genau diese Art von Datenauswertung, die zur Entdeckung des ungleichgewichtigen Geschlechterverhältnisses in den Kaukasusstaaten führte. Noch niemand war auf die Idee gekommen, in Aserbaidschan, Armenien und Georgien nach verschwundenen Mädchen zu suchen, denn die drei kleinen Länder zwischen dem Schwarzen Meer und dem Kaspischen Meer haben weit mehr mit Europa gemein als mit China oder Südkorea. Guilmoto verlegt unser Gespräch in die Küche des CEPED (Centre population et développement), wo er sich einen doppelten Espresso braut und mir währenddessen erklärt, dass die Kaukasusstaaten auch miteinander wenig gemein hätten: »Einer ist muslimisch, einer orthodox-christlich und einer armenisch-christlich. Sie haben drei verschiedene Religionsgemeinschaften, und sie befinden sich regelmäßig im Krieg miteinander.« Die geografische Nachbarschaft ist so ziemlich alles, was sie verbindet, fügt er hinzu.

Dann entdeckte eines Tages France Meslé, eine Freundin von Guilmoto, die am ein Stück weiter die Straße hinunter gelegenen INED (Institut national d'études démographiques) tätig war, bei der Analyse von Geburts- und Sterbestatistiken ehemaliger Sowjetrepubliken eine auffällige Kluft zwischen der Zahl der männlichen und der weiblichen Neugeborenen in der Kaukasusregion. Anfangs bezweifelte Meslé, dass die Differenz durch Geschlechtsselektion verursacht sein könnte. Die Zahl der weiblichen Geburten hatte nach der Auflösung der Sowjetunion abzunehmen begonnen, parallel zu einer Erlahmung der Verwaltungsbürokratie und einem Qualitätsverfall der amtlichen Melderegister. So wie die Sozialwissenschaftler, die im China und im Indien der 1990er Jahre mit großen Ungleichgewichten konfrontiert waren, kombinierte sie, dass womöglich mehr und mehr Familien in den drei Ländern sich einfach nicht mehr die Mühe gemacht hatten, die Geburt von Töchtern ordnungsgemäß zu melden.[31] »Es gibt jetzt eine Menge Probleme mit der Datenqualität«, sagte sie mir. »Und ich war sehr überrascht« von den Zahlen aus dem Kaukasus.

Zwecks genauer Nachprüfung der Zahlen tat sie sich mit zwei anderen Wissenschaftlern zusammen. Das Trio nahm arbeitsteilig Kontakt mit jedem einzelnen Regierungsbezirk der Region auf, um Auskunft über Statistiken auf Landkreisebene einzuholen. Beim Vergleich dieser Zahlen mit den landesweiten Gesamtwerten des Geschlechterverhältnisses bei der Geburt stellte sich heraus, dass die auf nationaler Ebene vorliegenden Daten alarmierend exakt waren – abgesehen von Armenien, wo die Schieflage des Geschlechterverhältnisses bei der Geburt sogar noch drastischer war als die in der landesweiten Statistik ausgewiesene. Alles in allem konnte es das Geschlechterungleichgewicht in den Kaukasusstaaten mit dem in China und Indien aufnehmen. Das Geschlechterverhältnis betrug in Aserbaidschan 115, in Georgien 118 und in Armenien sage und schreibe 120.[32]

Das Ergebnis von Meslés Recherche – veröffentlicht in *Watering the Neighbour's Garden*, einem von Guilmoto und einer Kollegin vor einigen Jahren herausgegebenen Sammelband mit Arbeiten zum Ungleichgewicht im Zahlenverhältnis der Geschlechter – war auch für Guilmotos eigene Arbeit relevant. Es bedeutete, dass Geschlechtsselektion sich nicht an geografischen, religiösen und ethnischen Klischees festmachen ließ: Sie war in Zentral-, Süd- und Ostasien zu Hause. Und es bedeutete, dass die »Maskulinisierung«, die Guilmoto damals in Indien als eine Revolution vorgekommen war, sich über den Globus ausbreitete.

Nach wie vor jedoch stößt er auf starken Widerstand, wenn er politische Entscheidungsträger davon zu überzeugen sucht, dass das Geschlechterverhältnis bei der Geburt in den Kaukasusstaaten tatsächlich in Schieflage geraten ist – daran ändert auch die Tatsache nichts, dass er auf die Studie von Meslé verweisen kann. Ein paar Jahre nach der Veröffentlichung des den Übelstand aufdeckenden Datenmaterials, so erinnert er sich, war er auf einer Tagung in New York einem armenischen Statistiker begegnet, der für das armenische Büro des Bevölkerungsfonds der Vereinten Nationen tätig war. Als er diesen auf das schieflastige Geschlechterverhältnis bei der Geburt in Armenien ansprach, erntete er einen verständnislosen Blick. »Der Mann hatte keinen Schimmer. Er sagte: ›Das ist ja interessant, was Sie da sagen. Woher wissen Sie das?‹«, erinnert sich der französische Demograf. »Ich sagte: ›Na, aus armenischen amtlichen Statistiken.‹ Er darauf: ›Ach was – wirklich?‹ Dann sagte er noch irgendwas Dämliches so ähnlich wie ›Vielleicht sollten wir uns mal damit befassen‹. Und ich sagte: ›Denk ich auch. Höchste Zeit dafür wär's ja.‹«

Wir gehen zurück in sein Büro, wo sich in Abständen vom Flur her das Lärmen eines Staubsaugers in unsere Unterhaltung einmischt. Guilmoto übertönt es einfach. Das neueste Gebiet, in dem sich Geschlechtsselektion bemerkbar macht, ist Europa, sagt er. Er hakt eine Liste von Verdachtskandidaten auf dem Balkan ab. »In Albanien ist definitiv etwas in Gang gekommen. In Bosnien: möglicherweise, in Serbien: möglicherweise – das ist nicht ganz klar. Für Montenegro, das Kosovo und Mazedonien besteht die Wahrscheinlichkeit.«

Allein schon sämtliche neuen kritischen Gebiete im Auge zu behalten wäre ein Vollzeitjob. Neuerdings ist es jedoch ein anderes Problem, das Guilmoto zunehmend beschäftigt und ihm immer weniger Zeit dafür lässt, Geburtenstatistiken durchzugehen. Kopfzerbrechen machen ihm jetzt die Dekamillionen von heiratsfähigen Junggesellen, die in wenigen Jahrzehnten aus den neugeborenen Jungen geworden sein werden.

* * *

Für Demografen sind sie die »überschüssigen Männer«: sie, die in einer gedachten Welt, in der jeder Heiratsfähige auch ein Heiratswilliger ist, auf dem Heiratsmarkt leer ausgehen. Die zum Junggesellendasein verurteilt sind. Überbestand. Aber die mit dem Junggesellentum verbundene Vereinsamung ist eigentlich das geringste Problem in Asien. Überschüssige Männer versuchen alles Mögliche, um zu einer Frau zu kommen – und in vielen Fällen mit Erfolg. Mit dem Erwachsenwerden der ersten von einem ungleichgewichtigen Geschlechterverhältnis betroffenen Generation hat sich die stillschweigende biologische Diskriminierung, die am Ursprung der Geschlechtsselektion steht, zu sichtbareren Gefahren für Frauen verschärft, darunter sexuelle Ausbeutung, Heiratshandel und Zwangsehe. Auf einer einwöchigen »Hochzeitstour« besorgen sich überschüssige südkoreanische und taiwanische Männer ihre Frauen aus Vietnam. Männer in den reichen Landesteilen von China und Indien kaufen Frauen aus den ärmeren Regionen durch Vermittlung zwielichtiger Makler, von denen nicht klar ist, ob sie sich in jedem Einzelfall die Mühe machen, die Zustimmung der Frau einzuholen. In den armen Landesteilen besuchen die Männer Bordelle, in denen sie auf Prostituierte treffen, die in vielen Fällen in das Sexgewerbe gezwungen wurden.

Hinzu kommt, dass beim Heranwachsen der Generation XY in anderen geschlechterungleichgewichtigen Gebieten selbst derart grobschrötige Methoden keine Optionen mehr sein werden. In Westchina, Ostindien, Vietnam, Georgien, Albanien und anderen Ländern mit vor Kurzem eingetretenem oder sich abzeichnendem Ungleichgewicht im Geschlechterverhältnis werden Männer gar nicht mehr in der Lage sein, Frauen zu importieren, denn irgendwann in der nahen Zukunft werden die Nachschubquellen versiegen. »Das Konzept, Bräute zu importieren, um der Frauenknappheit abzuhelfen, mag in Ländern mit geringerer Bevölkerungszahl funktionieren, aber in einem Riesenland wie China sind solche Importe nur ein Tropfen im Ozean«, erklärte Tian Xueyuan, der stellvertretende Direktor der Chinesischen Gesellschaft für Bevölkerungswissenschaft, kürzlich gegenüber der Tageszeitung *China Daily* (so, als ob die schrumpfenden Zahlen das einzige Problem bei der Einfuhr von Schiffsladungen gekaufter Frauen wären). »Sie sind keine realistische Lösung.«[33]

Seit Kurzem hat sich Guilmoto der Aufgabe verschrieben, genau zu berechnen, wie schlimm der Männerüberschuss zu Buch schlagen wird, wenn es erst mal darum geht, dass – wie er sich ausdrückt – »die Kerle an die Frau kommen«. Da seien die Aussichten trübe, meint er. »Auf die Dauer wird das nicht funktionieren. Es ist keine so besonders tolle Idee, nur Kinder von einem Geschlecht haben zu wollen. Am Anfang ist es ein Traum – ich nenne es eine männliche Utopie.« Er zeigt den Anflug eines Lächelns. »Aber sobald man sich vorstellt, dass die Nachbarn es genauso machen werden, ist klar, dass diese hübschen Burschen auf dem Heiratsmarkt Probleme kriegen werden. Der Überschuss wird sich stauen.«

Und nicht nur desolate junge Männer werden im Asien der 2020er und im Osteuropa der 2030er Jahre übel dran sein. Andere Wissenschaftler haben schon zu berechnen begonnen, wie sich Dekamillionen überschüssiger Männer auf allen möglichen Feldern – vom Gesundheitssystem bis zur Kriminalstatistik – auswirken werden. Historisch gesehen sind Gesellschaften, in denen Männer die Frauen an Zahl wesentlich übertreffen, kein Umfeld, in dem man gern leben möchte. Oft sind sie instabil, manchmal gewalttätig.

Was uns zurückbringt zu Guilmotos Behauptung, dass Geschlechterungleichgewicht Ähnlichkeit mit einer Epidemie aufweist. In der Zahl der Leben, die sie betroffen hat, sagt er, ist Geschlechtsselektion mit AIDS vergleichbar. In der Einleitung zu *Watering the Neighbour's Garden* weisen er und seine Kollegin Isabelle Attané darauf hin, dass AIDS weltweit geschätzte 25 Millionen Menschenleben gefordert hat – lediglich einen Bruchteil der Zahl der verschwundenen Frauen. »Der Vergleich [zwischen diesen beiden Problemen] reicht wohl aus für ein Urteil darüber, welch geringes Interesse der Frauenschwund geweckt hat«, schreiben sie.[34] Im Jahr 2008 beanspruchte das HI-Virus ein volles Viertel aller Gesundheitsausgaben weltweit für sich.[35] Rund um den Globus erfreut sich AIDS der Aufmerksamkeit von Nichtregierungsorganisationen, politischen Entscheidungsträgern und Schulkindern. Die Krankheit kann sich einer eigenen Unterorganisation bei den Vereinten Nationen rühmen (UNAIDS: Joint *U*nited *N*ations Programme on HIV/ *AIDS*). Geschlechtsselektion indessen bleibt meist unsichtbar, eine stärker um sich greifende, dabei stillere Epidemie, bemerkt lediglich von Demografen, die Jahre nach begangener Tat Geburtenregister durchpflügen – und natürlich von den Hunderten Millionen Menschen, die in Gemeinwesen mit Frauenknappheit leben oder leben werden.

ZWEITES KAPITEL

Der Elternteil

Geld kostet oft zu viel.

Ralph Waldo Emerson

Der Kreis Suining im Norden der Provinz Jiangsu liegt auf halbem Weg zwischen Shanghai und Beijing im Tal des Huai-Flusses, der landwirtschaftlich genutzten Ebene, die so etwas wie Chinas Herzland ist. Jahrhundertelang war er ein Gebiet gewesen, an dem das einzig Bemerkenswerte seine Durchschnittlichkeit war. Die Bewohner von Suining essen gern ein bisschen scharf, ein bisschen salzig, ein bisschen süß. Sie sprechen einen Dialekt, der dem Mandarin nahe steht und der von den meisten Chinesen verstanden wird. Die größte Berühmtheit, die der Landstrich hervorbrachte, war der Han-Kaiser Gaozu, der von 202 bis 195 vor Christus regierte, und sogar der war schlichter bäuerlicher Herkunft. Heute freilich ist Suining Entwicklungsgebiet – und es entwickelt sich schnell. Wer die Berichte über den chinesischen Wirtschaftsboom kennt, ist im Bilde über die skurrilen Wolkenkratzer in Shanghai, über die Milliarden, die für die Olympischen Spiele 2008 in Beijing geflossen sind, über die Luxuseinkaufsmeilen, Luxusautohäuser und Yachtclubs in den führenden Großstädten des Landes. In vieler Hinsicht macht sich der wirtschaftliche Aufschwung jedoch deutlicher bemerkbar an Orten wie Suining, wo die Veränderungen, die er bewirkt, heftiger in Erscheinung treten und einen viel größeren Einfluss auf die Psyche und das Leben der Einheimischen ausüben.

Der Wirtschaftsboom à la Suining begann in den 1990er Jahren, als Bewohner den Nachtbus nach Shanghai und zu den reichen Städten in der Umgebung der Metropole bestiegen und dort Beschäftigung fanden – sei es, dass sie beim Bau von Wolkenkratzern mitarbeiteten, in Fabriken malochten oder den Babys chinesischer Neureicher die Windeln wechselten. Ein paar Gehaltsschecks später begannen sie, Geld heimzuschicken, Tausende telegrafische Überweisungen, allesamt an die Landwirtschaftsbank Suining. Die Städte und Dörfer in Suining dehnten sich in alle Richtungen gleichzeitig aus. Der Hauptort des Kreises – eine etliche Hundert oder Tausend Einwohner zählende Siedlung, die ebenfalls Suining hieß – war jahrelang der Ort gewesen, wo die Bauern, die die umliegenden Weizen- und Reisfelder bestellten, ihre Ernte verkauften und für ihren Bedarf einkauften. Nun wuchsen seinem kümmerlichen Straßennetz am Außenrand immer mehr und immer größere Gevierte zu. Mit Dachpagoden, römischen Säulen und ballonkaugummirosa Fassaden aufgebrezelte hohe Wohnsilos schossen wie Pilze aus dem Boden und summierten sich zu ganzen Häuserblocks. Die größeren Wohnsiedlungen boten Tausenden Bewohnern Unterkunft. Mit Feuerwerk und dem feierlichen Durchschneiden eines Bandes wurden Supermärkte eröffnet, wo man ebenso Uhren und Schmuck wie Gemüse und Reis kaufen konnte, und plötzlich schien es so, als ob sich in jedem zweiten Geschäftslokal ein Immobilienmakler niedergelassen hätte. Auf Reklametafeln tauchte Werbung für Lebensversicherungen – eine zuvor jedermann ganz fremde Sache – auf. Jahrzehntelang war das einzige Hotel am Platze eine staatseigene Einrichtung namens »Der Osten ist rot« gewesen. Dem erwuchs jetzt Konkurrenz im »Hotel International Suining« und im »Hotel US-Amerikanisch-Chinesische Freundschaft«. Ein cleverer Unternehmer wiederum eröffnete in der Hoffnung auf einen profitträchtigen neuen Markt den Haushaltsgerätehandel »Der Osten ist rot«.[1]

Am Ortsrand siedelte sich Industrie an, zuerst nur Kleinbetriebe in chinesischer Hand, die aber für Suining große Veränderungen mit sich brachten. Die Firma »Suininger Fleischwaren« errichtete einen kastenförmigen braunen Bau und säte ringsum Gras ein, mit dem Ergebnis, dass sie mitten in einer riesigen giftgrünen Rasenfläche lag. Dann kam chemische Industrie hinzu und überzog den Landstrich mit einem dauerhaften, aber kaum merklichen Smogteppich, dessen Existenz die Suininger nach einiger Zeit nurmehr dann bemerkten, wenn sie wieder frei atmen konnten, sobald sie sich einmal über die Kreisgrenze hinausbewegten. Die Suininger Weizen- und Reisfelder blieben erhalten, aber die Fabriken benötigten befestigte Straßen, sodass die Regierung die Feldwege, die den Bauern als Verkehrsanbindung an den Ort einst gereicht hatten, asphaltieren ließ. Das Straßennetz war noch mal ein Stück gewachsen.

Von dem Boom wurden just diejenigen förmlich überrollt, die ihn in Gang gesetzt hatten. Wenn die Wanderarbeiter von ihrem Aufenthalt in Shanghai zurückkamen, fanden sie in dem Labyrinth von neuen Straßen und Häuserblocks nur mit Mühe nach Hause. Andererseits war aber auch das Zuhause keine feste Größe mehr: Alle redeten ständig von einer neuen, besseren Wohnung. Die Männer leisteten sich Zigaretten der Marke »Sequoia«, die Frauen interessierten sich für ausgefallene neue Medienspektakel wie koreanische Seifenopern. Teenager gingen zum ersten Mal online. Aber so groß war keine Veränderung, dass sie die Anpassungsfähigkeit der Suininger überfordert hätte. Die Bauern, die weiterhin ihre Felder bestellten, entdeckten, dass frisch gebaute Autostraßen ausgezeichnete Tennen zum Weizentrocknen abgeben. Wer im späten Frühjahr hier vorbeikommt, sieht allenthalben Zeugnisse dieser neuen Spielart bäuerlicher Findigkeit: auf den Hauptverkehrsstraßen anstelle von Autos mächtige Rundwälle aus lauter kleinen gelbbraunen Körnern, so, als würde hier riesenhaften vogelgestaltigen Göttern geopfert.

Doch eine kardinale Veränderung, die sich für die Bewohner des Kreises Suining ergab, blieb bei dem ständigen Wandel der Dinge und Verhältnisse ringsum zunächst nahezu unsichtbar; sie zeigte sich nur, wenn man den Blickwinkel erweiterte und gleichsam aus der Vogelperspektive ganze Häuserblocks oder Stadtviertel ins Auge fasste. Den Statistiken der Nationalen Kommission für Bevölkerungsentwicklung und Familienplanung zufolge kamen im Jahr 2007 bei den Geburten in Suining auf je 100 Mädchen 152 Jungen. Die Vogelperspektive kann jedoch auch ein unvollständiges Bild liefern, weil sie unter Umständen übersehen lässt, dass der demografische Wandel in Suining zusammen mit einem ökonomischen Wandel aufgetreten ist – dass Mädchen mitten in einer Phase enormen wirtschaftlichen Aufschwungs verschwunden sind. Von Weitem wirkt Suining arm. Vom Innern des Booms aus betrachtet war die Lage hier niemals besser gewesen.

* * *

Einer der Ersten, der davon profitierte, war Wu Pingzhang.* Die neuen Wohnungen, die sich die Leute in Suining kauften, statteten sie mit Geräten aus, mit deren Betrieb sie wenig Erfahrung hatten. Als Spezialist für Wartung und Reparatur von Klimageräten und Besitzer von zwei Mobiltelefonen, die täglich 24 Stunden eingeschaltet blieben, war Wu bald ein gefragter Handwerker. Binnen Kurzem verdiente er so gut, dass er zusammen mit seiner Frau aus dem Dorf seiner Vorfahren in eine Mietwohnung in Suining Stadt umziehen konnte. Sie lag in der zweiten Etage eines Betonblockhauses, über einem Fotostudio namens »Fliegen auf dem Wind«, und bestand aus einem einzigen großen Raum, der auf einen geräumigen Balkon hinausging. Um aus dem einen Raum zwei zu machen, brachte Wu Haken an der Decke an und hängte als Raumteiler einen Hintergrundprospekt aus bemalter Leinwand auf, den ihm die Besitzer des Fotostudios geliehen hatten – einen Ausblick durch saubere weiß gerahmte Fenster auf einen makellos blauen Himmel. Vor dem Prospekt arrangierte er dann wie eine Bühnendekoration seine eigenen häuslichen Geräte, die er gebraucht von Kunden erworben hatte: einen Wanbao-Kühlschrank, eine Midea-Mikrowelle und einen PANDA-Farbfernseher. Das Prunkstück war ein vertikales Raumklimagerät, das vom Betonfußboden bis knapp unter die Decke reichte. Wu und seine Frau genehmigten sich jetzt mehr Fleisch als früher, und er begann, Bier zu trinken. An der einen Zimmerwand stapelte er kastenweise Yincheng-Bier, um Gästen zu signalisieren, dass in diesem Haushalt der Vorrat nicht ausging. Er schaffte sich

* Wie bei allen Bürgern von Suining, die ich interviewte, ist der Name geändert. Viele der Eltern, mit denen ich sprach, hatten gegen die Ein-Kind-Politik oder andere gesetzliche Vorschriften zur Kontrolle des Bevölkerungszuwachses verstoßen.

ein leichtes Motorrad an. Dank seinem Aufstieg in die Mittelklasse konnte er sich sogar eine kleine Extravaganz leisten: eine Sammlung von Mao-Anstecknadeln aus Kulturrevolutionstagen, die er auf Flohmärkten und von Bekannten zusammenkaufte. Dass er Anrecht auf einen Sohn habe, war für ihn selbstverständlich. »Das ist eine Schicksalsfrage«, sagte er mir. Nach seiner Überzeugung war es ihm von der Vorsehung bestimmt, einen Jungen zu haben.

Wu Pingzhang war nicht der Einzige, der an künftige Erben dachte. Am anderen Ende der Stadt erfreute sich sein Cousin Wu Bing eines bescheideneren Erfolgs. Nach Aufenthalten in Shanghai und Nanjing als Wanderarbeiter hatte auch er eine Wohnung in der Stadt gemietet, in einem Labyrinth von Gassen in der Nähe einer Grundschule. Er schaffte sich ein Mobiltelefon und einen Fernseher an. Und auch er begann, Bier zu trinken; seine Marke war Pengjing. Seine Frau trat der protestantischen Kirche bei, und er überließ ihr jetzt jährlich 1000 Yuan (115 Euro) für die Kirchensteuer und darüber hinaus noch etwas Geld für Kleidung. Was möglichen Nachwuchs betraf, dachte er zwar nicht in so gehobenen Begriffen wie Wu Pingzhang, aber durchaus nicht weniger rigoros. Was hat man von materiellem Wohlstand, wenn man keinen Sohn hat, dem man ihn vererben kann?

Die Cousins wichen zwar in mancher Hinsicht voneinander ab. Wu Pingzhang ist rundlich und gesellig, trägt ein breites, schelmisches Lächeln zur Schau und neigt in der Unterhaltung zu trockenem Humor, Wu Bing dagegen ist zierlich gebaut und schüchtern, hat feine Wangenknochen, einen bleistiftdünnen Lippenbart und einen gekrümmten Rücken, der ihn noch kleiner erscheinen lässt, als er ohnedies ist. Wu Pingzhangs Frau, Liu Mei, ist ebenfalls rundlich, was sie ihrer Lust am Kochen zuschreibt. Liao Li, Wu Bings Ehefrau, ist fromm, ernsthaft und vor allem dem Beten zugetan. Aber seit die zwei Cousins in den 1990er Jahren ihre Familien gründeten, sind beider Lebensgeschichten parallel verlaufen.

In der vorhergehenden Generation wurden in Suining Kinder noch nicht geplant: Sie waren sozusagen Zufallsprodukte. Und weil Männer und Frauen jung heirateten, niemals Empfängnisverhütung betrieben und Arbeitskräfte auf dem Hof und bei der Landarbeit brauchen konnten, kam der Zufall wieder und wieder zum Zug. Wer einen Sohn haben wollte – und das wollten die meisten –, hatte einfach nur Sex und wartete ab, was daraus wurde. Führten der erste und der zweite Anlauf nicht zu einem Sohn, versuchte man es von Neuem, und fast immer wirkte der Zufall im gewünschten Sinn. In jeder beliebigen menschlichen Population haben 88 Prozent der Paare nach drei Geburten mindestens einen Sohn.[2] Mit der sechsten Geburt schnellen die Aussichten auf einen Sohn auf 99 Prozent hoch.* Sechs ist genau die Zahl der Kinder, die Wu Pingzhangs Mutter hatte – er selbst war der Jüngste –, und für den gewünschten Sohn hatte sie der Natur nicht ins Handwerk pfuschen müssen. Im Jahr 1980 wurde die Ein-Kind-Politik in China eingeführt und 1982 die Massenproduktion von Ultraschallgeräten aufgenommen. Dass die Geräte so bald nach der Einführung einer Obergrenze für die Geburtenzahlen auf den Plan traten, wurde als ein glücklicher Zufall willkommen geheißen. Eltern gab die Technik das Mittel in die Hand, weniger Kinder zu haben und trotzdem auch gegen die Gesetze der Wahrscheinlichkeit das angestrebte Ziel zu erreichen.** Für lokale Behörden, die sich mit nicht einhaltbaren Obergrenzen für die Geburtenzahlen konfrontiert sahen, eröffnete sich dank Ultraschall die Möglichkeit, dass die Quoten eingehalten wurden, ohne dass sie ihrerseits Mütter eine Zwangsabtreibung auferlegen mussten.

Verglichen mit der Alternative, mehr Kinder als gewollt zu haben, war Geschlechtsselektion auch die billigere Lösung. Vorgeburtliche Geschlechtsbestimmung ist in China illegal; weil aber lokale Behörden kein dringendes Motiv haben, hart

* Selbstverständlich gibt es auch in diesem Fall Ausnahmen von der Regel. In Suining lernte ich eine Frau kennen, die 10 bis 14 Töchter hatte – ihre Nachbarn nennen andere Zahlen als sie selbst –, ehe sie schließlich den heiß ersehnten Sohn zur Welt brachte.

** Viele chinesische Provinzen nahmen später in die Ein-Kind-Politik eine (häufig als 1,5-Kind-Politik bezeichnete) Ausnahmeregelung auf: Eine erstgeborene Tochter gilt als unbefriedigendes Ergebnis einer Art Mutterschafts-Probelaufs und berechtigt zu einem weiteren Versuch, zu einem Sohn zu kommen. In Jiangsu hat man allerdings keine solche Regelung getroffen.

gegen sie vorzugehen, kann ein Umschlag voll Geldscheinen oder eine Stange hoch geschätzter Chunghwa-Zigaretten viel bewirken. Zum Zeitpunkt meines Besuchs in Suining beliefen sich die Bestechungsgelder für die Ultraschalltechniker, die man für einen Test zur vorgeburtlichen Bestimmung des Geschlechts der Leibesfrucht aufwenden musste, angeblich auf 1000 Yuan (115 Euro). Das Bußgeld für ein ohne amtliche Erlaubnis geborenes Kind war zehn Mal so hoch.[3] Die Eltern, mit denen ich sprach, weil sie auf vorgeburtliche Geschlechtswahl zurückgegriffen hatten, zählten bei Weitem nicht zu den Ärmsten im Kreis; überhaupt waren es der Anthropologin Barbara Miller zufolge chinaweit die »von der Wirtschaftsreform profitierenden Schnellchecker und ewigen Ersten an der Futterkrippe«, die als Erste geschlechtsselektiv abtrieben.[4] Aber in einer Zeit, in der alle Welt mehr oder weniger dem Geldwahn verfallen war, machte der mit ihr verbundene Spareffekt die Geschlechtsselektion auch für breitere Schichten attraktiv.

Beim ersten Anlauf hatten die Cousins Wu beide ein Mädchen. Wu Bings Tochter kam 1993 auf die Welt, die Wu Pingzhangs 1998. Wie damals in China durchaus nicht unüblich, entschieden sich beide Ehepaare für ein zweites Kind – Bevölkerungspolitik hin oder her. Und beide ließen erstmals eine Geschlechtsbestimmung per Ultraschall vornehmen.

Beim zweiten Versuch wurde Wu Bings Frau Liao Li mit einem Mädchen schwanger. Sie trieb ab. Die dritte Schwangerschaft, wieder ein Mädchen, trug sie aus. Es ist nicht ganz klar, warum sie und Wu Bing sich für eine zweite Tochter entschieden; allerdings dürfte da Liao Lis Unbehagen gegenüber Abtreibungen mitgespielt haben. Ihr Seelsorger missbillige Abtreibungen, erzählt sie mir; sie erwähnt das Verfahren nur ein einziges Mal, nach mehreren Glas warmem Penjing-Bieres. Ihre Entscheidung, das Mädchen zu behalten, dürfte auch dadurch beeinflusst gewesen sein, dass die Abtreibung – die wie die Mehrzahl der geschlechtsselektiven Abtreibungen in China nach der zwanzigsten Schwangerschaftswoche vorgenommen worden war – erst ungefähr ein Jahr zurücklag. Wie dem auch sei, Liao Li und Wu Bing nannten die zweite Tochter Panpan (eine Verformung des Wortes *panwang*, das »Hoffnung« bedeutet), weil sie hofften, sie kündige für den dritten Versuch einen Sohn an. Der bedeutungsschwere Name funktionierte jedoch nicht: Auch der vierte Fetus, der sich in Liao Lis Uterus formte, entpuppte sich als Mädchen. Sie ließ wieder abtreiben.

Als schließlich doch noch ein Junge kam, war er Liao Lis drittes Kind aus ihrer fünften Schwangerschaft. Er erhielt den Namen Maodan, was »Befruchtetes Ei« bedeutet. Das richtige Ei hatte sich in Liao Lis Uterus eingenistet, und die Eltern schwebten auf Wolken vor Glück. Dieses Geschenk der Vorsehung nach jahrelangem Pech empfand man als besonders köstlich. Für die Eltern künde der Name des Jungen von einem Sieg, erklärte mir Liao Li – und tatsächlich hatten sie ja die Biologie besiegt. Befruchtetes Ei, sagte sie, »bedeutet so etwas Ähnliches wie Kleinod«.

Am anderen Ende der Stadt bastelte Wu Pingzhang an seiner Wunschfamilie. Nach der Geburt ihrer ersten Tochter wollten er und Liu Mei keine zweite riskieren. Nicht, dass sie das Bußgeld nicht hätten zahlen können. Er verdiente 30 000 Yuan (3500 Euro) im Jahr, mehr als das Vierfache des damaligen Haushaltseinkommens in China.[5] Aber sie sahen nicht ein, wozu sie ausgerechnet noch eine Tochter haben sollten, da doch Liu Mei schon mit dem einen Kind alle Hände voll zu tun hatte. Nach jener ersten Geburt folgte sieben Jahre lang keine zweite – nach der Erfahrung von Ärzten, die in China oder Indien arbeiten, ein Zeichen dafür, dass Liu Mei sich ein paarmal Abtreibungen unterzog. Eines Tages dann brachte Wu Pingzhang seine im fünften Monat schwangere Frau zur Ultraschalluntersuchung und war überglücklich, als er erfuhr, was der Bildschirm offenbarte.

Um sicherzugehen, dass die Leute von der staatlichen Familienplanung nicht seinen Plan, einen Sohn zu haben, zunichte machten, gab er seine Tochter in die Obhut seiner Eltern und mietete in Nanjing, der Hauptstadt der Provinz Jiangsu, eine kleine Wohnung, in der er Liu Mei für die Dauer der Zeit unterbrachte, in der ihr Bauch mehr und mehr anschwoll. Er selbst durchstreifte tagsüber Nanjing mit dem Fahrrad – wobei er an manchen Tagen achtzig bis hundert Kilometer zurücklegte – und stückelte mit Gelegenheitsarbeiten ein Einkommen zusammen. Abends kehrte er zu Liu Mei in die kleine Wohnung zurück, und gemeinsam erwarteten sie sehnlich die Niederkunft.

Die Vorsichtsmaßnahme mit dem Ausweichquartier in Nanjing zahlte sich aus, und ein paar Monate später kehrten Wu Pingzhang und Liu Mei als stolze Eltern eineiiger Zwillingsjungen nach Suining zurück.[6] Wu Pingzhang konnte problemlos seinen Klimageräte-Service wiederaufnehmen und hatte bald genug Geld zusammen, um den Jungen identische T-Shirts, identische Plastikautos und identische Spielzeugpistolen kaufen zu können. Sooft er nur konnte, spazierte er, einen Zwilling auf jeder Schulter und sein breites Lächeln auf dem Gesicht, durch das Wohnviertel. Nach seiner Meinung war er der glücklichste Vater weit und breit. »Zwillingsjungen hat nicht jeder!«, erklärte er mir. Erst später begann er, darüber nachzudenken, dass es Probleme gibt, die selbst mit fortgeschrittensten technischen Mitteln nicht zu lösen sind.

* * *

Eines Nachmittags stehe ich kurz vor Unterrichtsende vor der Grundschule in der Nähe von Wu Bings Wohnung, einem langen, gekalkten Bau, umschlossen von einem asphaltierten Hof, der an einem Gitterzaun endet. Gleich nebenan finden sich Läden, wo es für ein Taschengeld Süßwaren und Spielsachen zu kaufen gibt. Neben mir Eltern, die vor dem Gittertor auf ihre Kinder warten. Die Klingel ertönt, und angeführt von lächelnden jungen Lehrerinnen strömen die Kinder in Reih und Glied auf den Hof. Die Lehrerinnen führen ihre kleinen Schützlinge in zwei exakt parallelen Schlangen zu uns her, ein Kinderpaar nach dem anderen: Es ist wie in Ludwig Bemelmans' Kinderbuch *Madeline* – mit einem einzigen, wesentlichen Unterschied, der für mich schmerzhaft in Erscheinung tritt, als ich jetzt auf eine Stelle im Schulhofinneren gleich hinter dem Gittertor blicke und zu zählen beginne. Junge-Junge, Junge-Mädchen, Junge-Mädchen, Junge-Junge, Junge-Mädchen, Junge-Mädchen: Das Geschlechterverhältnis an der Schule ist 2:1.

Ich wiederhole diese Übung in Lianyungang, einer Stadt

nordöstlich von Suining, wo es mit dem Geschlechterverhältnis noch schlechter bestellt ist; laut regierungsamtlicher Statistik kommen dort in der Altersgruppe der Bis-Vierjährigen auf 100 Mädchen 163 Jungen.[7] An einem sonnigen Samstagmorgen zähle ich im üppig grünen Cangwu-Park sechs Jungen und drei Mädchen, die sich auf einer Hüpfburg austoben. Nicht weit vom Eisstand füttert ein Dutzend Kids mit verklebten Gesichtern – sieben Jungen, fünf Mädchen – die Tauben. Die Kinder, die auf einer Rasenfläche Drachen steigen lassen: drei und zwei. Die Fahrer in den auf Elektrogleisen kreisenden lustigen kleinen Tanks: drei und eins.[8] Aber ich hätte meine Erhebung ebenso gut in jeder beliebigen von mehreren Dutzend Städten in Ostchina durchführen können. In Yichun (Provinz Jiangxi) kommen in der Altergruppe der Bis-Dreijährigen auf 100 Mädchen 137 Jungen. In Fangchenggang (Provinz Guangxi) erhöht sich die Zahl der Buben auf 153 und in Tianmen (Provinz Hubei) auf 176.[9]

Es scheint zwar so einleuchtend: Man kann nicht die ganze Zeit nur Jungen haben und erwarten, dass die Gesellschaft, in der man lebt, es sehr weit bringt. Aber Eltern, die auf das gewünschte Geschlecht hin selektieren, fällt es trotzdem immer wieder leicht, das Ungleichgewicht der Geschlechter als ein Problem abzutun, das andere betrifft. Meist warten die Eltern, wie die Cousins Wu es getan haben, bis sie eine oder zwei Töchter haben, bevor sie auf geschlechtsselektive Abtreibung zurückgreifen; die wenigsten tun dies schon bei der ersten Schwangerschaft. Wir wissen das, weil rund um den Globus das Geschlechterverhältnis bei der Geburt mit der Geburtenfolge steil ansteigt. Im Jahr 1989, auf dem Höhepunkt exzessiver Geschlechtsselektion in Südkorea, war das Geschlechterverhältnis bei Erstgeborenen landesweit 104 – praktisch normal. Bei Zweitgeborenen lag es bei 113, bei Drittgeborenen bei 185 und bei Viertgeborenen bei 209 – was eine Wahrscheinlichkeit von über 2:1 bedeutete, dass ein Paar eher einen Jungen als ein Mädchen haben würde.[10] Heute zeigt sich in China, Indien und anderen Ländern mit schwerwiegendem Ungleichgewicht im Zahlenverhältnis der Geschlechter ein ähnlicher Trend. Und Paare, die bereits ein oder zwei Mädchen haben, sind vielleicht überzeugt, dass sie lediglich mehr Gleichgewicht in ihrem Nachwuchs herstellen, wenn sie beim nächsten Mal durchsetzen, dass es ein Junge wird. Wer sich nicht den Kopf über die Mechanismen der Evolution zerbricht, dem mag es nur schwer verständlich sein, dass er dem Gemeinwesen schadet, wenn er in der Elternrolle aktiv für Abwechslung beim Geschlecht seiner Kinder sorgt.

Ein anderer Aspekt der Familie, in der die Eltern ein, zwei Mädchen haben, ehe sie auf einen Jungen hin selektieren, ist der Umstand, dass diese Eltern unter dem asymmetrischen Geschlechterverhältnis in der Population nicht zu leiden haben. Wenn die Mädchen erwachsen geworden sind und sich nach Partnern umsehen, sind sie gar nicht so übel dran. Wu Bings beiden Töchtern wird es nicht schwerfallen, zu gegebener Zeit Ehemänner zu finden, und sollte der Sohn ledig und auf die Eltern angewiesen bleiben, so wird diesen durch die Verheiratung der Töchter die Bürde doch immerhin etwas erleichtert. Paradoxerweise sind es die Eltern, die allein dank der 50:50-Wahrscheinlichkeit gleich beim ersten Anlauf einen Sohn bekommen – die Eltern, die keine weiblichen Feten abtreiben –, die am meisten zu leiden haben: nämlich dann, wenn sie diesen Sohn in einer Gesellschaft, in der die Nachbarn ihren Fortpflanzungserfolg manipuliert haben, gern verheiratet und seinen eigenen Haushalt führen sähen.[11]

Ein letzter Faktor, der für die weite Verbreitung der Geschlechtsselektion mitverantwortlich ist, hängt mit der Entwicklung der allgemeinen Lebensverhältnisse zusammen, und in diesem Zusammenhang betrachtet nimmt sich geschlechtsselektive Abtreibung nicht viel anders als jede x-beliebige andere bedeutende technische Neuerung aus. Wenn sich viele Aspekte des Lebens im Fluss befinden, konzentrieren sich die Menschen einfach darauf, den Wandlungsprozess möglichst ohne Unbequemlichkeiten zu überstehen, und dazu gehört oft die Akzeptanz einer neuen Technik fast als naturgemäße Verfahrensweise. In den Wochen, in denen ich Einwohner von Suining interviewe, sind es hauptsächlich ältere Leute, die das im demografischen Wandel keimende Ungemach erkennen: Leute wie Wang Xiucong, ein drahtiger Großvater, den ich in einem dörflichen Lehmhaus treffe, wo er mit anderen älteren Männern beim Kartenspiel zusammensitzt und fünfzigprozentigen Korn trinkt. Er ist aufgeräumt, schon zur Mittagszeit betrunken und begeistert, einen Ausländer kennenzulernen. Aber seine Stimmung geht in den Keller, als ich das Geschlechterverhältnis bei der Geburt aufs Tapet bringe. »Wo man hinguckt, sieht man Jungen«, sagt er mit einem verdrießlichen Kopfschütteln. »Alle haben jetzt Jungen. Da, sehen Sie den Kleinen …?«, fährt er fort, auf einen Dreikäsehoch deutend, der durch die Tür getapst kommt. »Der wird mal Schwierigkeiten haben, an eine Frau zu kommen, wenn er groß ist.«

Es ist nicht so, dass die Suininger jungen Eltern das zahlenmäßige Übergewicht von Jungen gegenüber Mädchen nicht bemerken. Das ungleichgewichtige Geschlechterverhältnis um sie herum ist für sie mit Händen zu greifen. Wenn sie ihre Kinder von der Schule abholen, ist das Missverhältnis gar nicht zu übersehen. Sie sehen, dass unter Geschwistern die älteren immer Mädchen sind, und bemerken vielleicht, dass zwischen diesen Mädchen und ihren Brüdern eine große zeitliche Lücke klafft.* Sie registrieren diese Einzelheiten; aber wie jemand, der solo in seiner Geländelimousine durch die Gegend gondelt, sich einredet, so groß sei die Umweltbelastung durch ihn im Grunde ja nun auch nicht, sagen sie sich dann, dass andere hier schon für einen Ausgleich sorgen werden.

Das Ungleichgewicht im Zahlenverhältnis der Geschlechter sei »offenkundig«, sagt der Demograf Shuzhuo Li, während er mich durch eine zentralchinesische Kommune mit hohem Geschlechterverhältnis führt. »Die *laobaixing*, die normalen Chinesen, wissen alle Bescheid. *Jeder* weiß Bescheid. Aber alle denken sie, sie können viel in ihren Sohn investieren und dafür sorgen, dass er unter den besten Bedingungen aufwächst

* Die Tatsache, dass Paare meist erst dann gezielt auf Söhne als Nachkommen hinarbeiten, wenn sie schon ein oder zwei Mädchen haben, hat zur Folge, dass Mädchen im Regelfall Teil einer größeren Zahl von Geschwistern sind, was – zumindest in Entwicklungsländern – ihre Erfolgschancen lebenslang verringert. Das Los der älteren Schwestern sieht häufig so aus, dass sie ihre viel jüngeren Brüder großziehen müssen; von einem indischen Arzt höre ich, dass Mädchen zu »Minimüttern« gemacht werden.

und später mal eine sympathische Schwiegertochter findet. Die Söhne anderer Leute brauchen sie nicht zu kümmern. Sie wissen, dass individuelle Entscheidungen sich auf das Gemeinwohl auswirken, aber sie wollen auf ihre Wahlfreiheit nicht verzichten.« Und warum sollten Eltern nicht darauf vertrauen, dass es ihren Söhnen einmal gut gehen wird? Die Geschichte des heutigen China handelt von unaufhaltsamem Fortschritt. In der Geschlechtsselektion mehr als lediglich ein Problem minderen Ranges zu sehen, hieße, den Glauben an das chinesische Wirtschaftswunder aufzugeben.

Aber manche Eltern sorgen sich tatsächlich. Für Wu Pingzhang kann es gar nicht anders sein, als dass seine Zwillingsbuben einmal heiraten werden. »Nicht heiraten, keine Kinder haben – unmöglich!«, sagt er zu mir. Und dennoch: So stolz er auf die beiden auch ist, manchmal plagt ihn die Sorge, sie könnten keine Frau finden. Er kommt um Beobachtungen nicht herum, die ihm klarmachen, dass der ganze Betonwohnsilo-Block, wo er zu Hause ist, von Testosteron nur so trieft. Die Besitzer des Fotostudios haben einen Sohn. Die fröhlichen Bäckersleute aus der Provinz Hunan, die unten an der Straße an einem Klapptisch saccharingesüßtes Gebäck verkaufen, haben einen Sohn. Die Frau, die ein Stück weiter die Straße hinunter aus einer Kühltruhe Eiskrem-Lollis verkauft – und zwar meist an Jungen –, hat ebenfalls einen Sohn. Wenn alle diese Jungen mehr oder weniger gleichzeitig erwachsen werden, dann könnte, das sieht Wu voraus, die Lage prekär werden, und für diesen Fall hat er vorgesorgt. In China sind die Heiratsaussichten eines Mannes oft eine Frage der Höhe des Kapitals, das seine Eltern haben anhäufen können, um eine potenzielle Braut anzulocken. Doch was das betrifft, ist Wu überzeugt, dass seine Sammlung von Mao-Anstecknadeln seinen Söhnen einen Vorteil verschaffen wird. In zwanzig Jahren, darauf würde er wetten, werden chinesische Sammler mit echter Nostalgie auf die Kulturrevolution zurückblicken und Spitzenpreise für jedes kleine Stück Geschichte zahlen. Dieses Geld wird Wu dann in Autos und Häuser fließen lassen, um jeden seiner Söhne zu einer guten Partie zu machen. Also bewahrt er im Interesse seiner Söhne die Anstecknadeln, nachdem er sie in mit rotem Samt ausgepolsterten Dokumentenmappen verstaut hat, in einer Schublade auf, in der sie vor Licht geschützt sind.

* * *

Und wie steht es mit den Frauen, die abtreiben? Von Organisationen, die aktiv für die Stärkung der sexuellen und reproduktiven Rechte von Frauen kämpfen, ist häufig zu hören, die Männer seien schuld an der Geschlechtsselektion. Seien doch sie es, die den Sexismus am Leben erhielten und für den Fortbestand der wirtschaftlichen und gesellschaftlichen Ungleichheiten sorgten, aufgrund deren Frauen Töchter als Belastung empfinden. Und nicht selten monieren diese Organisationen auch handfestere Formen der Unterdrückung, sprechen von Ehemännern und Vätern, die Frauen brutal unter Druck setzen, damit sie abtreiben. »In Guajarat entscheidet nicht die Frau, ob sie ein männliches oder ein weibliches Kind haben wird«, sagte die Frau an der Spitze einer feministischen Gruppierung in Indien. »Offen gesagt wird sie niemals gefragt, ob sie mit dem Mann ins Bett gehen will oder nicht. Von Entscheidungsfreiheit kann also keine Rede sein. … Es sterben so viele Frauen oder begehen Selbstmord, weil sie Töchter zur Welt bringen. Ehemänner, die ihre Frau wegen der Geburt einer Tochter quälen, sind nichts Ungewöhnliches.«[12]

In Wirklichkeit jedoch machen solche Fälle nur einen kleinen Teil der geschlechtsselektiven Abtreibungen aus, die in Asien vorgenommen werden. In China und Indien, in Südkorea, Vietnam und Aserbaidschan wird die Entscheidung für eine Abtreibung oft von einer Frau getroffen – entweder von der Schwangeren selbst oder von ihrer Schwiegermutter, die ihr eigenes Motiv hat, sich für den Nachwuchs ihres Sohns zu interessieren. In einem Report der indischen nichtstaatlichen Organisation *Centre for Women's Development Studies* (auf Deutsch etwa: Zentrum für Studien zur Lage der Frauen und deren Entwicklung) wird eine Frau vorgestellt, die ihrem Mann zwei Abtreibungen verheimlichte. Als ihr Mann ihr verbot, den weiblichen Fetus abzutreiben, mit dem sie schwanger ging, versteckte sie sich bei ihren Eltern und kehrte erst, nachdem sie die

Prozedur hinter sich gebracht hatte, zu ihrem Mann zurück; die nächste Schwangerschaft verlief nach dem gleichen Szenario.[13] Geschlechtsselektion, das sollte man nicht vergessen, findet in einem gesellschaftlichen Klima statt, in dem jedermann vorwärtskommen will, und Frauen sind gegen Statushunger wohl kaum gefeit, selbst wenn er auf Kosten des eigenen Geschlechts geht. In einem kürzlich in der Zeitschrift *Reproductive Health Matters* abgedruckten Artikel heißt es: »Für Frauen, die in dem Versuch begriffen sind, einen Sohn zu bekommen, und unter dem Druck stehen, ihrer ›weiblichen Pflicht‹ mit der Geburt eines männlichen Kindes zu genügen, kann geschlechtsselektive Abtreibung eine eminente Stärkung ihrer Position bedeuten.«[14] Der andere, eher tragische Aspekt – und da hat eine Frau in Suining viel mit der afrikanischen Großmutter gemein, die ein junges Mädchen niederdrückt, während ihm die Klitoris abgeschnitten wird –, dieser andere Aspekt ist, dass Frauen am besten wissen, wie schwierig es doch ist, eine Frau zu sein.

In der Beziehung Liao Li/Wu Bing zum Beispiel ist sie diejenige, die das Sagen hat. Die resolute Frau mit der unbestimmbaren Taille und dem kurz gestutzten dünnen Haar behält das Mobiltelefon ihres Mannes ein, wenn der anderswo als Wanderarbeiter beschäftigt ist, sodass er jedes Mal, wenn er telefonieren will, sich aus dem Arbeiterschlafheim hinauswagen muss, um ein Münztelefon zu benutzen. Während meiner Besuche bleibt Wu Bing die meiste Zeit stumm; den Mund macht er nur auf, um die Antworten seiner Frau zu ergänzen. Liao Li sagt mir, dass ihr Töchter lieber sind. »Mädchen sind sehr gut«, meint sie. »Sie sind sanft. Und sie können sich um dich kümmern, wenn du älter bist.« Aber sie lässt durchblicken, dass sie zwei Mal einen weiblichen Fetus abgetrieben hat, weil einen Sohn zu haben unendlich wichtig dafür sei, dass man sein Gesicht wahrt: »Wenn du keinen Sohn hast, verlierst du dein Gesicht.«

Frauen sind in gewisser Hinsicht ihre eigenen ärgsten Feinde geworden. Erinnern wir uns: Frauenförderung sollte das Los der Frauen verbessern – und auf vielen Gebieten hat sie das ja auch getan. In Sachen Fortpflanzung ist jedoch das Gegenteil eingetreten: Frauen benutzen ihre verstärkte Autonomie dazu, auf Söhne hin zu selektieren. Liao Li gibt diesen Widerspruch offen zu. Den eigenen Körper wiederholt einer Spätabtreibung zu unterwerfen, und das, »obwohl man ja selbst eine Frau ist«, bezeichnet sie als »Dummheit«. Und doch spricht sie über das Thema immer nur in der dritten Person, so, als ob das Geschlechterungleichgewicht in Suining von allen möglichen Leuten, nur nicht von ihr verursacht wäre.[15]

Einmal begleite ich Liao Li morgens beim Kirchgang. Sie besucht den örtlichen Versammlungssaal der Drei-Selbst-Kirche, der einzigen staatlich anerkannten protestantischen Glaubensgemeinschaft in der Volksrepublik. (Die Mitgliederzahl der Drei-Selbst-Kirche ist parallel zum ökonomischen Wachstum des Landes beträchtlich angestiegen, denn angesichts des ständigen Wandels suchen viele Chinesen nach einem bleibenden Lebenssinn.) Der Versammlungsraum befindet sich in einem alten Lagerhaus an einer der wenigen unbefestigten Straßen, die es in Suining noch gibt – gleich neben einer Plakatwand, die den Bau eines Resorts ankündigt. Wir treffen kurz vor sechs Uhr ein und finden die roten Bankreihen gut besetzt mit Gläubigen vor, die in gerader Sitzhaltung die Augen erwartungsvoll nach vorn gerichtet haben, wo auf einer Estrade ein mit glänzender Goldfolie überzogenes Kreuz aus festem Karton aufgestellt ist. Die anwesenden Gemeindemitglieder sind fast alle weiblichen Geschlechts. Es ist das einzige Mal, dass ich bei meinen verschiedenen Reisen nach Suining so viele Frauen an einem Ort versammelt sehe.

Im dem, was nun folgt, spielt die Hilfspredigerin die Hauptrolle, eine stämmige Frau in den mittleren Jahren, die eine braune Polyesterjacke und auf der Nase eine große Brille mit breitrandiger Fassung trägt. Sie ergreift ein Stück Kreide, geht mit großen Schritten zu einer hinter dem Kreuz angebrachten Tafel hinüber und schreibt die Ziffernfolge 36:10–12 an, die eine Stelle im biblischen Buch Hiob bezeichnet, in dem Hiob mit vier Freunden über den Sinn des Leidens diskutiert. Drei der Freunde interpretieren das Unglück, das einen Menschen trifft, als eine Strafe Gottes. Der vierte, Elihu, spricht dem Leiden eine spezielle Berechtigung zu: Oft wolle Gott durch Unglück die Menschen belehren. Nachdrücklich weist uns die Predigerin auf Elihus Worte hin. Liao Li zieht ein Notizbüchlein aus der Tasche und schreibt sorgfältig die Kapitelnummer und die Versnummern auf.

»Wollt ihr *kleinkarierte* Menschen sein?«, dröhnt die tiefe, grollende Stimmer der Predigerin aus dem Lautsprecher. Kleinkariert, erklärt sie, ist jemand, der zu viel begehrt, der keinen Sinn für das hat, was Elihu die gute Eigenschaft des Leidens nennt, der nicht begreift, was er daraus lernen kann, dass er nicht alles bekommt, was er sich wünscht. Die Predigerin nennt einige Beispiele: eine Frau, die nach oben buckelt und nach unten tritt; eine Frau, die ihre Herkunft verleugnet und die große Dame spielt – und schließlich eine Frau, die anderen vorhält, dass sie Söhne haben müssten. »Müsst *ihr* den Sohn [eures Nachbarn] großziehen?«, dröhnt die Stimme der Predigerin aus dem Lautsprecher. »Müsst *ihr* euch darum kümmern, dass er eine Zukunft hat, wenn er erwachsen wird?«[16]

Es ist nur ein kurzer Moment in einer langen Predigt, aber er bleibt mir noch lange, nachdem ich den Versammlungssaal verlassen habe, im Gedächtnis.

Draußen ist Suining am Erwachen. Bauarbeiter sind unterwegs zum Arbeitsplatz, Kauflustige bevölkern die Ladenzeilen der Stadt, die Gerätschaften fangen an zu surren. Irgendwo bricht ein Wanderarbeiter nach Shanghai auf, um dort noch mehr Geld zu verdienen, das in die Wirtschaft von Suining Stadt einfließen kann. Drinnen in dem karg eingerichteten Versammlungssaal jedoch nehmen sich die Frauen einen Augenblick Zeit zum Nachdenken. Die Predigerin gibt ein Zeichen, und die Kirchenbesucherinnen, jetzt nach hinten gewandt, knien nieder und legen die Stirn auf die Sitzfläche ihrer Bank. Manche rollen sich auf dem Boden zusammen. Dann beginnen sie, unisono laut, aber tränenlos zu wehklagen, in Wellen von lang gezogenen Jammerlauten.

DRITTES KAPITEL

Der Wirtschaftswissenschaftler

Ich wandte mich ab, konnte aber die Tränen nicht aufhalten,
Tränen der Schwäche und der Enttäuschung:
Welche Frau will schon ein Mädchen als Erstgeburt?
Sie nahmen mir das Kind ab. Kali sagte:
»Mach dir nichts draus.
Da werden noch viele nachkommen.
Du hast reichlich Zeit.«

Kamala Markandaya, Nektar in einem Sieb

In Buchhandlungen findet man derzeit jede Menge Literatur über den Aufstieg Asiens. Wer nach Informationen über das Wirtschaftswachstum in China und Indien sucht, hat die Wahl zwischen den Titeln *Chindien*, *Chindien im Aufwind*, *Chindien verstehen*, *Der Elefant und der Drache* und – als wäre das eine Mal nicht genug – *Der Drache und der Elefant*. Der Boom in Asien mag zwar in den Medien mitunter maßlos aufgebauscht werden, aber zumindest auf grundlegender Ebene ist die Verbesserung der Wirtschaftslage ganz real. Die Menschen in Suining, die sich innerhalb einer Generation aus armen Bauern in semi-urbane Konsumenten gewandelt haben, sind kein Ausnahmefall. Quer über den Kontinent sinken die Armutsquoten.[1] Eltern, deren eigene Eltern sich das nie hätten leisten können, schicken jetzt ihre Kinder auf eine weiterführende Schule und oft auch auf eine Hochschule. In Ländern, in denen es in der Vergangenheit nur ganz Reiche und ganz Arme gab, bildet sich eine Mittelschicht heraus, und weil die Mitglieder dieser Mittelschicht die Wirtschaft ihres Landes mit noch nie da gewesenen Wachstumsquoten vorantreiben, blicken sie überwiegend optimistisch in die Zukunft. China durchlebt jetzt seine eigene Variante der amerikanischen 1950er Jahre, sagte mir einmal eine pensionierte Lehrerin in Beijing.

Viele Asiaten haben in den vergangenen dreißig Jahren ein

Maß an wirtschaftlicher, gesellschaftlicher und politischer Veränderung miterlebt, wie es die meisten Amerikaner in ihrem ganzen Leben nicht kennenlernen. In Vietnam, Armenien, Aserbaidschan, Georgien und Nepal haben in den zurückliegenden Jahrzehnten größere politische Umwälzungen stattgefunden. Die Motoren einer Wachstumsbranche innerhalb der indischen Wirtschaft sind Leute, die sich Namen wie Trisha oder John zulegen und tagsüber schlafen, um dann die ganze Nacht hindurch in einem Call-Center die Beschwerden unzufriedener Kunden in – beispielsweise – Alabama mit diplomatischem Geschick abzuwimmeln. Während in Seoul die Einkaufszentren für Arbeitswütige entgegenkommenderweise bis vier Uhr morgens geöffnet haben, beklagen sich die Südkoreaner über ihre »Schnell-schnell-Kultur«, den ständigen Konkurrenzkampf, der so scharf und gehetzt ist, dass die Konkurrenten nicht mehr wissen, wo ihnen der Kopf steht. China wandelt sich in einem Tempo, das dem des Westens bei der Industriellen Revolution gleicht, es womöglich sogar übertrifft. Das sind keine Länder, in denen das Leben im alten Trott weitergeht: Sie verwandeln sich in unserer Einschätzung von Ländern des Not leidenden Blocks namens »Dritte Welt« hin zu Entwicklungsländern an der Schwelle zu Industrienationen.

Wie von Soziologen vorausgesagt hat die Entwicklung die wirtschaftliche und gesellschaftliche Stellung der Frau in gewissem Maß verbessert. So zum Beispiel in Indien. »Frauen ziehen auf breiter Front an den Männern vorbei«, betitelte die indische Tageszeitung *Economic Times* 2009 ihren Bericht darüber, dass Frauen in diesem Jahr bei der Aufnahmeprüfung für den Staatsdienst am besten abgeschnitten hatten. Die Indikatoren des sozialen Aufstiegs beschränken sich jedoch keineswegs auf Prüfungsnoten, vermerkte das Blatt: »Es gibt noch eine Reihe weiterer Gebiete, auf denen das schöne Geschlecht Besseres leistet als die Männer.«[2] Tatsächlich wählte im selben Jahr das indische Parlament erstmals eine Frau zur Parlamentspräsidentin: die Juristin Meira Kumar, die bemerkenswerterweise eine Dalit ist, ein Mitglied der vormals als »Unberührbare« bezeichneten Menschengruppe auf der untersten Stufe des indischen

Kastensystems. Mit diesem Durchbruch noch immer nicht zufrieden, bemühen sich indische Feministinnen, ein Gesetz durchzubringen, das ein Drittel bis die Hälfte aller nationalen und teilstaatlichen Parlamentssitze für Frauen reservieren würde – was in den USA eine *affirmative action* (antidiskriminatorische Maßnahme) auf undenkbar hoher Stufe wäre.[3] Ähnliche Veränderungen sind in China im Gange. »[Frauen] wissen heute sehr viel besser Bescheid über ihre Rechte«, äußerte Guo Jianmei, die Leiterin des Rechtsberatungs- und Service-Zentrums für Frauen in Beijing-Zhongze, vor Kurzem gegenüber der *New York Times*. »Sie sind besser ausgebildet. Für diejenigen mit Kampfgeist – einerlei, ob Geschäftsfrau, Wissenschaftlerin, Bäuerin oder selbst politische Führungskraft – eröffnet sich heute im Land eine Welt von Chancen. Die Lage hat sich wirklich gewaltig geändert.«[4]

Und trotzdem hat just zur selben Zeit, als es mit den ökonomischen und politischen Rechten der Frau bergauf ging, der Anteil von Frauen und Mädchen in der Gesamtbevölkerung abgenommen. Wer da wollte, könnte argumentieren, dass die indischen Feministinnen mehr Sitze in den Parlamenten verlangen, als ihnen gerechterweise zustehen, da Frauen ja gar nicht mehr fünfzig Prozent der indischen Bevölkerung ausmachen. »Es ist paradox«, sagt T.V. Sekher, ein Demograf, den ich am Internationalen Institut für Bevölkerungsstudien in Mumbai kennenlernte. »Einerseits steht Indien glänzend da. Wir haben acht Prozent, neun Prozent Wachstum. Wir haben diese ganzen Entwicklungen, Indien wird Supermacht und das alles. Immer mehr Mädchen gehen in die Schule und bilden sich. Immer mehr Frauen finden eine Beschäftigung. Immer mehr Frauen mischen in der Politik mit. Das sind alles ungeheuer fortschrittliche Entwicklungen. Aber auf der einen Seite sind da all diese Entwicklungen und auf der andern Seite dann das – da wird der Fetus getötet, bloß weil es ein Mädchen ist.«

Nicht nur Ausländer wie Christophe Guilmoto wundern sich darüber, dass Paare mit hohem Bildungsgrad eher als solche mit niedrigem Bildungsgrad dazu neigen, einen weiblichen Fetus abzutreiben; dieser Widerspruch schockiert auch indische Wissenschaftler. Bildung ist außerdem nicht der einzige Gradmesser sozialen Fortschritts, der in auffallender Beziehung mit zunehmender Häufigkeit von Geschlechtsselektion steht. Laut dem Gesundheitsökonom Sakthivel Selvaraj, einem Fellow der Indischen Stiftung für öffentliche Gesundheit, lassen auch Einkommenshöhe und Kastenzugehörigkeit eine Voraussage darüber zu, ob eine indische Frau einen weiblichen Fetus abtreiben wird oder nicht. Er sagt: »Jeder sozioökonomische Indikator ist positiv korreliert mit [asymmetrischen] Geschlechterverhältnissen.« Zu den Frauen, die in Indien auf das gewünschte Geschlecht hin selektieren, zählen unter anderen Rechtsanwältinnen, Ärztinnen und Geschäftsfrauen.

Bei genauerem Hinsehen zeigt sich, dass es kein Zufall ist, wenn das Geschlechterverhältnis mit zunehmendem Wohlstand eines Landes ansteigt. Wie Guilmoto um die Jahrtausendwende herausfand, ist Geschlechtsselektion das Nebenprodukt eines jähen Fertilitätsrückgangs. Und seit mindestens sechzig Jahren ist wirtschaftliche Entwicklung ebenfalls untrennbar gekoppelt mit rapiden Fertilitätsrückgängen.

* * *

Die malthusianischen Hochrechnungen, die bis in die ausgehenden 1970er Jahre die Demografie prägten, trugen mit dazu bei, dass rund um den Globus Programme zur Bevölkerungskontrolle und Familienplanung aufgelegt wurden, davon viele vom Westen finanziert. Ob in Indien, Tunesien oder Taiwan – überall gründen diese Programme in einer ökonomischen Verheißung: Die Übervölkerung einzudämmen ist nicht nur für unseren Planeten, sondern auch für das Wirtschaftswachstum wichtig. Als das Zeitalter der Landwirtschaft vom Industriezeitalter abgelöst wurde, büßte die kinderreiche Familie ihre Vorteilhaftigkeit ein; Mitte des 20. Jahrhunderts dann waren wohlhabende Länder solche, deren Bewohner wenige Kinder hatten. In einer Rede, die er 1965 in San Francisco auf der Gedenksitzung der Vereinten Nationen anlässlich des zwanzigsten Jahrestags von deren Gründung hielt, hob US-Präsident Lyndon B. Johnson diesen Zusammenhang klar und deutlich hervor: »Weniger als fünf Dollar, die wir in die Bevölkerungskontrolle investieren, wiegen genauso schwer wie hundert Dollar, die wir in das Wirtschaftswachstum investieren.«[5]

Aus Johnsons Botschaft war eine gewisse Dringlichkeit herauszuhören. In den 1950er Jahren standen den Demografen, die weltweite Bevölkerungstrends untersuchten, erstmals zuverlässige Statistiken zur Verfügung, und die Prognose sah nicht gut aus. Die von der UNO-Abteilung für Bevölkerungsfragen 1951 ausgegebenen einschlägigen Hochrechnungen deuteten auf ein besonders in den Entwicklungsländern heraufziehendes rapides Bevölkerungswachstum hin. Es lag nicht etwa daran, dass die Menschen mehr Nachwuchs in die Welt setzten, sondern daran, dass Durchbrüche in Naturwissenschaft und Medizin jedermann ein längeres Leben ermöglichten, als man es je zuvor erwarten konnte. Verbesserungen in der öffentlichen Gesundheitsfürsorge hatten zur Folge, dass weniger Menschen an Krankheiten wie Malaria und Tuberkulose starben, sondern immer mehr bis ins hohe Alter gesund blieben.[6] Aber während die Sterberate in vielen Ländern zurückgegangen war, hatte die Geburtenrate nicht mitgehalten. Frauen gebaren nach wie vor die gleiche Zahl Kinder. Die Welt hatte nun das bekommen, was ein westlicher Agitator für Bevölkerungskontrolle einmal als »Todeskontrolle« bezeichnete.[7] Dabei war es Geburtenkontrolle, was sie brauchte.

Keine Frage, ungebremstes Bevölkerungswachstum würde mit an Sicherheit grenzender Wahrscheinlichkeit die Ressourcen der Entwicklungsländer strapazieren und die dort herrschende Armut verschärfen. Im Stillen sorgten sich westliche Geldgeber jedoch nicht um die Armut an sich, sondern vielmehr um das globale Machtgleichgewicht und insbesondere um das, was ihrer Meinung nach der Ausfluss der Armut war: die Annäherung an den Kommunismus. Die Bevölkerungskontrollbewegung kam genau zu der Zeit auf, als den Westmächten die Macht über Asien, Afrika und Lateinamerika entglitt. Rund um den Globus erlangten Kolonien Unabhängigkeit, und an die Stelle des Imperialismus traten die Spannungen des Kalten Kriegs. So kam es, dass viele der ersten Aktivisten für Bevölkerungskontrolle der Elite der amerikanischen Geschäftswelt und des amerikanischen Politbetriebs angehörten. Dazu zählten unter anderen Hugh Moore, der millionenschwere Hersteller der Dixie-Cup-Pappbecher, John D. Rockefeller III. der Verwalter des Rockefeller-Familienvermögens, Lewis Strauss, der Vorsitzende der US-Atomenergiekommission, und Will Clayton, ein ehemaliger Unterstaatssekretär im Wirtschaftsministerium. Aus der Sicht dieser Gruppierung würden steigende Geburtenraten die jeweiligen Länder aufgeschlossener für den Kommunismus machen, und das just zu einem Zeitpunkt, als die Vereinigten Staaten dringend Verbündete in Asien und Lateinamerika benötigten. »Wir interessieren uns nicht in erster Linie für die soziologischen oder humanitären Aspekte der Geburtenkontrolle«, vertrauten Moore und Clayton einmal Rockefeller an. »Wir interessieren uns dafür, wie sich die Kommunisten in ihrem Welteroberungsdrang hungernde Menschen zunutze machen.«[8]

Die Bevölkerungskontrollbewegung nahm Gestalt an, als auf die Initiative Rockefellers hin die Nationale Akademie der Wissenschaften im Juni 1952 eine Gruppe einflussreicher Amerikaner zu einer Konferenz über Bevölkerungsprobleme in die Stiftung Colonial Williamsburg einlud.[9] Als alle Teilnehmer eingetroffen waren und man begann, über die Möglichkeit des Exports von Maßnahmen zur Bevölkerungskontrolle in arme Wachstumsländer zu sprechen, gab der Wirtschaftswissenschaftler Isador Lubin den kollektiven Ängsten der Versammelten Ausdruck. Sie betrafen größtenteils asiatische Länder, die aufgrund ihrer zahlenmäßig starken jungen Bevölkerungen Hauptziele der Aktivitäten westlicher Organisationen waren, allen voran China und Indien. »Praktisch jeder, der heute Morgen das Wort ergriffen hat, sprach über Indien«, sagte Lubin. »Wieso macht Indien die ganze Sache so dringlich? Wenn Sie mich fragen, sind wir alle unbewusst geängstigt, und das mit gutem Grund.«[10]

Bald nach der Tagung gründete Rockefeller die Non-Profit-Organisation Population Council (Bevölkerungsrat). Moore machte den nächsten Schritt mit der Gründung des Population Crisis Committee (Komitee für die Bevölkerungskrise; heute Population Action International, Bevölkerungsprogramme International). In Zusammenarbeit mit der Ford-Stiftung, der

Weltbank, dem Bevölkerungsfonds der Vereinten Nationen (UNFPA: United Nations Fund for Population Activities), der Behörde der Vereinigten Staaten für internationale Entwicklung (USAID: United States Agency for International Development) und dem Internationalen Bund für geplante Elternschaft (IPPF: International Planned Parenthood Federation) halfen jene zwei Organisationen mit, asiatische Staatsregierungen für Programme zur Bevölkerungskontrolle zu gewinnen, wofür hauptsächlich das Argument eingesetzt wurde, dass niedrigere Geburtenraten höheren Wohlstand des Einzelnen zur Folge hätten.[11] In dem Zeitraum 1965 bis 1976 wuchsen die Ausgaben für Forschung und Entwicklung auf dem Gebiet der Empfängnisverhütung weltweit um mehr als hundert Prozent. Der Löwenanteil des Geldes floss in Entwicklungsländer, die ihrerseits weniger als drei Prozent an Eigenmitteln aufbrachten.[12] Zum größten Teil kamen die Mittel aus den USA.

Manchmal machten die Geldgeber die Koppelung zwischen Wohlstand und Kleinfamilie dadurch deutlich, dass sie unter anderen Vorzeichen gewährte Hilfe davon abhängig machten, dass sich der Empfänger bestimmte Ziele in puncto Bevölkerungskontrolle setzte. 1966 unterzeichnete Präsident Johnson das »Nahrungsmittel für den Frieden«-Gesetz, das den USAID-Beamten vorschrieb, »das Maximum an Durchsetzungskraft und Einfluss aufzubieten«, damit sichergestellt war, dass in Hungergebieten, in die Nahrungshilfen flossen, auch Maßnahmen zur Bevölkerungskontrolle durchgeführt wurden.[13] 1969 erklärte der Weltbankpräsident und ehemalige US-Verteidigungsminister Robert McNamara seinem Verwaltungsrat, dass er nicht gewillt sei, öffentliche Gesundheitsfürsorge zu finanzieren, »solange sie nicht strengstens mit Bevölkerungskontrolle verknüpft sei, weil nämlich Gesundheitsdienste gewöhnlich zu einem Rückgang der Sterberate und damit zur Bevölkerungsexplosion beitrügen«.[14] Berichten über Bevölkerungsprogramme der Weltbank zufolge herrschte zu damaliger Zeit in Washington die Einstellung vor, dass »keine mit Wirtschaftsentwicklung befasste Organisation es sich leisten konnte, die Auswirkungen zunehmender Bevölkerungswachstumsraten zu ignorieren«.[15]

Besorgnis steigerte sich bald zu heller Aufregung. 1968 veröffentlichte Paul Ehrlich den Bestseller *Die Bevölkerungsbombe*, der weit verbreitete Armut, Umweltzerstörung und Krieg prophezeite. Darauf folgte *Planspiel zum Überleben*, ein Traktat, der vor dem »unvermeidlichen ... Zusammenbruch der Gesellschaftsordnung und der irreversiblen Zerstörung der lebenserhaltenden Systeme auf diesem Planeten möglicherweise bis zum Ende des Jahrhunderts« warnte.[16] Im Jahr 1972 schließlich legte der Club of Rome, eine multinationale Organisation von Ökonomen, Industriellen, Wissenschaftlern und anderen Persönlichkeiten des öffentlichen Lebens, seinen Bericht *Die Grenzen des Wachstums* vor, der prognostiziert, welchen Tribut ein exponentielles Bevölkerungswachstum in den kommenden Jahrzehnten fordern würde. Der Bericht enthielt schwere Fehleinschätzungen: Zu Berühmtheit brachte es die Vorhersage, dass die vorhandenen Erdölvorräte binnen zwanzig Jahren aufgebraucht sein würden.[17] Zur damaligen Zeit jedoch beunruhigte er viele einflussreiche westliche Theoretiker, die nun unter viel Kopfzerbrechen nach kreativen Mitteln und Wegen suchten, den Anstieg der Geburtenraten zu bremsen.

Manche der Strategien, die sie sich ausdachten, lief fast auf die Erniedrigung jener Menschen hinaus, auf die sie zielte. 1967 produzierte die Walt Disney Company für den Population Council einen Zeichentrickfilm mit dem Titel *Familienplanung*, dessen Tonspur in 24 Sprachen synchronisiert wurde.[18] Er präsentierte einen wohlhabenden und in einem hochmodern eingerichteten Heim lebenden Donald Duck, der als verantwortungsbewusster Vater einer kleinen Familie die Zuschauer wissen ließ, dass ohne Familienplanung »die Kinder kränklich und unglücklich sein werden« und »für die Zukunft wenig Hoffnung auf Änderung besteht«.[19] Letzten Endes war es jedoch der Geldsegen aus dem Westen, der Erfolg brachte, zumal in Asien, wo von den 1950er Jahren an in mehreren Ländern umfängliche Programme zur Bevölkerungskontrolle in Kraft gesetzt wurden. In Südkorea, das im Anschluss an den Koreakrieg amerikanische Einflusszone blieb, integrierte das herrschende Militärregime Familienplanung in seine Wirtschaftsentwicklungsstrategie und schrieb Geburtenobergrenzen in seine Fünfjahrespläne.[20] Auch Taiwan, das sich wie Südkorea eines stetigen Zuflusses amerikanischer Finanzhilfe erfreute, ergriff weit reichende Maßnahmen zur Geburtenregelung. Singapur unternahm bereits, als es noch britische Kronkolonie war, erste Schritte in Richtung Familienplanung; in der Folgezeit verweigerte der diktatorisch regierende Premierminister Lee Kuan Yew Ehepaaren, die mehr als zwei Kinder hatten, Steuerbegünstigungen und Wohngeld und bezeichnete es als »asoziales Verhalten«, ein viertes oder gar fünftes Kind zu haben.[21] Und Indien, das Land, von dem der Ökonom Lubin sagte, dass es »die ganze Sache so dringlich macht«, wurde zum Schauplatz ehrgeiziger, nicht selten drakonischer – und wiederum mit Westgeld finanzierter – Experimente mit dem Ziel, Paare so weit zu bringen, dass sie es mit zwei Kindern genug sein ließen. Eine Zeit lang war Delhi von amerikanischen Beratern in Bevölkerungsfragen überlaufen, und danach blieb die indische Regierung in ihrem Handeln noch auf Jahre hinaus »einem Denkmuster verpflichtet, nach dem alle Problematik im Bevölkerungsproblem aufging«, erzählte mir der Aktivist für öffentliche Gesundheitsfürsorge Sabu George. »Alles drehte sich um die Fertilität. Das war eine nationale Obsession.«

Resonanz fand die Aktivität westlicher Organisationen sogar in China – die stärkste manifestierte sich in der Ein-Kind-Politik. Die Kulturrevolution setzte 1966 ein und dauerte zehn einsame Jahre lang. Aber sosehr sich China in den 1960er und 1970er Jahren auch isolierte, es blieb trotzdem noch immer das bevölkerungsreichste Land der Welt und für Anwälte der Bevölkerungskontrolle ein nie aus den Augen gelassenes Zielobjekt. Nicht von ungefähr nahm die chinesische Geburtenregelungspolitik just zu der Zeit Konturen an, als im Westen die Übervölkerungshysterie immer höhere Wellen schlug.

Bei Lichte besehen markierte eine rigorose Bevölkerungspolitik einen abrupten Ideologiewechsel innerhalb der chinesischen KP. Malthus hatte man einst als Antikommunisten dämonisiert, und noch 1974 nannte China die Rede von Übervölkerung lautstark einen »falschen Alarm«, aus dem einzigen Grund in die Welt gesetzt, damit man einen Vorwand habe, Entwicklungsländern die Unterstützung zu verweigern.[22] Aber da war schon eine beachtliche ideologische Wandlung im Gang. Binnen Kurzem eigneten sich Parteifunktionäre Gedanken aus den *Grenzen des Wachstums*, dem *Planspiel zum Überleben* und anderen westlichen Schriften an und präsentierten sie in ihren eigenen Worten.

Anfang der 1970er Jahre begann der chinesische Politapparat mit der allmählichen Einführung der »Länger, später, weniger«-Politik – der Aufforderung, freiwillig Kinder später zu bekommen, größere zeitliche Abstände zwischen den Kindern zu lassen und insgesamt weniger Kinder zu bekommen. In China war das gesellschaftliche Leben so weitgehend reguliert, dass die staatliche Inverwaltungnahme des Reproduktionszyklus der Frauen keine große zusätzliche Belastung mehr darstellte; die Politik zeitigte schnell Resultate: Die Geburtenrate sackte ab.[23] Dann begannen die Kader jedoch, sich Sorgen zu machen wegen der zunehmend düsteren Hochrechnungen, die aus Europa und den USA zu ihnen gelangten, und so drangen sie in den späten 1970ern auf eine Verschärfung der chinesischen Geburtenpolitik. »Aus den etablierten Ländern floss die Denkweise des Club of Rome in die Entwicklungsländer«, sagte mir Liang Zhongtang, ein an der Akademie der Sozialwissenschaften Shanghai tätiger Wirtschaftswissenschaftler, der an den Beratungen über die Ein-Kind-Politik teilgenommen hatte.[24] Diese Denkweise verbreitete sich jedoch nicht von allein. Sie hatte einen Botschafter in einem Militärwissenschaftler im chinesischen Staatsdienst, der Europa besucht hatte.

* * *

Nach den Maßstäben, die im China der 1970er Jahre galten, hatte Song Jian eine goldene Karriere hinter sich. Als 14-Jähriger verließ er 1946 sein Elternhaus, um in der Achten Armee der KPCh für den Sieg der kommunistischen Revolution zu kämpfen. Als die Kommunisten drei Jahre später die Macht übernahmen, verhalf ihm sein Status als linientreuer gedienter Soldat zum Aufstieg auf der innerparteilichen Rangleiter. Schon bald legte er ein Staatsexamen ab, mit dem Erfolg, dass man ihn zur Ausbildung in Kybernetik und Militärwissenschaft in die Sowjetunion schickte; 1960 nach China zurückgekehrt, wurde er zum Schützling Qian Xuesens, des vertrauten wissenschaftlichen Beraters Mao Zedongs.[25] Dank Qians Unterstützung stieg Song in eine einflussreiche Position im Siebten Ministerium für Maschinenbau im Ministerium für Nationale Verteidigung auf, und als die Kulturrevolution ausbrach und antiintellektuelle Hexenjagden durch das Land tobten, setzte Premierminister Zhou Enlai Songs Namen auf die Liste etlicher Dutzend Wissenschaftler, die der Staat unter seinen Schutz stellte. Dass Song die Kulturrevolution mit unbeschädigter Karriere überlebte, machte ihn zu einem – um es mit einem Wort der Anthropologin Susan Greenhalgh zu sagen – »Superwissenschaftler«: zum Mitglied einer auserlesenen Schar von chinesischen Wissenschaftlern, »die originell und autoritativ über jedes beliebige Thema zu sprechen vermochten und sich dabei sicher sein konnten, dass man ihnen aufmerksam zuhörte«.[26]

Song nutzte seine Autorität dazu, seinem Interesse für die Demografie nachzugehen. Das Siebte Ministerium für Maschinenbau war natürlich nicht gerade der prädestinierte Platz für die Arbeit an Bevölkerungsproblemen. Aber zur fraglichen Zeit waren in China nur wenige andere Wissenschaftler für dieserart Arbeit qualifiziert. Die Sozialwissenschaftler des Landes hatten nicht so viel Glück gehabt wie Song; die meisten waren während der Kulturrevolution Opfer von Verfolgung oder anderen Formen gesellschaftlicher Ächtung geworden. Im China der 1970er Jahre gab es die Raketenwissenschaft, mehr nicht.[27]

In der Folge einer Reise in die Niederlande, die Song als Mitglied einer chinesischen Regierungsdelegation im Jahr 1975 machte, nahm seine Forschungstätigkeit eine neue Richtung. An der Technischen Hochschule (heute Universität) Twente (THT) in Enschede wurde ihm der 31-jährige Assistenzprofessor Geert Jan Olsder als Fremdenführer zugeteilt. Für einen hochrangigen Funktionär der KPCh war der bescheidene, unprätentiöse niederländische Gelehrte, der nichts so sehr liebte wie Formeln und Fußwanderungen, ein eher exotischer Cicerone. Olsder indessen wusste nichts von Songs Machtposition, hatte nicht einmal eine klare Vorstellung davon, woran der Gast forschte. »Wir hatten einen Anruf vom Hauptbüro der Hochschule: ›He, Leute, wir haben da ein paar Chinesen. Könnt ihr euch darum kümmern, dass die einen unterhaltsamen Nachmittag haben?‹«, erinnerte er sich. Alles, was er wusste, war, dass Song ein anständiges Englisch sprach.

Olsder lud Song zum Bier in ein Café ein. Er plauderte über die Hochschule, über die Zahl der Fakultätsmitglieder und die Studentenzahlen. Song sei freundlich und locker gewesen, sagte Olsder, und weil er, Olsder, sich in seiner Gegenwart wohlgefühlt habe, habe er sich entschieden, dem chinesischen Raketenwissenschaftler von seiner Arbeit zu erzählen. Der Niederländer war ein theoretischer Mathematiker, dessen Hauptinteresse spieltheoretischen und anderen rein spekulativen Problemen galt: der Wahrscheinlichkeit, dass zwei Schiffe auf einander schneidenden Kursen zusammenstoßen, der Wahrscheinlichkeit, dass ein Unhold auf einer einsamen Insel am Strand eine schiffbrüchige Prinzessin findet usw. Und der Zufall wollte es, dass er zusammen mit einigen anderen THT-Mathematikern, alle gleich ihm angeregt durch *Die Grenzen des Wachstums*, kurze Zeit zuvor eine Reihe von Gleichungen zu Fragen der Bevölkerungskontrolle entwickelt hatte. Diese Arbeit erwähnte er nun gegenüber Song.[28]

Die Gleichungen dienten dem Zweck, die Bevölkerung einer fiktiven Insel in Grenzen zu halten, die Schlüsselvariable sei dabei die Geburtenzahl, erklärte Olsder Song. »Er war auf der Stelle Feuer und Flamme«, sagte mir Olsder später.[29] Song bestätigte das in einem 1986 veröffentlichten Bericht, in dem er neben Edward Goldsmiths Traktat *Planspiel zum Überleben* auch »einigen niederländischen Wissenschaftlern« Einfluss auf sein Denken in Bevölkerungsfragen zuschrieb. Nach China zurückgekehrt, »war ich aufs Höchste begeistert von diesen Veröffentlichungen und entschied, die demografische Methode auszuprobieren«, schrieb er.[30]

Olsder hatte eine Kopie seines Aufsatzes »Population Planning: a Distributed Time Optimal Control Problem« (Bevölkerungsplanung – ein Problem verteilter zeitoptimaler Kontrolle) an die ihm von Song hinterlassene Adresse in China geschickt, und der chinesische Wissenschaftler machte sich umgehend darüber her.[31] Bei der Übersetzung ging der Sinn der Sache offenbar zu großen Teilen unter: Olsders Gleichungen waren nicht dafür gedacht, auf reale Populationen angewandt zu werden, erst recht nicht auf solche von über einer Milliarde Menschen. Weil aber derselbe Club-of-Rome-Bericht, der Olsder zu seinen Gleichungen angeregt hatte, die chinesische Führungsspitze davon überzeugt hatte, dass die Geburtenrate des Landes mit drastischen Maßnahmen gesenkt werden müsse, entschied sich Song dafür, Olsders Gleichungen in die Praxis umzusetzen.

Aus Vorgehensweisen, die sie teils bei dem niederländischen Mathematiker, teils bei anderen europäischen Wissenschaftlern beschrieben gefunden hatten, leiteten Song und seine Kollegen im Siebten Ministerium für Maschinenbau in den folgenden Jahren Rezepte für die Bevölkerungskontrolle in China ab. Das Ministerium war eine der wenigen Stellen, wo Computer vorhanden waren, und Songs Hochrechnungen beeindruckten die Parteispitze. Auf der Grundlage von Ideen, die er westlichen Publikationen zum Thema Übervölkerung entnommen hatte, schrieb Song zudem eine Reihe von Aufsätzen, die er unter Parteikadern verteilte und in chinesischen Zeitschriften veröffentlichte.[32]*

Den Kadern leuchteten vor allem jene Gründe ein, die aus wirtschaftswissenschaftlicher Sicht für die Eindämmung des Bevölkerungswachstums sprachen. Die Geburtenrate abzusenken war nach Ansicht der chinesischen Führung eine Methode, das Bruttoinlandsprodukt pro Kopf zu steigern, die nicht viel Kunst verlangte. Produktivitätssteigerung war eine komplizierte Sache, aber die Zahl derer zu verringern, unter denen der Ertrag der Produktivität zu verteilen war, das hielt man für machbar.[33] Der Anthropologin Greenhalgh zufolge waren für China strengere Bevölkerungsziele auch eine Möglichkeit, sein Ansehen im Ausland aufzupolieren, nahm das Land doch da-

* Song war fraglos nicht der einzige Kanal, über den westliches Wissen und Theoretisieren nach China gelangten. Während des ganzen 1970er Jahrzehnts suchten das Komitee für die Bevölkerungskrise, der Internationale Bund für geplante Elternschaft und der Bevölkerungsfonds der Vereinten Nationen, in Kontakt mit der chinesischen Regierung zu kommen. Die aber gab ihren Widerstand gegen ein offenes ausländisches Engagement erst 1979 auf, am Vorabend der Offenlegung der Ein-Kind-Politik.

mit ein im Westen als bedrohlich wahrgenommenes Problem in Angriff. »Indem es das wild wuchernde Wachstum seiner Menschenzahlen stoppte, konnte China seine Modernisierung beschleunigen und gleichzeitig zur Milderung der globalen Krise beitragen«, schreibt Greenhalgh. »Vom schändlichen Mitverursacher der Probleme der Welt würde China zum stolzen Beiträger zur Lösung dieser Probleme werden.«[34]

Von ihrem Inkrafttreten am 25. September 1980 an verfolgte also die Ein-Kind-Politik den Zweck, China in die Reihen der entwickelten Länder zu katapultieren. In gewisser Hinsicht ist ihr das gelungen. Chinas Wirtschaftswachstum in den vergangenen Jahrzehnten ist in der neueren Geschichte ohne Beispiel. Aber seine Bevölkerungspolitik könnte nicht gar so notwendig gewesen sein – ebenso wenig auch die restriktive Bevölkerungspolitik, die andere Länder auf das Drängen westlicher Berater hin einführten. Chinas rückläufige Geburtenrate fiel zeitlich zusammen mit einem Absacken der Fertilitätsraten in Ländern, die keine derart rabiaten Maßnahmen zur Bevölkerungskontrolle getroffen hatten. Im Zeitraum 1970 bis 1990, in dem die Fertilitätsrate in China von 5,55 auf 2,3 zurückging, fiel sie in Thailand von 5,6 auf 2,1 und in Brasilien von 5,0 auf 2,8.[35] Wie sich darin zeigt, funktioniert das Verhältnis zwischen Wirtschaftsentwicklung und Fertilitätsrückgang in beiden Richtungen. Nicht nur kann rückläufige Fertilität die Entwicklung vorwärtstreiben, sondern umgekehrt auch wirtschaftlicher Fortschritt die Menschen veranlassen, weniger Kinder zu haben.

* * *

Anders, als in den 1950er Jahren von manchen Theoretikern angenommen, steigen Gesamtfertilitätsraten nicht endlos an. Die Sterberate eines Landes mag zurückgehen, aber wenn das Land auf einem Entwicklungsweg ist, schließt sich die Geburtenrate irgendwann der rückläufigen Bewegung an. Mit der Entwicklung geht Urbanisierung einher, und diese wiederum bringt erhebliche Veränderungen der Lebensführung mit sich. Je mehr Kinder das Erwachsenenalter erreichen, desto schwächer die

Motivation der Eltern, sechs oder sieben in die Welt zu setzen. Die Verfügbarkeit von Kontrazeptiva ist von entscheidender Bedeutung, weil sie es ermöglicht, ungewollte Schwangerschaften zu verhindern, aber letztlich ist eine niedrige Fertilitätsrate in diesem Szenario nicht das Resultat drakonischer Geburtenobergrenzen und einer mit Zwangsmitteln durchgeführten Bevölkerungskontrolle, sondern eine »vernünftige Reaktion der Eltern auf das Wissen, dass ihre Kinder mit hoher Wahrscheinlichkeit das Erwachsenenalter erreichen werden« (wie es in einem Lehrbuch der öffentlichen Gesundheitsfürsorge heißt).[36] Selbst in Ländern mit politisch verordneter strenger Bevölkerungskontrolle sind die Wohlhabenden die Ersten, die weniger Kinder haben – ein Indiz dafür, dass Eigennutz ein mächtigerer Antrieb ist als regierungsamtlich festgelegte Sollwerte.[37] Und in Ländern ohne bevölkerungspolitische Zielvorgaben hat sich gezeigt, dass andere Strategien zum Ankurbeln der Entwicklung – großzügige Bildungsausgaben zum Beispiel oder Investitionen in die Arbeitsplatzbeschaffung für Frauen – auf quasi natürlichem Weg zum Sinken der Geburtenrate führen.*

Entfernt Vergleichbares geschah in den ehemaligen Sowjetrepubliken und in Teilen Osteuropas. Als der Eiserne Vorhang gefallen war und der Ostblock durch eine Phase der wirtschaftlichen Restrukturierung stolperte, hatte man dort aus Angst vor der Zukunft weniger Kinder oder wartete mit dem Heiraten. Geburten wurden meist durch Abtreibung verhindert, was in Teilen Osteuropas neuerdings legal und in den ehemaligen Sowjetrepubliken noch von früher her eine ebenso legale wie weithin verfügbare Option war.[38] Doch selbst, als Ende der 1990er Jahre die Wirtschaft der Region sich zu erholen begann und der Lebensstandard anstieg, setzte die Geburtenrate ihre Talfahrt fort. Die Menschen fanden Arbeit in Büros, Fa-

* Dieser Vorgehensweise hat sich der bangladeschische Wirtschaftswissenschaftler Muhammad Yunus mit seiner berühmten Grameen Bank verschrieben, die an Frauen in Entwicklungsländern Mikrokredite vergibt. Die wirtschaftliche und gesellschaftliche Stellung von Frauen zu verbessern, schrieb Yunus, »bremst das Bevölkerungswachstum effektiver als das derzeitige System der ›Ermutigung‹ zu Familienplanungspraktiken mithilfe von Einschüchterungstaktiken«.

briken oder Kleinunternehmen und heirateten erst spät, diesmal nicht aus Zukunftsangst, sondern bedingt durch den herrschenden Modernisierungsdruck. Paare, die früher vielleicht fünf oder sechs Kinder gehabt hätten, beschränkten sich auf eines oder zwei. Letztlich brachte die Entwicklung überall in der Region »einen steilen Absturz der Fertilität« hervor.[39] Heute zählen Osteuropa und die ehemaligen Sowjetrepubliken zu den wenigen Entwicklungsländern in der Welt, deren Bevölkerung allem Anschein nach schrumpft.[40]

Urbanisierung, gestiegene Bildungschancen und neue Jobangebote führen also zu einer wirtschaftlichen Entwicklung mit sinkenden Geburtenraten. Die Folge ist, dass dadurch jede Geburt für die Eltern eine gesteigerte Wichtigkeit gewinnt, und damit wiederum erhöht sich auch die Wahrscheinlichkeit, dass sie einen weiblichen Fetus abtreiben werden. Diese Dreierkonstellation zwischen Entwicklung, Fertilitätsrückgang und Geschlechtsselektion ist besorgniserregend, bedeutet sie doch, dass Geschlechtsselektion nicht einfach irgendwann aufhören wird. Zudem verheißt sie nichts Gutes für Regionen wie Afghanistan und den Nahen Osten, wo Paare schon seit Langem Jungen als Nachwuchs bevorzugen und die Fertilität zumindest im Moment noch hoch ist.[41] Falls im Nahen Osten vermehrt Abtreibungsmöglichkeiten verfügbar werden und die Geburtenraten sinken, wird er nach Ansicht mancher Wissenschaftler die nächste Region sein, in der es zum Ungleichgewicht im Zahlenverhältnis der Geschlechter kommt.

* * *

»Was denn, China und Albanien?« Flora Ismaili ist ungehalten. Wir sind in der albanischen Hauptstadt Tirana, im Büro des Bevölkerungsfonds der Vereinten Nationen (UNFPA), wo Ismaili als Programmbeauftragte arbeitet. Die dünne, streng aussehende Frau soll im Auftrag ihres Dienstvorgesetzten mit mir über Geschlechtsselektion sprechen, aber im Moment ist sie in Harnisch, weil ich mir die Bemerkung erlaubt habe, dass Albanien und China ein gemeinsames Problem haben könnten. »Das ist doch gar kein Vergleich!«

In den Jahren, die seit dem Zusammenbruch des Kommunismus vergangen sind, ist Tiranas Schauseite auf Hochglanz poliert worden. Das UNFPA-Büro liegt ein Stück weit weg von einem funkelnden Einkaufszentrum. Über die ganze nähere Umgebung sind Nobelrestaurants, Wellness-Einrichtungen und Boutiquen verstreut. Ein ehrgeiziger Bürgermeister ließ sogar die tristen Plattenbauten aus kommunistischer Zeit bemalen, sodass die Fassaden jetzt eine wilde, fröhliche Farborgie bieten. Albanien ist noch immer ärmer als seine Nachbarn im Westen, aber es hat sich auf die Seite Europas geschlagen. Vielleicht ist Ismaili deswegen verärgert. »Indien und China mit Albanien zu vergleichen ist kein sehr guter Ansatzpunkt, wenn Sie mich fragen«, fährt sie fort. »Begreifen Sie? Wir machen ganz unterschiedliche Politik. Wir haben ganz unterschiedliche Kulturen.«

Ich sage ihr, dass ein asymmetrisches Geschlechterverhältnis bei der Geburt keine Frage der Kultur oder der Politik ist. In der Kultur und der Regierungsform unterscheiden sich auch Indien und China gewaltig. Das eigentliche Problem scheint jedoch darin zu liegen, dass die albanische Regierung der Ansicht ist, sie und das Land bildeten eine Kategorie ganz für sich. Albanien führte als Letztes der osteuropäischen Länder wirtschaftliche Reformen durch, erlebte aber gleichwohl in den vergangenen Jahren ein bemerkenswertes Wachstum, bei dem das Bruttoinlandsprodukt im Zeitraum 2004 bis 2009 jährlich um durchschnittlich sechs Prozent zunahm.[42] Die Inflationsrate ist niedrig, und langsam kommt der Zufluss ausländischer Investitionen in Gang – wenn auch vorerst nur im Umfang eines Rinnsals. Anscheinend ist das der Grund, warum den sich mehrenden Indizien für geschlechtsselektive Abtreibung im Land zum Trotz das albanische Gesundheitsministerium – und auch das UNFPA-Büro, dessen Projekte der Zustimmung der Regierung bedürfen – behaupten, alles sei in bester Ordnung.

Nichts ist in Ordnung. Auch wenn das albanische Landesbüro das Problem leugnet: In einem internen Memorandum des UNFPA-Hauptquartiers ist unter einer Reihe von Ländern mit einem Geschlechterverhältnis bei der Geburt von 115 oder höher auch Albanien aufgelistet.[43] Die regierungsamtliche Statistik registrierter Geburten für das Jahr 2007 wiederum nennt als Geschlechterverhältnis die Zahl 114, während die von einem Wirtschaftswissenschaftler ausgeführte vorläufige Analyse einer detaillierten Haushaltserhebung zu dem Ergebnis führte, dass in Albanien in der Altersgruppe der Bis-Vierjährigen auf je 100 Mädchen 120 Jungen kommen.[44] Selbst die niedrigste Schätzung, die ich ausfindig machen konnte – sie ergab sich aus der Rundung von Gesundheitsbefragungsdaten für den Zeitraum 2005 bis 2009 –, lässt auf ein Geschlechterverhältnis bei der Geburt in Höhe von 110 schließen.[45] Aber Albaniens asymmetrisches Geschlechterverhältnis, so Ismaili, »ist für das Gesundheitsministerium kein Anlass zu Besorgnis, also können wir nicht sagen, dass hier Anlass zu Besorgnis ist«. Als ich weiter bohre, klappt sie ihr Handy auf und ruft eine Beamtin im Ministerium an. Es folgt ein Gespräch in gedämpftem Albanisch, von dem ich nur das in Englisch eingeflochtene Wort »Geschlechtsselektion« mitbekomme. Ismaili klappt das Handy wieder zu und resümiert: »Sie sagt, es gibt da kein Problem. Es ist nie etwas als Problem in Erscheinung getreten. Also reden sie nicht darüber.«

Ismaili ist nicht die einzige Person, für die Albaniens asymmetrisches Geschlechterverhältnis bei der Geburt eine Überraschung war. Auch Christophe Guilmoto, der als erster Demograf auf das Problem des Landes aufmerksam machte, war anfangs überrascht. »Albanien war größtenteils muslimisch, aber andererseits unterstand es einem sozialistischen Regime«, sagte er. »Und *dann* sind da noch ein paar Christen, zum größten Teil Orthodoxe oder Katholiken. Wir sind einigermaßen informiert darüber, wo in Albanien die Katholiken leben – im Norden bis zur Landesmitte. Für die sollte Abtreibung als Instrument der Familienplanung tabu sein. Diese Leute haben ein moralisches Problem mit der Abtreibung. Tja, passt nicht zusammen.« Doch dann nahm er das Land etwas genauer unter die Lupe. Albanien entpuppte sich als klassischer Verdachtsfall auf praktizierte Geschlechtsselektion und lieferte haargenau die von anderen Ländern mit Geschlechterungleichgewicht her bekannte Indizienkombination. Die Abtreibungsrate des Landes ist ziemlich hoch; während der Zeit, in der sich Albanien unter die Satelliten der Sowjetunion eingereiht hatte, endete nach Schätzungen die Hälfte aller Schwangerschaften mit einem Abbruch, und heute geben nur elf Prozent der Albaner an, dass sie sich moderner Verhütungsmethoden wie des Gebrauchs von Kondomen oder der Pille bedienen, eine Zahl, die darauf schließen lässt, dass noch immer viele Feten abgetrieben werden.[46] Ultraschalluntersuchungen wurden in den 1990er Jahren verfügbar, und bis 2010 sank der Preis für einen Scan auf 1000 Lek (etwas über 7 Euro). Die meisten albanischen Stadtbewohnerinnen lassen sich während der Schwangerschaft mindestens ein Mal untersuchen.[47] Zuletzt sei erwähnt, dass mit zunehmendem Reichtum des Landes, so wie es auch in vielen anderen osteuropäischen Ländern der Fall war, die Fertilitätsrate zurückging. Hatte die Durchschnittsalbanerin 1990 noch 3,2 Kinder gehabt,[48] so waren es 2010 nur noch 1,5.

Aber während Guilmoto sein Denken auf die neue Faktenlage einstellte, Albanien seiner Liste von Krisenherden hinzufügte und sich dann dem Tagesgeschäft zuwandte, fühlte man sich in Ismailis Büro verpflichtet, dagegen Einspruch zu erheben, dass das im Lande gegebene Geschlechterverhältnis bei der Geburt so hoch beziffert wurde. Im Februar 2010 schickte Ismailis Dienstvorgesetzte Manuela Bello eine E-Mail an Trevor Croft, den Leiter der Datenverarbeitung bei der Firma Macro International, einem in Washington, DC, ansässigen Forschungsunternehmen, das die demografischen Erhebungen durchführt, auf denen die vom Bevölkerungsfonds der Vereinten Nationen (UNFPA) benutzten Zahlen basieren. In dieser Mail stellte sie das Geschlechterungleichgewicht in Albanien in Abrede. »Laut dem UNFPA-Merkblatt über Geschlechtsselektion«, schrieb Bello, Bezug nehmend auf das vom UNFPA-Hauptquartier ausgegebene interne Memorandum, »wurde Albanien in die Gruppe der Länder eingeordnet, die sich seit Kurzem mit dem Problem konfrontiert sehen. Meines Wissens ist dies eine unbewiesene Behauptung ... Für möglichst baldige Hilfe Ihrerseits wäre ich überaus dankbar.«[49] (Ob daraufhin irgendetwas geschah, ist unklar. Auf die E-Mails, die ich Croft schickte, hat er nie geantwortet.) Während unseres Gesprächs bedient sich Ismaili durchgängig der anhand gerundeter Gesundheitserhebungsdaten vorgenommenen Bezifferung des Geschlechterverhältnisses bei der Geburt – des niedrigsten Werts, den ich ausfindig machen konnte. Bis auf eine Nachkommastelle berechnet, ist er 109,9. Ismaili rundet allerdings ab auf 109, und das, behauptet sie, sei »kein großer Unterschied« zur biologischen Norm.*

Am Ende unseres Gesprächs räumt sie ein, dass sie gehört hat, in Nordalbanien komme geschlechtsselektive Abtreibung vor. »Aber«, fügt sie hinzu, »ich bin eigentlich ein Datenmensch. Solange ich kein beweiskräftiges Material habe, kann ich nicht sagen, ja, so ist es« – ob Geschlechtsselektion ein verbreitetes Phänomen ist, dazu könne sie sich nicht äußern. »Ich sage, so sehen die Daten aus und da müssen wir tiefer graben, wenn wir sehen wollen, was dahintersteckt.« UNFPA wolle eine eingehendere Analyse des landesweiten Geschlechterverhältnisses bei der Geburt vornehmen, sobald die Ergebnisse der nächsten demografischen und Gesundheitserhebung vorlägen, setzt sie hinzu. Ich frage, wann das sein wird. »In fünf Jahren«, sagt sie.

* * *

Damit ein ungleichgewichtiges Geschlechterverhältnis unbemerkt bleibt, braucht es nicht unbedingt eine Regierung, die seine Existenz verheimlicht. Eine 2008 in den *Proceedings of the National Academy of the Sciences* veröffentlichte Studie deckte auf, dass Geschlechtsselektion in bestimmten asiatischen Bevölkerungsteilen der USA in beunruhigendem Ausmaß verbreitet ist – und das seit geraumer Zeit. Aus den Ergebnissen des acht Jahre zuvor durchgeführten bundesweiten Zensus extrahierten die Wirtschaftswissenschaftler Lena Edlund und Douglas Almond die Geschlechterverhältnisse bei den Babys von Paaren chinesischer, koreanischer und indischer Herkunft. Das damals an der Columbia University tätige For-

* Für Demografen *ist* es sehr wohl ein großer Unterschied. 106 markiert die Obergrenze des biologisch möglichen Geschlechterverhältnisses bei der Geburt. Alles, was darüber hinausgeht, weckt Verdacht.

scherehepaar skizzierte ein Bild von Geschlechtsselektion, das auffallende Ähnlichkeit mit dem aus Asien bekannten Muster aufwies. Bei Erstgeburten lag das Geschlechterverhältnis nahe beim Normalwert. Aber bei den Zweitgeburten von Eltern, die bereits eine Tochter hatten, betrug das Geschlechterverhältnis 117. Bei Drittgeburten, denen zwei weibliche Geschwister vorausgegangen waren, sprang die Wahrscheinlichkeit, dass es ein Sohn war, auf 3:2 – auf das Geschlechterverhältnis 151. Die weitere Aufschlüsselung der Daten unter Einbeziehung des Einwanderungsstatus führte zu anderen interessanten Befunden. Wie in Asien verringerte auch in den USA ein hoher Sozialstatus nicht die Wahrscheinlichkeit, dass eine Frau abtreiben würde. Die Wahrscheinlichkeit, dass eine Geburt ein Sohn war, ließ sich nicht am Einwanderungsstatus der Mutter ablesen, stellten Edlund und Almond fest. Allenfalls konnte man feststellen, dass diese Wahrscheinlichkeit etwas höher war bei Frauen, die US-Bürgerin-Status hatten. Mit anderen Worten: Geschlechtsselektion ist eine aus der alten Heimat mitgenommene Tradition, die nicht so leicht ausstirbt.[50]

Einen verbreiteten Missstand deutete die Zensus-Studie lediglich für die Gruppe der US-Amerikaner chinesischer, indischer oder koreanischer Herkunft an, die weniger als zwei Prozent der Gesamtbevölkerung stellt.[51] Doch als Almond seiner Frau zum ersten Mal von den abnormen Werten des Geschlechterverhältnisses bei der Geburt erzählte, auf die er zufällig gestoßen war, als er Zensusdaten für ein anderes Publikationsvorhaben auswertete, bestand sie darauf, dass die Welt davon in Kenntnis gesetzt werden müsse. Edlund war vor dem Aufkommen billiger Ultraschalluntersuchungen in Korea geboren und – ihrer Ansicht nach, weil sie ein Mädchen war – zur Adoption freigegeben worden. Bei schwedischen Adoptiveltern aufgewachsen, wurde sie irgendwann neugierig auf ihre Ursprünge. Diese Neugier weckte in ihr ein lebenslanges Bestreben, die Diskrimination zu erforschen, die vermutlich der Grund dafür war, dass man sie weggegeben hatte.

Persönlich lerne ich Edlund in New York kennen, sie steht auf dem Flur vor ihrem Büro im International Affairs Building der Columbia University, die Hände an der Griffstange eines

Zwillingsbuggys. Die zierliche Frau hat schulterlanges wuscheliges Haar und kleine, durchdringend blickende Augen. Sie wirkt gestresst, entschuldigt sich und erklärt, dass sie nach einem Nachtflug spät dran sei und noch keine Zeit gehabt habe, ihre Kleinen (alle beide Mädchen) in der Kita abzuliefern. Ich begleite sie die Amsterdam Avenue hinunter Richtung Universitäts-Kinderhort und schaue dabei zu, wie sie den klobigen Kinderwagen gekonnt den schmalen Bürgersteig entlangmanövriert, während sie mit einer Erläuterung ihrer Forschungstätigkeit loslegt.

Wie viele Wirtschaftswissenschaftler hat Edlund ein breites Interessenspektrum: Die Liste der Themen, über die sie seit ihrer Ankunft in den USA im Jahr 1996 publiziert hat, reicht von Prostitution bis Hermaphroditismus.* Noch ehe wir zwei Straßen weit gegangen sind, hat sie eine erstaunliche Kenntnis sowohl der Religionsgeschichte als auch der Evolutionsbiologie bewiesen. Den größten Teil ihrer Berufstätigkeit widmet sie jedoch der Aufgabe, gängige Theorien über die verschwundenen Mädchen zu widerlegen.

Abtreibungsgegner haben bereits begonnen, Edlunds Veröffentlichung in den *Proceedings of the National Academy of the Sciences* für ihre eigenen Ziele zu instrumentalisieren. Sie selbst vertritt jedoch die Position, dass die Studie genau genommen weniger über die Vereinigten Staaten als über den Rest der Welt verrät. Dass Geschlechtsselektion in Amerika auftritt, sagt sie mir, zeigt, dass sie nicht verschwindet, wenn die Menschen auf der sozioökonomischen Leiter höher klettern oder wenn sie in ein anderes politisches System überwechseln. »Hier gibt es ein Sozialversicherungssystem«, sagt sie mit Bezug auf das Fehlen angemessener Renten, von dem manchmal gesagt wird, es nähre den Wunsch chinesischer Ehepaare nach Söhnen. »Es gibt keine Ein-Kind-Politik. Und *trotzdem* gibt es ein problematisches Geschlechterverhältnis bei der Geburt.« Indem Edlund und ihr Mann nachwiesen, dass asiatische Immigranten, selbst

* Der letztgenannte Artikel erschien unter dem Titel »Hermaphrodism: What's Not to Like?« im *Journal of Theoretical Biology* (7. April 2007, vol. 245, no. 3, 520–527, http://tinyurl.com/c8frhje).

wenn sie besser verdienen und US-Bürger geworden sind, in ihrer neuen Umgebung weiterhin auf die gewünschten Söhne hin selektieren, lieferten sie den zwingenden Beweis dafür, dass die »einheimischen Volkserzählungen«, wie Christophe Guilmoto sie nannte, als Erklärungsversuche einfach nichts taugen.

Wie sind sie denn nun zu erklären, diese Inseln von Geschlechtsselektion in der amerikanischen Bevölkerung? Wenn man bedenkt, dass diese jüngste Blüte des Geschlechterungleichgewichts in unserer nächsten Umgebung heranwächst, ist es umso bedauerlicher, wie weit entfernt wir noch von der Entschlüsselung des Phänomens sind. Immerhin haben wir einige Anhaltspunkte. Die Fertilitätsrate asiatischer Amerikaner zählt zu den niedrigsten von allen Minderheiten in den USA: 1,9 Kinder pro Frau.[52] Dem Magazin *Hyphen* zufolge enden 35 Prozent asioamerikanischer Schwangerschaften mit einer Abtreibung – das ist fast zwei Mal die Abtreibungsrate der weißen Bevölkerung.[53] Was das betrifft, sind die Verhältnisse im Wesentlichen die gleichen wie in Asien. Aber das für die fetale Geschlechtsbestimmung erforderliche technische Gerät ist eine rein amerikanische Sache.

VIERTES KAPITEL

Der Arzt

Meist setzen angehende Eltern mit dem in Indien der sozialen Norm entsprechenden Wunsch nach männlichem Nachwuchs wieder und wieder ein weibliches Kind in die Welt. In gewisser Weise erhöht das nicht nur das Bevölkerungswachstum, sondern führt auch in diesen Familien zu einem Rattenschwanz von gesellschaftlichen, wirtschaftlichen und seelischen Belastungen. Fruchtwasseruntersuchung und vorgeburtliche Geschlechtsbestimmung kommen uns da zu Hilfe, indem sie dazu beitragen, das beschleunigte Bevölkerungswachstum einigermaßen abzubremsen, und auch dem Ehepaar, das sich ein männliches Kind wünscht, entgegenkommen.

New Bandhari Hospital, Amritsar (Punjab), 1984[1]

Für Dr. Puneet Bedi ist die Intensiveinheit auf der Entbindungsstation der Apollo-Klinik eine Quelle von Stolz und Scham zugleich. Die technische Ausstattung der Einheit zählt zu den besten in Delhi – eigentlich sogar zu den besten in ganz Indien. Sie ist ein wesentlicher Grund dafür, warum der Gynäkologe sich entschied, diese Klinik zu seinem Arbeitsplatz zu machen. Aber weil er als Spezialist für Hochrisikogeburten hart arbeitet, damit Babys lebend auf die Welt kommen, bekümmert es ihn umso mehr, dass die Intensiveinheit mit ihrer technischen Ausstattung auch zu Indiens asymmetrischem Geschlechterverhältnis beiträgt. Sieben von zehn Geburten auf der Entbindungsstation sind männlich, sagt Bedi. Er entbindet diese Jungen in dem Bewusstsein, dass viele von ihnen an die Stelle abgetriebener Mädchen getreten sind.

Bedi ist für Schwangerschaftsabbruch aus medizinischen Gründen, auch für die Fristenregelung, sofern sie mit Beratungspflicht verbunden ist. Er nimmt selbst Abtreibungen vor. Für Geschlechtsselektion indessen hat er nichts als Wut und Verachtung übrig. Seine Arbeit wegen einer solchen Belanglosigkeit, wie eine Geschlechtspräferenz – wie überhaupt *jede*

Präferenz – es ist, entwertet zu sehen, empfindet er fast als gezielte Beleidigung. »Man hat die Wahl, ob man ein Kind haben will oder nicht«, sagt er. »Aber sobald man sich dafür entschieden hat, gibt es keine Wahlfreiheit mehr, da kann man sich nicht aussuchen, ob es ein Junge oder ein Mädchen wird, ob schwarz oder weiß, groß oder klein.«

Jetzt steht Bedi in der Intensiveinheit und späht durch eine dicke Glaswand in einen hermetisch verschlossenen, schattenlosen, temperaturkontrollierten Raum, in dem entlang den Wänden Kinderbetten aufgereiht sind, deren oberster Teil aus einer Plastikkapsel besteht. In jeder Kapsel liegt ein winziges schlafendes Neugeborenes. Außer Bedi sind in dem Kontrollraum drei Techniker anwesend, die in gestärkten weißen Kitteln auf ergonomischen Stühlen sitzen und ihre Hände lautlos über einem mit allerlei Schiebereglern und Knöpfen bestückten Steuerpult hin und her schießen lassen. Den übrigen Platz in dem Raum nehmen Apparaturen ein: das Telemetriesystem, die Apparate zur Atmungsüberwachung, die Apparate zur Überwachung des zentralen Nervensystems.

Die Würmchen in den Inkubatoren sind an der Endstation einer von Anfang an scharf überwachten Schwangerschaft angelangt. Alle Babys, die auf dieser Station entbunden werden, haben zuvor sorgfältigste Kontrollen passiert. Werdende Mütter in Delhi wissen, dass eine Ultraschalluntersuchung eine falsche fetale Geschlechtsbestimmung liefern kann, deshalb unterziehen sich viele von ihnen drei solcher Untersuchungen, jedes Mal bei einem anderen Arzt. Die Babys, die es bis zu den Bettchen in dem abgedichteten Raum schaffen, sind gesund, ohne Missbildungen und männlichen Geschlechts. Sie sind ein bisschen zu früh gekommen, aber die Wissenschaft hat eben noch kein Vorbeugungsmittel gegen Frühgeburt gefunden.

Bedi zufolge ist geschlechtsselektive Abtreibung – wie viele Inder spricht er von »weiblichem Fetizid« – in Delhi eben deshalb ein solcher Renner, weil ihr das Siegel des wissenschaftlichen Fortschritts anhaftet. »Sie hat eine Imageaufwertung erfahren«, sagt er. Dank dem Umstand, dass Geschlechtsselektion ein ärztlicher Eingriff sei, fügt er hinzu, verteile sich die moralische Belastung fein säuberlich auf zwei Parteien: Die Eltern sagen sich, der Arzt wisse ja wohl selbst am besten, was er zu tun habe, während die Ärzte sich auf die überwältigende Patientennachfrage berufen. »Sowohl den Eltern wie den ausführenden Ärzten fehlt jegliche Scham.«

Der hoch gewachsene, breitschultrige Mann mit der entwaffnend sanften Stimme spricht Englisch mit makellosem britischen Akzent, der durchblicken lässt, dass er jahrelang am King's College in London studiert hat. So ein Akzent ist ein Vorteil in diesem Teil der Welt, wo Bildung Trumpf ist. Bedis Patienten leben auf weitläufigen Anwesen, die von Gärtnern gepflegt werden, sind Mitglieder exklusiver Country Clubs in traumhafter Lage und schicken ihre Kinder zum Studieren in die USA. Von ihrem Arzt verlangen sie, dass er ebenfalls im Ausland ausgebildet wurde. Für die vor dreizehn Jahren, als der Entwicklungsfortschritt der indischen Mittel- und Oberklasse eine verbesserte Gesundheitsfürsorge bescherte, eröffnete Apollo-Klinik in Delhi entscheiden sie sich deren Prestiges wegen. (Die Klinik – Teil einer großen Krankenhauskette, die auch klinische Tests für die Pharmakonzerne Pfizer und Eli Lilly durchführt – ist zertifiziert von der Joint Commission International, der amerikanischen Zertifizierungsstelle für Gesundheitsdienstleister.)[2] Am Tag meines Besuchs ist der Parkplatz prallvoll mit glänzenden Daimlers und BMWs, und dementsprechend ist auch der Wartesaal im Erdgeschoss voll besetzt mit betuchten feinen Leuten. Ein Paar schreitet mit solch selbstbewusster Verve durch den Saal, dass es mich beinah über den Haufen rennt. Der Mann trägt eine Kakihose und ein gebügeltes Polohemd, die Frau ist eine Wolke aus schwarzem Haar und schwarzer Seide, ihre Mähne durchgestylt, ihr Salwar Kamiz mit Strass übersät. Den Eingang flankieren zwei hünenhafte Türsteher, Sikhs in makellosem Turban und mit Troddeln verziertem weißen Anzug, die jeden Ankommenden, der nicht in das Ambiente zu passen scheint, mit Blicken durchbohren.*

* Der riesige – gewöhnlich deutlich über 1,80 Meter große – Sikh als Türsteher, ein von dem indischen Magnaten Mohan Singh Oberoi in den 1940er Jahren in seiner Luxushotelkette eingeführtes dekoratives Element, ist inzwischen zu einem Distinktionsmerkmal indischer Institutionen geworden.

Ein paar Stockwerke höher, in der Intensiveinheit, regt Bedi sich auf. »Das Thema beeinträchtigt mich emotional so stark, dass es mir schwerfällt, in klaren Worten etwas darüber zu sagen«, sagt er mit bebender Stimme. Geschlechtsselektion sei »wahrscheinlich das wichtigste Problem, mit dem unser Land und China es im nächsten halben Jahrhundert zu tun haben werden. Wer zwanzig Prozent seiner Bevölkerung auslöscht, kann nicht erwarten, dass die Natur dabei ruhig zusieht.« Für die Krankenhäuser bestehe wenig Anreiz, etwas gegen das Problem zu unternehmen, denn die Entbindungsstationen brächten beträchtlichen Umsatz. Eine Luxussuite auf der Entbindungsstation mit Bad, Deckenbogen-Beleuchtung, Flachbildfernseher und großem Fenster mit Ausblick auf eine Gartenanlage belaufe sich in der Apollo-Klinik auf 200 US-Dollar pro Übernachtung. Zwar seien fetale Geschlechtsbestimmung und geschlechtsselektive Abtreibung in Indien seit 1994 gesetzlich verboten, aber das Verbot werde nur unzureichend durchgesetzt, und da Geschlechtsselektion einerseits eine stark nachgefragte, andererseits leicht zu bewerkstelligende Sache sei, werde sie von Ärzten weiterhin unverhohlen ausgeführt. Er selbst, sagt Bedi, verdiene einfach deswegen weniger als viele andere Gynäkologen in Delhi, weil er es ablehne, weibliche Feten abzutreiben. Manche seiner Patientinnen seien »außerordentlich enttäuscht von dem Ergebnis meiner Ultraschalluntersuchung. Für sie ist es reine Zeit- und Geldverschwendung, wenn sie dabei nicht einmal erfahren, ob es ein Junge oder ein Mädchen wird.«

Tatsächlich bedienen manche von Indiens Spitzenmedizinern ihre Patientinnen mit Ultraschalluntersuchungen zur fetalen Geschlechtsbestimmung. Berühmt-berüchtigt ist der Fall von Mangala Telang, einer an der Harvard University ausgebildeten Ärztin in Delhi und gleichsam die »Gynäkologin der Stars«. Telangs Patientinnenliste reicht von wohlhabenden Ausländerinnen – die amerikanische wie die britische Botschaft empfehlen Telang in Delhi lebenden US- respektive britischen Bürgern – bis zur Bollywood-Hautevolee. Einer schwangeren britischen Reporterin mit asiatischen Wurzeln, die 2007 im Auftrag des asiatischen Hörfunkprogramms der BBC verdeckt recherchierte, verschrieb Telang eine Ultraschalluntersuchung zur Geschlechtsbestimmung und versicherte der Reporterin gleichzeitig, sie könne ihr einen Abtreibungsarzt empfehlen, falls der Fetus sich als weiblichen Geschlechts erweise.[3] (Bedi ist in der gesendeten Reportage mit dem trockenen Kommentar zu hören: »Das überrascht mich überhaupt nicht.«) Nach der Ausstrahlung des Berichts entzog das Gesundheitsministerium Telang die Approbation, aber zur Zeit meines Besuchs in Delhi praktizierte sie bereits wieder. Die BBC-Reporterin machte überdies in Süd-Delhi drei weitere Mediziner ausfindig, die sich bereit erklärten, das Geschlecht ihres Babys zu bestimmen. Einer machte sich erst gar nicht die Mühe, zu erklären, dass Geschlechtsselektion ungesetzlich war – und bezifferte dann, offenbar den Geruch von britischem Geld schon in der Nase, der Reporterin gegenüber die Gebühr auf das Doppelte der üblichen Summe. »Stellt man Mediziner zur Rede, erlebt man eine feige Schuldverweigerung«, sagt mir Bedi. »Sie sagen einem: ›Wir sind Ärzte; das ist ein edler Beruf.‹ Was für ein Quatsch.« Nach einer Weile setzt er hinzu: »Wenn es um Fragen von Ethik und Moral geht, kann man schon seine eigene Meinung haben, aber es gibt eine Grenze, und die überschreitet man nicht. Jeder, der es tut, weiß, dass es nicht mehr ethisch ist. Dass es ein massenhaftes medizinisches Verbrechen ist.«

* * *

Anzeichen dafür, dass sich in asiatischen Krankenhäusern und Kliniken etwas zusammenbraute, zeigten sich schon 1975. Das war das Jahr, in dem die staatlichen Krankenhäuser erstmals die Fruchtwasseruntersuchung (Amniozentese) anboten, bei der durch die Baudecke der Schwangeren hindurch eine dünne Hohlnadel in die den Fetus umhüllende Fruchtblase eingeführt und eine kleine Menge des schützenden Fruchtwassers entnommen wird, das reichlich fetale Zellen enthält. Binnen weniger Jahre war die Technik kommerzialisiert und stand auch in Privatkliniken zur Verfügung. Die Fruchtwasseruntersuchung wurde zur Diagnose etwaiger Abnormitäten des Fetus entwickelt, aber spätestens Anfang der 1980er Jahre hauptsächlich zur Geschlechtsbestimmung eingesetzt, dass sie in Indien gemeinhin nur als »Geschlechtstest« bezeichnet wurde.*[4] Gleichwohl blieb die Fruchtwasserpunktion eine Prozedur von nicht unbedeutender Invasivität, die mit dem Risiko einer Fehlgeburt verbunden war, und lockte keine breiteren Interessentenschichten an. Indes waren andere Techniken schon im Kommen. In einem 1982 vorgelegten Bericht warnte das U. S. Office of Technology Assessment (US-Amt für Technikfolgenabschätzung) vor neuen Methoden der Geschlechtsselektion, deren »wahrscheinliche Auswirkungen ... die zunehmend auf Gleichstellung der Geschlechter ausgerichteten Erwartungen [in Entwicklungsländern] sabotieren und konterkarieren könnten«. Der Bericht schließt mit der Prognose: »Wie es aussieht, würde ein einfaches, effektives technisches Verfahren zur Geschlechtsselektion wahrscheinlich in weiten Kreisen genutzt werden.«[5] Und just trat zeitgleich das qualitativ hochstehende Ultraschallgerät für die Untersuchung im zweiten Trimenon auf den Plan.

Spätestens Mitte der 1980er Jahre boten in Delhi jede Menge Kliniken Ultraschalluntersuchungen an. Auch in Südkorea, Taiwan, Singapur und China fand die Technik rasch Verbreitung – so rasch in der Tat, dass Wissenschaftler sich später wundern sollten, mit welchem Tempo Geschlechtsselektion Schule machte. »Die plötzliche Steigerung des Geschlechterverhältnisses in ostasiatischen Ländern ist beeindruckend«, schrieben die Demografen Chai Bin Park und Nam-Hoon Cho 1995. »In den einzelnen Ländern schnellte das Geschlechterverhältnis binnen einem Jahr auf ein hohes Niveau, das in der Folgezeit erhalten blieb. Das legt den Schluss nahe, dass die Leute auf das Angebot einer Technik zur Geschlechtswahl förmlich gewartet haben.«[6]

Mit marktschreierischer Werbung, die nicht zuletzt ökonomische Vorteile versprach, sorgten indische Kliniken dafür, dass

* Ähnliche Trends bestimmten das Bild auch in anderen asiatischen Ländern. Koreanischen Pressemeldungen zufolge dienten neunzig Prozent der im Jahr 1984 vorgenommenen Fruchtwasserpunktionen der Geschlechtsbestimmung. In China gingen Schwangere dazu über, das Wort »Untersuchung« in der Bedeutung »fetale Geschlechtsbestimmung« zu gebrauchen, als ob andere Untersuchungszwecke bedeutungslos wären.

potenzielle Klienten über die Möglichkeit der vorgeburtlichen Geschlechtsbestimmung informiert waren. »Besser 500 Rupien jetzt als später 500 000«, war auf einem Plakat zu lesen, das überall in Mumbai angeschlagen war.[7] Jeder Inder wusste, was das heißen sollte: Dank einer erschwinglichen Technik waren nun Töchter und die teure Mitgift, die sie nach sich zogen, vermeidbare Übel. Andere Kliniken wollten sich als Kämpfer gegen das Bevölkerungswachstum verstanden wissen, deren Ziel es sei, Eltern zur Einhaltung der staatlichen Vorgaben zu verhelfen. Ein Krankenhaus in Mumbai pries die Fruchtwasseruntersuchung auf einem Flugblatt als »human und segensreich« an. »Wenn Eltern in Entwicklungsländern wie Indien schon aufgerufen sind, ihren Nachwuchs auf zwei Kinder zu beschränken«, hieß es in einer anderen Werbeschrift, »dann haben sie doch wohl ein Anrecht auf jede mit Sicherheit machbare Qualität bei diesen zwei. Die Fruchtwasseruntersuchung hilft in dieser Richtung weiter.«[8] »Qualität« war ein von Aktivisten für die Bevölkerungskontrolle gern benutztes Schlagwort, ist aber hier nichts anderes als ein verschleiernder Ausdruck für »männliches Geschlecht«.

Die neuen vorgeburtlichen Diagnoseverfahren tauchten zu gelegener Zeit auf. Nach jahrzehntelangen strikten bevölkerungspolitischen Zielvorgaben bekamen die Inder nun weniger Kinder. Inzwischen hatten Löhne und Gehälter zu steigen begonnen und die Delhier sich in die Technik vernarrt. Als eine Fotojournalistin, die ich in Süd-Delhi kennenlernte, 1986 schwanger wurde und es ablehnte, sich einer Ultraschalluntersuchung zu unterziehen, lag sie damit weit außerhalb der Norm. Sie und ihr Ehemann waren Künstler, Nonkonformisten, die den Produkten des westlichen Medizinmarkts die ayurvedische Heilkunst vorzogen. »Die Menschen haben über Jahrtausende auch ohne Ultraschall Kinder bekommen«, sagte sie, doch im Delhi des Jahres 1986 eine Schwangerschaft ohne Ultraschalluntersuchung hinter sich zu bringen, kam fast einem politischen Bekenntnis gleich. Als das Ehepaar nach der Entbindung überglücklich auf die Nachricht reagierte, dass das Baby eine Tochter war, wurden die beiden in ihrer Umgebung noch argwöhnischer beäugt. Der Ehemann erinnert sich noch daran, wie er während und nach der Geburt im Warteraum der Klinik saß, gespannt darauf, zu hören, wie die Sache gelaufen und ausgegangen war, und wie die Geburtshelferin ihn schließlich in einem Ton benachrichtigte, als wäre ein Unglück passiert: »Sie haben eine *Toch-ter.*« Die Ärztin sprach das Wort mit Grabesstimme aus. Ihr Ton ließ durchblicken, dass man in Indien doch schließlich Mittel und Wege kenne, sich vor solchen Enttäuschungen zu schützen. (Die Tochter des Paars ist heute eine beeindruckende junge Dame in den Zwanzigern, die sich tatkräftig auf eine Position im internationalen Hotelmanagement vorbereitet. Das geschmacklose Mumbaier Reklameplakat aus den 1980ern Lügen strafend, könnte sie sich durchaus als finanzieller Aktivposten erweisen.)

Die Technik zur vorgeburtlichen Geschlechtsbestimmung gelangte nach Asien in einer Zeit, als viele Länder ihre Wirtschaft um das Zentrum Warenproduktion herum organisierten. Unter anderen machten Unternehmen wie die koreanische Firma Kum Sung Ultrasonic und die chinesische Firma Mindray Medical International diese Technik und ihren Vertrieb auf dem Kontinent zu ihrem Geschäftsfeld. Aber auch westliche Unternehmen fassten auf dem asiatischen Marktsegment Fuß. Das erste Joint Venture des Multikonzerns General Electric (GE) in China war Anfang der 1990er Jahre die Errichtung einer Fabrik, in der Ultraschallgeräte für den einheimischen Markt produziert wurden.[9] GE-Manager hatten festgestellt, dass eine erhebliche Nachfrage bestand; in einem vor wenigen Jahren in der *Harvard Business Review* veröffentlichten Artikel erinnert sich GE-CEO Jeffrey R. Immelt, dass »sich ausgangs der 1980er Jahre für die neue Ultraschalltechnik in Asien eine glänzende Zukunft abzeichnete«.[10]

Nachdem der Marktanteil von GE in China zurückgegangen war, wartete der Multi 2007 mit einem an den PC anschließbaren billigen Ultraschall-Kompaktgerät auf, das sechs Mal weniger kostete als ein herkömmliches Modell. Das Kompaktgerät wurde »zum Renner bei Krankenhäusern auf dem Land«, schreibt Immelt. »Heute ist das mobile Gerät die Wachstumslokomotive für GEs Ultraschall-Geschäft in China.«[11] In Indien wiederum monopolisierte GE den Ultraschall-Markt im

Joint Venture mit dem indischen Firmenkonglomerat Wipro.[12] Die Firma Wipro GE Medical Systems machte 2006 250 Millionen US-Dollar Gewinn mit dem Verkauf von Ultraschallgeräten und sonstigen Diagnose-Instrumenten. Wie in China vertrieb das Unternehmen billige Geräte an kleine Landärzte und half so der Geschlechtsselektion, in bislang von ihr noch unberührte Gegenden vorzudringen. »Im vergangenen Jahrzehnt ist Geschlechtsselektionstechnik samt Mitteln und Wegen zur geschlechtsselektiven Abtreibung selbst in den entlegensten ländlichen Gebieten etwas durchaus Gewöhnliches, bequem Verfügbares und billig Nutzbares geworden«, sagt der Mumbaier Demograf T.V. Sekher.

Eine Ultraschalluntersuchung im zweiten Trimenon dient einer systematischen Untersuchung der fetalen Anatomie, die kurz als fetale Biometrie bezeichnet wird. Sie überprüft das Wachstum des Fetus, und anhand des Befunds kann man sowohl das fetale Alter errechnen als auch etwaige fetale Pathologien erkennen. Doch für viele Eltern begleitet diese im Regelfall in der zwanzigsten Schwangerschaftswoche stattfindende fetale Biometrie die Schwangerschaft auf ungewöhnliche Weise. Zwei Mal war ich bei einem solchen Vorgang Zeugin, und jedes Mal kam es mir so vor, als ob ich nachts in einem stillen See schnorchelte. Wenn der feuchte Schallkopf über den Bauch der Mutter gleitet, blickt man zuerst in eine wolkenverhangene Schwärze mit unbestimmbarer Tiefendimension. Dann sind auf einmal verblüffend klar aus dem Nirgendwo geborene Formen zu sehen. Hoch entwickelte Geräte können eine beachtliche Vielfalt von Einzelheiten zur Anschauung bringen, indem sie nacheinander Unterarm und Hand des Fetus unter die Lupe nehmen, Bauch und Nabelschnur, Lippen und Nase. Diese Geräte machen den Betrachter mit jedem einzelnen Zeh, jedem einzelnen Finger bekannt, mit zwei kleinen, aber ziselierten Ohren, einer winzigen Stupsnase. Man sieht das Zwerchfell, die Nieren, das Gehirn. Plötzlich erscheint, glitschig und sanft bebend, ein schlagendes Herz auf dem Monitor. Heranzoomend macht der Schallkopf die Vorhöfe, die Kammern, die Klappen aus.

Aber in Asien lernen die meisten Ultraschalltechniker lediglich, wie man das Geschlecht bestimmt; es zählt zu den leichter festzustellenden Merkmalen. Mit etwas Einübung können sogar Menschen ohne irgendwelche medizinische Ausbildung das Genitale des Fetus orten, das sich meist weiß von dem grauen Monitorhintergrund abhebt. Vielleicht ist das der Grund, warum sich Ultraschalltechniker im Zusammenhang mit der Geschlechtsbestimmung einer schon fast komisch ungezwungenen Ausdrucksweise bedienen. Rund um den Globus heißt der kleine Spross von einem Penis, der auf dem Ultraschallmonitor zwischen den Hoden des männlichen Fetus hervorlugt, »die Schildkröte«, und tatsächlich sieht er wie ein aus dem Panzer herausragender Schildkrötenkopf aus. In Asien und Europa werden die drei winzigen parallelen Striche, die zusammen die Schamlippen und die Klitoris des Fetus bilden, als »das Sandwich« bezeichnet. Amerikaner mögen von ihnen auch schon mal als dem »Hamburger« gehört haben.[13]

Nach einem Einführungskurs in Sachen Schildkröte und Sandwich weiß jeder Techniker genug, um an jedem beliebigen Ort eine Geschlechtsbestimmung vornehmen zu können – und viele agieren an der Grenze dessen, was als klinischer Rahmen einer solchen Untersuchung noch akzeptabel ist. Manche nehmen die Untersuchung vom Kofferraum oder von der Ladefläche ihres Pickups aus vor. Die chinesische Firma Mindray produziert ein tragbares Ultraschallgerät im Laptopformat, das Geschlechtsbestimmungstests als Dienstleistungsangebot am Straßenrand möglich macht.[14] Das Ergebnis einer Geschlechtsbestimmung ist allerdings niemals hundertprozentig sicher. So kann schon mal der Penis während der Untersuchung nicht zu erkennen sein, und mitunter hält in einem solchen Fall der Techniker einen Jungen für ein Mädchen. Christophe Guilmoto begegnete einmal einer Inderin, die maßlos wütend darüber war, dass sie aus Versehen einen Jungen abgetrieben hatte, weil ein Arzt das Geschlecht des Fetus falsch diagnostiziert hatte. Es leuchtet ein, dass ein Techniker, der auf einem Parkplatz Untersuchungen im grellen Tageslicht ausführt, für solche Irrtümer besonders anfällig ist. Freilich ist in den meisten Fällen das Untersuchungsergebnis doch zuverlässig, wie die in asiatischen Ländern gegebene Schräglage des Geschlechterverhältnisses bei der Geburt bezeugt.

Fetale Geschlechtsbestimmung ist nicht nur in Indien illegal. Auch China und Südkorea haben sie schon früh verboten, und in allen drei Ländern veranlasst die Regierung von Zeit zu Zeit verdeckte Ermittlungen. Infolgedessen versuchen Ultraschalltechniker häufig, sich zu schützen, falls irgendwo ein verstecktes Aufnahmegerät angebracht sein sollte, indem sie es vermeiden, das Geschlecht eines Fetus explizit zu benennen. Dabei sind die Wege, auf denen sie den Adressaten die Information trotzdem übermitteln, allenfalls bei streng buchstäblicher Gesetzesauslegung legal. Sie lassen unmissverständliche Bemerkungen fallen wie »Schmücken Sie das Kinderzimmer schon mal rosa aus« oder »Freuen Sie sich auf einen strammen Fußballer«.[15] Oder sie führen die Untersuchung fachmännisch zu Ende, ohne ein Wort über Mädchen oder Jungen, Vaginen oder Penisse, Rosa oder Blau zu verlieren – und drücken der werdenden Mutter beim Abschied ein Foto in die Hand, auf dem das Genitale des Fetus eingekreist und, damit ja kein Missverständnis aufkommt, mit einem Kommentar versehen ist.

Auf Druck vonseiten indischer Aktivisten hin hat Wipro GE seine Ultraschall-Vertriebsaktivitäten ein wenig entschleunigt. Als Lieferbedingung verlangt das Unternehmen von Kliniken jetzt die Unterzeichnung einer eidesstattlichen Versicherung, dass sie die gelieferten Instrumente nicht zur Geschlechtsbestimmung nutzen werden.[16] Das Grundproblem, so die Sprecher von GE, sei jedoch die Nachfrage nach geschlechtsselektiver Abtreibung. Man selber liefere nur die Technik; werde sie missbraucht, so habe der Hersteller damit nichts zu schaffen. Dem *Wall Street Journal* sagte der ehemalige Wipro-GE-Manager Vivek Paul: »Wenn einer mit dem Auto über einen belebten Markt rast und Menschen tötet, geben Sie dann dem Autohersteller die Schuld?«[17]

* * *

Nicht nur die Hersteller von Ultraschallgeräten und ihre Sprecher übertragen der allgemeinen Nachfrage die Verantwortung an der Geschlechtsselektion. Auch Cho Young-Youl, ein im Vorstadtgebiet von Seoul praktizierender Gynäkologe, der in den 1980er und 1990er Jahren geschlechtsselektive Abtreibungen vornahm, sieht sich als jemand, der dem Problem machtlos gegenübersteht. Der leutselige Mann mit einem herzlichen Lachen und einem quadratischen Kiefer eröffnete nach dem Medizinerexamen 1983 in Guri, einer Vorstadt von Seoul, eine Klinik – in demselben Jahr, in dem die Firma Kum Sung Ultrasonic mit der Auslieferung von Ultraschallgeräten für den südkoreanischen Massenmarkt begann.[18] In Chos Praxis herrschte binnen Kurzem Hochbetrieb. Anfangs führte er gynäkologische Behandlungen jedweder Art aus – sowohl Vorsorgeuntersuchungen als auch Entbindungen und Abtreibungen –, aber die Nachfrage nach den zwei letztgenannten Leistungen war besonders stark und so dauerte es nur wenige Jahre, bis er eine zweite, ganz auf Geburtshilfe spezialisierte Wirkungsstätte eröffnete. Das neue Haus wuchs sich zur größten Geburtshilfeklinik in Guri aus.

Er war, sagt Cho, in eine Welt hineingestolpert, in der ein Arzt es sich nicht leisten konnte, eine fetale Geschlechtsbestimmung, geschweige denn, die Abtreibung abzulehnen, falls sich der Fetus als ein weiblicher erwies. Schwangeren, die zur Ultraschalluntersuchung im zweiten Trimenon kamen, ging es in erster Linie darum, zu erfahren, ob sie einen Jungen oder ein Mädchen erwarteten. »Fast alle Patientinnen wollten das Geschlecht wissen«, sagt Cho. »Wenn du das der werdenden Mutter nicht verraten hättest, wäre sie woanders hingegangen. Die Schwangeren waren so verrannt, dass sie von einer Klinik zur anderen liefen, um jemanden zu finden, der sie aufklärte.« Cho hatte etwas gegen die Genderdiskriminierung, die hinter der Geschlechtsselektion steckte, und dachte mit Sorge an die möglichen gesundheitlichen Folgen wiederholter Spätabtreibungen. Trotzdem verriet er den Frauen das Geschlecht.

Auf diese Auskunft hin reagierten die Patientinnen allesamt ziemlich ähnlich. »Wenn es ein Junge war«, fährt Cho fort, »war die Frau überglücklich. War es ein Mädchen, begann sie zu überlegen, was sie tun sollte – sollte sie das Baby austragen, oder sollte sie sich um eine Abtreibung kümmern?« Die Frauen, die ein Mädchen erwarteten, fragten ihn in den seltensten Fällen auf der Stelle um Rat, aber Cho wusste, dass er sie mit seiner Auskunft in Zweifel und Unsicherheit gestürzt hatte: weil er es ihnen am Gesicht ablesen konnte und weil auf dem Weg nach draußen viele von ihnen irgendeine Klinikschwester, die ihnen gerade über den Weg lief, anhielten und um Rat angingen. Über solche Gespräche wurde Cho hinterher informiert. »Die Schwestern pflegten die Frauen zu fragen, warum sie an eine Abtreibung dächten«, erinnert er sich. »Ob die wirklich nötig wäre. Aber sie machten keinen Versuch, ihnen den Gedanken auszureden. Vielmehr versuchten sie dahinterzukommen, in welche Richtung die Frauen tendierten.« Cho zufolge hat eine Schwester gegenüber einer Schwangeren, die darüber grübelt, ob sie eine weibliche Leibesfrucht abtreiben soll oder nicht, die Aufgabe, das innerste Verlangen der Frau zu erkunden.

Hatte eine Frau sich für die Abtreibung entschieden, kam sie zurück in die Klinik, wo sie von Cho über die gesundheitlichen Risiken eines Schwangerschaftsabbruchs im zweiten Trimenon aufgeklärt wurde. Wie die Schwestern machte auch er gar nicht erst den Versuch, der Frau abzuraten. Ebenso sinnlos, wie die Geschlechtsbestimmung zu verweigern, war es seiner Meinung nach, die Abtreibung zu verweigern. »Sie hatten bereits entschieden, was sie wollten«, sagt er. Also führte er die Abtreibung aus.

Die ganzen 1990er Jahre hindurch teilte Cho seine Zeit zwischen seinen beiden Kliniken auf, empfing in der einen Frauen zu Vorsorgeuntersuchungen und entband sie in der anderen von ihren Kindern, von Jungen und, in der Minderzahl der Fälle, von Mädchen. Auf seine Geburtshelferfunktion war er besonders stolz. Im Wartezimmer hatte er eine rosafarbene und eine blaue Neonleuchte installieren lassen, die beide an Schalter im Kreißsaal angeschlossen waren, sodass auf diesem Weg eine Schwester das Geschlecht des jeweiligen Neugeborenen stilgerecht signalisieren konnte. Indessen war bis zum Jahr 2004 die Geburtenrate in Korea stark zurückgegangen. Cho stellte seine Geburtshelfertätigkeit ein und schloss seine zweite Klinik. Die andere Klinik betreibt er in verkleinerter Form noch heute. Sie ist jetzt in einer Einkaufsmeile in Guri über einem Pizza-Hut-Lokal angesiedelt und firmiert durch ein schlichtes rosafarbenes Schild »Frauenklinik«.

Cho ist heute in den Fünfzigern, und von seinen Augen ziehen strahlenförmig tiefe Runzeln weg. Bei unserem Treffen trägt er einen blauen Laborkittel, darunter einen Pullover mit V-Ausschnitt. Er hat eine lebhafte Art, zu erzählen, lächelt manchmal sardonisch, schlägt ein andermal den Ton philosophischer Abwägung an. Mehrfach nennt er etwas ein »gesellschaftliches Problem«, er beteiligt sich intensiv am Gemeindeleben der christlichen Kirche, der er angehört. Nur wenn es um seinen Beitrag zu dem in Korea herrschenden Ungleichgewicht im Zahlenverhältnis der Geschlechter geht, schaltet er auf einen gleichgültigen Ton um.

* * *

Kritischen Beobachtern zufolge ist diese Einstellung mittlerweile in Asien wie auch anderswo im gesamten medizinischen Establishment verbreitet. Für die junge amerikanische Ärztin Sunita Puri, die umfangreiche Recherchen über die Geschlechtsselektion bei Südasiaten im Gebiet um die Bucht von San Francisco angestellt hat, ist die Bereitschaft der Ärzte, auf den Patientenwunsch nach Geschlechtsbestimmung einzugehen, Symptom für einen allgemeineren Trend zur patientenbestimmten medizinischen Versorgung. »Der Patient ist heute Konsument«, sagt sie. Der Arzt wiederum sei »eher so etwas wie eine Arzneiausgabestelle geworden und weniger jemand, der die Patienten näher kennenlernt. Aber«, fügt sie hinzu, »da ist *auch noch* etwas, das man kritische Entscheidungsfindung nennt.« Der Mumbaier Demograf Sekher ist der gleichen Meinung. »Würden Ärzte derlei in großem Stil betriebene Verzerrung des Geschlechterverhältnisses und Eliminierung weiblicher Feten ganz ernst nehmen, würden diese nie Wirklichkeit werden«, sagt er.

Entschlossene Mediziner können sogar eine wichtige Rolle bei der frühzeitigen Aufdeckung von Geschlechtsselektion spielen; frühzeitig heißt: noch bevor im Land das Geschlechterverhältnis in Schieflage gerät. Anders als bei Soziologen und Anthropologen ist Medizinern nicht die Sicht verstellt durch sozialwissenschaftliche Theorien: Sie halten einfach die Augen offen, um zu sehen, was sich auf Patientenseite abspielt. Rubena Moisiu zum Beispiel: Jahre, bevor Demografen dem Geschlechterungleichgewicht in Albanien auf die Spur kamen, half sie, in der von ihr geleiteten Klinik das Vorkommen geschlechtsselektiver Abtreibung aufzudecken – und hätte vielleicht deren Ausbreitung verhindert, wenn irgendwer im Regierungsapparat auf sie gehört hätte.

Im Jahr 2002 beschlich Moisiu der Verdacht, dass unter den Frauen, die das große öffentliche Krankenhaus in Tirana aufsuchten, dem sie vorsteht – die Universitätsklinik für Frauenheilkunde und Geburtshilfe II –, auch solche waren, die einen weiblichen Fetus abtreiben ließen. Jahrelange Beobachtungen auf der Entbindungsstation hatten ihr klargemacht, dass Ehepaare ganz versessen auf Jungen waren. Sie hatte mit Frauen zu tun gehabt, die in dem Bestreben, endlich einen Sohn zu haben, eine Tochter nach der anderen – sechs, sieben, acht Mädchen – zur Welt brachten, und sie hatte Väter erlebt, die in Zorn gerieten, wenn sie erfuhren, dass ihr Neugeborenes wieder ein Mädchen war. Ein oder zwei Mal war im Wartezimmer ein Mann, dessen Frau noch auf der Wachstation dämmerte, aufgesprungen und hatte laut und vernehmlich, sodass alle Schwestern und Patientinnen es hören konnten, krakeelt: »In einem Jahr komme ich wieder, dann ist es ein Junge!« Doch dann gingen auf einmal die Serien von Mädchengeburten zurück. Angesichts einer hohen Abtreibungsrate und einer immer stärker um sich greifenden Inanspruchnahme vorgeburtlicher Diagnostik vermutete Moisiu, dass sich Paare die augenscheinliche Patentlösung des Problems »Wie kommen wir zu einem Sohn?« zunutze machten. Sie beschloss, der Sache auf den Grund zu gehen.

Im ersten Trimenon können albanische Frauen in kleinen Privatkliniken abtreiben lassen, für Abtreibungen nach der zwölften Schwangerschaftswoche ist jedoch die Ausführung in einer Einrichtung des öffentlichen Sektors gesetzlich vorgeschrieben. Da die zur damaligen Zeit im Land verfügbare Ultraschalltechnik erst ab der 13. Schwangerschaftswoche über das fetale Geschlecht Auskunft geben konnte, lief diese Vorschrift zumindest theoretisch darauf hinaus, dass sämtliche zum Zweck der Geschlechtsselektion vorgenommenen Schwangerschaftsabbrüche von Ärzten öffentlicher Kliniken vorgenommen wurden.[19] Moisiu hatte die Hoffnung, dass sich in der Universitätsfrauenklinik II als einer der zwei größten Geburtskliniken des Landes herausbringen lässt, wie verbreitet eigentlich solche Abbrüche waren. Auf ihre Anordnung hin befragten die Klinikärzte alle Frauen, die im zweiten Trimenon um einen Schwangerschaftsabbruch nachsuchten, nach ihren Beweggründen – die Mediziner sollten die Frauen auf keinerlei Weise zu beeinflussen versuchen, sondern lediglich verstehen, warum diese abtreiben wollten.

Als häufigster Grund für eine Abtreibung wurde in jenem Jahr eine ungewollte Schwangerschaft genannt, als zweithäufigster der Wunsch nach einem Sohn. Alles in allem hatten ungefähr zwanzig Prozent der befragten Frauen um eine Abtreibung nachgesucht, weil sie mit einem weiblichen Fetus schwanger waren. Moisiu sagt, sie habe das einheimische Büro des Bevölkerungsfonds der Vereinten Nationen (UNFPA) über das Ergebnis informiert; Flora Ismaili, die UNFPA-Repräsentantin, mit der ich mich traf, sagte, sie habe von dieser Befragung nie gehört. Wie dem auch sei, weder behördlicherseits noch vonseiten des UNFPA erfolgte irgendeine Aktion in Sachen Geschlechtsselektion. Moisiu teilte ihrem Personal mit, dass sie in der Universitätsfrauenklinik II künftig keine geschlechtsselektiven Abtreibungen mehr dulden werde, und wandte sich anderen Problemen zu – nicht, ohne von Zeit zu Zeit besorgt an Albaniens Zukunft zu denken. Geschlechtsselektion, sagt sie zu mir, »bedeutet, dass Frauen schon im Mutterleib an Wert und Würde herabgesetzt werden. Dies ist eine Form von geschlechtsspezifischer Erniedrigung.«

Doch mit ihrer Besorgnis reiht sich Moisiu in eine Minderheit unter den Krankenhausverwaltern ein. Geschlechtsselektive Abtreibungen spülen einfach zu viel Geld in die Kassen, meint Bedi. »Fast ein Drittel des Gesamteinkommens indischer Gynäkologen stammt aus Abtreibungen«, erzählt er mir. »Bei denen, die sich für den weiblichen Fetizid hergeben, sind es neunzig Prozent. Wer zum Teufel sollte dem ein Ende machen wollen?« Sekher ist gleicher Meinung. »Die Ärzte sind mächtig gierig«, sagt er. »Sie sind hinter dem Geld her. Das Geschäft mit der Geschlechtsselektion ist richtiges *big business* geworden.«

Im Großen und Ganzen fällt die Aufgabe, die Medizinindustrie zu überwachen, Leuten wie dem indischen Aktivisten für öffentliche Gesundheitsfürsorge Sabu George zu, einem Mann von gedrungenem Körperbau, der die leisen Töne bevorzugt und den das Ungleichgewicht der Geschlechter in Indien so tief berührt, dass er, bei Freunden logierend und seinen Lebensunterhalt aus Spenden bestreitend, mit wenigen Habseligkeiten im Gepäck das Land durchstreift. Mehr als einer meiner Gesprächspartner verglich ihn mit Gandhi, ein wahrscheinlich durchaus passender Vergleich: Wie es einst bei dem Vater der indischen Nation der Fall war, verbirgt sich hinter seinem sanften Äußeren eine rigorose, durch keine Macht der Welt zu beugende Moralität.

George trug entscheidend dazu bei, dass GE sein Geschäft mit der Ultraschalltechnik mit größerem Verantwortungsbewusstsein betrieb. Er legte sich auch mit Yahoo, Microsoft und Google an und drohte den Internet-Giganten mit Klagen bei Gericht für den Fall, dass sie sich weigern sollten, mit Suchworten wie »Geschlechtsselektion« gekoppelte gesponserte Links aus ihren indischen Suchmaschinen zu entfernen. Nachdem der Oberste Gerichtshof Indiens 2008 Google zur Stellungnahme zu einer von George eingereichten Beschwerde aufgefordert hatte, verschwanden viele dieser Werbeanzeigen von den Suchergebnislisten.[20] (Globale Suchmaschinen wie Google.com lassen allerdings weiterhin Sponsorenlinks mit Geschlechtsselektionsangeboten zu – die Schlacht ist also noch nicht gewonnen.) Neuerdings hat George Mailorder-Bluttests aufs Korn genommen, mit denen sich das Geschlecht angeblich schon nach der fünften Schwangerschaftswoche bestimmen lässt – seiner Meinung nach eine gefährliche Neuerung, würde sie es doch Frauen erlauben, sich für eine geschlechtsselektive Abtreibung zu entscheiden, bevor die Schwangerschaft von außen zu erkennen ist.

Im Jahr 2005 brachte die in Massachusetts ansässige Firma Acu-Gen Biolab ein 275 US-Dollar kostendes, Baby Gender Mentor genanntes Testset auf den Markt, das es angeblich ermöglichte, das Geschlecht der Leibesfrucht von der sechsten Schwangerschaftswoche an »mit 99,99-prozentiger Genauigkeit« vorauszusagen.[21] Der Test, dessen Markteinführung im Frühstücksfernsehen des US-Senders NBC überschwänglich begrüßt wurde, baut darauf auf, dass im Blut einer Schwangeren eine geringe Menge embryonaler bzw. fetaler DNA enthalten ist. Um dieser DNA habhaft zu werden, sticht die Frau sich in den Finger und schickt anschließend einen Blutstropfen an das Labor der Firma ein. Binnen Tagen erhält sie die gewünschte Auskunft – jedenfalls verspricht die Firma es. In Wirklichkeit sehen sich sowohl Nutzer des Tests als auch Wissenschaftler veranlasst, die Zuverlässigkeit des Baby Gender Mentor in Zweifel zu ziehen.[22] Nachdem das gekaufte Testset das Geschlecht ihrer Babys falsch prognostiziert hatte, reichten Dutzende enttäuschter Eltern 2006 eine Sammelklage gegen Acu-Gen Biolap ein, weil die Firma ihre für den Fall einer Fehlprognose gegebene Zusage 200-prozentiger Kaufpreis-Rückerstattung nicht einhielt. Acu-Gen Biolap beantragte in der Folge ein Insolvenzverfahren.[23] Aber qualitativ höher stehende Tests an embryonaler/fetaler DNA befinden sich zurzeit in Entwicklung, und George sorgt sich, dass der Baby Gender Mentor ein nichts Gutes verheißender Präzedenzfall ist. »Wenn diese Leute neue Absatzmärkte erschließen, sind wir verloren«, sagt er bei unserem gemeinsamen Essen in einem vegetarischen Restaurant in Delhi.

Ganz allgemein gesehen hofft er, US-Unternehmen begreiflich machen zu können, dass ihre technischen Entwicklungen anderswo auf der Welt tief greifende Auswirkungen haben. »Es besteht eine globale Verantwortung für das Problem«, sagt er mir. Er ist sich allerdings im Klaren darüber, dass die Aussichten auf eine plötzliche Anerkennung dieses Obligos schlecht sind. Ignoriert man doch im Westen die eigene Verantwortung für das Ungleichgewicht der Geschlechter in Asien schon seit Jahrhunderten.

FÜNFTES KAPITEL

Der Imperialist

Was die Erfahrung aber und die Geschichte lehren, ist dieses, dass Völker und Regierungen niemals etwas aus der Geschichte gelernt und nach Lehren, die aus derselben zu ziehen gewesen wären, gehandelt haben.

Georg Wilhelm Friedrich Hegel

Jener Jonathan Duncan, der 1789 von der Britischen Ostindien-Kompanie nach Indien entsandt wurde, um nachzusehen, wie die Steuereintreibung im Landesinneren vorankam, verkörperte damals einen neuen Typ des Kolonialbeamten. Schon seit 1600, dem Jahr, in dem ihr die britische Krone das Monopol im Asienhandel gewährt hatte, scheffelte die Kapitalgesellschaft Reichtümer aus Indien heraus. Doch in der Anfangszeit hatte das Unternehmen seine Angestellten schlecht entlohnt und dementsprechend eine bunt gewürfelte Truppe von Glücksrittern und Profitjägern zusammengebracht, die einen Großteil ihrer Zeit damit verbrachten, sich die Taschen mit Nebeneinkünften zu füllen. Den Aktionären in der Heimat kamen Nachrichten von Misswirtschaft zu Ohren, und als die Gewinne der Kompanie einbrachen, stand für sie fest: Besser qualifiziertes Personal muss her! Von den Investoren unter Druck gesetzt, entledigte sich das Kompanie-Direktorium der korrupten alten Garde und suchte mit besserer Bezahlung und zusätzlichen Leistungen, Stellungssuchende anzulocken, die über Kenntnisse der indischen Geschichte und Kultur verfügten. Zugleich nahmen die Direktoren die Neubesetzung der Stellen als Gelegenheit wahr, der Kompanie ein neues Image zu verschaffen. Die neuen Angestellten erklärte man zu Repräsentanten einer Unternehmensphilosophie, die aus dem Willen geboren sei, den ungehobelten Einheimischen Bildung und westlichen Schliff zu vermitteln. Bildung sei an sich schon eine gute Investition, stabilisiere sie doch die Macht der Ostindien-Kompanie in Indien, hieß es. »Jede Wissensvermehrung … erleichtert es den Einheimischen, die Kette der Untertänigkeit [unter britische Herrschaft] zu tragen«, erklärte der vom Direktorium der Kompanie gewählte Generalgouverneur Indiens 1784 gegenüber Investoren.[1]

Die neuen Angestellten wurden als die »Orientalisten« bekannt (es sollte noch zwei Jahrhunderte dauern, bis Edward Said dem Begriff eine negative Konnotation verlieh), und Duncan, der die persische und die bengalische Sprache beherrschte, war ein typischer Vertreter dieser Gruppe. Penibel und ordentlich pflegte er Kniebundhosen und weiße Seidenstrümpfe zu tragen und sein Haar zu pudern, und er stand in dem Ruf absoluter Unbestechlichkeit.[2] Duncan trat seinen Posten in Benares an, der heiligen Stadt, die wir heute unter dem Namen Varanasi kennen. In der »Stadt des Lichts« angekommen, habe er »die Menschen um sich herum, ob hoch oder niedrig, mit größtem väterlichen Interesse beobachtet«, schreibt ein Historiker des 19. Jahrhunderts.[3] Auch das war typisch für die neue Beamtengeneration. Man zitierte gern indische Texte und vervollständigte eifrig seine Kenntnisse einheimischer Sitten und Gebräuche, aber man tat es im paternalistischen Geist despotischer Väter, die eigensinnige Kinder nach Fehlern und Schwächen ausforschen. In der Geschichte der Ostindien-Kompanie markiert der Einzug der Orientalisten in die Verwaltungshierarchie Indiens den Übergang zur Bemäntelung ungerechter ökonomischer Herrschaft mit moralischen und religiösen Argumenten. Und demgemäß registrierte Duncan, nachdem er auf seiner Steuereintreibungsrundreise 1789 auch Angehörige der Rajkumar besucht hatte, pflichtbewusst, dass dieses Volk seine weiblichen Kinder tötete.

Die Rajkumar, die dominierende Volksgruppe in ihrer Region, herrschten über 42 Dörfer. Sie bildeten eine Unterkaste innerhalb der Rajputen-Kaste, einer Gruppe von mächtigen Grundbesitzern, deren Verhalten von entscheidender Bedeutung für die Aufrechterhaltung der britischen Herrschaft in Benares und ebendeshalb eine Quelle ständiger Besorgnis war. Möglicherweise aus diesem Grund schrieb Duncan sofort nach seiner Rückkehr ins Büro im Oktober einen Brief an Generalgouverneur Lord George Cornwallis, in dem er diesem – in einigermaßen pompöser Formulierung – seine Entdeckung mitteilte: »Ich bin ganz sicher und es entspricht in der Tat auch der hierorts allgemein gehegten Überzeugung (und in Anbetracht dessen ist es meine Pflicht, seien dergleichen Ungeheuerlichkeiten auch durch den Brauch sanktioniert, die Kenntnis davon der Regierung nicht vorzuenthalten), dass es im Stamme der Rajkumar eine gar nicht so selten geübte Unsitte ist, Töchter zu Tode zu bringen, indem man die Mütter veranlasst, ihnen die Nahrung zu verweigern.«[4] Duncans Interesse für das Töten der Töchter sollte sich als schier grenzenlos erweisen. Er füllte Seite um Seite seines Briefs mit detaillierten Beschreibungen sowohl der sozialen Bedingungen, unter denen es zur Kindstötung kam, als auch von deren Auswirkungen (eine von ihnen sah er darin, dass rajputische Männer große Schwierigkeiten hatten, in ihrer Kaste eine Ehefrau zu finden). Ein britischer Historiker sollte später davon sprechen, dass Duncan in Benares einen »Privatkrieg« gegen den Kindsmord an Mädchen geführt habe.[5]

Wie er dahintergekommen war, dass die Rajkumar ihre Töchter töteten, sagte Duncan in seinem Brief an Lord Cornwallis nicht. Wahrscheinlich stieß er einfach einmal auf ein Dorf, in dem es keine Mädchen gab; so machten spätere Kontrolleure Bekanntschaft mit dem Problem. Wie dem auch sei, nach Duncans Vermutung ging der weibliche Infantizid im Fall der Rajkumar auf deren Statusbewusstsein zurück. Der Kindsmord an Mädchen wurzle in dem »diesem Menschenschlag eigenen exorbitanten Verlangen nach Unabhängigkeit«, schrieb Duncan an Cornwallis.[6] Durch Tötung ihrer Töchter, so mutmaßte der Beamte, verhinderten die Rajkumar, dass Frauen ihrer Kaste in Familien niedrigerer Kasten einheirateten – und sicherten so ihre lokale Machtstellung, die der Ostindien-Kompanie so viel Sorge bereitete. Zwei Monate, nachdem er Lord Cornwallis geschrieben hatte, zwang Duncan die führenden Persönlichkeiten der Rajkumar zur Unterzeichnung einer Verpflichtung, in der sie eingestanden, jahrhundertelang gesündigt zu haben, und gelobten, sich zu bessern und künftig jeden Stammesangehörigen, der ein Mädchen tötete, aus der Stammesgemeinschaft zu verstoßen. »Wir geben selber zu«, hieß es in dem Dokument, dass »mörderische Praktiken ... bei uns gang und gäbe« sind.[7] Die unterzeichnete Verpflichtung übersandte Duncan Lord Cornwallis in dem befriedigenden Gefühl, das Problem gelöst zu haben – und so sah es ja auch aus.

Im Jahr 1795 dann versetzte Lord Cornwallis Duncan in das über 1400 Kilometer südwestwärts gelegene Bombay und beförderte ihn gleichzeitig zum Gouverneur der Stadt. Duncan verwaltete nun eine Provinz, die einen großen Teil Westindiens einschloss, und entsprechend ausgedehnt war seine Reisetätigkeit. Es dauerte nicht lange, bis die Kunde von Kindsmorden an Mädchen zu ihm gelangte, die in diesem und jenem Teil der Provinz an der Tagesordnung waren. Im heutigen Gujarat, so erfuhr er, war es in einer bestimmten Kaste üblich, auf die Geburt eines Mädchens hin ein Erdloch auszuheben, es mit Milch zu füllen und das Neugeborene darin zu ertränken.[8] Nachdem er eine Reihe derartiger Meldungen erhalten hatte, beauftragte Duncan einen Untergebenen mit der Erstellung eines Berichts zur Lage in Sachen weiblicher Infantizid. Das Ergebnis war erschreckend. In einem bestimmten Siedlungsraum, in dem es 1,2 Millionen Haushalte gab, wurden jedes Jahr schätzungsweise 20 000 weibliche Neugeborene umgebracht.[9]

* * *

Mit diesem Bericht begann ein Jahrhundert umfangreicher Dokumentation. Die britischen Verwaltungsbeamten waren begeisterte Aktenführer, und in den im Lauf der folgenden Jahrzehnte erstellten Berichten wurden neben Fällen von Menschenopfern und *sati* (Witwenverbrennungen) regelmäßig auch weibliche Infantizide aufgezählt, wobei man der Präsentation trockener Zahlen und Tabellen gern theatralische Kommentare gegenüberstellte. »Natürliches, humanes Empfinden kennen die Jarijah nicht«, heißt es in einem solchen Bericht.[10] Ein anderer sieht die Inder »fortgesetzt das Blut Unschuldiger vergießen, denen noch die Wärme des Mutterleibs innewohnt«.[11] Der Kindsmord an Mädchen sei »unmenschlich« und »barbarisch«, schrieben die Kolonialherren.[12]

Einer dieser Berichte ist besonders bemerkenswert. *The Administration of the East India Company: A History of Progress* ist eine raubauzige, unverfroren voreingenommene Abhandlung vom Jahr 1853 aus der Feder des britischen Militärhistorikers John William Kaye, des Nachfolgers John Stuart Mills im Amt des Sekretärs der Politischen und Geheimen Abteilung des Indienbüros der britischen Regierung. Im Gegensatz zu Mill, der nach dem Ausscheiden aus dem Staatsdienst eine glanzvolle Laufbahn als politischer Denker zurücklegte, war Kaye ein Mann der fehlgeschlagenen Ambition, aus dessen Traum, sich als Schriftsteller einen Namen zu machen, nichts geworden war.[13] Indes verfügte er über eine unerschöpfliche Energie, wenn es darum ging, die Fehler der Inder auszubreiten, und widmete ein ganzes Kapitel seines 720-Seiten-Buches dem Thema Kindsmord an Mädchen. Die Existenz dieser Unsitte, schrieb er, überführe die Inder »der krassen Ignoranz, der Gewissenstaubheit – des Barbarentums – der Teufelei – und wessen nicht noch allen«.[14] Mitunter strebte Kaye so etwas wie Ausgewogenheit an. Eher verlegen räumte er ein, dass Inder gute Eltern sein können: »Die Zärtlichkeit, mit der vollbärtige Männer sich um das Wohlergehen kleiner Kinder kümmern, ist faszinierend und anrührend zugleich.«[15] Doch solche Genrebilder wurden überschattet von einem Gemisch aus, erstens, selbst nach kolonialen Maßstäben extremem Dauerbeschuss mit Schmähungen und, zweitens, überschwänglicher Lobpreisung von Männern wie Duncan, die die Einheimischen über die Verwerflichkeit der Kindstötung belehrten. Die Beamten der Ostindien-Kompanie, schrieb Kaye, »waren die Pioniere der Menschlichkeit und der Zivilisation … und sie mühten sich tapfer, mit Beil und Axt den dichten Dschungel der Barbarei zu roden, der vor ihnen lag«.[16]

Im Westen war Kindstötung durchaus kein gänzlich unbekanntes Phänomen. Bis ins Mittelalter galt es in verschiedenen europäischen Kulturen für ausgemacht, dass das individuelle Leben erst Tage oder sogar Monate nach der Geburt beginnt. Aus dieser Anschauung zogen im alten Europa viele die morbide Konsequenz, dass sie ungewollte Kinder kurz nach der Geburt erstickten oder aussetzten. Spätestens im 19. Jahrhundert war dann der Infantizid in den Augen der meisten Bewohner der westlichen Hemisphäre moralisch unvertretbar, doch in ganz Europa und Kolonialamerika töteten Eltern im Geheimen weiterhin Neugeborene, und um die Mitte des 19. Jahrhunderts stieg in Großbritannien die Zahl der Kindsmorde epidemisch an.* »Wenn die Polizei heutzutage eine Kinderleiche auf der Straße findet, regt sie das nicht stärker auf, als wenn sie einen toten Hund oder eine tote Katze aufliest«, klagte damals ein Kolumnist im *Journal of Social Science*.[17] Die britischen Imperialisten unterschieden indessen sorgfältig zwischen den Kindstötungen in Indien und den Missständen im eigenen Revier. »In diesem unserem christlichen Land ist eine extreme Zunahme jener finsteren Verbrechen namens Infantizid zu befürchten«, schrieb Kaye. »Allein hier sind sie nichts als Verbrechen – vereinzelte, außergewöhnliche Vorkommnisse. In manchen indischen Landesteilen sind sie dagegen seit vielen Generationen eine *gebräuchliche Praxis*.«[18] Was es Kaye erleichterte, so zu argumentieren, war der Umstand, dass die Inder nur Mädchen töteten. Und geschlechtsselektive Tötung war messbar, so wie geschlechtsselektive Abtreibung es heute ist.

1858 übernahm die britische Regierung die Verwaltung Indiens von der Ostindien-Kompanie und machte den Subkontinent zu einer formellen Kronkolonie. Einige Jahrzehnte später führte die Kolonialregierung in Indien die erste Volkszählung durch. In Nordwest- und Zentralindien stießen die amtlichen Erfasser auf Populationen, die ein erhebliches Übergewicht von Männern aufwiesen. In der Gesamtbevölkerung des Staats Gujarat kamen auf je tausend männliche 954 weibliche Personen. In Rajasthan lag das Geschlechterverhältnis weiblich:männlich bei nurmehr 905:1000, und in Punjab sah es mit 832:1000 noch trüber aus.**[19] Umfangreich war gleichzeitig die Liste der Kasten, in denen Infantizid praktiziert wurde: Neben den Rajpu-

* Im Großbritannien des Jahres 1864 waren 61 Prozent aller Mordfälle Kindsmorde.

** In Indien wird das Geschlechterverhältnis traditionell nicht nach dem Schema »Anzahl männlicher Individuen pro hundert weiblichen Individuen«, sondern nach dem Schema »Anzahl weiblicher Individuen im Verhältnis zu je tausend männlichen Individuen« berechnet.

ten, auf die Duncan sein Augenmerk konzentriert hatte, zählten zu den Mädchenmördern die nordindischen Kriegerkasten Jat und Ahir, die rebellischen Gujjar, die Mohyal (mehrheitlich Sikhs), die Patidar (meistenteils Hindus), die Kanbi in Gujarat und die Khatri in Punjab.[20]

* * *

Dass Inder in großem Umfang weiblichen Infantizid praktizierten, war nun mehr als klar. Schwieriger zu beantworten dürfte freilich die übergeordnete Frage gewesen sein, *warum* Eltern Mädchen töteten. Zuverlässige bevölkerungsstatistische Daten hätten vielleicht Auskunft darüber geben können, ob der Infantizid tatsächlich »seit vielen Generationen eine gängige Praxis« war, wie Kaye schrieb. Aber in Indien gab es keine demografischen Unterlagen aus vorkolonialer Zeit. Im Zusammenhang mit anderen Fragen der Moral hatten die Orientalisten in hinduistischen Texten nach Belegen für Missstände geforscht, doch in diesem speziellen Fall waren die heiligen Bücher keine Hilfe. Das hinduistische Schrifttum bezeugte größten Abscheu gegen jedwede Art von Mord und Totschlag, insbesondere gegen solchen, der an Frauen oder Kindern begangen wird. Die Verpflichtung, die Duncan den Rajkumar abgenötigt hatte, hatte diese Einstellung in allen plastischen Einzelheiten aufgegriffen: »Es ist dies ein großes Verbrechen, wie im *Brehma Bywant Purana* ausgeführt ist, wo es heißt, dass einen Fetus zu töten so verbrecherisch ist, wie einen Brahmanen zu töten, und dass die Tötung eines weiblichen Wesens beziehungsweise einer Frau mit ebenso vielen Jahren der Qual in der Naraka – der Hölle – namens *Kat Shutala* bestraft wird, wie die Haare am Körper jenes weiblichen Wesens zählen, und dass der Mörder danach wiedergeboren und nach und nach zum Aussätzigen werden wird.«[21] Selbst Kaye, der Geschichtsschreiber der Ostindien-Kompanie, räumte auf seine missmutige Art ein, dass zwischen Kindsmord und Hinduismus keinerlei Zusammenhang bestand: »Es ist dies fast der einzige Ausnahmefall, in dem ein barbarischer Brauch weder explizit noch implizit, weder durch Weisung noch durch Beispiel von dem ungeheuerlichen Glauben sanktioniert ist, zu dem diese Menschen sich bekennen.«[22]

Aber wenn die Praxis nicht in der Religion gründete, worin dann? Wie konnten Männer wie Duncan oder Kaye unterscheiden, ob der von Zensusbeamten der Kolonialmacht konstatierte Infantizid eine tief in der Kultur verwurzelte Praxis war oder ein Phänomen, das als Reaktion auf sozioökonomische Wandlungsprozesse erst in jüngerer Zeit aufgetreten war? In der Tat hatten manche Zensusbeamten die Vermutung geäußert, weiblicher Infantizid könnte mit der Verteilung des Reichtums zusammenhängen. Bei den Kasten, die Mädchen töteten, handelte es sich stets um Land besitzende Gruppen, und selbst noch innerhalb dieser Gruppen zählten die Familien, in denen es zu den meisten Kindstötungen an Mädchen kam, in der Regel zu den reichsten. Andere Beamte hatten bemerkt, dass niedrigere Kasten, die Infantizid praktizierten, anscheinend lediglich die Rajputen imitierten – dass die Praxis in der Geschichte der jeweiligen Gruppe nie eine Rolle gespielt hatte.[23] Fast überflüssig zu sagen, dass eine Gruppe, die ihren Nachwuchs an Mädchen systematisch auslöscht, nicht jahrtausendelang überleben kann. Aber mit diesen Betrachtungen gaben sich die Briten nicht übermäßig lange ab. Stattdessen machten sie die hypergame Ehe – die in weiten Teilen Indiens verbreitete Erwartung, dass eine Frau sozial »hinaufheiraten« werde – als die eigentliche Ursache der Infantizidpraxis aus.[24]

Die Hypergamie – das »Hinaufheiraten« – als Regelfall zahlte sich für Angehörige niedriger Kasten aus, denn diese konnten, indem sie eine Tochter in eine ranghöhere Familie zur Ehe gaben, ihren sozialen Status verbessern. Die Frauen der Oberschicht dagegen brachte sie in eine ausweglose Lage, wie die Kolonialherren registrierten. Da es keine Kaste oberhalb ihrer eigenen gab, konnten sie nicht hinaufheiraten. Andererseits schlossen die Kastenregeln meist eine Ehe innerhalb der gleichen Statusgruppe aus. Also töteten Oberschicht-Eltern weiblichen Nachwuchs lieber, als dass sie zur Ehelosigkeit verurteilte Töchter großzogen – und so hatten sie es nach Ansicht der Briten schon immer gemacht. Die Wahrheit ist, dass Heiratspraktiken sich im Lauf der Zeit ändern. Die Höhe des Brautpreises und der Mitgift zum Beispiel fluktuierte schon seit Langem in Abhängigkeit von den Wirtschaftszyklen. Aber die Zensusbeamten der Kolonialmacht behandelten die indischen Heiratspraktiken, die sie vorfanden, als ob sie Zeiten überdauernd unveränderlich wären, und erstellten in der trügerischen Hoffnung, dass ein besseres Verständnis der Heiratspraktiken irgendwie bei der Ausrottung der Infantizidpraxis helfen könnte, detaillierte Tabellen, in denen etwa Hochzeitskosten in denkbar eng definierte Kategorien wie »Kosten der Verpflegung von Menschen und Tieren im Gefolge des Bräutigams« oder »An den Schwiegersohn bei dessen zweitem Besuch der Eltern seiner Frau bar gezahlte Summe« eingeteilt waren.[25] Mit der Zeit entwickelte sich der Gedanke, dass manche Kasten und Stämme Mädchen immer schon getötet hatten, zum Lehrsatz weiter. Der Bericht zur Volkszählung 1901, bei der sich immer wieder Indizien für Kindsmord an Mädchen gefunden hatten, schrieb manchen Kasten eine »seit alters« bestehende Tradition weiblichen Infantizids zu. Der Bericht zur Volkszählung 1921 ging noch einen Schritt weiter und nahm eine Grobkategorisierung der indischen Kasten vor in solche, die ihre Töchter töteten, und solche, die es nicht taten.[26]

Dass die britischen Kolonialherren die Verhältnisse in Indien als Ergebnis jahrhundertelanger zusammenhängender Geschichte interpretierten, fand seine Entsprechung auch in anderen Teilen des imperialistischen Reichs. In ganz Asien und Afrika sowie in den Kolonien der Neuen Welt waren westliche Amtsträger, Philosophen und Schriftsteller auf der Jagd nach Beweismaterial dafür, dass die dunkelhäutigen Bewohner der Südhalbkugel die Zivilisierung nötig hatten. Das Verlangen nach Einblick in die Arkana der Kulturen wurde zum Motor von Anthropologie und Archäologie und brachte detaillierte ethnologische Studien voller Diagramme und Feldskizzen hervor: Kein Brauch war zu obskur, von Untaten Eingeborener keine zu unglaublich. Die Volkszählung war ein gebräuchliches Instrument der Forschung und fungierte zugleich als *self-fulfilling prophecy*. Unscharfe, verquere Kategorien wurden mit der Zeit zu präzisen, von Weitblick zeugenden Begriffen, sodass dort, wo Gruppenidentitäten wie ethnische Zugehörigkeit oder Kaste bislang fließend ineinander übergegangen waren, die nunmehr in feste Gruppen eingeteilten Menschen ihre neuen Identitäten auszuleben begannen. Ruanda war jahrhundertelang eine geschlossene Nation gewesen, bevor die belgischen Herrscher die Bevölkerung in Hutu und Tutsi gliederten und damit im Land den Keim späterer Zwietracht säten.[27] Anderswo in Afrika in voneinander so verschiedenen Ländern wie Kamerun, Nigeria, dem Kongo, Südafrika und Ägypten belegten Volkszählungen zur weiblichen Seite hin verschobene Zahlenverhältnisse zwischen den Geschlechtern, und auch Frauenüberschuss wurde für ein Kennzeichen von Barbarentum befunden. Mutmaßungen von Wissenschaftlern der Kolonialmächte zufolge war Ursache dieses Verhältnisses eine von den Gelehrten für übermäßig erachtete Rassenmischung.[28]

Als probates Heilmittel für solcherart Übel wurde fast ausnahmslos ein Eingreifen von außen verordnet. Für Kaye, den Geschichtsschreiber der Ostindien-Kompanie, konnte nur eine politische Umwälzung – und zwar eine, die dem Kolonialismus ähnelte wie ein Ei dem anderen – Indien vom weiblichen Infantizid kurieren. Weil die Kindstötung an Mädchen »ein von tief in den Herzen der Menschen verwurzelten Gefühlen gestützter und am Leben erhaltener Gräuel« sei, schrieb er, könne sie »nicht ohne ... Auflösungen und Umbauten an der gesamten gesellschaftlichen und nationalen Ordnung ausgerottet werden«.[29] In der zweiten Hälfte des 19. Jahrhunderts keuchte der weiße Mann schwer gebeugt unter seiner Bürde.*

Ein fantasievolleres Beispiel kolonialer Demografie lieferte uns ein in Indien stationierter Militär: Oberst William Elliot Marshall. Als Marshall seinen Dienst auf dem Nilgiri-Hochland antrat, lag die Veröffentlichung von Charles Darwins Theorie der natürlichen Selektion, des Werks, das die Auffassung der

* Die windelweiche Betrachtung der Geschichte des Subkontinents überlebte bis weit ins 20. Jahrhundert hinein. Den Historikern Barbara und Thomas Metcalf zufolge zählt die Vorstellung, dass »dank der ›Zeitlosigkeit‹ Indiens die dörflichen und Kastenstrukturen des kolonialen oder selbst des zeitgenössischen Indien ein Wegweiser zur historischen Vergangenheit des Landes« seien, nach wie vor zu den zentralen Fehleinschätzungen, an denen Darstellungen der indischen Geschichte kranken.

Europäer von den Ursprüngen der Menschheit revolutionierte, erst kurze Zeit zurück. Diese Theorie hatte Marshall, ein Adept der Phrenologie – jener Pseudowissenschaft, die das Wesen einer Person anhand der Vermessung ihres Schädels bestimmen zu können vorgibt –, offenbar im Hinterkopf, als er begann, phrenologische Experimente an den Angehörigen des auf dem Hochland lebenden Hirtenvolks der Toda vorzunehmen. In seiner Beschreibung dieser Experimente vermerkte er, dass bei den Toda auf je hundert Frauen 133 Männer kamen.[30] Da das Volk nicht einmal tausend Angehörige zählte und selten den Fuß in die Welt außerhalb des Hochlands hinaussetzte, mutmaßte Marshall, das hohe Geschlechterverhältnis sei womöglich auf natürliche Selektion zurückzuführen. Wenn die Vorfahren der Toda ihre Töchter töteten, hatten die Eltern von Söhnen die besseren Chancen, ihre Gene weiterzugeben, mit dem Ergebnis, dass Jahrhunderte später die Toda des 19. Jahrhunderts dazu neigten, eher Söhne als Töchter zu erzeugen. Mit anderen Worten, Inder hatten über einen so großen Zeitraum hinweg ihren weiblichen Nachwuchs getötet, dass die Tendenz zur Erzeugung von männlichem Nachwuchs nun in ihrem Erbgut verankert war.

Als Darwin sich in den 1870er Jahren mit der Überarbeitung der *Abstammung des Menschen* beschäftigte, kam ihm unter anderen neuen Materialien auch Oberst Marshalls Theorie in den Blick. In der zweiten Auflage seines Werks widmet er eine längere Passage der Frage, ob Kulturen infolge der Sünden ihrer Vorfahren zu der Veranlagung gekommen sein können, mehr männlichen als weiblichen Nachwuchs zu erzeugen.[31] Mit größtem Respekt wog er Oberst Marshalls Überlegungen ab, bezeichnete dessen Gedankengang an einer Stelle sogar als »ingeniös«. Letztlich obsiegte jedoch die Wissenschaftlichkeit. Darwin konnte nicht mit Sicherheit sagen, ob die Tendenz, Nachwuchs eines bestimmten Geschlechts zu erzeugen, eine erbliche Eigenschaft war oder nicht, kam aber zu dem Schluss, dass jedenfalls »kein irgend notwendiger Zusammenhang zwischen dem Leben der Wilden und einem merkbaren Überschuss der männlichen Individuen« bestand.[32] Das Ungleichgewicht der Geschlechter im Volk der Toda, so Darwin, war keine

Folge schlechten Erbguts, sondern das Resultat menschlichen Tuns. Ein asymmetrisches Geschlechterverhältnis herrschte bei den Toda nicht deshalb, weil sie vor Jahrhunderten Mädchen getötet hätten, sondern vielmehr, weil sie in der Gegenwart, unter britischer Herrschaft, Mädchen töteten.

* * *

Als Indien 1947 die Unabhängigkeit erlangte, flüchteten die britischen Kolonialherren zurück nach Großbritannien und überließen ihre sorgfältig geführten Akten in den Archiven von Delhi und Mumbai ihrem Schicksal. Ein paar Jahre später stießen zwei indische Soziologen bei einem Besuch in einem dieser Archive auf Unmengen von detaillierten Dokumenten zum Phänomen des weiblichen Infantizids. Sie kopierten die Papiere, indes fand keiner der beiden Wissenschaftler je die Zeit, sie gründlich zu studieren, und so gaben sie die ganze Sammlung schließlich in die Hände von L.S. Vishwanath, einem ihrer Doktoranden, der gerade nach einem Dissertationsthema suchte. Als Vishwanath dann promovierte, hatte er bereits die herkömmliche Auffassung vom weiblichen Infantizid, wie er in Indien praktiziert wurde, auf den Kopf gestellt. Sein Befund war geradezu umwerfend: Die britischen Steuereintreibungsaktivitäten, die als Nebeneffekt Jonathan Duncans Entdeckung des weiblichen Infantizids zeitigten, zählten zu den Faktoren, die diese Untaten überhaupt erst verursacht hatten.

Als im 17. Jahrhundert die ersten Handelsschiffe der Ostindien-Kompanie in Indien anlegten, befand sich das Land im Zustand des Wohlstands. Indien konnte sich einer lebendigen Architekturtradition, eines hoch entwickelten Gesundheitsversorgungssystems und einer Bevölkerungszahl von weit über hundert Millionen Menschen rühmen.[33] Die Handelsbeziehung, die die Kompanie mit diesem blühenden Reich anknüpfte, stand von Anfang an auf wackeligen Beinen. Die ausländischen Händler waren in erster Linie am Erwerb von daheim in England gefragten Stoffen wie Kattun und Musselin interessiert, hatten aber nicht viel dafür zu bieten; auf dem tropischen Subkontinent bestand wenig Interesse an Wollwaren, einem von Englands wichtigsten Erzeugnissen. Die Kompanie probierte es mit dem Export großer Mengen von britischem Gold als Zahlungsmittel für indische Stoffe. Doch als sie 1773 im britischen Parlament eine Bitte um finanzielle Unterstützung zur Abwendung eines drohenden Bankrotts einreichte, hatte König Georg III. den Abfluss des Edelmetalls ins Ausland satt, und auf Drängen der Krone mussten sich die Aktionäre eine neue Vorgehensweise ausdenken. Man beschloss, sich das Geld zur Bezahlung indischer Waren aus Indien zu beschaffen. Die Kompanie bewarb sich als Steuerpächter und konnte dann gegen Zahlung einer fixen Summe an den Großmogul zusehen, dass sie eine möglichst weit darüber hinausgehende Steuersumme aus der Landbevölkerung herauspresste.

Bevor die Briten in Indien Fuß fassten, galt dort unter den Mogulherrschern ein dezentrales, geteiltes Recht am Ackerboden, dessen gemeinsame Inhaber die Bauern, der Herrscher und eine Klasse von – Zamindare genannten – Steuereintreibern waren. Die Großmogule waren meisterliche Verwaltungsexperten und schufen einen komplexen Regierungs- und Beamtenapparat, in dem die Loyalität zum Herrscher mehr zählte als die Kastenzugehörigkeit. Die Zamindare, die einen Anteil an der erhobenen Steuer erhielten, spielten eine wichtige Rolle in diesem System. Neben dem Eintreiben von Steuern übten sie polizeiliche, richterliche und militärische Funktionen aus. Sie unterlagen strenger Überwachung vonseiten der Herrscher, wodurch einerseits sie selbst vor den Launen gieriger Beamter geschützt waren, weil das ihnen vorgegebene Einnahmesoll von niemandem abgeändert werden konnte, andererseits die Normalbürger Schutz vor den Zamindaren genossen, weil diese an ungebührlicher Machtanhäufung gehindert waren.[34]

Im Zuge der Konsolidierung ihrer Macht in den von ihr verwalteten Gebieten unterzog die Ostindien-Kompanie 1793 die indische Bodenordnung einer Generalüberholung und führte ein strengeres, enger gefasstes Besitzrecht ein. Die neue Ordnung bestand im Wesentlichen in der Übertragung eines europäisch-mittelalterlichen Feudalismus nach Indien, wo es eine derartige Regelung nie zuvor gegeben hatte. Hatten Frauen hier vordem ein Recht an durch Erbschaft erworbenem Boden gehabt, so war ihnen das nun verwehrt.[35] Die Änderungen betrafen auch die Bauern, die auf dem Boden, den sie bewirtschafteten, zu Pächtern ohne Besitzrecht degradiert wurden. Und für fast jedermann wurde die Steuerlast beträchtlich höher, als sie unter den Mogulherrschern gewesen war. Vielfach pressten die Steuereintreiber den Bauern ein Drittel der Bodenerzeugnisse ab, um es nach Abzug ihres Anteils an die Kompanie weiterzuleiten.[36]

Die Eintreiber waren meistenteils die Zamindare. Da die Ostindien-Kompanie knapp bei Kasse war, behielt das Direktorium, obschon im Begriff, das gesamte Wirtschaftssystem umzukrempeln, die alte Verwaltungshierarchie bei. Gleichzeitig verstärkten die Briten durch Erhöhung der Steuern und verschärfte Strafmaßnahmen für schwache Leistungen den Druck auf die Zamindare: Falls ein Eintreiber die Steuereinnahmen nicht in der für sein Gebiet festgesetzten Höhe ablieferte, konnten seine Ländereien enteignet und verkauft werden – und die Briten machten diese Drohung wieder und wieder wahr.[37] In Bengalen wechselte innerhalb von zwei Jahrzehnten nach der Änderung der Bodenordnung ein geschätztes Drittel des Ackerlands den Besitzer.[38] Die harsche Behandlung traf die Zamindare schwer, aber da sie nachlässiger überwacht wurden, als es unter der Mogulherrschaft der Fall gewesen war, konnten viele ihre Last einfach auf ihre bäuerlichen »Untertanen« abwälzen. Unter Duncans Augen schlugen Eintreiber in Benares eine elfprozentige Provision auf die Steuerschuld auf. Andere prügelten zahlungsunwillige Bauern.

Gerade als dann die Inder im besten Zuge waren, sich auf die gewandelten Verhältnisse einzustellen, und eine Handvoll Zamindaren kleine Vermögen angehäuft hatten, unterzog die Ostindien-Kompanie das Steuereinnahmesystem erneut einer Reform, diesmal, um Amtsmissbrauch durch die Eintreiber zu verhindern. Aber anstatt zu der scharfen Beaufsichtigung der Steuereintreiber zurückzukehren, wie sie unter der Mogulherrschaft üblich gewesen war, schickten die Briten die Zamindare samt und sonders in die Wüste und ersetzten sie durch Beauftragte, die in keinerlei Verbindung mit den Dörfern standen, die sie verwalteten. Die Folgen für die Zamindare waren verheerend. Der plötzliche Einkommensverlust brachte ganze Kasten in Bedrängnis und verlangte nach der Entwicklung neuer Strategien zur Wahrung von Status und Landbesitz. Zu den Bedingungen, die man nun in neuer Perspektive sah, zählte auch die Zusammensetzung der eigenen Familie.

Söhne erbten den Landbesitz, und so blieb er in der Familie. Töchter wechselten mit der Heirat nicht nur in eine andere Familie, sondern nahmen auch eine saftige Mitgift mit, die durchaus den Landbesitz einer Familie verschlingen konnte. Nach solchen Überlegungen sagten sich Eltern, dass es zur Sicherung des eigenen Vermögens besser wäre, wenn man es gar nicht erst so weit kommen ließe und also keine Töchter hatte. Der Historiker Bernard S. Cohn schrieb:

> Indem sie ihre Töchter umbrachten, beugten Familien der Eventualität vor, Heiraten in Familien und Gruppen niedrigeren Ranges zustimmen zu müssen. Daher muss die Frage nach der Verbreitung des Infantizids mit der Frage nach wirtschaftlichen Ressourcen und insbesondere nach Bodenressourcen verknüpft werden.[39]

Dass diese Familien sich lieber für den Kindsmord als für das Inkaufnehmen einer Statuseinbuße entschieden, zeugt sicher nicht von Edelmut. Wichtig ist jedoch zu sehen, dass die Entscheidung angesichts eines raschen Wandels der Lebensumstände getroffen wurde – und nicht, weil eine Tradition sie verlangt hätte. Letztlich spielte gewiss auch die Hypergamie eine Rolle, aber erst, als zu der – den Umständen nach unerfüllbaren – traditionellen Erwartung, dass Töchter hinaufheiraten, eine agrarpolitische Ungerechtigkeit hinzutrat, begannen die Inder, in großem Umfang Mädchen zu töten.

Wenngleich sich die Briten vor der Öffentlichkeit ahnungslos von der Beziehung zwischen den neuen agrarpolitischen Gegebenheiten und dem Mangel an Mädchen zeigten, können sie für den Zusammenhang nicht blind gewesen sein. Als viele Jahre später Vishwanath die Infantizid-Archivdokumente durchging, entdeckte er zahlreiche Fälle, in denen Inder versucht hatten, den Kolonialherren den Zusammenhang zu Bewusstsein zu bringen. Beispielsweise beklagte sich 1849 ein Angehöriger der Lewa-Patidar-Kaste bei dem Steuereinnehmer J. Webb darüber, dass den Einheimischen bei der ständig zunehmenden Steuerlast immer weniger Geld für die Mitgift ihrer Töchter übrig bleibe.

> Wenn ehrbare Leute ihre Töchter in die Ehe geben, zahlen sie, so viel in ihrem Vermögen liegt, aber für die Menschen in unserer Gemeinschaft steigen die Abgaben von Tag zu Tag; als noch die frühere Regelung galt, gewährte uns der Staat die eigenverantwortliche Verwaltung der Dörfer, ergo sammelten wir eigenverantwortlich die Steuern ein und es blieben uns ausreichende Geldmittel; doch gegenwärtig haben wir diese Mittel nicht mehr.[40]

Schon 1847 hatten andere Patidar einem Steuereinnehmer in Ahmedabad ähnliche Beschwerden vorgetragen. Einige Jahre später schrieb der Kolonialbeamte W.R. Moore, der 1855/56 im Auftrag der Ostindien-Kompanie eine eingehende Untersuchung des weiblichen Infantizids durchgeführt hatte: »In allen Stämmen [= Rajputen-Clans] ist dem Vernehmen nach die Ursache des Verbrechens die gleiche: die Unfähigkeit, als notwendig erachtete Ausgaben zu bestreiten. Ihre gesellschaftliche Stellung und ihre Geldmittel sind nicht mehr das, was sie einmal waren, und sie können es sich deshalb nicht leisten, so hoch hinauf zielende Ehen einzugehen und so hohe Summen auszugeben.«[41]

Für Vishwanath stellt sich die Sache folgendermaßen dar: Jonathan Duncan war damals im Benares des Jahres 1789 einem authentischen Geschehen auf die Spur gekommen. Die Rajkumar – und andere hochrangige Rajputen – töteten tatsächlich Mädchen, und das wahrscheinlich schon seit Jahren. Aber mit zunehmender Verschärfung der britischen Kontrolle über Indien griff der weibliche Infantizid auch auf andere Gruppen über. Zuerst gewann er bei den Rajputen an Boden, indem er von den höchstrangigen Subkasten auf weniger mächtige übersprang. Als dann im Jahr 1795 die ersten Bodenreformen durchgeführt wurden, büßten die Rajputen vierzig Prozent ihrer Ländereien ein; um den Verlust wettzumachen, gingen sie dazu über, von den Frauen aus niedrigeren Kasten immer höhere Mitgiften zu verlangen. Der weibliche Infantizid sickerte daraufhin in der Sozialhierarchie weiter nach unten und breitete sich auch in niedrigen Kasten aus.

In dem Bemühen, die Praktik zu unterbinden, die sie unabsichtlich gefördert hatten, erließen die Briten im März 1870 ein Gesetz gegen den weiblichen Infantizid, den »Female Infanticide Act«. Da man sich auf die hypergame Ehe als alleinige Ursache des weiblichen Infantizids festgelegt hatte, suchte man, mit dem Gesetz die Mitgift und sonstige für die Brauteltern anfallenden Kosten zu deckeln – eine Vorkehrung, die den paradoxen Effekt hatte, dass sie, wie manche behaupten, in einigen Gebieten den Kindsmord noch anheizte.[42] Weil jedoch das Gesetz angeblich die Lösung des Problems darstellte, bestritten fortan viele Kolonialbeamten eisern, dass in ihrem Amtsbereich Mädchen getötet würden. Ein gewisser H.R. Cooke schrieb: »Von allen Seiten höre ich, dass Väter, nunmehr weit entfernt davon, ihren weiblichen Kindern übel zu wollen und ihre Geburt als ein Unglück anzusehen, sie mit der größten Freude liebevoll umsorgen.«*[43]

Als Vishwanath das britische Archivmaterial zu sichten begann, war die gängige Meinung, dass die Briten den weiblichen Infantizid in Indien aufgedeckt und bekämpft hätten. Das Material deutete auf das genaue Gegenteil hin. »Wenn weiblicher Infantizid nicht irgendwo schon fast epidemisches Ausmaß angenommen hatte oder allzu unverhohlen praktiziert wurde, als

* An anderer Stelle gab Cooke zu, dass es ein Manko in den britischen Maßregeln gewesen wäre, wenn in einem eingereichten Bericht von etwas anderem als von der vorurteilsfreien Behandlung von Mädchen die Rede gewesen wäre: »Lasst uns, solange wir können, eine so beschämende Haltung vermeiden, wie es das Eingeständnis wäre, dass ein so abscheuliches Verbrechen in nach Recht und Gesetz verwalteten Provinzen unter den Augen der Polizei unbemerkt existieren und auch nur im geringsten Grade verbreitet sein kann.«

dass man ihn hätte ignorieren können, verschlossen die Briten die Augen davor«, stellte Vishwanath fest.[44] Diese plötzliche Verhaltensänderung – erst an allen Ecken und Enden den barbarischen Gräuel des weiblichen Infantizids auszumachen, dann dessen Existenz nicht wahrhaben zu wollen – war, gelinde gesagt, unzweckmäßig, denn ist ein Trend erst einmal in Gang gekommen, lässt er sich nicht so leicht wieder zurückdrehen. Als die Kolonialherren später zu bestreiten begannen, dass die Inder Mädchen töteten, war der Infantizid bereits ein fester Brauch geworden.

* * *

Die Logik, mit der die britischen Imperialisten vor 200 Jahren in Indien aufwarteten, wird heute auf die geschlechtsselektive Abtreibung angewandt. Wer jemals Nachforschungen über das Ungleichgewicht der Geschlechter in Asien angestellt hat, hat aller Wahrscheinlichkeit erfahren, dass kulturelle Traditionen Schuld daran haben.

Eines der ersten Druckwerke, die sich aus westlicher Sicht mit dem Thema befassten, war das 1990 veröffentlichte Buch *May You Be the Mother of a Hundred Sons* von der seinerzeitigen *Washington Post*-Reporterin Elisabeth Bumiller. Die Autorin behandelte nebeneinander die geschlechtsselektive Abtreibung in den wohlhabenden Kreisen von Mumbai und den weiblichen Infantizid unter armen Dorfbewohnern im indischen Bundesstaat Tamil Nadu. Infantizid und geschlechtsselektive Abtreibung, so ihr Fazit, erwuchsen aus ein und derselben Ursache: aus der in Indien tief verwurzelten Diskriminierung der Frau. Die Darstellung der geschlechtsselektiven Abtreibung als aktualisierte Variante des Infantizids lässt jedoch außer Acht, dass Abtreibung weitaus verbreiteter ist, als der Infantizid es jemals war. (In einer Reihe von Ländern, wo geschlechtsselektive Abtreibung stattfindet, hat es weiblichen Infantizid nie gegeben.)[45] Sie ignoriert die Tatsache, dass niemand sich darum reißt, einem Mädchen im Säuglingsalter Reisspreu in den Schlund zu stopfen oder den Saft von Giftpflanzen einzuflößen oder reichlich Schlaftabletten zu verabreichen –

dass Inder nicht anders als viele andere auf der Welt Abtreibung logischerweise als ein saubereres, moralisch weniger belastetes Geschäft denn Kindsmord ansehen. Aber so falsch sie auch ist – die Erklärung der Missstände anhand einer undifferenzierten Vergangenheitsinterpretation hat überdauert.

Aus allen Lagern kann man sie heute vernehmen, diese Erklärung. Man hört sie aus dem Mund von Feministinnen: Der geschlechtsselektiven Abtreibung lägen »tief verwurzelte kulturelle Traditionen« zugrunde, erläutert die Frauenorganisation Legal Voice in ihrem Blog.[46] Man hört sie von Organisationen, die vor Ort arbeiten: »Kern des Problems sind die niedrige gesellschaftliche Stellung der Frauen und die tief verwurzelten Vorurteile, mit denen sie konfrontiert sind«, versichert eine Broschüre des Indien-Büros des Bevölkerungsfonds der Vereinten Nationen (UNFPA), in der Kunstschaffende und ausführende Künstler aufgefordert werden, sich dem Kampf gegen Geschlechtsselektion anzuschließen.[47] Man hört sie von der US-Außenministerin Hillary Clinton, die vor einiger Zeit die Abtreibung weiblicher Feten als den Auswuchs »tief liegender Einstellungen« bezeichnete.[48] Und man hört sie von der religiösen Rechten: »Schon tausend Jahre vor Christi Geburt schätzten die Chinesen ihre Söhne – und verachteten ihre Töchter … Auch die Hindu in Indien betrachteten Söhne als Kostbarkeiten und Töchter als entbehrlich«, liest man in einem Leitartikel des E-Zine *Catholic Online*.[49] Sogar die chinesische Regierung, die selten einer Meinung mit Leuten wie den Machern von *Catholic Online* ist, stimmt in diesem Punkt mit ihnen überein. Regierungsamtliche Verlautbarungen zum Thema Geschlechtsselektion sind mit Ausdrücken wie »rückständige« und »traditionelle Denkweise« gespickt. Traditionen sind eben einfach nur Institutionen, die noch nicht im Zuge rigoroser kommunistischer Reformen abgeschafft wurden.

Sogar die Eltern selbst berufen sich auf die Tradition. Gefragt, wieso die geschlechtsselektive Abtreibung so weit um sich greifen konnte, reden sie von Hochzeit und Bestattung, von der Ahnenverehrung und dem Leben im Jenseits. In Indien entzündet bei der Kremation der Sohn den Scheiterhaufen. In Vietnam kümmert er sich um das Familienbuch mit dem Stammbaum (der vertrocknet, wenn kein Sohn geboren wird). In China übernimmt er die Totensorge für seine Vorfahren. »Du brauchst jemanden, der dein Grab pflegt«, meinte Wu Pingzhang, der Suininger mit den Zwillingssöhnen. Dem Diktat der sexistischen Vergangenheit kann man sich nicht entziehen, sagen die Eltern. »Wir Bauern können dieses Verhalten nicht ablegen, es sitzt so tief in uns drin«, erklärte die 41-jährige Nguyen Thi Tham Soziologen, nachdem sie berichtet hatte, dass sie und ihr Ehemann mittels Ultraschall den genauen Zeitpunkt des Ovulationszyklus bestimmten, zu dem sie die beste Chance hatte, einen Jungen zu empfangen. »Das ist vielleicht ein Beispiel dafür, wie rückständig die ländlichen Gebiete sind«, fügte sie hinzu.[50]

Aber die Tradition allein kann selbstverständlich nicht die ganze Erklärung für ein Phänomen liefern, das erst in den vergangenen dreißig Jahren aufgekommen ist, deshalb ist, wenn über Geschlechtsselektion geschrieben wird, meist auch von der Technik die Rede. Alte Tradition und neue Technik sind ein schönes Paar – genau die Sorte kontraintuitives und gleichwohl vereinfachendes Duo, die, in Zeitschriftenartikeln und Büchern vor das Publikum tretend, sich gut verkauft. Für Bumiller war Geschlechtsselektion »ein schlagendes Beispiel dafür, was passieren kann, wenn moderne Technik und die Kräfte einer vormodernen Gesellschaft aufeinanderstoßen«, und zwanzig Jahre später behandelt man das Thema in nahezu identischer Sprache.[51] Im *New York Times Magazine* meinte 2009 ein Autor, in der Geschlechtsselektion träfen »heutige Fähigkeiten und alte Vorurteile« aufeinander.[52] Ähnlich erklärt ein in der jüngeren Vergangenheit ausgegebener UNFPA-Report, der »modernen Wissenschaft« eine »Tendenz, das Weiterleben traditioneller Ideologien zu ermöglichen«.[53] Oder nehmen wir William Saletan, einen Kolumnisten des E-Zine *Slate*. Was es zuallererst von der Geschlechtsselektion zu begreifen gelte, schreibt er, sei die Tatsache, dass hier »das Neue das Alte überformt«.[54] Dann ist da noch die Journalistin Michelle Goldberg, die zu Papier gebracht hat, dass die geschlechtsselektive Abtreibung existiert, weil »die gesellschaftliche Modernisierung erwiesenermaßen unfähig ist, mit der Entwicklung der Technik Schritt zu halten«, weswegen »der soziale Wandel gegenüber dem technischen Fortschritt im Rückstand liegt«.[55] Im Gegensatz dazu ist der technische Pol bezeichnenderweise nur schemenhaft skizziert. Wir erfahren nicht, wann Ultraschallgeräte welcher Hersteller benutzt wurden, wie die Tests zur vorgeburtlichen Geschlechtsbestimmung entwickelt wurden und wieso es überhaupt möglich war, dass sich Abtreibung in Asien so stark verbreitete. Stattdessen wird uns die holzschnittartige Darstellung einer Technik präsentiert, die sich unaufhaltsam ihren Weg bahnt, als ob es so etwas wie Bioethik gar nicht gäbe und Neuentwicklungen nicht zuerst unter dem Aspekt ihrer möglichen Auswirkungen auf menschliche Populationen erwogen und bedacht werden müssten.

Das bequeme gängige Erklärungsschema bleibt in Umlauf, weil es einfacher ist, rückständige kulturelle Traditionen anzuprangern, als sich für das alternative Vorgehen zu entscheiden und genauestens zu untersuchen, wie ein bestimmtes Phänomen – einschließlich der das Phänomen überhaupt erst ermöglichenden Technik – entstanden ist. Wie es weniger peinlich ist, über Rassismus in abstracto zu diskutieren, als sich mit den Spätfolgen jahrzehntelanger Sklaverei zu beschäftigen, so ist es auch leichter, über *gender bias*, »geschlechtsbezogene Verzerrungseffekte«, zu sprechen, als sich ein genaues Bild davon zu machen, wie sich die Geschlechtsselektion über ganz Asien verbreitet hat.

* * *

Aber nicht nur westliche Beobachter betonen allzu stark die Rolle der Kultur. Zwei Jahrhunderte, nachdem die Briten als Erste dem Einfluss der Tradition die Schuld am Kindsmord an Töchtern zuschrieben, greifen auch viele indische Aktivisten die Tradition als Ursache geschlechtsselektiver Abtreibung auf. Anstatt die Geschichte der Bevölkerungskontrolle in Indien zu hinterfragen oder sich etablierte Interessengruppen wie die Medizinlobby vorzunehmen, starten diese Aktivisten Aufklärungskampagnen, die auf die Auflösung von Vorurteilen und vorgefassten Meinungen und die Veränderung des gesellschaftlichen Sittenkodexes abzielen. Positive Verstärkung ist in derlei Kampagnen ein gängiges Motiv. Töchter werden als liebevoll, intelligent, begabt, lustig dargestellt – weisen überhaupt alle Eigenschaften auf, die sich Eltern an einem Kind wünschen können. Es gibt die »Rette die Tochter«-Kampagne, die »Initiative für das Empowerment von Mädchen« unter dem Schlagwort »Shakti«, die Kampagne »Fünfzig Millionen – wo sind sie geblieben?«. Es gibt sogar eine »Motorrad-Kampagne gegen weiblichen Fetizid«, bei der Politiker als Biker durch das Land touren und die Vorzüge propagieren, die es hat, Töchter zu haben.[56] Organisationen halten in entlegenen Dörfern Fokusgruppendiskussionen ab. Sie heuern Drehbuchschreiber für TV-Seifenopern an, in denen Frauen in Verzückung über die Geburt ihrer Tochter geraten. Sie gewinnen Bollywood-Stars für Kino- und TV-Infospots. Sie sponsern Stückeschreiber, schreiben Kunst-Wettbewerbe aus und entwerfen Lehrpläne für Schulen. Eine Aufklärungskampagne war 2009 für bekannte indische Modedesigner und Models Anlass genug, sich auf der Modewoche in Delhi eine Auszeit von den Vorführungen zu nehmen, um mit auf der Straße aufgelesenen Kindern für die Kameras zu posieren. »Wir von der Modebranche wollen der Öffentlichkeit mit unseren Mitteln zeigen, dass junge indische Ikonen entschlossen für das Lebensrecht ungeborener Mädchen eintreten«, sagte eine Prominente gegenüber der *Thaindian News*.[57] Sogar die Apollo-Kliniken-Gruppe führt eine Aufklärungskampagne durch; sie wird getragen von Freiwilligen aus den Belegschaften der Kliniken des Unternehmenszweigs Punjab. Während deren am Arbeitsplatz gebliebene Kollegen betuchten Stadtbewohnerinnen beim Abtreiben von Mädchen Beistand leisten, schwärmen die Freiwilligen auf dem Land aus, um armen Dorfbewohnern die Vorzüge von Töchtern nahezubringen.

Der in der Apollo-Klinik Delhi tätige Facharzt für Geburtshilfe Puneet Bedi ist im höchsten Grad verärgert über die Sicht der Dinge, die dem allen zugrunde liegt. »Wenn die Leute, einfach, weil sie einen Sohn wollen, auch einen bekämen, wären die Frauen in diesem Land schon vor tausend Jahren ausgestorben«, sagt er. Mit den Kampagnen werde versucht, heutigen Verhaltensdruck als kulturell ererbten starren Sittenkodex auszugeben. Nach seiner Überzeugung ist es Zeit, dass in Indien endlich unbequeme Fragen aufs Tapet kommen. War die wahllose Eliminierung von Mädchen vielleicht geplant – geplant nicht von all den einzelnen Elternpaaren, die nur an sich dachten, sondern von einer größeren Macht? Spielten vielleicht die indische und die US-Regierung zusammen mit führenden westlichen Organisationen eine Rolle bei dieser Planung? Aber eher, als dass es zu solchen Fragen kommt, meint Bedi, wird es bei den Machenschaften und Schwindeleien bleiben, die Ende der 1970er Jahre dem naiven Medizinstudenten, der er damals noch war, erstmals in den Blick kamen.

ZWEITER TEIL

Eine großartige Idee

SECHSTES KAPITEL

Der Student

Es heißt gemeinhin, dass wir im Orient die Bevölkerungszahlen senken wollen, weil sie uns das Fürchten lehren. … Mit dem Aushängeschild »Dienst an der Gesundheit der Mutter und der anderen Kinder« lässt sich das Programm jedoch verkaufen … Mit diesem Aushängeschild wird es kein Problem sein, in anderen Ländern Fuß zu fassen.

William Vogt, nationaler Direktor der Planned Parenthood Federation of America, 1952 in einer Rede in Colonial Williamsburg.[1]

Auf die Spitze getrieben sah der Medizinstudent Puneet Bedi die Schwindelei am ersten Tag seines Studiums. Er hatte das große Glück gehabt, an einer der besten Ausbildungsstätten für Mediziner in Delhi, dem Maulana Azad Medical College, zugelassen zu werden – das bedeutete, dass er von den führenden Professoren seines Fachs unterrichtet und mit den neuesten Techniken vertraut gemacht wurde. Er wusste, dass nach der Approbation eine gut dotierte, sichere Position auf ihn wartete. Dieser privilegierte Status flößte ihm jedoch keine Zuversicht ein, sondern machte ihm eher Sorge. Wie die meisten indischen Medizinstudenten hatte er sich im Alter von achtzehn Jahren nach dem erfolgreichen Abschluss einer höheren Schule an der medizinischen Hochschule immatrikuliert. Jetzt, mit zwanzig, hatte er das Studium zur Hälfte hinter sich. Gemeinsam zu Fuß mit einem Kommilitonen auf dem Weg zur Lok Nayak Jayaprakash Narayan-Klinik, der staatlichen Einrichtung am Rand des Campus, sank ihm das Herz in die Hose, als er daran dachte, dass er in nur zwei Jahren als praktizierender Arzt die Verantwortung für Menschenleben tragen würde – da doch sein ganzes Studium bisher aus langen in der Bibliothek verbrachten Stunden bestanden hatte. Heute Abend würde er zum ersten Mal unter Ernstfallbedingungen mit Patienten in Kontakt kommen.

Er hatte den ganzen Tag Zeit zum Nachdenken darüber gehabt, wie sich die Feuertaufe wohl gestalten würde. Als er und sein Kommilitone am Morgen auf der Entbindungsstation vorstellig geworden waren, hatte ein Arzt sie mit der Bitte abgewiesen, am Abend um neun wiederzukommen: Es seien schon zu viele Studenten auf Station. Den beiden jungen Männern war nicht danach, in den Studienalltag auf dem Campus zurückzukehren, also schlugen sie die Zeit damit tot, sich im Kino einen Film anzusehen und hinterher in der schweißtreibend drückenden frühsommerlichen Hitze durch Delhi zu schlendern. Damals war die Megastadt ein Herd der Reizüberflutung mit ihren Straßen voll knarrender Rikschas, improvisierter Imbissstände und verkrüppelter Bettler – Straßen, in denen die Luft geschwängert war mit dem Geruch von brutzelndem Öl, feurigen Gewürzen und faulendem Abfall. Aber für die jungen Studenten war diese Kulisse kaum vorhanden, ihre Gedanken waren anderswo. Nervös und zugleich voll freudiger Erregung dachte Bedi an die bevorstehende Nachtschicht. Die Lok Nayak Jayaprakash Narayan-Klinik – von den Einheimischen einfach nur LNJP genannt – behandelte jedes Jahr Tausende Patienten. Die Ärzte nahmen jeden Monat 600 bis 800 Entbindungen vor.[2] Er hoffte, einmal bei einer Geburt dabei sein zu können.

Was Bedi nicht klar war und worüber er erst später ins Grübeln kommen sollte, war der Umstand, dass er, bloß weil er im Indien der 1970er Jahre eine Ausbildung zum Mediziner angetreten hatte, in eine Welt hineingestolpert war, in der medizinisches Wissen und Können mit Geopolitik verquickt wurden. Er hatte ein vages Bewusstsein davon, dass die indische Regierung Bevölkerungskontrolle als eine Sache von höchster Priorität betrachtete. Unter Premierministerin Indira Gandhi floss das Budget des indischen Gesundheitsministeriums zu 59 Prozent in die Familienplanung, und sogar er als Student ahnte, in welchen Dimensionen sich diese Investition bewegte.[3] »Von den 1950er bis zu den späten 1980er Jahren war öffentliche Gesundheitsfürsorge gleichbedeutend mit Familienplanung«, erinnert er sich. »Nichts anderes war von Bedeutung, weder Malaria noch Tbc. In den Krankenhausfluren hat man an den

Wänden nichts als Werbung für Geburtenkontrolle, Intrauterinpessare und Sterilisation gesehen.« Aber noch verstand er nicht ganz, welche Gründe hinter diesem Aktivismus steckten. Auch konnte er nicht wissen, dass Indien für den Westen die heilige Gralsburg der Bevölkerungskontrolle war.

Nach der Williamsburger Konferenz über Bevölkerungsprobleme (1952) stürzten sich Aktivisten auf die Idee, dass ein Funktionieren von Familienplanung in Indien mit seiner explosionsartig wachsenden armen Bevölkerung eine gewisse Gewähr dafür böte, dass Familienplanung überall auf der Welt gelingen würde. Ein Forscherteam der Harvard University, das den Gebrauch von Mitteln zur Geburtenkontrolle unter indischen Dorfbewohnern untersuchte, verstieg sich sogar dazu, das Land als den »Kessel, in dem die ganze Menschheit getestet werden wird«, zu bezeichnen.[4] Die Scharen von westlichen Beratern, die in den 1960er Jahren in Delhi einfielen, finanzierten groß angelegte Datenerhebungen, bezahlten die Ausbildung der ersten indischen Demografen und versuchten, Ärzte für sich und ihre Sache zu gewinnen. Medizinische Bildungseinrichtungen wurden zu einem wichtigen Reservoir für die Anwerbung Gleichgesinnter. Ein Diplom von der Maulana Azad-Hochschule schloss also zu diesem Zeitpunkt der Geschichte Indiens weit mehr als eine routinemäßige Arztausbildung ein.

Endlich war für Bedi und seinen Kommilitonen die erwartete Stunde gekommen. Pünktlich um neun Uhr abends trafen sie in der LNJP ein und begaben sich zur Entbindungsstation. Bedi wurde in den Kreißsaal gewiesen, und auf dem Weg dorthin wiederholte er vielleicht in Gedanken noch einmal die Instruktionen, die er von seinen Professoren erhalten hatte. Mag auch sein, dass er sich die Lehrbuchpassagen über den Geburtsvorgang vor Augen hielt, die er zur Vorbereitung rekapituliert hatte. Drei Jahrzehnte später kann Bedi sich nicht mehr entsinnen, was genau in seinem Kopf vorging, während er sich dem Eingang zum Kreißsaal näherte, denn was als Nächstes passierte, hat alle seine anderen Erinnerungen überlagert. Er war kaum unter die Tür getreten und hatte einen ersten Blick in den Kreißsaal geworfen, als von drinnen eine Katze an ihm vorbeischoss, der ein blutiger Klumpen aus dem Maul hing.

Streunende Katzen oder Hunde waren zu damaliger Zeit in den Krankenhäusern von Delhi kein ungewöhnlicher Anblick.[5] Aber was war das blutig-nasse, amorphe, etwa faustgroße Ding im Maul der Katze gewesen? Beim Eintreten in den Kreißsaal entdeckte Bedi eine Frau in einem Anstaltshemd, die gerade wieder zu sich kam, und Ärzte und Schwestern, die mit gehetzter Stimme Anweisungen ausstießen. Nachdem er seine Arbeit aufgenommen hatte, hielt er weiter nach der Lösung des Rätsels Ausschau. Nicht weit von dem Bett stand eine Schale, die normalerweise dazu da war, gebrauchte Instrumente aufzunehmen; jetzt lag darin, in einer Blutlache, ein fünf oder sechs Monate alter Fetus.

Er wandte sich an eine Schwester, dann an einen Arzt. *Ich habe gesehen, wie eine Katze einen Fetus gefressen hat.* Doch niemanden auf Station schien es zu scheren. In jener Nacht erlebte Bedi mehr Abtreibungen als Geburten mit, und bei sämtlichen Abtreibungen hatten die betroffenen Frauen nach seinem Eindruck mindestens zwanzig Schwangerschaftswochen hinter sich. Mehrere der Feten, die Bedi zu Gesicht bekommen hatte, waren sechs oder sieben Monate alt. Er glaubte nicht, dass sie fertige Lebewesen darstellten, musste aber zugeben, dass sie wie »Minibabys« aussahen, erinnerte er sich Jahre später. Hinzu kam, dass nach jedem Eingriff der Fetus in eine offene Schale abgelegt und entsorgt wurde, ohne dass er obduziert und untersucht worden wäre, wie es nach Bedis Kenntnis der einschlägigen Literatur für spät abgebrochene Risikoschwangerschaften vorgeschrieben war.

Die Ärzte und Schwestern im Kreißsaal ließen keinerlei Gefühlsregung erkennen, und Bedi befürchtete, er sei vielleicht hypersensibel und den harten Realitäten des Arztberufs nicht gewachsen. Am Ende brachte er dann doch den Mut auf, sich an die Oberschwester zu wenden. Wieso hatte er eine Katze mit etwas im Maul davonlaufen sehen, das irgendwie nach einem Fetus aussah? Und warum hatte man den Fetus nicht achtsamer entsorgt? Die Antwort kam prompt – kühl und in sachlichem Ton. »Weil es ein Mädchen war.«

* * *

Während der Zeit, in der Bedi und seine Kommilitonen ihre Tage hinter Büchern verschanzt verbrachten und nichts von den Eingriffen ahnten, die unter Aufsicht ihrer Professoren stattfanden, war es in Delhis besseren Kreisen längst publik geworden, dass staatliche Kliniken geschlechtsselektive Abtreibungen vornahmen, und das schon seit Jahren. 1975 gab das All-India Institute of Medical Sciences (AIIMS), Indiens renommierteste Ausbildungsstätte für Mediziner, bekannt, dass das Angebot der staatlichen Lehrklinik des Instituts fortan auch Fruchtwasseruntersuchungen einschließe, die ersten überhaupt im Land. Zweck der Untersuchungen sei die Feststellung etwaiger Abnormitäten des Fetus, hieß es offiziell. Aber von Anfang an setzten die Mediziner die Technik auch zur fetalen Geschlechtsbestimmung ein. Es dauerte nicht lange, bis auch andere staatliche Kliniken – darunter die LNJP – Fruchtwasseruntersuchungen anboten.

Anders als im heutigen Indien, wo eine Frau, die eine geschlechtsselektive Abtreibung will, unter Umständen erst eine ganze Anzahl von Ärzten auf ihren Wunsch ansprechen muss, den sie nur indirekt zum Ausdruck bringen kann, wurden die ersten Prozeduren dieser Art in staatlich finanzierten Einrichtungen ohne Geheimnistuerei ausgeführt. Die Ärzte bestimmten hilfsbereit das Geschlecht des Fetus. Stellte es sich als weiblich heraus und die Frau wollte abtreiben, zeigten sich die Ärzte auch dann gefällig. In manchen Fällen dürften sie die Frau sogar zur Abtreibung ermutigt haben; Bevölkerungskontrolle galt als eine so dringliche Aufgabe, dass sie Frauen auch in anders gelagerten Fällen die Abtreibung eines gesunden Fetus nahelegten.[6]

Staatliche Krankenhäuser sind in Indien für die Gesundheitsversorgung armer und bedürftiger Patienten zuständig, deren Behandlung kostenlos ist – mit der Einschränkung, dass sie unter Umständen auch von einem Medizinstudenten durchgeführt werden kann. Aber als sich die Neuigkeit von dem »Geschlechtstest« in der Mittel- und Oberklasse herumsprach, ließen sich in den Entbindungsstationen staatlicher Krankenhäuser mehr und mehr gut betuchte Frauen sehen, die um des Zugangs zu der neuen Technik willen ein karges Ambiente und das Risiko, es mit einem wenig erfahrenen Arzt zu tun zu bekommen, in Kauf nahmen. Das bisschen Ungemach war kein zu hoher Preis dafür, dass man sich eine ungewollte Tochter ersparte.

In dem großen Freimut der Ärzte im Umgang mit den Geschlechtstests verrät sich nicht einfach eine angesichts der starken Nachfrage von Patientenseite begangene Unterlassungssünde, nämlich das Versäumnis, den ethischen Aspekt der Geschlechtsselektion zu bedenken. Nein, die Ärzte waren nicht nur von der Legitimität der Geschlechtsselektion überzeugt, sondern auch davon, dass sie mit dem »Aussortieren« weiblicher Feten die Erde zu einem besseren Ort machten. Nicht lange nach der Einführung der Fruchtwasseruntersuchungen veröffentlichte ein AIIMS-Ärzteteam in dem Fachjournal *Indian Pediatrics* einen Artikel, der das Unternehmen zum Testvorlauf für eine eventuelle Weiterführung auf breiterer Grundlage erklärte. Indische Paare seien eindeutig an der Möglichkeit der Geschlechtsselektion interessiert, schrieben Dr. I. Verma und seine Kollegen. Und auf breiterer Basis aktiviert könne dieses Interesse sich als Segen für Indien – und die ganze Welt – erweisen:

> »In Indien wecken kulturelle und wirtschaftliche Faktoren in den Eltern den Wunsch nach einem Sohn, und vielfach versucht das Paar es immer wieder neu mit der Reproduktion, nur um einen Sohn zu haben. Vorgeburtliche Geschlechtsbestimmung würde dieser unnötigen Fruchtbarkeit ein Ende setzen. Fraglos besteht die Tendenz, den Fetus, falls weiblich, abzutreiben. Menschen im Westen mag dies als unzulässig erscheinen, aber unter unseren Patientinnen wählten diesen Weg sieben von acht derjenigen, welche sich der Untersuchung in erster Linie zwecks fetaler Geschlechtsbestimmung unterzogen. Die Eltern entschieden sich für Abtreibung ohne ungerechtfertigte Ängstlichkeit oder Besorgnis.«[7]

Obschon die AIIMS-Ärzte zur Rechtfertigung ihres Handelns einen Kulturrelativismus bemühten – »Menschen im Westen mag dies als unzulässig erscheinen« –, baute ihre Logik auf dem Malthusianismus auf, den Indien von Europa erbte. Verma und Kollegen trieben weibliche Feten im Interesse der Bevölkerungskontrolle ab.

Westliches Geld war in Indien in ein ausgedehntes Beraternetz für kommunale Familienplanung geflossen, und während Fruchtwasseruntersuchungen nach dem Beispiel von AIIMS zunehmend auch in anderen staatlichen Kliniken angeboten wurden, veranlassten die Berater Frauen, sich dort dieser Untersuchung zu unterziehen, die, wie alle Leistungen, nichts kostete.[8] Als dann in den späten 1970er Jahren die Hochkonjunktur der geschlechtsselektiven Abtreibungen noch immer nicht nachließ, organisierten sich schließlich die indischen Feministinnen. Indiens Protestkultur steckte zwar noch in den Kinderschuhen, war jedoch recht lebendig; mit erheblichem Lärm inszenierten die Frauengruppen die weltweit erste Kampagne gegen Geschlechtsselektion. Ende 1978, kurz nachdem Bedi eine Katze, der ein weiblicher Fetus aus dem Maul baumelte, den Krankenhausflur hinunter hatte entschwinden sehen, reagierte der Gesundheitsminister mit dem Verbot der Geschlechtsbestimmung in staatlichen Krankenhäusern.

Zu diesem Zeitpunkt hatten diese Krankenhäuser allerdings schon beträchtlichen Schaden angerichtet. Allein in der Lehrklinik des AIIMS waren geschätzte tausend weibliche Feten abgetrieben worden.[9] Überdies hatten Verma und Kollegen auf einer nationalen Fachtagung vor Kinderärzten aus ganz Indien über ihre Forschungstätigkeit gesprochen und ihrem Publikum Geschlechtsselektion als eine effektive und ethisch unbedenkliche Methode der Bevölkerungskontrolle vorgestellt.[10] Den an dieser Tagung teilnehmenden Medizinern aus ländlichen Gegenden muss geschlechtsselektive Abtreibung, da sie ja von Forschern an Indiens führender medizinischer Hochschule auf den Weg gebracht worden war, als ein Durchbruch in der Methodik der Familienplanung vorgekommen sein. Unmöglich zu sagen, wie viele von ihnen nach der Heimkehr die Prozedur in ihre Alltagspraxis übernahmen. In Delhi wiederum hatte das

Verbot die paradoxe Wirkung, dass die Zahl der Einrichtungen, wo Frauen ein Mädchen abtreiben lassen konnten, zunahm. Jetzt, da die staatlichen Krankenhäuser aus dem Geschäft waren, stiegen die Privatkliniken ein.

Im Zentrum der feministischen Protestwelle gegen Fruchtwasseruntersuchungen stand die Tatsache, dass geschlechtsselektive Abtreibungen mit Staatsgeldern finanziert wurden. Zwar spekulierte man in Indien hinter vorgehaltener Hand über einen Zusammenhang mit den westlichen Stiftungsgeldern, die für Bevölkerungskontrolle nach Delhi geflossen waren, aber diesen Zusammenhang zwingend nachzuweisen gelang niemandem. »Nach meiner Überzeugung waren es der Population Council und die International Planned Parenthood Federation – in erster Linie allerdings die Ford Foundation«, spekuliert Bedi, als ihm Jahre später die Frage gestellt wird, welche Organisationen wohl die Fruchtwasseruntersuchungen finanziert haben könnten. Doch »was das betrifft, sind alle ziemlich zugeknöpft«. Ende der 1970er Jahre dann hatten alle westlichen Berater das Land verlassen, und die Einzelheiten ihrer Aktivitäten in Indien blieben im Dunkeln, unzugänglich eingesargt in verstaubte Kisten in Büro-Registraturen oder geschlossenen Archiven auf den Anwesen amerikanischer Wohltäter. Indes haben in jüngerer Zeit die International Planned Parenthood Federation und die Rockefeller Foundation die alten Akten in ihren Archiven der Öffentlichkeit zugänglich gemacht, wobei Unmengen von Dokumenten ans Licht kamen, mit einem ebenso eindrucksvollen Reichtum von Einzelheiten beladen wie die bereits erwähnten Akten der Briten über ihr Bemühen, den Infantizid zu stoppen. Das verschlungene Webmuster der Organisationen in Indien wurde endlich in all seinen Feinheiten sichtbar. In der Geschichte, die diese Dokumente erzählen, gehen die Experimente des All-India Institute of Medical Sciences auf den Westen zurück.

* * *

Die Geschichte beginnt Mitte der 1960er Jahre mit der Übersiedlung Sheldon Segals, des Direktors der biomedizinischen

Abteilung des Population Council, in seine künftige Wirkungsstätte Delhi. Hierher war er nicht von ungefähr versetzt worden: Der Erfolg des Population Council und vergleichbarer Organisationen hing von der Entwicklung billigerer und fortgeschrittenerer Empfängnisverhütungsmittel ab und Segal zählte zu den Wissenschaftlern von entscheidender Bedeutung für dahin gehende Bemühungen. Nicht lange, nachdem er an der University of Iowa mit seiner Dissertation über ein Thema aus dem Grenzgebiet zwischen Embryologie und Biochemie promovierte, verpflichtete ihn John D. Rockefeller III 1953 als zweiten medizinischen Direktor der Forschungslabors des Population Council.[11] Kurz vor Segals Abreise nach Indien beförderte ihn Rockefeller zum Direktor. Als nunmehr Mitglied der Führungsriege des Population Council mit Zugang zu Rockefeller und anderen Magnaten, um den ihn mancher beneidet haben dürfte, dazu mit einer Mission in einem Land, für das die Bevölkerungskontrolle viel bedeutete, hingen an Segal Entscheidungen, die Dekamillionen Leben betreffen sollten. Die Kosten für Segals Postierung in Delhi trug die Ford Foundation.[12]

In den zwei Jahren, die er in Indien verbrachte, übernahm Segal von Fall zu Fall verschiedene Rollen. Zu den wichtigsten zählte die des persönlichen Beraters von Oberstleutnant B. L. Raina, einem ehemaligen Offizier der Sanitätstruppe des Heeres, der zum Direktor des Familienplanungsprogramms der Regierung ernannt worden war. Vor der Ankunft Segals war Raina im Ministerium für Gesundheit und Familienplanung für Bevölkerungskontrolle und daneben auch für den Bereich Gesundheit von Mutter und Kind zuständig gewesen, doch das sollte sich bald ändern. Segal gehörte einem Dreierkomitee der Weltbank an, welches – die Weltbank hatte in Indien eine solche Machtposition inne, dass sie den Aufgabenbereich von Kabinettsmitgliedern festlegen konnte – Rainas Jobbeschreibung in den Reißwolf steckte und empfahl, der Oberst möge seine Zuständigkeit für die Müttergesundheit aufgeben und Bevölkerungsfragen zu seiner »uneingeschränkten ersten Priorität« machen.[13]

Des Weiteren hatte Segal die Aufgabe, bei der klinischen Erprobung einiger der weltweit ersten Methoden der Geburtenkontrolle Regie zu führen. Für solche Tests war Indien ein idealer Ort, denn die Einwilligung der Patientinnen nach einem Aufklärungsgespräch war hier die Ausnahme. Einmal brachte Segal den indischen Gesundheitsminister in Rage, weil er in seinem Gepäck zur Erprobung vorgesehene Intrauterinpessare – als Christbaumschmuck deklariert – eingeschmuggelt hatte.[14] Er arbeitete zudem eng mit Christopher Tietze zusammen, einem in Österreich geborenen Mediziner, der die Abteilung für Bevölkerungsfragen des amerikanischen Außenministeriums leitete und viel über die Nutzbarkeit der Abtreibung für die Kontrolle des Bevölkerungswachstums schrieb.[15] Wichtigster Teil von Segals Mission in Delhi war jedoch der Aufbau einer Abteilung für Reproduktionsphysiologie am All-India Institute of Medical Sciences.[16]

Als Segal auf Delhis Palam International Airport landete, war Indien bereits überlaufen von ausländischen Experten für Bevölkerungsfragen. Allein schon bei der Ford Foundation zählte das Personal nach Hunderten, ein Mitarbeiterstab, der es an Zahl mit dem der US-Botschaft aufnehmen konnte.[17] Die Rockefeller Foundation wiederum beschäftigte in Delhi 24 Leute, den größten Mitarbeiterstab unter allen, welche die Stiftung außerhalb New Yorks unterhielt.[18] Der Population Council war im Vergleich zu der Rockefeller und der Ford Foundation ein Zwerg, aber den größten Teil seines Geldes erhielt er von diesen beiden Stiftungen, und mit Kollegen in beiden Organisationen arbeitete Segal eng zusammen. Führenden Persönlichkeiten im indischen Regierungsapparat war dieserart Vernetzung nicht geheuer. Schon früh hatte ein hoher Amtsträger zugegeben, er »betrachte mit Besorgnis, dass Stiftungen wie Ford [und] Rockefeller … zunehmend auf Felder des Regierungshandelns vordringen und dort Macht gewinnen«.[19]

Indes gab es nicht viel, was ein einzelner Politiker hätte tun können, um diesen Machtzuwachs zu bremsen. In den 1960er Jahren brachten die US-Regierung, der Bevölkerungsfonds der Vereinten Nationen, die Ford Foundation und die Weltbank zusammen den größten Teil der 1,5 Milliarden US-Dollar auf, die Indien jährlich als Entwicklungshilfe erhielt. Von den Genannten hatte die Weltbank – die, wir erinnern uns, Kredite für Ernährungs- und Volksgesundheitsprojekte von Maßnahmen zur Bevölkerungskontrolle abhängig machte – besonders großen Einfluss. Indien war ihr größter Schuldner.[20] Die unter westlichen Beratern verbreitete Besorgnis, dass Entwicklungshilfe ohne Auflagen verlorene Liebesmüh sein könnte, war in Hinblick auf Indien besonders stark ausgeprägt. Auf der 1952er Tagung in Williamsburg hatte Warren Weaver, der Vertreter der Rockefeller Foundation, davor gewarnt, dass Indien »nigger rich« werden könnte, und seine Ausdrucksweise folgendermaßen erläutert: »Hat einer ein bisschen Geld in die Hand bekommen … stellt er einfach für vier Tage oder eine Woche die Arbeit ein und hängt nur noch herum. Ich denke, so weit wollen wir es in Indien nicht kommen lassen.«[21]

Und in der indischen Elite wollten das viele auch nicht. Der Rassismus und die eugenische Denkweise der Bevölkerungskontrollbewegung fanden Anklang bei den höheren Klassen Indiens, denen vor einer hohen Geburtenrate der ärmeren Schichten angst war.* Von wohlhabenden Indern unterstützt, stellten westliche Organisationen Programme vor, die auf die unteren Klassen zielten, und sie finanzierten Sterilisationskampagnen, bei denen Männer in Hungerregionen eine Geldprämie erhielten, wenn sie sich einer Vasektomie (Durchtrennung der Samenleiter) unterzogen.[22] Es konnte nicht schaden, dass der Westen die Elite umwarb, indem er Universitätsfakultäten finanzierte und Forschungsmittel verteilte. Der Population Council baute 1954 mit UN-Mitteln Indiens erstes Demografiezentrum auf, das Internationale Institut für Bevölkerungswissenschaften in Mumbai.** Wichtigstes Zielobjekt war jedoch das AIIMS: Die westliche Entwicklungshilfe für den indischen Gesundheitssektor konzentrierte sich auf »›Elite‹-Hochschulen (namentlich das AIIMS) und deren Kliniken«, schrieb der Soziologe Roger Jeffery, nachdem er sich Jahre später durch Berge von Finanzierungsunterlagen gekämpft hatte.[23]

* Die Bevölkerungsdebatte unter Indern wurde auch über Religionsgrenzen hinweg geführt: Hindus äußerten oft die Klage, dass Moslems sie an Zahl überholten.

** Jahrzehnte später besuchte ich den Institutscampus, um mit dem Demografen T. V. Sekher zu sprechen: nicht über Übervölkerung, sondern über Indiens asymmetrisches Geschlechterverhältnis bei der Geburt.

Indem sie den Fuß in der Tür des Instituts behielten, das Indiens führende Mediziner und darüber hinaus zahlreiche Amtsträger im Gesundheitswesen ausbildete, sicherten sich die westlichen Berater den Zugang sowohl zu Ärzten als auch zu politischen Entscheidungsträgern. Als erste westliche Stiftung postierte die Rockefeller Foundation 1958 am AIIMS einen ihrer Mitarbeiter als Berater des Institutsdirektors und blieb in dieser Form die 1960er Jahre hindurch dort präsent. Die Ford Foundation begann 1962, das Institut finanziell zu unterstützen, indem sie ihm den Löwenanteil der für reproduktionsmedizinische Forschung an indischen Universitäten bestimmten 1,7 Millionen US-Dollar zuwies.[24] Segal war der erste Berater, den der Population Council stellte. In der übergeordneten Dienststelle in New York hegte man wahrscheinlich große Erwartungen hinsichtlich dessen, was er in dieser Rolle erreichen könnte .

Hinter den tief liegenden Augen und unter dem pechschwarzen, straff nach hinten gekämmten Haar trug Segal ständig eine übermüdete Miene zur Schau. Seine Kollegen nannten ihn »Shelley«; der neckische Spitzname passte schlecht zu Segals humorloser Arbeitswut. Sein ganzes Leben lang arbeitete er unermüdlich, und als er 2009 starb, waren die Nachrufe voller Lobesreden auf diesen Vorreiter der Geburtenkontrolle. Neben der Plackerei mit Verwaltungsaufgaben, die der Aufbau der Abteilung für Reproduktionsphysiologie mit sich brachte, arbeitete Segal intensiv mit Studenten und Ärzten, um sie in Sachen gängige westliche Techniken und Methoden auf den neuesten Stand zu bringen. In diesem Zusammenhang unterrichtete er eine Gruppe von AIIMS-Studenten auch darüber, wie man bei Menschen das Geschlecht bestimmt.

Jahrzehnte später berichtete er über eine Seminarsitzung in seiner Autobiografie *Under the Banyan Tree: A Population Scientist's Odyssey*. Zum fraglichen Zeitpunkt hatten er und Harold Klinger, ein Genetiker des Albert Einstein Medical Center in New York zu Besuch in Delhi, in einem Labor eine Gruppe von AIIMS-Studenten versammelt, um sie zu instruieren, wie man menschliche Zellen auf XX- und XY-Chromosomen-Kombinationen testet. Bei dem von Segal und Klinger angewandten Verfahren wurden Abstriche der Mundschleimhaut auf sogenanntes Geschlechts-Chromatin hin untersucht. Dass indische Ärzte sich mit der Technik der Geschlechtsbestimmung vertraut machten, schien den beiden amerikanischen Wissenschaftlern »deren genereller Nützlichkeit in Reproduktions- und Biomedizin wegen« wichtig, wie Segal erläuterte. »Sie könnte beispielsweise zu klaren Diagnosen in Fällen von Intersexualität oder Unfruchtbarkeit verhelfen.«[25] Aber unfruchtbaren Paaren zu Kindern zu verhelfen, war das genaue Gegenteil von Segals Auftrag in Indien.

Segal deutete indirekt an, dass ihm nie der Gedanke gekommen sei, die Einführung der Geschlechtsbestimmung könnte einmal zur Abtreibung weiblicher Feten führen. Indes hatten schon Jahre, bevor er und Klinger jenes Seminar in dem Labor in Delhi abhielten, Wissenschaftler das Geschlechts-Chromatin-Testverfahren auf fetale Zellen angewandt, um dann anhand der Ergebnisse geschlechtsselektive Abtreibungen an Frauen vorzunehmen, die als Überträgerinnen geschlechtsgebundener Erkrankungen identifiziert waren. Außerdem war Segal mit an Sicherheit grenzender Wahrscheinlichkeit vertraut mit einer in den 1950er Jahren in Punjab durchgeführten, von der Rockefeller Foundation finanzierten Studie zur Familienplanung, die erwiesen hatte, dass den Indern nichts über Söhne ging.[26] Und er müsste ein Arbeitspapier mit dem Titel »Social and Cultural Factors Affecting Fertility in India« gekannt haben, das ein Professor aus Delhi bei der 1963 abgehaltenen Konferenz der International Planned Parenthood Federation vorlegte.[27] (Der im US-Außenministerium tätige Sachverständige für das Thema Abtreibung, Christopher Tietze, war auf der Konferenz anwesend und dürfte weitererzählt haben, was er dort mitbekommen hatte.)[28] »Manche kultischen Riten, zumal solche im Zusammenhang mit dem Tod der Eltern, können nur vom Sohn ausgeführt werden«, hatte S.N. Agarwala vom Institut für wirtschaftliches Wachstum in Delhi geschrieben. »Da Seelenfrieden und Seelenheil der verstorbenen Eltern auch von der korrekten und fortdauernden Ausführung kultischer Riten durch den Sohn abhängen, nimmt dieser innerhalb der Familie eine ungemein wichtige Position ein … Die [Paare, die] nur

Töchter haben, tun ihr Möglichstes, um es zu mindestens einem männlichen Kind zu bringen.«[29]

In seinem Erinnerungsbuch behauptete Segal nun freilich, er sei schockiert und verärgert gewesen, als er bei einem einige Jahre später erfolgten Besuch im AIIMS feststellte, dass seine ehemaligen Schüler die Technik, in die er sie eingeführt hatte, zum Zweck der Eliminierung weiblicher Feten einsetzten. Dabei vergaß er zu erwähnen, dass er bald nach seinem Indienaufenthalt nachweislich für die Geschlechtsbestimmung als effektive Methode der Bevölkerungskontrolle warb.

* * *

Ende der 1960er Jahre kehrte Segal nach New York zurück, wo ihn ein weiterer Aufstieg in der Hierarchie der Bevölkerungskontrollbewegung erwartete. In Indien verstärkten sich die Beziehungen zwischen Ost und West, die anzuknüpfen er mitgeholfen hatte; der neuen Abteilung für Reproduktionsphysiologie am AIIMS flossen westliche Gelder und westliche Expertise zu. LeRoy R. Allen, der während der 1960er Jahre von der Rockefeller Foundation an der medizinischen Hochschule postierte Berater, holte Harvard-Wissenschaftler an Bord. 1966 begann Allen mit der Leitung eines Projekts, bei dem Forscher aus Cambridge, Massachusetts, in Indien eingeflogen wurden, die dann gemeinsam mit Ärzten des AIIMS zwei Jahre lang untersuchten, welche Hürden in nordindischen Landgemeinden der Bevölkerungskontrolle im Weg standen.[30] Bei näherer Befragung von Eltern mit einer hohen Kinderzahl dürften die amerikanischen Forscher weitere Belege dafür gesammelt haben, was in Indien das Haupthindernis für Familienplanung war: die Tatsache, dass die Landesbewohner größtes Gewicht darauf legten, männlichen Nachwuchs zu haben. 1969 – in dem Jahr, in dem sich Segal in den USA auf einer nationalen Fachtagung vom Rednerpodest herab für die vorgeburtliche Geschlechtsbestimmung als Mittel der Bevölkerungskontrolle aussprach – vergab die Ford Foundation 63 563 US-Dollar an das AIIMS für »reproduktionsbiologische Forschung«.[31] 1972 nahmen Studenten des Instituts an einem internationalen Seminar über die Rolle teil, in welcher Ärzte am Abbau des Übervölkerungsproblems mitwirken könnten, und 1974 finanzierte die Weltgesundheitsorganisation ein am AIIMS abgehaltenes Symposion über die jüngsten Entwicklungen auf dem Gebiet der Verhütungstechnik.[32] Das meiste Geld kam von der Rockefeller Foundation; in dem Zeitraum 1950 bis 1973 vergab sie an das AIIMS 1,5 Millionen US-Dollar für alles Mögliche: von Neubauten bis zu Forschungsstipendien für Institutsärzte. Das Gros der Summe floss in den Jahren 1962 bis 1974.[33]

Dann verdüsterten sich in Indien die Verhältnisse. Angesichts politischer Unruhen, die sich im ganzen Land zusammenbrauten, nutzte Premierministerin Indira Gandhi am 25. Juni 1975 einen wenig beachteten Artikel der indischen Verfassung, um die demokratische Regierungsform auszuhebeln, den nationalen Notstand auszurufen und für sich die entscheidenden Kompetenzen zu beanspruchen. Sie hob das Recht auf freie Meinungsäußerung auf, brachte Oppositionelle hinter Gitter und regierte in den folgenden 21 Monaten per Dekret. Das Notstandsregime wirkte in alle Lebensbereiche hinein, lähmte die Wirtschaft und beschnitt die bürgerlichen Freiheiten, doch eine besonders düstere Zeit war mit ihm für die reproduktiven Rechte angebrochen. Für Fragen der Volksgesundheit zuständige Amtsträger in Gandhis Verwaltungsapparat sahen jetzt ihre Chance, jene Inder, die bisher von Geburtenkontrolle nichts hatten wissen wollen, drastischen Zwangsmaßnahmen zu unterwerfen. Die Durchführung dieser grauenhaften Kampagne fiel Indiras Sohn Sanjay Gandhi zu, der offiziell kein politisches Amt innehatte.[34] Der fackelte nicht lange und kündigte eine Massenaktion zur Sterilisation von Männern aus den armen Bevölkerungsschichten an. Massensterilisation war eine Idee, die von westlichen Beratern nach Indien gebracht worden war, aber Sanjay Gandhi blies sie in der Ausführung zu ungeahnten Dimensionen auf. Von der Regierung seiner Mutter erhielten Männer, die in eine Vasektomie einwilligten, anfangs eine Belohnung. Aber bald schraubte Sanjay die Quoten so hoch, dass die amtlichen Helfer vor Ort ihr Soll nur erfüllen konnten, wenn sie die Männer buchstäblich in den OP-Raum schleppten – im Regelfall ein Zelt in einem praktisch über Nacht behelfsmäßig aufgeschlagenen Lager. (An die zweitausend Männer starben infolge eines verpfuschten Eingriffs.)[35] In manchen Regionen umstellten bewaffnete Polizisten mitten in der Nacht einzelne Dörfer, verluden sämtliche Männer auf Lkws und schafften sie in Operationszelte.[36] In anderen verband die Polizei die Sterilisationsaktion mit der Beseitigung von Slums und machte ganze Siedlungen dem Erdboden gleich – so wurden die betroffenen Männer ihrer Fortpflanzungsfähigkeit und ihrer Wohnung zugleich beraubt. Protestierende Demonstranten wurden umgebracht.[37] Das Ausmaß der Kampagne, die Salman Rushdie in seinem Roman *Mitternachtskinder* verewigte, erschüttert, erst recht vor dem Hintergrund der Tatsache, dass viele Amerikaner bis heute nicht wissen, dass es sie überhaupt gegeben hat. Bis zu dem Zeitpunkt, da im Land wieder die demokratischen Spielregeln in Kraft gesetzt wurden, waren innerhalb nur eines Jahres 6,2 Millionen indische Männer sterilisiert worden – das 15-fache der Gesamtzahl der von den Nazis zwangssterilisierten Menschen.[38]

Westliche Experten distanzierten sich später von den Exzessen, die während des nationalen Notstands in Indien stattgefunden hatten, indessen geht aus zeitgenössischen Zeugnissen hervor, dass viele Berater Indiens die Affäre mit der Despotie guthießen, wenn nicht gar bejubelten. Im September 1975, drei Monate nach Ausrufung des Notstands, befasste sich der Demograf Kingsley Davis in der vom Population Council gesponserten *Population Development Review* mit dem Wachstum der Slums in Asien und gelangte im Zuge seiner Betrachtungen zur Billigung autoritärer Regime: Demokratie sei in Asien unvereinbar mit effektiver Bevölkerungskontrolle und stabilen Verhältnissen; das einzige politische System, das für die rasch wachsenden Megastädte des Erdteils infrage komme, sei »eine starke Regierung, welche, durch Wissen und Können und Macht im Gegensatz zum gemeinen Volk stehend ... über die gefügigen Massen halb gebildeter, aber durch und durch indoktrinierter Stadtbewohner herrscht, die, auf niedrigem Konsumniveau lebend und sehr hart arbeitend, passiv annehmen, was ihnen zugemessen wird«.[39] Ein zu Beginn der Notstandsperiode in Delhi weilender Beamter der Weltbank wiederum reiste nach

Washington zurück, um der Bank die *Erhöhung* ihrer Subvention des indischen Familienplanungsprogramms nahezulegen. Die indische Regierung bat die Bank um 26 Millionen US-Dollar und erläuterte, dass man einen Teil der Summe für die Errichtung von Sterilisationscamps in entlegenen Landesteilen zu verwenden gedenke.[40] Der Prüfausschuss der Bank beschied den Antrag abschlägig – nicht etwa, weil die Ausschussmitglieder beunruhigt gewesen wären bei dem Gedanken an die Menschenrechtsverletzungen, die da, von der Weltbank finanziert, weiterhin begangen werden sollten, sondern weil man den angeforderten Betrag von 26 Millionen in dieser Höhe »enttäuschend konservativ« beziffert fand, wie damals ein Bankangestellter an einen Kollegen in der Bevölkerungsabteilung schrieb.[41] Stattdessen kam Geld vom Bevölkerungsfonds der Vereinten Nationen, der Indien 1974 seine bisher höchste Beihilfesumme bewilligt hatte, und von der Schwedischen Internationalen Entwicklungsbehörde, die 1976 zur Familienplanung in Indien 60 Millionen US-Dollar beisteuerte.[42] Und auch Weltbank-Gelder flossen weiterhin. In dem Zeitraum 1972 bis 1980 teilte die Bank dem Land ausdrücklich für Zwecke der Bevölkerungskontrolle 66 Millionen US-Dollar an Krediten zu.[43]

Nur wenige Monate, nachdem der Weltbank-Prüfausschuss über Indiens Antrag beratschlagt hatte, flog Robert McNamara, der Präsident des Instituts, nach Indien, wo er offene Sympathie der Bank für die Notstandspolitik an den Tag legte. Nach seiner Ankunft in Delhi – zu einem Zeitpunkt, da Männer unter Anwendung von Gewalt zusammengetrieben und sterilisiert wurden – traf er sich mit Karan Singh, dem Minister für Gesundheit und Familienplanung, der einräumte, dass die Sterilisationskampagne einige Übergriffe mit sich gebracht habe. McNamara schien das kaltzulassen, denn in einem summarischen Bericht über seine Reise schrieb er: »Endlich unternimmt Indien etwas, um sein Bevölkerungsproblem effektiv anzugehen.«[44]* Als die Archive westlicher Organisationen zur För-

* Ebenso zufrieden mit der Weltbank war die indische Elite. Als McNamara 1977 eine Erhöhung der Finanzmittel für Asien ankündigte, brachte das indische Wochenblatt *Economic and Political Weekley* einen Artikel mit dem Titel »Vorwärts, Soldaten der Weltbank!« In schwärmerischem Ton

derung der Bevölkerungskontrolle endlich der Öffentlichkeit zugänglich gemacht wurden, war es anscheinend verzeihlich, dass den Wissenschaftlern, die die Unterlagen sichteten, entging, welche Rolle diese Organisationen bei der Einführung der geschlechtsselektiven Abtreibung in Indien spielten. Vor dem Hintergrund einer Zeit, in welcher der Präsident der Weltbank die Zwangssterilisation von Millionen Männern guthieß, mussten einige Tausend gewollte Abtreibungen kaum der Rede wert erscheinen. Denn als das AIIMS seine Fruchtwasseruntersuchungen startete, lief die Notstandspolitik just auf höchsten Touren.

* * *

An der LNJP – Lok Nayak Jayaprakash Narayan-Klinik – blieb Puneet Bedi zwölf Jahre lang; nach erfolgreichem Abschluss des Studiums arbeitete er dort als Arzt. Nach jener grausigen ersten Nacht stumpfte sein Empfindungsvermögen ab. Nichts von dem, was danach geschah, schockierte ihn in gleichem Maß. Die Flut der Spätabtreibungen hielt noch eine Weile an; als junger Medizinstudent auf Nachtschicht wurde er Zeuge zahlreicher Abbrüche, die genau wie jene, welche er in der ersten Nacht miterlebt hatte, Feten im sechsten oder siebten Schwangerschaftsmonat betrafen. Dann verbot die Regierung die Geschlechtsselektion in staatlichen Einrichtungen, die LNJP stellte die vorgeburtliche Geschlechtsbestimmung ganz ein, und Bedi sah die Praxis in Privatkliniken abwandern. Werbung für Geschlechtsbestimmung machte erstmals eine Klinik in seinem heimatlichen Bundesstaat Punjab, die von 1979 Geschlechtsselektion anbot. Rasch machte der Eingriff auch in anderen Bundesstaaten Karriere. In einer später von der Regierung veranstalteten Anhörung zum Thema Fruchtwasseruntersuchung gaben Zeugen an, dass in dem Zeitraum 1978 bis 1983 in Indien geschätzte 78 000 weibliche Feten abgetrieben wurden.[45]

hieß es darin: »Wie es unter Robert McNamara unvermeidlich geworden ist, zeigt [der Bericht von 1977], dass es mit den Transaktionen der Bank weiter vorangeht.«

Man könnte vermuten, dass nach dem Verbot der Geschlechtsbestimmung in staatlichen Krankenhäusern es für indische Ärzte recht schwierig geworden sein müsse, plausibel darzulegen, dass sie mit ihrer einschlägigen Praxis einen achtbaren Dienst leisteten. Aber die von westlichen Bevölkerungskontrollaktivisten verbreitete Denkweise war ebenso zählebig wie die Idee, dass geschlechtsselektive Abtreibung eine gute Methode der Bevölkerungskontrolle sei. Noch im Jahr 2001 konnte die Anthropologin Barbara Miller feststellen, dass viele indische Intellektuelle ungern etwas gegen geschlechtsselektive Abtreibung sagten, sei sie doch »als eine stille Art und Weise, mit der ›Übervölkerung‹ fertigzuwerden, von Nutzen«.[46]

Zum Teil liegt das Problem darin, dass das Bevölkerungswachstum in Indien tatsächlich eine Gefahr darstellt. Zwar ist die Gesamtfertilitätsrate des Landes im Lauf von 45 Jahren um mehr als fünfzig Prozent zurückgegangen, von 5,7 Kindern pro Frau Mitte der 1960er Jahre auf 2,7 Prozent im Jahr 2010.[47] Doch Indien wächst weiter und wird voraussichtlich 2025 China als bevölkerungsreichstes Land ablösen.[48] Sowohl die Regierung in Delhi als auch die westlichen Organisationen zur Förderung der Familienplanung – die gegenwärtig wieder in Indien tätig sind, jetzt freilich mit weniger anrüchigen Methoden – legen nach wie vor Gewicht auf kleine Familien. In anderer Hinsicht jedoch hat sich die Regierung bei der Gestaltung ihrer Familienplanungspolitik von ihrer früheren Position zurückgezogen. Die enorm unpopuläre Sterilisierungskampagne während des Notstands trug mit zum Sturz der Regierung Indira Gandhi bei, woraus spätere Staatslenker die Lehre zogen, dass es ein politisches Risiko bedeutete, die männliche Fortpflanzungsfähigkeit aufs Korn zu nehmen.[49] Im heutigen Indien ist es Sache der Frauen, ihre Fruchtbarkeit unter Kontrolle zu bringen. Sobald Politikerinnen mehr als zwei Kinder haben, sind sie von der Mitgliedschaft in den *panchayats* – den Dorfräten, denen in weiten Teilen des Landes die kommunale Selbstverwaltung obliegt – ausgeschlossen.[50] Und in einer Welt, in der Frauen unter dem doppelten Druck stehen, einerseits möglichst wenige Kinder in die Welt zu setzen, andererseits einen Sohn zu liefern, kann geschlechtsselektive Abtreibung schon als ein unverhoffter Segen anmuten.

Gleichwohl bleibt in Indien die Erinnerung daran, wie es in den 1970er Jahren in Delhis staatlichen Kliniken zuging, mit Unbehagen verbunden, und in manchen Kreisen ist Geschlechtsselektion mit Recht gebrandmarkt. In den vergangenen Jahrzehnten erlag die indische Elite wiederholt Anfällen qualvoller Gewissenserforschung, um dahinterzukommen, wie sich das Land in dieses Dilemma hatte hineinreiten können. So hielt im Jahr 1982 ein Reigen von Frauengruppen in Delhi eine Konferenz ab, auf der die Ausbreitung der geschlechtsselektiven Abtreibung zur Diskussion stand. Die den Vorsitz führende feministische Professorin Vina Mazumdar geriet im Lauf der Tagung zunehmend in Erregung und rückte in ihrem Schlusswort die Überzahl männlicher Kinder in ein böses Licht. Allenthalben herrsche »Hysterie angesichts der Bevölkerungskrise«, bemerkte sie, und Geschlechtsselektion erweise sich da als sehr effektive Methode der Bevölkerungskontrolle. Könnte es sein, dass irgendwo irgendwer glaubte, darin »eine ›Endlösung‹ der Bevölkerungsfrage« gefunden zu haben?[51] Später deutete Mazumdar an, dass sie mit der Anspielung auf den geplanten Völkermord des Holocaust wohl den Bogen überspannt habe.[52] Wer sollte sich einen solchen Plan ausdenken? Aber die Dinge lagen schlimmer, als sie dachte.

SIEBTES KAPITEL

Der Untergangsprophet

Zahllose Millionen Menschen würden eine Chance ergreifen, männlichen Nachwuchs hervorzubringen – sie so weit zu bringen, diese Chance zu nutzen, würde es weder Zwang noch auch nur Propaganda brauchen.

Der Mikrobiologe John Postgate
1973 im *New Scientist*[1]

Den Amerikanern, die sich am 13. August 1970 im Fernsehen Johnny Carsons *Tonight Show* anschauten, verhieß der kultige Gastgeber nach einem Werbeblock eine Debatte über die Zukunft der Welt. Hinter einem weißen Schleiflacktisch Hof haltend, legte der jugendliche Mittvierziger Carson die Umstände dar: Paul Ehrlich, der Verfasser des Buches *The Population Bomb* (dt. *Die Bevölkerungsbombe*), werde sich in ein argumentatives Kräftemessen mit seinem Kritiker Ben Wattenberg begeben, der kurz zuvor in dem Magazin *The New Republic* Ehrlichs düstere Bevölkerungswachstumsprognosen abqualifiziert und Ehrlich selbst als »Untergangspropheten« bezeichnet hatte. Mit Sicherheit sei eine interessante Diskussion zu erwarten, ließ Carson wissen. »Bitte heißen Sie Dr. Paul Ehrlich und Ben Wattenberg willkommen«, forderte er das Publikum im Studio auf. »Darf ich die Herren bitten.«

Unter dem Applaus des Publikums betraten die beiden von links die Bühne. Beinah vom ersten Augenblick an war jeglicher Anschein einer Begegnung auf gleicher Ebene dahin. Der hochgewachsene, schlaksige Ehrlich kam als Erster stolz hereingeschritten, usurpierte den Sessel direkt neben Carson und überließ Wattenberg die weiter vom Gastgeber entfernte Couch. Ehrlich – damals bereits so etwas wie ein Superstar – machte es sich in seinem Sessel bequem und schlug leger die Beine übereinander, Wattenberg dagegen saß vornübergebeugt da, hatte die Ellbogen auf die Knie gestützt und wirkte neben

Ehrlichs drahtiger Figur eher mickrig. Wenn auch das Ganze nicht gerade nach einem Match mit offenem Ausgang aussah, so spiegelt es doch wider, wie im Amerika der 1970er Jahre der demografische Diskurs beschaffen war. Seit den Tagen der Williamsburger Konferenz (1952) hatte die Beunruhigung im Hinblick auf die kommende Bevölkerungsexplosion von der Geschäftswelt und von McCarthy-Anhängern auf Umweltschützer, Wissenschaftler und auf eine ganze Menge anderer besorgter Amerikaner übergegriffen. Sowohl für die akademische Welt und die Presse als auch für die Weltbank war es jetzt ausgemachte Sache, dass die Welt auf eine demografische Katastrophe zusteuerte. Offen waren nur die Fragen, wann und wie hart die Katastrophe zuschlagen werde und was vorher an Menschenmöglichem getan werden könne, um den Schlag abzumildern.

Carson ließ zuerst Ehrlich seine Argumente vortragen. Der Wissenschaftler legte zunächst die Umstände der Bevölkerungsexplosion dar. »Auf der Welt leben derzeit 3,6 Milliarden Menschen«, sagte er, den Blick in die Kamera gerichtet. »Und das sind zu viele. Es sind zu viele, weil die Nahrungsmittel für uns extrem knapp werden … Wir stecken bis zum Hals in Schwierigkeiten.«[2] In braunem Sakko, gelbem Hemd und brauner Hose, die Hochwasser meldete und auf Wadenlänge hochrutschte, wenn er die Beine verschob, das Gesicht von einem dichten Backenbart akzentuiert, war Ehrlich das Inbild der Mode des 1970er Jahrzehnts. Als öffentliche Person war er jedoch eigentlich ein außergewöhnlicher Fall: ein Entomologe mit dem Spezialgebiet Schmetterlinge und ihre Lebensräume, der die frühen Jahre seiner wissenschaftlichen Laufbahn großenteils weltabgeschieden am Biologie-Department der Stanford University verbracht hatte. Seine Geschicke hatten im Jahr 1968 eine Wende genommen: Damals hatte nämlich der Geschäftsführer des Sierra Club, der ältesten und größten Naturschutzorganisation der USA, im Radio einen charismatischen Auftritt Ehrlichers gehört und daraufhin diesen mit der Abfassung von *The Population Bomb* beauftragt.[3] Nach seinem Arbeitstag in der Universität hatte sich Ehrlich daraufhin jeden Abend zusammen mit seiner Frau Anne an die Formulierung eines lockeren, streckenweise romanhaften Texts gemacht und binnen einem Monat das komplette Manuskript in die Tasten gehämmert.[4] (Nach Ehrlichs Auskunft weigerte sich der Verlag, Annes Koautorenschaft in der Titelei zu dokumentieren.)[5] Das eigenartige, flott geschriebene schmale Buch, das dabei herauskam, stellte Zusammenhänge zwischen Bevölkerungswachstum einerseits und Nahrungsmittelpreisen, Seuchen und Krieg andererseits her und bombardierte den Leser mit erschreckenden Zahlen, antiutopischen futuristischen Szenarien und Panik machenden Beschreibungen von Gefahren, die aus dem Ausland drohten. Es markierte Ehrlichs Wechsel vom seriösen Insektenkundler zum Populisten.

Am Anfang des Buches führt Ehrlich den Leser nach Indien. Er schildert eine Reise, die er und Anne mit ihrer jungen Tochter machten. »An einem knallheißen Abend in Delhi«, schrieb er, waren sie in einem flohverseuchten Taxi auf dem Rückweg zum Hotel. Dabei kamen sie durch einen Slum; er schaute zum Fenster hinaus und sah:

> »Menschen beim Essen, Menschen, die sich wuschen, schlafende Menschen. Menschen, die andere Menschen besuchten, mit anderen stritten, andere anschrien. Menschen, die bettelnd die Hände durch das Taxifenster hereinstreckten. Defäkierende und urinierende Menschen. Menschen, die sich an Busse klammerten. Menschen, die Tiere hüteten. Menschen, Menschen, Menschen, Menschen. Während wir uns langsam durch die Menge weiterbewegten, verliehen die quäkende Hupe, der Staub, der Lärm, die Hitze und die offenen Kochfeuer der Szene etwas Höllisches. Würden wir je unser Hotel erreichen? Offen gestanden waren wir alle drei in Angst.«[6]

Auf der Taxifahrt wandelte sich das Bevölkerungswachstum für Ehrlich – und für seine Leser – von einem intellektuellen zu einem emotionalen Gegenstand. Inder, so lautet die Botschaft zwischen den Zeilen, »vermehren sich wie die Karnickel«.[7]

Und sogleich erinnerte der Verfasser seine Leser daran, dass die Vereinigten Staaten einen ansehnlichen Teil ihrer Weizenproduktion nach Indien lieferten.* Welche Folgen hatte es, wenn die indische Bevölkerung weiterhin so unkontrolliert wuchs?

The Population Bomb erschien in einer Zeit steigender Inflation, anschwellenden Protests gegen den Vietnamkrieg und einer das ganze Land durchziehenden, zunehmend tiefer werdenden Spaltung in Bürgerrechtsfragen. Ehrlich »sprach wahrscheinlich genau jene Leser an, die sich ausgemalt hatten, wie sie in der Großstadt unter die Räder kommen und am Ende im falschen Viertel landen würden – in keinem Delhi, aber in Harlem oder Watts. Nur, dass Ehrlich seine Leser einlud, nicht einfach an lokale Fehlentwicklungen zu denken, sondern einzusehen, dass Amerika insgesamt auf dem Weg war, zu einem üblen Viertel zu werden«, schreibt der Historiker Matthew Connelly.[8] Gerechterweise muss dazugesagt werden, dass der Alarmismus von *The Population Bomb* nicht allein die armen Entwicklungsländer im Visier hatte. An anderer Stelle forderte Ehrlich in seinem Buch, dass auch im eigenen Land etwas geschehen müsse, und bestärkte amerikanische Paare eindringlich darin, sich mit einem Kind zu begnügen. Doch in erster Linie und vor allen Dingen beschwor er die Schreckensvision von einem die amerikanischen Gestade überflutenden Ansturm asiatischer Horden. Was in einer früheren Ära einmal Gelbe Gefahr geheißen hatte, präsentierte Ehrlich nun unter dem Namen Übervölkerung.

Ehrlich war für das Bevölkerungsproblem, was später Al Gore für den Klimawandel werden sollte: ein smarter, leidenschaftlicher Weckrufer, der Begriffe unters Volk brachte, deren Verwendung vorher den Eliten vorbehalten gewesen war. Presse- und Fernsehleute mochten Ehrlichs Charisma und Energie,

* Die indischen Massen sind ein alter Gemeinplatz in der Argumentation von Bevölkerungskontrollaktivisten. In den Seminaren über politische Ökonomie, die Thomas Malthus an der von der britischen Ostindien-Kompanie für die Ausbildung von Kolonialverwaltungsbeamten gegründeten Privatschule East India Company College abhielt, lehrte er, dass Hilfe für die Hungernden in Indien das Übervölkerungsproblem noch weiter anheize.

und besonders Carson kriegte gar nicht genug von ihm. Der Stanford-Professor trat mehrmals in der *Tonight Show* auf und war hier der einzige Buchautor, der jemals eine ganze Stunde lang interviewt wurde.[9] Seine Wortgewandtheit gewann der von einem Kreis steinreicher Industriellen und Geschäftsleuten ins Leben gerufenen Bewegung das Interesse eines Massenpublikums. Zum Zeitpunkt von Ehrlichs und Wattenbergs Debatte im bundesweit ausgestrahlten Fernsehen hatte sich das schlanke Traktat über das Bevölkerungsproblem fast eine Million Mal verkauft. Zudem hatte Ehrlich nicht wenige Leser zu Aktivisten gemacht: Die von ihm gegründete Organisation Zero Population Growth (Null Bevölkerungswachstum), die Lobbyarbeit mit dem Ziel weltweiter Bevölkerungskontrolle betrieb, zählte in ihren über das ganze Land verstreuten Ortsgruppen Zehntausende Mitglieder.[10] Auf Ehrlichs Betreiben hin missionierten ZPG-Mitglieder unter Freunden und Kollegen – meine Mutter zum Beispiel ließ sich überreden, die Zahl ihrer Kinder auf zwei zu begrenzen – und schickten Schreiben an Kongressmitglieder. *The Population Bomb* enthielt in einem Anhang praktischerweise Musterbriefe.[11]

Aber in ihrem Eifer, das Bevölkerungswachstum zu stoppen, befürworteten Ehrlich und seine Anhänger auch extreme Mittel, die aus historischer Distanz betrachtet himmelschreiend verkehrt sind. Unter den in *The Population Bomb* aufgeführten Politikrezepten war auch die Subventionierung von Forschungen zur vorgeburtlichen Geschlechtsbestimmung. »Könnte eine einfache Methode gefunden werden, die garantiert, dass Erstgeborene männlichen Geschlechts sind«, schrieb Ehrlich sieben Jahre, bevor Ärzte am AIIMS die vorgeburtliche Geschlechtsbestimmung in Indien als Instrument der Familienplanung einführten, »dann wäre in vielen Regionen den Problemen der Bevölkerungskontrolle ein Stück weit abgeholfen.« Rund um den Globus, fuhr er fort, »pflegen Paare, die nur weibliche Kinder haben, ›es weiter zu probieren‹, weil sie auf einen Sohn hoffen«.[12]

Im Fortgang des Auftritts in der *Tonight Show* versuchte Wattenberg vergeblich dem Publikum klarzumachen, dass Ehrlich mit seinen Prognosen falschlag. »Früher oder später werden Sie an einem Glaubwürdigkeitsdefizit leiden«, sagte er. Aber das tat der Begeisterung des Publikums keinen Abbruch. Jedes neue Argument, das Ehrlich vortrug, empfing die Menge mit frenetischem Applaus. Wattenberg gegenüber verhielt sich das Publikum indessen kühl, fast verächtlich. In schallendes Hohngelächter brach es aus, als der Demograf die Ansicht äußerte, die USA könnten auch mit einer Einwohnerzahl von 300 Millionen – die wir dann 2006 tatsächlich erreichten – ein angenehmer Ort zum Leben bleiben.[13] Auf einen Tiefpunkt sank das Niveau der Veranstaltung, als der Komiker Buddy Hackett, der zuvor einen Auftritt gehabt hatte, in einem bunten afrikanischen Dashiki-Hemd auf die Bühne gestolpert kam und Wattenberg mitten im Satz unterbrach.

Der Auftritt half mit, den Absatz von *The Population Bomb* auf zwei Millionen Exemplare zu steigern. Im darauffolgenden Jahr taten sich Milton S. Eisenhower, der Bruder von Präsident Dwight Eisenhower, und der ehemalige Senator Joseph D. Tydings mit Führungspersönlichkeiten von Zero Population Growth zu einem Interessenverband zusammen, der Lobbyarbeit für Bevölkerungskontrolle betrieb.[14] Und nicht lange darauf sollte der Entomologe erleben, dass sein Politikrezept in die Praxis umgesetzt wurde. Mit der Verbreitung von Fruchtwasseruntersuchung und Ultraschalluntersuchung gelangte die vorgeburtliche Geschlechtsbestimmung in Länder mit rapide steigenden Bevölkerungszahlen. Sieht man die Dinge durch die Brille der Bevölkerungskontrollbewegung, waren diese Techniken unbestreitbar ein Erfolg. Selbst Ehrlich hätte nicht davon zu träumen gewagt, rund 160 Millionen Geburten zu verhindern.

* * *

Paul Ehrlich popularisierte die Idee, ein effektives Mittel, das Bevölkerungswachstum zu bremsen, bestehe darin, Ehepaaren zu Söhnen zu verhelfen. Er war jedoch nicht der erste Fürsprecher der Idee, und er sollte auch keineswegs der letzte sein. In den späten 1960er und den frühen 1970er Jahren sprachen sich auf Foren, die von führenden Wissenschaftsjournalen bis zu staatlich geförderten Workshops reichten, eine Reihe US-Experten für die Geschlechtsselektion aus. Noch viel mehr standen abseits und schwiegen, während ihre Kollegen einem morbiden technologischen Sexismus das Wort redeten und Jahrzehnte später dann von ihrem seinerzeitigen Engagement nichts mehr wissen wollten.

Wohl zum ersten Mal befürwortete ein Amerikaner öffentlich die vorgeburtliche Geschlechtsbestimmung als Instrument der Bevölkerungskontrolle im Oktober 1967, ein Jahr, bevor *The Population Bomb* auf den Buchmarkt kam. In diesem Monat fand unter der Schirmherrschaft der American Association for the Advancement of the Sciences und des National Institute of Child Health and Human Development in Washington, DC, eine Konferenz über den aktuellen Stand der Forschung in Sachen Familienplanung statt. An der Veranstaltung nahmen Journalisten, Wissenschaftler und Aktivisten einer ganzen Reihe namhafter Institutionen teil, darunter die American Newspaper Publishers Association, das National Institute of Mental Health, die University of California at Berkeley, die Michigan State University, der Social Science Research Council in London und die Washington University in St. Louis. Auch sämtliche größeren Organisationen für Bevölkerungskontrolle waren durch Abgesandte vertreten.

In seiner Eröffnungsrede vermerkte Population-Council-Präsident Bernard Berelson beifällig, das Studium des menschlichen Verhaltens habe zu bedeutenden Fortschritten in der Familienplanung geführt. Dank der Hilfe, die sie von Soziologen, Anthropologen und Verhaltenswissenschaftlern – zu denen er sich selbst zähle – erhalten hätten, wüssten die Bevölkerungskontrollgruppen besser denn je über die Gründe Bescheid, warum Menschen Kinder haben wollten. Die Gründe des Kinderwunschs zu kennen, sei eine entscheidende Voraussetzung dafür, herauszufinden, wie man Menschen überzeugend von diesem Wunsch abbringe. Die neuen Forschungsergebnisse ließen sich also in innovative Problemlösungen ummünzen.[15] Berelson, der später unter Präsident Richard Nixon in einem nationalen Komitee für Bevölkerungsfragen mitarbeiten sollte, überließ es dann Steven Polgar, dem Forschungsdirektor der

Planned Parenthood Federation of America (PPFA), ein solches Instrument vorzustellen[16].

Der Anthropologe Polgar, der neben seiner Arbeit für Planned Parenthood Vorlesungen und Seminare an der Columbia University hielt, hatte die Fachrichtung Populationsanthropologie mitbegründet, ein Verdienst, das ihm einen Platz in der ersten Reihe jener Gruppe von Wissenschaftlern sicherte, von der Berelson gesprochen hatte.[17] Während Soziologen Asiaten oder Afrikaner allenfalls über ihre Einstellung zum Kinderkriegen befragten, gehörte es zu Polgars Arbeit, in kulturellen Traditionen nach hilfreichen Informationen zu schürfen, die Organisationen für Bevölkerungskontrolle helfen könnten, in diesem oder jenem Land die Geburtenrate zu senken. War ein Sohn wichtig für die Fortsetzung der Familienlinie? Spielten Töchter bei der rituellen Ahnenverehrung und der Totensorge eine Rolle, und wenn ja, welche? Das war die Art Fragen, die Polgar gestellt hatte. Und er befand sich damit in bester Gesellschaft. Die legendäre Margaret Mead zählte zu den Anthropologen, die vor Bevölkerungskontrollaktivisten Vorträge über die rund um den Globus bestehenden Einstellungen zu Söhnen und Töchtern hielten und so mithalfen, den Boden für die Geschlechtsselektion zu bereiten; Mead selbst befürwortete angeblich die Geschlechtsselektion mit der Begründung, dass sie die Zahl der unerwünschten Mädchengeburten verringere.[18] Polgar hatte seine Feldforschung in Afrika betrieben, nicht in Asien, das das Hauptzielgebiet aller Anstrengungen der Bevölkerungskontrollbewegung blieb.[19] Bei seiner Arbeit für Planned Parenthood dürfte er allerdings mit Forschungen aus diesem Teil der Welt bekannt geworden sein.

Ende der 1960er Jahre war der Zusammenhang zwischen der Zahl der Kinder eines Paares und dem Geschlecht der Kinder sowohl für Asien wie für andere Regionen hinreichend erwiesen. Zudem stellte sich die Tatsache, dass Paare so lange Kinder bekamen, bis sie einen Sohn hatten, in der Rückenansicht so dar: War der Sohn endlich da, hörte der Kindersegen auf. Diese sogenannte Stopp-Regel war weltweit – in Asien, Nordafrika, dem Mittleren Osten, Lateinamerika – so stark verbreitet, dass Demografen, wenn sie das Geschlecht des jüngsten Kindes eines Paares kannten, voraussagen konnten, ob dem noch ein weiteres folgen würde oder nicht.[20] Selbst in den USA tendierten Frauen, die nur Töchter hatten, eher zu weiteren Kindern als solche, die mindestens einen Sohn hatten.[21]

Die Planned-Parenthood-Organisation hatte auf dem Wege von Haushaltsbefragungen massenhaft Belege für die Stopp-Regel zusammengetragen. Die in Taiwan für die International Planned Parenthood Federation (IPPF) tätigen Datenerheber hatten Informationen über die Geschlechterverteilung innerhalb der einzelnen von ihnen besuchten Familien in Form von Tabellenblättern abgeliefert, die dann bei der amerikanischen Mutterorganisation PPFA archiviert worden waren.[22] Bei anderen Untersuchungen wiederum hatte sich zweifelsfrei gezeigt, dass Eltern in Entwicklungsländern eher bereit waren, sich mit Empfängnisverhütungsmaßnahmen zu befreunden, wenn sie Söhne hatten. Einschlägige Forschungsergebnisse wurden erstmals 1957 veröffentlicht.[23] Als andere Untersuchungen jene ersten Befunde bestätigten, wurde dieser Zusammenhang zwischen der Geschlechterkomposition des Nachwuchses und der Kinderzahl – um es in den Worten der koreanischen Demografen Chai Bin Park und Nam-Hoon Cho auszudrücken – zu »einem Gegenstand ernsthafter Besorgnis von Demografen und Bevölkerungsplanern«.[24] (Der Zusammenhang machte auch der chinesischen Führungsspitze Sorgen, in der in den 1970er Jahren die Klage laut wurde, dass ein Haupthindernis der Entschleunigung des Bevölkerungswachstums im Lande der Wunsch der Chinesinnen nach Söhnen sei.)[25]

In den Entwicklungsländern sah sich die Bevölkerungskontrollbewegung einer zusätzlichen Erschwernis gegenüber. Weil bei den krankheitsbedingten Sterberaten ein Rückgang erst vor Kurzem eingesetzt hatte, nährte die Erinnerung an härtere Zeiten bei vielen Eltern den Zweifel, ob ihre Kinder das Erwachsenenalter erleben würden, sodass nicht wenige lieber zwei Söhne anstelle von nur einem haben wollten. Wenn alle Familien nach der Geburt des zweiten Sohns keinen Zuwachs mehr erführen – so berechnete der Demograf Mindel Sheps 1963 –, läge die Fertilitätsrate des durchschnittlichen Ehepaares bei 3,88 Kindern – weit über dem von Befürwortern der Bevölkerungskontrolle erhofften Ersatzniveau der Fertilität von 2,1 Kindern.[26] Zu dem Zeitpunkt, da Polgar im Jahr 1967 das Rednerpodium bestieg, stand also die Bewegung vor der Aufgabe, Paare in den Entwicklungsländern auf irgendeine Weise in die Lage zu versetzen, ihren Nachwuchs auf zwei Kinder zu beschränken und dennoch mit dem Geschlecht dieser Kinder zufrieden zu sein.

Eine naheliegende Lösung wäre gewesen, gegen die Favorisierung von Söhnen mit einer Werbekampagne anzukämpfen, die herausstrich, wie wertvoll Töchter waren – und diese Kampagne 1967 zu starten und nicht erst 2007, als sie in großen Teilen Asiens stattfand. Bewusstseinsbildende Maßnahmen verlangten einen hohen Aufwand an Zeit und Geld und lieferten nur schüttere Ergebnisse. Indes finanzierte die Bevölkerungskontrollbewegung in dem Bemühen, eingefleischte Begriffe von Mutterschaft, Weiblichkeit und Familiengröße durch andere Anschauungen zu ersetzen, im Ausland bereits Seifenopern und volkspädagogische Filme wie Disneys *Family Planning*. Es wäre ein Leichtes gewesen, dabei auch eine Lanze für die Gleichstellung der Geschlechter zu brechen – was nahegelegen hätte, da immer mehr Forschungsergebnisse darauf hindeuteten, dass Investition in Ausbildungsmöglichkeiten und Arbeitsplätze für Frauen die Wirtschaftsentwicklung vorantrieb und zu niedrigeren Geburtenraten führte. Im weiteren Verlauf der Konferenz vom Oktober 1967 spielte der Soziologe Philip Hauser von der University of Chicago auf diese Forschungen an, als er an die Delegierten die Frage richtete: »Wissen wir denn wirklich, ob die klassische Vorgehensweise mit ihrer Propaganda für Familienplanung und ihrem Angebot klinischer Dienstleistungen für die Senkung der Geburtenraten mehr bringt, als wenn wir den gleichen Aufwand in den Bau einer Straße zum Dorf stecken oder in die Errichtung einer Seifenfabrik, in der Frauen Arbeit finden können, oder in die Förderung von Ausbildungsmöglichkeiten für Frauen?«[27] Doch Bevölkerungskontrollaktivisten taten die Betonung der Wichtigkeit von Frauenerwerbsarbeit und Frauenausbildung gern als ein von realitätsfernen Feministinnen erdachtes Strategiekonzept ab.[28] Und Polgar erwähnte in seiner Rede die alternative Vorgehensweise mit keinem Wort. Vielmehr richtete er den Blick auf die Delegierten und »drang« einer Protokollnotiz zufolge »darauf, dass die Soziologen die Biologen zur Suche nach einer Methode der vorgeburtlichen Geschlechtsbestimmung anspornen, da manche Eltern nur darum mehr Kinder haben, weil sie eines von einem bestimmten Geschlecht bekommen wollen«.[29]

Polgars Gedanke muss die Delegierten sofort durch seine Einfachheit bestochen haben. Konnte man es so einrichten, dass Eltern in Südkorea oder Bangladesh von Anfang an mindestens ein Sohn sicher war, würden sie freiwillig – ohne von oben verordnete Geburtenbeschränkung – weniger Kinder haben. Der PPFA-Forschungsdirektor ließ jedoch die Fragen offen, auf welche Methode der Geschlechtsbestimmung die Biologen ihre Anstrengungen konzentrieren sollten und wie Geschlechtsselektion in der Praxis aussehen könnte. Erzeugung des Babys im Reagenzglas mit vorsortierten Spermien? Auswahl unter mehreren befruchteten Eizellen? Eliminierung weiblicher Feten? Im Jahr 1967 war die Geschlechtsbestimmung *in utero* mit der einzig möglichen Ergänzung zur Selektion per Abtreibung die fortschrittlichste Selektionsmethode. Doch Polgar hatte wahrscheinlich auch Kenntnis von dem Antrag eines indischen Forschungsmediziners, der ein halbes Jahr vor der Konferenz seinem Boss bei der PPFA einen Vorschlag unterbreitete. In dem umfangreichen, mit bockiger Schreibmaschine auf dünnes Reispapier getippten Schriftstück hatte der in den USA ausgebildete Jaswant Raj Mathur die Organisation um finanzielle Unterstützung seiner Forschung in Sachen Geschlechtsbestimmung ersucht. Wenn Planned Parenthood die Finanzierung übernähme, erklärte er, würde er die Arbeit aufnehmen und nach Mitteln und Wegen suchen, »bei der menschlichen Fortpflanzung das Geschlecht frei zu wählen«.[30]

* * *

Geschlechtsselektion – oder Geschlechtswahl, wie Mathur und andere es nannten – war damals in großem Stil noch nicht möglich. Wissenschaftler hatten herausbekommen, wie man durch Fruchtwasseruntersuchung im dritten Trimenon das Geschlecht des Fetus feststellen konnte, aber die Technik war längst nicht allgemein verfügbar und überdies in den meisten Ländern nicht legal. Das hatte freilich Gruppierungen wie Planned Parenthood nicht von der Prüfung von Alternativen abgehalten. Oben auf die erste Seite von Mathurs Antrag hatte PPFA-Direktor Alan Guttmacher – der auch für die IPPF arbeitete – eine Stellungnahme gekritzelt, die sowohl verriet, dass er nicht abgeneigt war, die Arbeit des indischen Wissenschaftlers zu finanzieren, als auch darauf schließen ließ, dass dies hier genau die Art Forschung war, nach der er seine Netze ausgeworfen hatte. In hastig mit Rotstift hingeworfenen Sätzen gestand Guttmacher dem medizinischen Direktor der PPFA Dr. Richard L. Day, dass sich die wissenschaftliche Seite des skizzierten Forschungsvorhabens seinem Verständnis entzog. »Es ist zu hoch für meine geringe Intelligenz«, schrieb er. Day möge doch bitte prüfen, ob die in dem Schriftstück beschriebene Methode wirklich »unterstützenswert« sei.

Das Forschungsvorhaben des Inders, das auf einen Zusammenhang zwischen Spermienzusammensetzung und Blutgruppe baute, war wissenschaftlich fragwürdig. (Von Anfang an war da außer Guttmachers offenkundigem Interesse für das Thema Geschlechtsbestimmung nichts, was zu Mathurs Gunsten ausschlug.) Nach Prüfung des Forschungsvorhabens zeigte sich Day jedoch hoffnungsfreudig, dass die Sache klappen könnte; das Problem sei nur, schrieb er Guttmacher, dass die US-Regierung vor Kurzem die Finanzierung von Forschungsstipendien für Ausländer eingestellt habe. »Wie die Tatsache nahelegt, dass er seinen Doktor an der Ohio State University gemacht und anschließend an der Boston University gearbeitet hat … ist er wahrscheinlich ein heller Kopf«, fügte Day hinzu und empfahl, Mathur solle sich wegen eines Forschungsstipendiums an den Population Council wenden, wo man nach Sheldon Segals Aufenthalt am AIIMS ganz offenkundig ebenfalls noch Interesse für das Thema Geschlechtsbestimmung habe.[31] Guttmacher richtete daraufhin an Dudley Kirk, den Direktor der demografischen Abteilung des Population Council, ein persönliches Schreiben mit der Anregung, Kirk möge Mathurs Forschungsvorhaben finanzieren.[32]

Der Population Council lehnte die Finanzierung der Arbeit des indischen Wissenschaftlers ab, aber auch in diesem Fall war der Grund eine bürokratische Formsache. (Die Organisation vergab Stipendien an Inder ausschließlich unter der Bedingung, dass sie von einem nationalen Komitee in Indien empfohlen worden waren.)[33] Wie viel Geld die IPPF und der Population Council für Forschungen zur Geschlechtsbestimmung ausgaben und wohin genau die Gelder flossen, ist ungewiss. Außer Zweifel steht jedoch, dass Guttmacher mit seiner Faszination von der vorgeburtlichen Geschlechtsbestimmung unter Bevölkerungskontrollaktivisten nicht allein dastand. Gegen Ende des Jahrzehnts, als *The Population Bomb* auf dem Buchmarkt erschien und eine breit gestreute selektive Abtreibung endgültig im Bereich des Möglichen lag, sprachen sich immer mehr Forscher im Sinne der Königsidee von Planned Parenthood aus.

Die zustimmenden Äußerungen wurden in zunehmendem Maße an öffentlicher Stelle vorgetragen, und zwar nicht nur von Mitarbeitern der Bevölkerungskontrollorganisationen. Mehrere Befürworter der Geschlechtsselektion rangierten ganz oben im wissenschaftlichen Establishment. Im Januar 1969 gab William D. McElroy, der Leiter des Fachbereichs Biologie an der Johns Hopkins University, in dem Fachjournal *BioScience* sein Einverständnis mit einschlägiger Forschung bekannt. »Eine Forschungsrichtung mit großem Einfluss auf die Bevölkerungskontrolle wäre eine solche, der es um die Entdeckung von Methoden zur Geschlechtsbestimmung geht«, schrieb er. »Wenn man vorherbestimmen könnte, dass die Erstgeburt männlichen Geschlechts wäre, so wurde gesagt, würde das großen Einfluss auf die Familiengröße haben. In manchen, wenn nicht den meisten Gesellschaften sind männliche Babys erwünschter als weibliche, und wenn der Sohn das erste Kind wäre, würde dadurch die Motivation, weitere Kinder zu haben, verringert.«[34]

Wie Polgar vernachlässigte auch McElroy eine wesentliche Frage: Und was dann? Wenn wir die Menschen das Geschlecht ihrer Kinder wählen lassen und sie sich, wie wir wissen, für Söhne entscheiden werden, wie wird sich das auf die Gesellschaft auswirken? Ist nicht eine ausgewogene Zahl von Männern und Frauen – ein Konzept, das weit in die Vergangenheit zurückgeht bis auf den vorherrschenden Schöpfungsmythos der westlichen Welt – die Grundbedingung für den Fortbestand der Menschheit? Dieser Frage stellte sich Arno G. Motulsky, ein Genetiker an der Washington University in Seattle, der als Nächster die Trommel für die Geschlechtsselektion rührte. In einem in dem Wissenschaftsjournal *Science* veröffentlichten Artikel räumte er ein, dass eine mehrheitlich männliche Gesellschaft sich nicht im Idealzustand befände, und prophezeite für den Fall eines Männerüberschusses »langfristig gesehen erhebliche Auswirkungen auf die Gesellschaft wie etwa eine Zunahme der Homosexualität«. Indes blieb dieser vermeintliche Nachteil der einzige, den Motulsky für die neuen Techniken nennen konnte, und überdies behauptete er fälschlich, man habe noch nie gehört, dass ein paar Männer in Überzahl je Ungelegenheiten bereitet hätten. »Interessant ist in diesem Zusammenhang«, schrieb er, »dass der Bundesstaat Alaska zwar bereits einen Männerüberschuss aufweist, dass daraus aber keinerlei ernst zu nehmende gesellschaftliche Verwerfungen erwachsen sind.« Nachdem er auf diese Weise mögliche Einwände umstandslos beiseitegewischt hatte, kam der Genetiker zu dem Befund, dass Geschlechtsbestimmung eine gute Sache sei: »Forschungen in dieser Richtung sollten gefördert werden, weil die Entdeckung einer einfachen Methode, das Geschlecht von Kindern zu wählen, eine ideale Familienplanung ermöglichen würde.«[35]

Andere bewiesen mehr Weitblick. Im Jahr 1973 prophezeite der Mikrobiologe John Postgate schlimme – und insbesondere für die in eine testosteronüberflutete Gesellschaft hineingeborenen Frauen schlimme – Nebenwirkungen, die eine massenhafte Geschlechtsselektion haben würde. »Wahrscheinlich würde eine Form von Geschlechtertrennung nötig werden«, schrieb er in dem populärwissenschaftlichen Wochenmagazin *New Scientist* und erläuterte:

> »Das Frauenrecht darauf, einer Erwerbsarbeit nachzugehen, oder auch nur auf individuelle Freizügigkeit würde wahrscheinlich vorübergehend

> aufgehoben werden. In manchen Gesellschaften könnte die Polyandrie durchaus üblich werden; manche würden ihre Frauen vielleicht als Ameisenköniginnen behandeln, andere als Belohnungen für die hervorragendsten (oder resolutesten) Männer.«

Die Welt, fuhr er fort, könnte binnen Kurzem einer »gigantischen Knabenschule oder einem riesigen Männergefängnis« ähneln.

Das Außergewöhnliche an Postgates Artikel waren jedoch nicht die trüben Prognosen, die er enthielt – und von denen seither viele an Geltung gewonnen haben –, sondern die Empfehlung, zu der er nach Erwägung der möglichen Auswirkungen von Geschlechtsselektion gelangt war. Frauen werden eingesperrt oder zur Eheschließung mit mehreren Männern gezwungen oder wie Waren gehandelt – das mochte einmal unabwendbar notwendig werden, aber trotzdem sei Geschlechtsselektion ratsam, meinte Postgate, denn »das einzige wirklich wichtige Problem, dem sich die Menschheit heute gegenübersieht, ist die Übervölkerung«, zumal in »unterentwickelten, unaufgeklärten Gemeinwesen«.[36]

Andere Befürworter der Geschlechtsselektion argumentierten, sie sei nicht nur eine effektive, sondern darüber hinaus auch die sinnvollste und ethischste Methode der Bevölkerungskontrolle, die zu haben sei. Population-Council-Präsident Bernard Berelson, der 1967 bei der Konferenz des National Institute of Child Health and Human Development den Vorsitz geführt hatte, schrieb 1969 einen Artikel für *Science*, in dem er verschiedene Familienplanungsmethoden nach ihrer Realisierbarkeit und ethischen Vertretbarkeit in einer Rangfolge anordnete. Der Geschlechtsselektion bescheinigte er einen hohen ethischen Wert.[37] Zu verstehen ist diese Bewertung nur, wenn man bedenkt, dass manche von Berelsons sonstigen Vorschlägen – Hinzufügen unfruchtbar machender Wirkstoffe bei der Nahrungsversorgung, Schaffung eines von der Kinderzahl abhängigen Systems der Kreditvergabe, Zwangssterilisation der Väter von drei oder mehr Kindern – die Anwendung von Zwangsmitteln einschlossen.* Neben dem zwangsweisen Unters-Messer-Bringen von Männern nahm sich das Reduzieren der Zahl von Mädchen und Frauen geradezu human aus.

* * *

Die ausgehenden 1960er und beginnenden 1970er Jahre waren eine Periode besonders radikaler Bevölkerungspolitik. Während Paul Ehrlich durch die Talkshows tourte, platzierte das Population Crisis Committee Anzeigen in der *New York Times* und der *Washington Post*, in denen es das Bedürfnis nach einem »Intensivprogramm« für die Bekämpfung des Wachstums in den Entwicklungsländern betonte.[38] Andere dachten an eine asiatische Schwangerschaftspolizei – eine Idee, die beinah schon das chinesische System der genehmigungspflichtigen Geburten im Rahmen der Ein-Kind-Politik vorwegnahm – und schlugen vor, einmal im Jahr ganz Indien aus Flugzeugen mit einem »empfängnisverhütenden Nebel« zu besprühen.[39]** Und die rassistische Anwendung der Geburtenkontrolle blieb nicht auf Entwicklungsländer beschränkt. Im Jahr 1973 brachten afroamerikanische und indianische Frauen aus dem Süden und Südwesten der USA vor einem Bundesbezirksgericht vor, sie seien unter Androhung des Verlusts aller Sozialleistungen sterilisiert worden. Richter Gerhard Gesell, vor dem der Fall *Relf gegen Weinberger* verhandelt wurde, stellte in seinem Spruch fest, dass auf die Frauen Zwang ausgeübt worden war. Nach seiner Schätzung waren im Rahmen eines vom Bundesgesund-

* Berelson war auch für die Teilnahme der Frauen am Erwerbsleben, weil Frauen in Arbeit nachweislich weniger Kinder hatten. Aber er gab der Sache eine Orwell'sche Note: Es könnte nötig werden, einen Arbeitszwang für Frauen einzuführen.

** Heutige Parallelen zu diesen Strategien sind die Geo-Engineering-Strategien, die als Mittel gegen den Klimawandel ins Spiel gebracht werden. In beiden Fällen hat ein handfestes, dringliches Problem zu schnellen Rosskuren inspiriert. Im All riesige Spiegel zu installieren oder Eisen in die Meere zu kippen, hört sich leichter an als ein nachhaltiges Den-Gürtelenger-Schnallen, das nötig wäre, um die Folgen jahrhundertelanger Misshandlung der Umwelt abzumildern.

heitsministerium finanzierten Programms jährlich 100 000 bis 150 000 arme US-Bürgerinnen sterilisiert worden. Und er fügte hinzu: »Wo die Grenze zwischen Familienplanung und Eugenik verläuft, ist unklar.«[40]

Doch selbst die unverbesserlichsten Extremisten waren überzeugt, dass individuelle Entscheidung die praktikabelste Grundlage für Familienplanung sei. Der Ökologe Garrett Hardin brachte es auf den Punkt, als er auf einer 1970 vom Population Council anberaumten privaten Tagung von Wissenschaftlern laut Protokoll erklärte: »Es wäre viel einfacher, wenn wir als Vorarbeit für späteren Einsatz von Zwangsmitteln zuerst eine überzeugende Werbekampagne machen.«*[41] Und so gewann die Geschlechtsselektion, die es Eltern möglich machte, ihr reproduktives Schicksal selbst zu bestimmen, Akzeptanz: Für Extremisten war sie das Sprungbrett zum Zwang, für Moderate ein nicht gar so drastischer Weg, schnell zu niedrigeren Geburtenraten zu kommen.

Geschlechtsselektion hatte überdies den zusätzlichen Effekt, dass sie die Zahl potenzieller Mütter reduzierte – was der chinesische Demograf Wang Feng später als »doppeltes Pech« bezeichnen sollte. Und in der Tat hat die negative Auslese von Frauen eine erhebliche Auswirkung auf die Bevölkerungsgröße. Auf einer 1970 von der Population Association of America organisierten Konferenz illustrierten zwei Demografen von der Duke University, William J. Serow und V. Jeffrey Evans, diese Auswirkung am Beispiel der US-Bevölkerung. Mit einer Hochrechnung der Wachstumsraten über die kommenden 200 Jahre demonstrierten sie, dass unausgewogene Geschlechterverhältnisse bei der Geburt drastische Ausschläge in der Bevölkerungsstatistik bewirken könnten. Wenn der Anteil weiblicher Geburten um zwanzig Prozent stiege, würde die Wachstumsrate der US-Bevölkerung auf 2,4 Prozent hochschnellen, mit der Folge, dass nach Ablauf von zwei Jahrhunderten sich sage und schreibe 31 Milliarden Menschen innerhalb der amerikanischen Grenzen drängeln würden. Stiege dagegen der Anteil der männlichen Geburten um zwanzig Prozent, würde die

* Hardin selbst hatte vier Kinder.

Wachstumsrate auf 0,9 Prozent absinken und die Bevölkerung auf lediglich zwei Milliarden anwachsen.[42*]

Als das National Institute of Child Help and Human Development und der Population Council im August 1969 neuerlich einen Workshop zum Thema Bevölkerungskontrolle organisierten, war Geschlechtsselektion inzwischen schon zu einem viel beachteten Projekt geworden. Erst zwei Jahre war es her, dass Steven Polgar leichthin zur Forschung in Sachen Geschlechtsbestimmung geraten hatte, weil sie eine Idee sei, die genauer zu prüfen sich lohnen könnte. Nun wurde sie als eine von zwölf neuen Strategien präsentiert, welche die Zukunft der globalen Geburtenkontrolle darstellten.[43] Diesmal fiel die Aufgabe, die Trommel für die Geschlechtsselektion zu rühren, keinem anderen als dem erst vor Kurzem von seinem Aufenthalt am All-India Institute of Medical Sciences in Delhi zurückgekehrten Sheldon Segal zu.[44] Segal war nun Mitglied im Beraterkomitee des Center for Population Research, einer von Präsident Johnson ergänzend zu dessen »Nahrungsmittel für Frieden«-Gesetz gegründeten Denkfabrik, der als Unterorgan des National Institute of Child Help and Human Development die Forschung nach neuen Methoden der Bevölkerungskontrolle oblag.[45] Zusammen mit Segal trat Christopher Tietze ans Rednerpult, der Sachverständige für das Thema Abtreibung, der vor Kurzem seinen Posten im Außenministerium aufgegeben hatte und als stellvertretender Direktor unter Segal in die biomedizinische Abteilung des Population Council übergewechselt war: der eine für die sexistische Nutzung technischer Hilfsmittel begeistert, der andere überzeugt vom Nutzen der Abtreibung als Methode der Geburtenkontrolle.[46]

Vor den lauschenden Workshopteilnehmern zählten Segal und Tietze die zwölf neuen Methoden der Geburtenkontrolle auf, die, wie sie erklärten, jede für sich genommen einen Durchbruch in der Reproduktionsmedizin darstellten. Die Ge-

* Heute ist das nicht länger bloße Theorie. Bleibt das Geschlechterverhältnis bei der Geburt in China bis Ende 2030 auf dem Niveau des Jahres 2000, so wird einer Hochrechnung aus dem Jahr 2007 zufolge die Bevölkerungsgröße des Landes um 16 Prozent weniger betragen, als sie bei normalem Geschlechterverhältnis bei der Geburt betrüge.

schlechtsselektion figurierte dabei im Kreis von harmloseren, frauenfreundlicheren Formen der Geburtenkontrolle wie dem subkutanen Implantat mit Langzeitwirkung, der Antibabypille und der »Pille danach«. Aus heutiger Sicht sticht sie aus der ganzen Gruppe als die bedenklichste und unethischste Methode heraus, zu der es nach Eröffnung der Diskussion mit Fragen eigentlich nur so hätte hageln müssen. Die Tatsache, dass im Protokoll der Zusammenkunft nicht die kleinste Spur von Zweifel oder Dissens zu entdecken ist, belegt jedoch, wie kritiklos man Geschlechtsselektion im Jahr 1969 schon bejahte. Falls irgendeine der an diesem Workshop teilnehmenden Personen sich wegen des ethischen Präzedenzfalls sorgte, den eine solche Technik darstellen würde, oder ihrer möglichen Auswirkungen auf das gesellschaftliche Gleichgewicht oder auf die soziale Stellung der Frau wegen Bedenken hatte, so schwieg der Betreffende sich aus – »der«, weil die Versammelten größtenteils Männer waren. Dafür nahmen die Teilnehmer dann in der anschließenden Diskussion die Geschlechtsbestimmung unter die Methoden auf, die sie für »besonders wünschenswert« erachteten.[47]

»Mit geschlechtsselektiver Abtreibung kann ich mich nicht einverstanden erklären«, schrieb Segal Jahre später in seinen Lebenserinnerungen. Und doch kehrte er, nachdem er die für eines der dunkelsten Kapitel in der finsteren Geschichte der indischen Bevölkerungskontrolle verantwortliche Technik in das Land eingeschleust hatte, in die USA zurück und drängte auf die Einführung dieser Technik auch in anderen Ländern. Nach seiner Präsentation in dem 1969er-Workshop wurde ein grober Konsens erreicht: Sobald eine zuverlässige Geschlechtsbestimmungstechnik für den Massenmarkt verfügbar gemacht werden kann, ist auch ein effektiver, unumstrittener und ethisch einwandfreier Weg zur Reduktion der Weltbevölkerung gefunden.

In der Bevölkerungskontrollbewegung teilte nicht jeder diese Ansicht. Einige Abweichler lehnten die Geschlechtsselektion als diskriminierend und potenziell gesellschaftsschädigend ab. Sie waren jedoch in der Minderzahl gegenüber Aktivisten, die für ein noch drastischeres Verfahren eintraten. Nach der im letztgenannten Lager herrschenden Meinung kam bei Geschlechtsselektion für die Bevölkerungsreduktion nicht genug heraus, und daher agitierte man für die Entwicklung eines Medikaments, das, von der Frau vor dem Sex eingenommen, die Gewähr dafür bot, dass ein bei dem Akt eventuell gezeugtes Kind männlichen Geschlechts sein würde. Die *man-child pill* (Bubenpille), wie sie von den Fans dieser Idee genannt wurde, wäre die perfekte Lösung: einfach, direkt, ohne die Notwendigkeit der Ergänzung durch Geschlechtsbestimmungstest oder Spätabtreibung. Sie wäre, wie einer ihrer Befürworter – mit der biblischen Bezeichnung der von Gott gesandten Speise des Volks Israel auf dessen Wanderung durch die Wüste – 1978 kalauernd in der *Washington Star* schrieb, »ein himmlisches Mann-ah!«.[48] Letzten Endes erwies sich die Agitation der Extremisten jedoch als übertrieben, denn auch mit der geschlechtsselektiven Abtreibung alleine entwickelte die Sache ihre verhängnisvolle Dynamik.

* * *

Nicht lange nach Ehrlichs in Serie erfolgten *Tonight Show*-Auftritten erwies eine Reihe von über den Globus verstreuten Geschehnissen seine fantasievollen Prognosen als falsch. Die als »Grüne Revolution« bekannt gewordenen Neuerungen auf dem Gebiet der Agrartechnik retteten Millionen vorm Verhungern.[49] Besonders Indien profitierte von den neuen Anbaumethoden, und wie sich zeigte, stand die Apokalypse keineswegs kurz bevor. Als Ehrlichs Untergangsszenarios durchaus nicht Wirklichkeit werden wollten, erlosch das Interesse der Fernsehanstalten an seinen Auftritten und er sank in die Anonymität der Gelehrtenexistenz zurück. Er behielt seine Professur in Stanford und beschäftigte sich wieder mit dem Studium der Lebensräume von Schmetterlingen. In den folgenden Jahren veröffentlichte er in Wissenschaftsjournalen Beiträge mit Titeln wie »Checkerspot Butterflies: A Historical Perspective« (Scheckenfalter in historischer Perspektive).[50] Auch trat er als Verfasser von Büchern über Vogelbeobachtung hervor.[51] Er sah seine Tochter erwachsen werden – er und seine Frau hielten sich selbst an den Rat, den sie anderen gegeben hatten, und ließen es bei einem

Kind bewenden –, wurde beizeiten Großvater und dann auch Urgroßvater.[52] Er schrieb weiterhin über Bevölkerungsfragen, nun allerdings für ein großenteils akademisches Publikum und unter Ausweitung des Betrachtungshorizonts auf Klimawandel, Ressourcenverwendung und andere Umweltthemen. Er drang darauf, dass auch der Name seiner Frau in der Verfasserzeile genannt wurde, und so erschienen ihre späteren Arbeiten zur Bevölkerungsproblematik unter beider Namen. Auch achtete er sorgfältig darauf, seinen Einsatz für rassische und ökonomische Gerechtigkeit zu unterstreichen. Nach Jahren im Rampenlicht ließ sich allerdings, was dabei herauskam, nur schwer rückgängig machen. Das Echo der Ideen, die er in seinem Bestseller von 1968 in die Welt posaunt hatte, wollte nicht verklingen.

Vier Jahrzehnte nach der Veröffentlichung von *The Population Bomb* reise ich nach Kalifornien, um mich mit Ehrlich zu treffen. An einem Freitag besteige ich den Zug von San Francisco Innenstadt nach Stanford und sehe draußen vor dem Fenster das Silicon Valley mit seinen vielversprechenden Start-up-Unternehmen und ihren 24-jährigen Millionären vorüberziehen. In der Nähe des Campus steige ich in einen Zubringerbus der Universität um, und während der Fahrer über den Campus kurvt, betrachte ich die in der Mittagssonne hell leuchtend grünen Rasenflächen draußen. Vor dem Haus der Ingenieurwissenschaften, das umringt ist von Studenten, die, an glänzenden Metalltischen sitzend, gebannt auf die Monitore ihrer Laptops starren, steige ich aus.

Ehrlich ist in dem Bau auf der anderen Straßenseite zu finden, im vierten Stock, wo der Fachbereich Biologie zu Hause ist; hier arbeitet er in einem kleinen Büro, gut gelaunt und gleichgültig gegenüber dem Durcheinander, das ihn umgibt. Das ist das Erste, was mir auffällt: Ein Hauch von verrücktem Professor durchzieht den Raum. Über einen Eckschreibtisch, einen großen Bibliothekstisch und die Bücherregale an den Wänden ist ein kurioses Sammelsurium von Dingen verstreut – ein Paar Krücken, zwei leere Dr-Pepper-Cola-Flaschen, ein Tonkrug mit der Aufschrift »Asche von Problemstudenten«. Unter dem Schreibtisch stehen mehrere Paare Schuhe. Eines davon sind königsblaue hohe Chuck-Taylor-Sneaker, eine gewagt jugendliche Wahl für einen Mann, den nur noch wenige Wochen von seinem 78. Geburtstag trennen. Überall liegen Bücher und Skripten herum, teils ordentlich gestapelt, teils achtlos auf einen Haufen geworfen.

»Lassen Sie mich nur erst mal hier Platz schaffen«, sagt Ehrlich und schiebt einen Stoß Blätter von der Computertastatur herunter an eine Schreibtischecke. Dort, wo der Stoß gelegen hat, ist jetzt, zwischen etliche Tasten gebettet, ein langer Zahnstocher aus Hartgummi zu sehen. Ehrlich nimmt ihn nicht wahr.

»Also dann.« Er lacht mich an und zeigt dabei seine Zähne. Abgesehen von einem Bauchansatz und gelichtetem Haar hat er sich seit seinen Auftritten in der *Tonight Show* äußerlich nicht groß verändert. Er trägt sogar noch den gleichen Typ Hochwasser meldende Hose wie damals, jetzt aber kombiniert mit einem farblich etwas gedeckteren Karohemd. »Was war es noch mal, weswegen Sie gekommen sind?«

Ich antworte einleitend, dass ich hier bin, um ihn für mein Buch zu interviewen. Es stellt sich jedoch heraus, dass er im Moment zufrieden damit ist, querbeet über die unterschiedlichsten Themen zu reden. Wie sein Büro, so sein Kopf: kurios, gerammelt voll von Wissen, ohne Scheu vor ungeordneten oder halb fertigen Gedanken. In den ersten Minuten unserer Unterhaltung ergeht er sich unter anderem in Betrachtungen über die Gefahren des genetischen Determinismus, die unter Amerikanern verbreitete Unkenntnis der Rawls'schen Ethik und die evolutionären Ursprünge der menschlichen sexuellen Reaktion. Auf diesem Rundgang durch sein Gedankenarchiv führt er mich mit bedächtiger, freundlicher Stimme, als wäre jedes neue Thema ein Geheimnis zwischen uns. Einmal unterbricht er sich mitten im Satz und fragt: »Zeichnen Sie dieses Geschwätz etwa auf?«

Schließlich legt Ehrlich eine Pause ein und ich lenke das Gespräch auf Bevölkerungsfragen zurück, indem ich das Thema anspreche, über das ich mir schon die ganze Zeit Gedanken gemacht habe, seitdem ich vor einigen Monaten *The Population Bomb* las: seine Befürwortung einer »einfachen Methode … die garantiert, dass Erstgeborene männlichen Geschlechts sind«. »Ich bin der Frage nachgegangen, wie die Geschlechtsbestimmungstechnik verbreitet wurde«, beginne ich, »und ich habe gesehen, dass Sie die Technik in *The Population Bomb* erwähnt haben.« Ich lehne mich in Erwartung einer defensiven Antwort zurück und rechne damit, jetzt vielleicht zu hören, dass er den Schaden, den Geschlechtsbestimmung in der Dritten Welt anrichtet, nicht voraussehen konnte. Vielleicht würde er auch zu seiner damaligen Position stehen und mir erklären, wieso Geschlechtsselektion für die Welt nach wie vor eine großartige Sache ist. Kurz, ich rechne mit allem, nur nicht mit dem, was dann tatsächlich geschieht, nämlich dass Ehrlich mich fragend ansieht. »Ach was?«, sagt er freundlich. »Interessant. Daran erinnere ich mich gar nicht.«

Er denkt schweigend nach. »Wenn ich das wirklich gesagt habe«, sagt er später, »dann wär's doch eine gute Idee, die Leute selbst entscheiden zu lassen, damit sie weniger Kinder haben können und das bekommen können, was sie wollen.« Es ist die gleiche Argumentation wie in *The Population Bomb*, aber es hört sich an, als wäre ihm der Gedanke gerade eben zum ersten Mal gekommen. Er schlägt wieder sein altes Redetempo an, und seine Stimme trieft jetzt von Verwunderung. »Nach unserer Kenntnis einschlägiger Fälle gibt es zweifellos Menschen, die immer wieder versuchen, einen Jungen zu zeugen. Könnte man denen gleich beim ersten Mal zu einem Jungen verhelfen, dann liegt doch auf der Hand, dass …«

Er redet weiter und weiter und führt jetzt seine alten Argumente weiter aus. In manchen Fällen sei Geschlechtsselektion besser als das Schicksal, das ein weibliches Wesen nach der Geburt erwarte, meint er: »Sie können während der Schwangerschaft abgetrieben werden, sie können bei der Geburt sterben oder sie können in die Sklaverei verkauft werden und in irgendeinem Slum umkommen.« Indem sie die Geburt von Mädchen verhindere, bewahre die geschlechtsselektive Abtreibung diese Wesen womöglich vor einem schrecklich harten Leben. »Es wäre interessant zu erfahren, wie vielen Mädchen grauenhafte Lebensumstände erspart bleiben – wie vielen von denen, die nicht abgetrieben oder nach der Geburt getötet, aber dennoch nicht geschätzt werden.« Das sollte ich mal recherchieren.

Doch selbst wenn es anginge, eine Menschengruppe zu ihrem eigenen Besten zu dezimieren, bleibt da noch immer die Tatsache, dass sich für die Frauen, die in diese Welt geboren werden – eine Minderheit in einer patriarchalischen Gesellschaft –, die Lebensbedingungen verschlechtert haben. Ich weise meinen Interviewpartner darauf hin, dass in Asien sexuelle Ausbeutung und Heiratshandel Aufstiegsbranchen sind, dass man, indem man den Menschen die Möglichkeit eröffnete, die männlichen Nachkommen zu haben, die sie wollten, zwar die Selbstbestimmtheit von Mitgliedern der Mittel- und Oberklasse erweiterte, die aller anderen aber einschränkte, zumal die der Frauen auf den untersten Sprossen der sozialen Leiter. Ehrlich widerspricht nicht. Er fügt sogar meiner Liste von Problemen ein weiteres hinzu: »Bald werden wir in China eine gewaltige Menge von notgeilen jungen Männern haben«, prophezeit er. Aber fast noch im selben Atemzug tut er dann diese Probleme als bloße Nebenwirkungen ab. »Im Prinzip hat man es da mit nichts anderem zu tun als mit dem klassischen Problem der unbeabsichtigten Folgen«, sagt er. »In meiner Laufbahn hab ich es mehrfach erlebt, dass Dinge, von denen ich es mir nie hatte vorstellen können, sich als enorm wichtige Faktoren erwiesen haben.«

Während ich zusah, wie Ehrlich bei der Verteidigung einer Idee, die er angeblich vergessen hat, sprunghaft die Themen wechselte, fragte ich mich, ob er nicht vielleicht bloß ein Träumer war – der Typ Mensch, der sich in Ideen verliebt, ohne sich groß um ihre Konsequenzen in der realen Welt zu kümmern. Aber jetzt sehe ich, dass es mehr als nur das ist. Von »unbeabsichtigten Folgen« zu sprechen ist eine gedrechselte Art zu sagen, dass der Zweck die Mittel heiligt. Ehrlich ist nicht nur ein Träumer. Er ist auch ein Utilitarist – einer, der mit dem großen Ganzen vor Augen bereit ist, Einzelne für den höheren Zweck geopfert zu sehen.

Heute denke er über vieles anders, sagt Ehrlich. »Hören Sie«, setzt er an, als ich nochmals auf sein berühmtestes Werk zu sprechen komme, »wenn ich *The Population Bomb* noch einmal zu schreiben hätte, würde das ein ganz anderes Buch werden.« In einem vor Kurzem anlässlich des vierzigsten Jahrestags der Erstveröffentlichung publizierten Essay bedauerte er den reißerischen Titel des Buches und die Untergangsszenarien, die er darin ausgemalt hatte.[53] Neuerdings bekennt er sich zu der Überzeugung, dass ein effektiver Weg zur Senkung der Geburtenraten darin besteht, Arbeits- und Ausbildungsmöglichkeiten für Frauen zu schaffen. Konservative scheinen von seinem Sinneswandel keine Notiz genommen zu haben. Seit Kurzem wird Ehrlich aus dem rechten Lager unter Beschuss genommen; seine Kritiker haben ein Buch ausgegraben, das er 1977 gemeinsam mit seiner Frau Anne und dem Physiker John Holdren – der inzwischen zu Präsident Obamas Berater für Naturwissenschaft und Technik avanciert ist – verfasst hat.[54] Darin evaluieren die drei Wissenschaftler einen unter Befürwortern der Bevölkerungskontrolle seit Jahrzehnten kursierenden Problemlösungsvorschlag: den Zusatz eines sterilisierenden Wirkstoffs zum Trinkwasser, der die Verbraucher bis zur – auf Antrag amtlich bewilligten – Reversion fortpflanzungsunfähig machen würde. Das Autorentrio verwarf den Vorschlag als impraktikabel, und laut Ehrlich haben seine Kritiker die Passagen aus dem Buch, auf die sie ihre Vorwürfe gründen, aus dem Zusammenhang gerissen. Auf seiner Voice-Mailbox haben mehrere Anrufer Drohungen hinterlassen.

Aber noch während Ehrlich mir jetzt diesen Wirbel schildert, verteidigt er zugleich die Grundidee hinter der reversiblen Massensterilisation. Deren Reiz liege darin, dass sie eine Welt schaffen würde, in der Paare auf eine Schwangerschaft – und nicht wie jetzt auf Schwangerschaftsverhinderung – gezielt hinarbeiten müssten. Nach seiner Vermutung ist die Idee umstritten, weil es den Menschen widerstrebt, die Kontrolle über ihre Fortpflanzungsorgane an den Staat abzutreten, aber wenn es gelänge, dieses Widerstreben irgendwie zu überwinden, meint er, könnte die Massensterilisation – technische Machbarkeit vorausgesetzt – uns einige hartnäckige Übelstände auf der Welt beheben helfen. »Könnte ich jetzt einen Zauberstab schwingen und sagen, von heute an läuft die Sache so, dass jeder, der ein Kind will, X tun muss, und das klappt hundertprozentig, dann wären eine Menge lästigster Probleme gelöst. Jedes Kind wäre ein Wunschkind, und im Prinzip gäbe es keine Abtreibungen mehr.« Und dann wird mir klar, dass mein Besuch Ehrlich an das Potenzial erinnert hat, das die Geschlechtsselektion als Instrument der Bevölkerungskontrolle birgt. Denn offensichtlich erst in diesem Augenblick ist ihm der Gedanke gekommen, dass ja die Massensterilisation zur zusätzlichen Nutzung der verbreiteten Bevorzugung von Jungen eingerichtet werden könnte, sodass Paare, wenn sie das Antidot für die Chemosterilantien in ihren Körpern beantragen, gleich auch das Geschlecht ihres Babys wählen könnten. Er fährt fort: »Was, wenn das« – die weltweite Einführung der reversiblen Sterilisation – »und gleichzeitig auch die Festlegung des Geschlechts möglich wäre?«

ACHTES KAPITEL

Der Genetiker

Letzen Endes haben wir diesen Job gemacht, weil sich die Notwendigkeit aus der Natur der Sache ergab. Als Wissenschaftler kann man so etwas nicht aufhalten.

J. Robert Oppenheimer[1]

Paul Ehrlich war nicht die wissenschaftliche Speerspitze in Sachen Geschlechtsbestimmung – er wechselte bald in die Politik und erwartete nun von der Wissenschaft, dass sie die Mittel bereitstelle, mit denen Probleme von weltweiter Bedeutung in den Griff zu bekommen wären. Eine große Rolle spielte Ehrlich als Propagator von Ideen, und als solcher hat er, neben Aktivisten der International Planned Parenthood Federation und des Population Council, viel dafür getan, die Geschlechtsbestimmungstechnik in der Dritten Welt einzuführen. Als er seine öffentliche Arbeit aufnahm, war die Technik selbst schon weit entwickelt worden, und zwar von einer kleinen Schar von Medizinern, die während der letzten Jahrzehnte in ihren Labors, abgeschottet gegen Debatten über Bevölkerungsprobleme und von anderen Motiven angetrieben, still ihrer Forschungsarbeit nachgegangen waren. Die Ambitionen dieser Wissenschaftler bewegten sich in engem Rahmen. Sie zielten nicht auf Weltveränderung, die Hoffnungen gingen allenfalls dahin, einigen Menschen Hilfe bringen zu können. Aber die Geschichte des Ungleichgewichts im Zahlenverhältnis der Geschlechter ist auch die Geschichte dieser Forschung.

Die Vorarbeit für die Geschlechtsbestimmung wurde in den 1940er Jahren geleistet. Damals wussten Wissenschaftler schon, dass Menschen 46 Chromosomen haben – 23 von der Mutter und 23 vom Vater – und dass zwei davon das Geschlecht bestimmen. Die Geschlechtschromosomen hatte man X und Y benannt, und man wusste, dass das Vorhandensein beider Chromosomentypen – X und Y – die Voraussetzung für die männliche Geschlechtsausprägung ist und das Vorhandensein zweier X-Chromosomen die weibliche Geschlechtsausprägung bedingt. Von diesem Wissensstand aus sollte man in schrittweisem, aber stetigem Fortschritt zur Identifikation des Geschlechts bei Tieren, bei erwachsenen Menschen und schließlich beim menschlichen Fetus gelangen. Zunächst stand man allerdings noch dem Problem auf der Zellebene gegenüber, dass die Geschlechtschromosomen sich der Beobachtung hartnäckig entzogen. Mit den verfügbaren Methoden konnten Wissenschaftler Geschlechtschromosomen nur während der Zellteilung erkennen, was es mit sich brachte, dass man den kompletten Reproduktionszyklus einer Zelle – eines Vorgangs, der schon mal einen ganzen Tag in Anspruch nehmen konnte – am Mikroskop abpassen musste. Selbst dann konnte es dem Forscher passieren, dass er die Chromosomen nicht zu sehen bekam; die seinerzeit allein verfügbaren niedrig auflösenden Instrumente verwischten feinere Zellmerkmale. Dann spähte eines Tages im Jahr 1949 ein Genetiker der Königlich-Kanadischen Luftwaffe durch sein Mikroskop auf Zellen einer Katze.[2]

Was er dabei wahrnahm, war ein winziges, bis dahin nie bemerktes Körperchen im Zellkern. Eine schnelle Überprüfung von Zellen, die von anderen Katzen stammten, führte zu der Erkenntnis, dass dieses Körperchen nur bei weiblichen Katzen anzutreffen war, bei Katern fand sich keine Spur davon. Rasch begriff Murray L. Barr – so der Name des Genetikers –, dass die neue Substanz eine Patentlösung für das Problem mit den Geschlechtschromosomen sein könnte. Wie die Geschlechtschromosomen zeigte das Körperchen im Zellkern das Geschlecht des Organismus an. Doch anders als die Chromosomen war es leicht zu identifizieren und auch dann zu sehen, wenn die Zelle nicht in Teilung begriffen war. Barr war hocherfreut. Begeistert schrieb er in dem Wissenschaftsjournal *Nature*, dass dank dem neuen Körperchen das Geschlecht »mit Laborgerät festgestellt werden kann, das nichts Komplizierteres zu sein braucht als ein Verbundmikroskop«.[3] Vier Jahre später konnte er nachweisen, dass sich das Geschlechts-Chromatin – oder Barr-Körperchen, wie die Substanz dann genannt wurde – beim Menschen genauso verhält wie bei der Katze.[4] Die Entdeckung brachte ihm eine Nominierung für den Nobelpreis ein.[5]

In der Folgezeit erwies sich das Barr-Körperchen als nützlich in Fällen, in denen das Geschlecht eines erwachsenen Menschen ungewiss war. Beispielsweise machte die mikroskopische Substanz im Jahr 1968 Schlagzeilen nach den Olympischen Spielen in Mexiko, bei der verdächtig maskuline Sowjet-Athletinnen in den weiblichen Disziplinen Goldmedaillen abgeräumt hatten. Bei den 1968er-Spielen begann das Internationale Olympische Komitee mit der Praxis, Athletinnen per Zellanalyse auf das Vorhandensein von Geschlechts-Chromatin zu testen, und eröffnete damit eine Ära lebhaft umstrittener Geschlechtsüberprüfung beim Sport. (Der Geschlechts-Chromatin-Test war auf jeden Fall besser als die Prüfmethode, an deren Stelle er trat: Bei der mussten die Athletinnen sich nackt einem Ärztinnengremium zur Abtastung der Körper inklusive der Genitalien präsentieren.)[6]

Indes erwies sich das Barr-Körperchen noch in anderer Beziehung als zweckdienlich. Wissenschaftler erkannten, dass es dabei mitwirken kann, Menschen mit einem geschlechtsgebundenen Leiden zu gesundem Nachwuchs zu verhelfen. Die Bluterkrankheit (Hämophilie) zum Beispiel liegt auf einem X-Chromosom, tritt aber nur bei Männern auf. Mütter vererben das Leiden an Söhne wie an Töchter, in aller Regel jedoch erkranken nur Söhne. (Damit eine Tochter erkrankt, müsste sie das defekte Chromosom von beiden Eltern erben, nicht nur von der Mutter – ein überaus unwahrscheinlicher Fall.) Weiß eine Schwangere, dass sie Überträgerin ist, und kann ihr Arzt irgendwie das Geschlecht des Fetus bestimmen – so der Gedankengang der Wissenschaftler –, könnte die Schwangere sich für eine Abtreibung entscheiden und es so vermeiden, einen bluterkranken Jungen zur Welt zu bringen.

Es herrschte ein Bedürfnis nach einem solchen Procedere. Die Fortschritte auf dem Gebiet der Gentest-Technik brachten es mit sich, dass die Menschen um die Mitte des 20. Jahrhunderts besser denn je zuvor über die ihrem – jetzt als DNA bezeichneten – Erbgut eingeschriebenen Funktionsstörungen

Bescheid wussten.* Praktisch über Nacht war eine boomende Ratgeber-Industrie in Sachen Genetik entstanden, die künftigen Eltern Aufklärung darüber versprach, was sie mit diesem Wissen anfangen könnten; weil jedoch die Wissenschaft diesen Eltern noch nicht die Entscheidung darüber in die Hand gegeben hatte, welches Erbgut sie weitergeben würden, endeten alle diese Ratgeber in einer Sackgasse.[7] Allenfalls konnten sie Personen mit einer nicht geschlechtsgebundenen Erbkrankheit Kriterien für die Partnerwahl nennen – ein überflüssiger Rat für Menschen, die schon verheiratet waren, aber immerhin besser als nichts.[8] Für eine Frau mit einer geschlechtsgebundenen Krankheit indessen, die mit jedem Partner das Risiko lief, ihr Leiden zu vererben, konnte ein Ratgeber nicht mehr tun, als die Wirkung des Schlags zu lindern, den das Ergebnis des Gentests ihr versetzt haben dürfte. Diese Frau wusste nun zwar Bescheid, konnte aber ihr Wissen nicht praktisch umsetzen. In früheren Zeiten hatten solche Frauen wenigstens keine Kenntnis von der in ihr Erbgut einprogrammierten Funktionsstörung und konnten gleich allen anderen fröhlich heiraten und Kinder haben, ohne sich Sorgen darüber zu machen, was sie womöglich an die Kinder weitergaben. Dann kam in der Genetik ein Durchbruch nach dem andern, und alle zusammen erschwerten sie die Entscheidungen in puncto Heiraten und Kinderkriegen.

Eine Hoffnung gab es freilich. Wenn die Wissenschaft eine Möglichkeit fände, zu bestimmen, ob ein Fetus männlichen oder weiblichen Geschlechts war, würde sie damit diese Frauen vor den zermürbenden Kosten medizinischer Behandlung, bangen Nächten und Leid bewahren – und den Beratern in genetischen Fragen neuen Kredit verschaffen. Und so gaben neue Erkenntnisse über die DNA der Forschung zu fetalen Tests neue Impulse: Jede Entdeckung verlangte nach einer weiteren. Nun hatte aber Murray Barr Geschlechts-Chromatine beim Menschen nur für Erwachsene nachgewiesen. Um den Wunsch von Krankheitsüberträgerinnen nach gesunden Kindern unterstüt-

* Die DNA war ein Faszinosum, um dessen Verständnis die Wissenschaft sich mühte. Ihre Doppelhelix-Struktur wurde 1953 entdeckt, im selben Jahr, in dem Barr das menschliche Geschlechts-Chromatin identifizierte.

zen zu können, musste die Wissenschaft das Barr-Körperchen auch erfolgreich in fetalen Zellen identifizieren. Nachdem Barrs Bericht in *Nature* erschienen war, nahmen auf mehreren Kontinenten Forschungsmediziner-Teams die Aufgabe in Angriff.

Das zur Identifikation des fetalen Geschlechts-Chromatins erforderliche Instrumentarium war bereits vorhanden; es ging nur noch darum, es mit der nötigen Präzision anzuwenden. Als Erstes musste man fetale Zellen gewinnen. Dazu bediente man sich des gleichen Verfahrens wie bei der Fruchtwasseruntersuchung, die damals im dritten Trimenon bei Frauen mit bestimmten Schwangerschaftskomplikationen angewandt wurde. Die mittels Punktion des Fruchtwassersacks entnommenen fetalen Zellen wurden unter dem Mikroskop daraufhin inspiziert, ob in ihnen Geschlechts-Chromatine ebenso klar und deutlich in Erscheinung traten wie in Erwachsenenzellen. Das taten diese. Wie in der Technikgeschichte bei so vielen anderen wichtigen Erfindungen der Fall, wurde die fetale Geschlechtsbestimmung in jeweils unabhängigen Labors und dennoch fast gleichzeitig an verschiedenen Orten rund um den Globus entwickelt, wobei vier Forscherteams 1955 jeweils nur Monate voneinander getrennt die Ziellinie passierten. Diese vier – in Minneapolis, Kopenhagen, New York und Haifa – teilen sich heute die Ehre, die Pionierarbeit für die Geschlechtsbestimmung am menschlichen Fetus geleistet zu haben.[9]

Eines der vier Teams unter der Leitung der dänischen Ärzte Povl Riis und Fritz Fuchs führte eine Studie an potenziellen Überträgerinnen geschlechtsgebundener Krankheiten durch. Weil sie wussten, dass die Frauen die Information nützlich finden könnten, teilten die beiden jeder Probandin nach der Untersuchung der ihrem Uterus entnommenen fetalen Zellen das Ergebnis mit. Riis und Fuchs scheinen keine Kenntnis davon gehabt zu haben, dass anderswo auf der Welt Anthropologen den Zusammenhang zwischen dem Geschlecht des Nachwuchses und der Geburtenrate dokumentierten, und dementsprechend hatte es zu dem Entschluss, gegenüber den Probandinnen offen zu sein, keiner langen Überlegung bedurft. Welcher Arzt würde nicht einer Frau, die mit dem Risiko belastet ist, die Bluterkrankheit an ihre Kinder weiterzugeben, vermeiden helfen, dass dies geschieht? Doch genau damit machte das dänische Tandem zum allerersten Mal Geschlechtsselektion möglich. Die Probandinnen, die erfuhren, dass sie einen Jungen erwarteten, entschieden sich für die Abtreibung. Die ersten geschlechtsselektiven Abtreibungen diskriminierten das männliche Geschlecht.

In dem medizinischen Fachjournal *The Lancet* spekulierten Riis und Fuchs über mögliche Nutzungsweisen ihrer Entdeckung. Anders als in der Folgezeit das Gros der Wissenschaftler erwogen sie den ethischen Aspekt der Geschlechtsselektion und meinten, Ärzte sollten sich hüten, fetale Geschlechtsbestimmungen lediglich zu dem Zweck vorzunehmen, »die Neugier der Eltern zu befriedigen«.[10] Allerdings glaubten sie nicht, dass es viele Eltern gab, die wirklich neugierig waren. Von Kopenhagener Patienten seien sie nicht ein einziges Mal um Geschlechtsselektion ersucht worden, hoben die beiden dänischen Mediziner hervor. Weil aber »eugenische therapeutische Aborte« – wie selektive Abtreibungen damals genannt wurden – nur in Skandinavien legal waren, vermochten Riis und Fuchs schlechterdings nicht abzuschätzen, auf welches Interesse die Technik möglicherweise in anderen Weltteilen stoßen würde.[11] Andererseits war aber auch das Verfahren in seinem damaligen Frühstadium kein Kinderspiel. In der zweiten Hälfte der 1950er Jahre war eine Fruchtwasseruntersuchung erst nach Beginn des dritten Trimenons möglich, sodass eine geschlechtsselektive Abtreibung nur an einem bereits lebensfähigen oder der Lebensfähigkeit nahen Fetus vorgenommen werden konnte. Da leuchtet es ein, dass nur eine äußerst geringe Nachfrage nach der Prozedur bestand. Riis und Fuchs sahen jedoch nicht voraus, wie schnell sich das ändern sollte.

* * *

Wurde die Fruchtwasseruntersuchung, bevor sie mithalf, die Geburt von Jungen zu garantieren, für die Selektion auf Mädchen eingesetzt, so ist der Werdegang der Ultraschalluntersuchung noch verwunderlicher. Die »Sonar«-Technik, die letzten Endes rund um den Globus zur vorherrschenden Methode der Geschlechtsselektion wurde, begann ihre Laufbahn als Navigationshilfe. Deren Anfänge datieren in das Jahr 1794, in dem ein italienischer Biologe, den die Frage beschäftigte, wie sich Fledermäuse im Dunkeln zurechtfinden, deren System der Echoortung mittels Ultraschallwellen entdeckte.[12] Nachdem über hundert Jahre später die Verschärfung des deutschen U-Boot-Einsatzes im Ersten Weltkrieg die Alliierten zu der Erkenntnis gebracht hatte, dass sie, um den Krieg zu gewinnen, eine hoch entwickelte Technik der Unterwassernavigation benötigten, gingen Wissenschaftler daran, das Ultraschallortungsprinzip für diesen Zweck nutzbar zu machen. Die amerikanische, britische und französische Regierung finanzierten gemeinsam die einschlägigen Forschungen. Der Erfolg blieb nicht aus, und 1918 waren die Alliierten dann in der Lage, mit akustischen Ortungssystemen die Position deutscher U-Boote exakt zu bestimmen.[13]

Nach dem Krieg kamen Mediziner auf den Gedanken, dass die Ultraschalltechnik möglicherweise auch auf ihrem Betätigungsfeld Anwendung finden könnte. Medizinisch genutzt wurde sie zuerst in der Chirurgie, nachdem sich herausgestellt hatte, dass Schallwellen Gewebe erwärmen und auch zerstören konnten, wodurch sie bei unterschiedlichen Therapien von der Krebsbehandlung bis zur Kraniotomie von Nutzen waren. 1949 dann ortete ein Chemiker am Naval Medical Research Institute in Bethesda, Maryland, mithilfe von Ultraschall Steine in den Gallenblasen von Hunden, und damit war die Technik auch zum diagnostischen Hilfsmittel geworden.[14] Wie die U-Boote des Ersten Weltkriegs im dunklen Wasser navigiert hatten, begannen jetzt Ärzte, im menschlichen Körper zu navigieren und Ultraschallwellen auf innere Organe zu projizieren und sie von ihnen reflektieren zu lassen. Ultraschall erwies sich als überraschend vielseitig. Er konnte Zähne reinigen, bei der Zystenbehandlung helfen und Nierensteine zertrümmern. Mag sein, dass es eine Anwendungsweise solcher Art war, in welcher der schottische Gynäkologe Ian Donald sich der neuen Technik bediente, als er 1959 damit eine Frau behandelte, die zufällig schwanger war, und dabei bemerkte, dass auch das ungeborene Kind die Schallwellen reflektierte.[15]

Wegen des mit ihr verbundenen Risikos der Schädigung des Fetus verbot sich die Röntgenuntersuchung schwangerer Frauen, aber Donalds Entdeckung eröffnete Gynäkologen die Aussicht auf ein alternatives System vorgeburtlicher bildgebender Diagnostik und machte ihnen so Hoffnung, hochriskante Schwangerschaften doch noch genauer überwachen zu können. Wie zuvor im Fall der Fruchtwasseruntersuchung entsprang auch hierbei der medizinische Fortschritt dem Dienst an einer kleinen Patientengruppe.

Die ersten fetalen Ultraschalluntersuchungen dienten wiederholten Grobvermessungen des Schädels des Ungeborenen, anhand von deren Ergebnissen der Arzt das Wachstum des Fetus verfolgen konnte. Verwendet wurden dabei wahre Ungetüme von Apparaten, die sich über der behandelten Schwangeren emportürmten. Eines der ersten Ultraschallgeräte, der *articulated arm scanner* (Gelenkarm-Scanner), sah aus wie eine riesige Variante jener Spielzeugkräne, mit denen Kirmesbesucher für harte Münze ihr Glück beim Angeln eines Stofftiers versuchen können.[16] Der *articulated arm scanner* lieferte ein verschwommenes Bild, auf dem der untersuchende Arzt weder Finger noch Zehen, geschweige denn einen winzigen Penis oder eine winzige Vulva erkennen konnte.

Aber es fiel nicht groß ins Gewicht, dass die frühesten Ultraschallgeräte unscharfe Bilder produzierten oder sich nur bei einem geringen Prozentsatz aller Schwangerschaften als nützliche Helfer erwiesen. Im öffentlichen Diskurs der 1960er Jahre wurde die Technik als zukunftsweisend gehandelt. Um die Zeit, als Schwangerschaft in der westlichen Hemisphäre zum Resultat eines freien Entschlusses wurde und es beim Kinderkriegen allmählich um mehr ging als um die Beschaffung von Arbeitskräften für den bäuerlichen Betrieb, begannen die Menschen, nach Mitteln und Wegen zur vorgeburtlichen Bindung mit ihren Babys zu suchen. Ein Bild, an das sich elterliche Hoffnungen knüpfen konnten, erleichterte dieses Bestreben ungemein, und deshalb war es ein enormer Durchbruch, dass auf einmal eine – sei's auch nebelhafte – Voransicht des im Mutterleib heranwachsenden Babys zur Verfügung stand. In einer Zeit der Technikgläubigkeit aufgekommen, in der die Amerikaner sich gleichermaßen für den Weltraum wie für Küchengeräte begeisterten, einer Zeit, die manche als Ära der biologischen Revolution bezeichneten, schlug die Ultraschalltechnik die allgemeine Fantasie in ihren Bann.[17]

Die hochauflösenden Geräte mit der Fähigkeit, das Geschlecht und weitere subtilere Merkmale des Fetus sichtbar zu machen, lagen noch in weiter zeitlicher Ferne, aber die Presse war bereits Feuer und Flamme für die Idee, dass vor der Geburt erzeugte Bilder von Babys uns vielleicht helfen könnten, den geheimnisvollen Geburtsvorgang zu steuern. In der ausführlichen Berichterstattung, mit der man die neue Technik empfing, wurde ein weitgehendes Manipulieren des Reproduktionsprozesses vorausgesagt – das die Zeitungsherausgeber für eine tolle Sache hielten. Hinzu kamen vollmundige Schlagzeilen: »Ultraschallgeräte beenden das Ratespiel um die Schwangerschaft«, »Bescheidwissen: Schlüssel zur glücklichen Geburt«, »Noch nie da gewesener Blick in den Mutterleib«. Für einen Artikelschreiber war die Ultraschalltechnik »Der elektronische Doktor«.[18] Die Schlagzeile auf dem Titelblatt der Illustrierten *Life* vom 10. September 1965 – neben dem Foto von einem mächtigen Ultraschallgerät platziert, dessen schwerer Ausleger die untersuchte Mutter fast verdeckte – lautete: »Herrschaft über das Leben: Kühne Experimente versprechen um Jahrzehnte verlängerte Lebenszeiten, an Geist und Körper optimierte Superbabys und sogar eine Art Unsterblichkeit«.[19]

Die öffentliche Begeisterung stieß allerdings auch auf Kritik; anders als die anderen Techniken, die später einmal in der Dritten Welt für das Verschwinden von Mädchen sorgen sollten, löste die Ultraschalltechnik massive ethische Bedenken aus. Manche Kritiker befürchteten ein Übermaß an Machtzuwachs für Wissenschaftler. Für das Frauenrecht auf Abtreibung kämpfende Feministinnen sorgten sich – nicht ohne Grund –, weil das Ultraschallgerät den Fetus vermenschlichte. Die Sorgen anderer gingen dahin, dass Herrschaftsapparate, die auf biopolitische Manipulation der Bevölkerung aus waren, die mit Bezug auf den Reproduktionsprozess entwickelten neuen Techniken für ihre Zwecke ausnutzen könnten: Hatten denn nicht schon die Nazis im Rahmen ihres »rassehygienischen« Programms

Frischvermählte auf Erbkrankheiten untersuchen lassen? Was würde geschehen, wenn das für die Schaffung von »Superbabys« nötige Know-how in die Hände eines üblen Diktators geriete?[20] Dumm nur, dass keiner dieser kritischen Geister mit seinen Bedenken dem, was sich später als das schlimmste Gefährdungspotenzial der Ultraschalltechnik herausstellte, auch nur nahe kam. Rückblickend betrachtet sorgten sich in den 1960er Jahren Amerikaner über alles Mögliche, nur nicht über die Eventualität, dass durchschnittliche Eltern, ermutigt durch das neue Wissen, das ihnen die Technik bescherte, eine unbedeutende, scheinbar harmlose Entscheidung treffen könnten – und dass sich diese Entscheidungen in ihrer Gesamtheit zu einem Desaster summieren würden.

* * *

Inmitten der Begeisterung über neue Geschlechtsbestimmungstechniken erhob sich einsam eine kritische Stimme. Sie gehörte Amitai Etzioni, einem Professor der Soziologie an der Columbia University, der, 1929 in Köln geboren, mit seinen jüdischen Eltern frühzeitig aus Nazi-Deutschland geflüchtet war. In einem 1968 in *Science* veröffentlichten Artikel überlegte Etzioni, welche Auswirkungen es haben würde, wenn die Möglichkeit der vorgeburtlichen Geschlechtswahl allgemein verfügbar wäre; dabei ging er von der Prämisse aus, dass Jungen gegenüber Mädchen bevorzugt würden und dass ein ungleichgewichtiges Geschlechterverhältnis in der Gesellschaft ein Übelstand wäre. »Wir haben eine Menge Erfahrungswissen und einiges Datenmaterial über Gesellschaften, in denen das Geschlechterverhältnis durch Krieg oder Einwanderung aus dem Gleichgewicht gebracht wurde«, schrieb er. »Ein wesentlicher und kumulativer Männerüberschuss wird … eine Gesellschaft hervorbringen, die manche der rauen Züge einer Stadt an der ›Frontier‹ [Grenze zum Indianergebiet während der Besiedlung des nordamerikanischen Westens] zeigen«, einschließlich »verringerter Zahl von Vermittlern sittlicher Erziehung und vermehrter Zahl von Kriminellen«. Es sind nicht nur die Frauen, die in einer ungleichgewichtigen Welt zu leiden haben: Mehr

Männer, das bedeutet auch unglückliche Männer, prophezeite Etzioni in Vorahnung des »Kummers der zur Ehelosigkeit verurteilten männlichen Heiratswilligen«. Und fuhr fort: »Wir müssen uns fragen: Sind die Kosten es wert? Apokalyptische Gefahren sind es zwar nicht, die da drohen, aber werden sie durch den erhofften Gewinn wettgemacht?«[21]

Für Etzioni, dessen Interesse für das Thema sich dem Umstand verdankte, dass er bereits mehrere Söhne hatte und sich eine Tochter wünschte, ging es um Prinzipielleres.[22] In den 1960er Jahren gelangte die Wissenschaft zu einer vormals nicht gekannten Anerkennung der Rechte ihrer »menschlichen Versuchskaninchen« (wie Etzioni sie nannte). Wissenschaftler achteten nun strikt darauf, Experimente nur mit solchen Versuchspersonen durchzuführen, von denen sie nach vorangegangener Aufklärung eine Einwilligungserklärung eingeholt hatten, und auch darauf, dass die fragliche Forschung diese Probanden in keiner Weise schädigte. Doch in Bezug auf Technikfolgen für die Gesellschaft im Ganzen legten Wissenschaftler eine ganz andere Haltung an den Tag, schrieb Etzioni:

> »Seit der Erfindung der Dampfmaschine geht die westliche Zivilisation von der Voraussetzung aus, dass die Gesellschaft sich neuen Techniken anpassen muss. Das vor allem ist gemeint, wenn wir von einer industriellen Revolution sprechen: Wir denken an die Umwandlung einer Gesellschaft und nicht lediglich an die Einführung einer neuen Technik in eine Gesellschaft, welche weiterhin an ihren bisherigen Werten und Institutionen festhält.«[23]

Überdies werde es mit zunehmender Beschleunigung des technischen Wandels für Wissenschaftler – ebenso wie für die staatlichen Stellen und die Unternehmen, von denen sie den größten Teil ihrer Forschungsgelder erhielten – Zeit, einzusehen, dass Forschung kein Selbstzweck sei. »Die Wissenschaftlergemeinde kann nicht von der Pflicht entbunden werden, nach den Auswirkungen ihrer Bestrebungen auf die Gemeinschaft zu fragen«, so Etzioni weiter. Forschung mit dem Ziel einer Krebstherapie sei wichtiger als das Bemühen um den Nachweis biologischer oder geistiger Rassenunterschiede. Und Forschung zur vorgeburtlichen Geschlechtswahl sei letztlich die Kosten nicht wert, die sie der Gesellschaft aufbürde.

Etzionis *Science*-Artikel erschien zu einem wichtigen Zeitpunkt im Entwicklungsgang der Geschlechtsbestimmungstechniken. Die Auswirkungen der ersten Entdeckungen wären schwerlich zu verhindern gewesen. Denn geschlechtsselektive Abtreibung wurde nahezu gleichzeitig von über den ganzen Globus verstreuten Wissenschaftlerteams eingeführt – von Wissenschaftlern zudem, denen es um Krankheitsverhinderung ging und nicht darum, prospektiven Eltern die Möglichkeit zu geben, über das Geschlecht ihres Kindes frei zu entscheiden. Im Jahr 1968 war die Wissenschaft jedoch an einem Scheideweg angelangt. Die Geschlechtsselektionsmethoden waren noch nicht reif für die Anwendung auf breiter Basis, und Bevölkerungskontrollaktivisten mit Verbindungen zum National Institute of Child Health and Human Development drängten auf weitere Finanzierung – mit einem Ziel, das mit Krankheitsverhinderung nichts zu tun hatte. Die Arbeit der Forscher einerseits und die der Sozialwissenschaftler, die nichts weniger als ein demografisches Ummodeln der Dritten Welt nach ihrem eigenen Gutdünken anstrebten, andererseits, liefen nunmehr auf einen gemeinsamen Schnittpunkt zu. Die US-Regierung konnte die Forschung entweder weiter finanzieren oder ihr die kalte Schulter zeigen.

Etzionis Artikel wirbelte zwar etwas Staub auf, war aber letzten Endes nichts als ein einsamer Schrei in der Wüste. Die Bevölkerungskontrollaktivisten vom Schlage eines Sheldon Segal bekamen in Sachen Geschlechtsbestimmung ihren Willen, und die »biologische Revolution« ging weiter. Etzioni änderte letztlich seine Meinung und vertrat in Bezug auf Geschlechtsselektion eine erstaunlich freisinnige Position.* In den späten 1960er

* Der heute 83-jährige Etzioni ist Direktor des Institute for Communitarian Policy Studies an der George Washington University. Als ich ihn anrufe, um ihn zu seinen Einwänden gegen die Forschung zur vorgeburtlichen Geschlechtswahl zu befragen, sagt er, er habe sich etwas eingehender

und den frühen 1970er Jahren nahmen in den USA die Ausgaben für Gesundheitsforschung und -entwicklung jährlich um durchschnittlich zehn Prozent zu. Ein beträchtlicher Teil dieses Geldes floss in die Genforschung, die schneller fortschritt als jeder andere Forschungszweig.[24] Die Suche nach Mitteln und Wegen zur verbesserten Geschlechtsbestimmung wurde mit dem neuen Ziel fortgesetzt, Informationen über den Fetus nicht erst ab dem dritten, sondern bereits im zweiten Trimenon zu gewinnen. Von 1970 bis 1974 erhöhte das National Institute of General Medical Services (eine Abteilung der National Institutes of Health) seine Subvention der Forschung zur Fruchtwasseruntersuchung um nahezu hundert Prozent.[25]

Einige Forscher wandten sich der Chorionzottenbiopsie (abgekürzt CVS, nach der englischen Bezeichnung *chorionic villi sampling*) zu, einer Prozedur, die darin besteht, dass dem Chorion – der äußeren Schicht der Fruchthülle um den Fetus – eine Gewebeprobe entnommen und einer Biopsie unterzogen wird. Die Zotten – mikroskopische Ausstülpungen auf der Außenseite des Chorions – sind mit einer dünnen Lage fetaler Zellen überzogen. Nach Isolierung dieser Zellen konnten die Forscher sie nach der im Anschluss an Murray Barrs Vorarbeit 1955 entwickelten Methode auf Geschlechts-Chromatine testen – und diesen Test früher als eine Fruchtwasseruntersuchung durchführen. Wieder wurde ein Großteil der Pionierarbeit zur CVS aufgrund der liberalen dänischen Gesetzgebung zur selektiven Abtreibung von Forschern in Dänemark geleistet.[26] Als jedoch die skandinavischen Wissenschaftler herausfanden, dass das plumpe Endoskop mit faseroptischer Beleuchtungseinrichtung, mit dem sie den Fetus sichtbar machten, Ursache einer erhöhten Fehlgeburtenrate war, gaben sie ihre Experimente auf und überließen es chinesischen und sowjetischen Wissenschaftlern, die einschlägige Forschung weiter voranzutreiben, was dann – mit zweifelhafterer Motivation – auch geschah.[27]

mit dem Thema Geschlechterungleichgewicht beschäftigt und sei in Anbetracht des Falles Alaska zu dem Schluss gekommen, dass es eine nicht ganz so üble Sache sei. »Ich konnte keinen zwingend erwiesenen Schaden eines Ausmaßes feststellen, das es erfordern würde, dass wir die Wissenschaft stoppen.«

1975 – in dem Jahr, in dem das All-India Institute of Medical Sciences in Delhi seine Geschlechtstests startete – berichteten chinesische Ärzte der Tietong-Klinik in Anshan (Provinz Liaoning) im *Chinese Medical Journal*, dass sie bei hundert experimentellen CVS in 93 Fällen mit Erfolg das Geschlecht des Fetus bestimmt hatten. Die chinesischen Forscher arbeiteten mit einfachstem Instrumentarium, ohne Endoskop, und bei mindestens drei ihrer hundert Probandinnen kam es zu einer Fehlgeburt. Die wesentliche Motivation für die Untersuchungen scheinen aber selektive Abtreibungen gewesen zu sein. Von den 93 Frauen, die über das Geschlecht ihres Kindes informiert worden waren, entschieden sich 30 für die Abtreibung. Von diesen 30 waren 29 mit einem Mädchen schwanger.[28]

Anderswo auf dem Planeten nahmen um die Mitte der 1970er Jahre die Teilnehmer einer Weltkonferenz zur Pränataldiagnostik eine Entschließung an, in der sie sich gegen »vorgeburtliche Geschlechtsbestimmung mit dem Ziel der Abtreibung des Fetus für den Fall, dass er nicht das gewünschte Geschlecht hat« aussprachen.[29] Aber ungeachtet dessen fand es allem Anschein nach niemand der Mühe wert, die Studie der Chinesen zu verurteilen. Im Gegenteil: Als die Forschung zur Chorionzottenbiopsie in den 1980er Jahren wieder in Gang kam, ging es den Wissenschaftlern im Westen in erster Linie darum, den Erfolg jener chinesischen Ärzte zu reproduzieren.[30] Die offenkundige Geschlechterdiskriminierung in der Studie von 1975 ignorierte man und nahm sie ausschließlich in ihrer Bedeutung für die eigene Forschung wahr.

* * *

Nach jahrelangem Experimentieren erachtete die US-Regierung die Fruchtwasseruntersuchung 1976 für unbedenklich genug zum routinemäßigen Einsatz im zweiten Schwangerschaftstrimenon.[31] Bekannt gegeben wurde diese Einschätzung seitens des National Institute of Child Health and Human Development, das in der Zeit davor zwei Tagungen finanziert hatte, auf welchen Geschlechtsbestimmung als Methode der Bevölkerungskontrolle vorgeschlagen worden war.

Wie die Fruchtwasseruntersuchung in der Dritten Welt aufgenommen werden würde, war im Prinzip vorhersehbar, denn hier bezeugten Sozialwissenschaftler und Familienplanungsberater ein seit Jahren bestehendes Interesse an Geschlechtsselektion. In den USA hingegen überraschte die Begeisterung für die neue Technik doch ein wenig. Die Fruchtwasseruntersuchung war kaum zugelassen, da wurden die Ärzte auch schon von Schwangeren mit Terminanfragen überschüttet. Die Frauen hatten ein ganzes Spektrum von Gründen anzubieten, warum sie das Geschlecht des Ungeborenen in ihrem Leib wissen wollten, aber häufig war der Grund das, was die dänischen Mediziner Riis und Fuchs anno 1959 in den Begriff »Neugier« gefasst hatten: Junge oder Mädchen?

Die Amerikaner begriffen, dass es bei der Geschlechtsbestimmung nicht mehr darum ging, Frauen eventuell davor zu bewahren, ein durch Krankheit in seiner Lebensqualität schwer beeinträchtigtes Kind zur Welt zu bringen. Denn obwohl es bereits 27 Jahre her war, dass Murray Barr mit seiner Geschlechts-Chromatin-Forschung begonnen hatte, und Bevölkerungskontrollaktivisten auch schon vor nahezu einem Jahrzehnt erstmals die Geschlechtsbestimmung als Hilfsmittel zur Senkung der globalen Geburtenrate befürwortet hatten, war jetzt auf einmal im Land eine Ethik-Debatte über die neue Technik aufgekommen. In der *University of Pennsylvania Law Review* bewertete die Rechtswissenschaftlerin Jane M. Friedman die Ethik der Fruchtwasseruntersuchung und benannte unter anderen als Risiken »das Herumpfuschen am Genpool« und »ein drohendes Geschlechterungleichgewicht«.[32] Andernorts wollte man gesehen haben, wie Darwin wieder auf die Bühne zurückkehrte. In einer Reportage, die über den Ticker an Zeitungen im ganzen Land ging, zeigte sich die Journalistin Patricia McCormack besorgt über »eine Ära, die sich für das Überleben der tauglichsten Feten und die Vernichtung der untauglichsten entscheidet«. Die Fruchtwasseruntersuchung, schrieb sie, stelle vor Fragen wie diese: »Wenn der Fetus ein weiblicher ist und man sich einen Sohn wünscht, treibt man dann ab? Wenn man nur Jungen haben will, treibt man dann jedes Mal ab, wenn man mit einem Mädchen schwanger ist?«[33] Die seinerzeit überaus populäre Frauenzeitschrift *Mademoiselle* titelte in der Ausgabe vom Mai 1977 reißerisch: »Frauen – die nächste vom Aussterben bedrohte Art?«[34]

Zur gleichen Zeit waren in der Bevölkerungskontrollbewegung Veränderungen im Gange. Feministinnen und andere im linken Spektrum hatten sich organisiert und drängten auf Gehör bei Entscheidungsfindungen. Den Wandlungsprozess leitete eine Gruppe amerikanischer Studenten ein, die 1969 die Zeitschrift *Concerned Demography* (Besorgte Demografie) ins Leben rief, um dem auf dem Feld der Bevölkerungspolitik gängigen Machismo entgegenzuwirken. Judith Blake, Demografin an der University of California at Berkeley, umriss die Konturen möglicher alternativer, humanerer Methoden der Bevölkerungskontrolle und regte in diesem Zusammenhang unter anderem Initiativen zur Liberalisierung der Sexualerziehung, zur Abschaffung von Steuervergünstigungen und anderen Anreizen zum Kinderkriegen und zum Abbau juristischer und gesellschaftlicher Sanktionen gegen Homosexualität an.[35]

Im Lauf der nächsten Jahre übernahmen in der Ford Foundation, der International Planned Parenthood Federation und anderen Organisationen Frauen Posten, die lange Zeit Männern vorbehalten gewesen waren. Die Grundstimmung im Land pendelte entschieden nach links, da konnte sogar ein John D. Rockefeller III – der Mann, der die Bewegung in der Zeit ihrer chauvinistischen Hochblüte finanziell gestützt hatte – nicht anders, als die Tonart zu wechseln. Auf der UN-Weltbevölkerungskonferenz 1974 in Bukarest überraschte Rockefeller die mehr als 5000 Delegierten aus 135 Staaten, als er sagte: »Wenn wir im Erreichen von Bevölkerungsplanungszielen vorankommen wollen, müssen immer mehr Frauen in immer größerem Umfang Wahlfreiheit bei der Entscheidung über ihre Rolle in der Gesellschaft haben.«[36] Seine Rede markierte den Anfang vom Ende einer sexistischen Bevölkerungspolitik; im folgenden Jahrzehnt erlebten die Organisationen, die sich Bevölkerungsfragen widmeten, einen dramatischen Paradigmenwechsel, der 1987 in der Berufung der Pakistanerin Nafis Sadik in das Amt des geschäftsführenden Direktors des Bevölkerungsfonds der Vereinten Nationen kulminierte.[37] In den 1990er Jahren dann konzentrierte sich die Arbeit dieser Organisationen schon nicht mehr auf die Bevölkerungskontrolle, sondern auf die sexuellen und reproduktiven Rechte.

Dieser Wandel war gut für die Entwicklung frauenfreundlicher Verhütungsmittel und Bildungsprogramme. Doch im Hinblick auf die Geschlechtsselektion, die sich mit erschreckender Geschwindigkeit in ganz Asien ausbreitete, hätte er zu keinem ungünstigeren Zeitpunkt kommen können. Um 1979 ließ sich das Geschlecht des Fetus mittels Fruchtwasseruntersuchung mit nahezu hundertprozentiger Zuverlässigkeit bestimmen. Wenige Jahre später erlebte der Kontinent die Verbreitung von Ultraschallgeräten als billiger Massenware. Die neuen Aktivistinnen für Frauenrechte sahen nun aber meistenteils schweigend zu, wie eine Technik, die als Lösung einer demografischen Krisensituation gehandelt wurde, eine entscheidende Rolle beim Zustandekommen einer anderen Krise dieser Art spielte, die jetzt ihre Geschlechtsgenossinnen traf. Es war das Gedenken an den 1973 vor dem Obersten Gerichtshof der Vereinigten Staaten beendeten Rechtsstreit *Roe v. Wade*,* was die Aktivistinnen davon abhielt, etwas gegen Geschlechtsselektion zu unternehmen: Sie hatten sich ihre politischen Sporen in der Frauenbewegung der 1970er Jahre verdient, für die die sexuellen und reproduktiven Rechte höchste Priorität hatten und jede Einschränkung des Rechts auf Schwangerschaftsabbruch ein Schlag gegen die weiblichen Freiheitsrechte darstellte. Die vorgeburtliche Geschlechtsbestimmung entschieden abzulehnen, stand den Aktivistinnen frei. Ansonsten verbot es sich bei ihrer politischen Ausrichtung, andere Ursachen des wachsenden Ungleichgewichts der Geschlechter aufs Korn zu nehmen: so die in Asien in beunruhigendem Maße um sich greifende Abtreibung.

* »Durch die Entscheidung *Roe v. Wade* wurde verfügt, dass eine Schwangere, ohne dass die Gründe dafür unterschiedlich gewichtet werden, die Schwangerschaft abbrechen darf, bis zu jenem Zeitpunkt, an dem ein Fötus lebensfähig wird.« (http://de.wikipedia.org/wiki/Roe_v._Wade) – Anm. d. Übers.

NEUNTES KAPITEL

Der General

Der Geist wird vom Himmel empfangen, das Körperliche stiftet die Erde. Darum heißt es: Eins erzeugt Zwei, Zwei erzeugt Drei, Drei erzeugt die zehntausend Wesen. Die zehntausend Wesen tragen das yin auf dem Rücken, das yang in den Armen. Durch den Fluss des qi erreichen sie Harmonie. Darum heißt es: Im ersten Monat bildet sich ein Klümpchen Fett, im zweiten Sehnen, im sechsten Gebein. Im siebten Monat wird [der Fetus] fertig ausgebildet, im achten ist er rege, im neunten ist er ausgelassen, im zehnten wird er geboren.

Aus dem *Huainanzi*, China, 2. Jahrhundert vor Christus[1]

Hätte er in einem anderen Zeitabschnitt gelebt, wäre General William Draper vielleicht ein Anti-Abtreibungs-Aktivist geworden. Er hätte vielleicht Asien zum Bereitstellungsraum für eine Politik gemacht, deren Inspirationsquelle die undeutlichen ersten Regungen des Lebens gewesen wären. Hätte vielleicht lautstark gegen Zwangsabtreibungen gewettert und sich bemüht, politisches Asyl für Frauen zu erwirken, die ins Fadenkreuz der Hüter von Chinas Ein-Kind-Politik geraten waren. Aber Draper war Jahrgang 1894 und wurde in der zweiten Hälfte der 1940er Jahre Staatssekretär im US-Armeeministerium – zu einer Zeit, als der Kommunismus als die größte Bedrohung einer stabilen Weltordnung erschien, die Ideologie eine Sache von »wir gegen die« war und eine Politik, die sich um verwickelte ethische Fragen drehte, noch in Jahrzehnte entfernter Zukunft lag. Und deswegen wurde aus Draper, dem Kontrolleur der alliierten Aktivitäten in Asien und Europa nach dem Zweiten Weltkrieg und engen Freund von Präsident Dwight D. Eisenhower, ein entschiedener Konservativer und ein glühender Verfechter der Abtreibung.[2]

Der arrogante Mann mit der breitrandigen Hornbrille und dem schiefen Lächeln überwachte General Douglas MacArthur während der Besatzung Japans nach den Bombenabwürfen auf Hiroshima und Nagasaki.[3] Die Besatzung war nach seiner Überzeugung nicht nur ein wichtiges Hindernis erneuter japanischer Machtanhäufung, sondern auch eine entscheidende Voraussetzung für den Sieg Amerikas in seinem Kampf gegen den Kommunismus. Seine diesbezügliche Besorgnis wuchs sprunghaft gegen Ende des 1940er Jahrzehnts, als die Kommunistische Partei Chinas, gerüstet mit den von den Japanern massenhaft zurückgelassenen Waffen und an Zahl verstärkt durch den Zulauf Not leidender Bauern, sich anschickte, der regierenden Guomindang die Macht über das Land vollends zu entwinden. Da verbürgte, wie es aussah, einzig Japan Amerikas Hoffnung, ein Bollwerk gegen die Ausbreitung des Sozialismus über ganz Asien zu errichten.

Vorausgesetzt natürlich, das Land blieb weiterhin ruhig und krisenfest. Als Draper 1947 in Tokio ankam, hatten die USA die Zügel fest in der Hand. »General MacArthur war Kaiser Nummer eins, der andere Kaiser Nummer zwei«, sollte Draper später witzeln – so, als ob Kaiser Hirohito so geringe Macht ausübte, dass sein Name gar nicht nennenswert war.[4] Manches entzog sich jedoch der Regelung durch die Amerikaner. Wie in vielen Ländern nach einem langwierigen Krieg der Fall, erlebte Japan, nachdem die Soldaten zu ihren Frauen heimgekehrt waren, einen Babyboom. Den General beunruhigte das zutiefst; er war ein Anhänger von seinerzeit aktuellen Theorien, denen zufolge ein direkter Zusammenhang zwischen Bevölkerungsgröße und Wirtschaftswachstum bestand. Draper sorgte sich, die steigende Geburtenrate werde die japanische Wirtschaft gefährden und die Stabilität von Amerikas Operationsbasis in Asien untergraben. »Das ganze Land wurde von fremder Hand ernährt, und zwar hauptsächlich von uns«, regte Draper sich auf.[5] Falls die USA nichts unternahmen, würde sich die Armut – nach seiner Auffassung ein Nährboden des Kommunismus – Japans bemächtigen.

In der westlichen Welt hatte die Idee der Bevölkerungskontrolle gerade Anklang gefunden, und viele der Methoden, über die da diskutiert wurde, waren noch nicht in größerem Rahmen erprobt. Japan, so ging den westlichen Befürwortern auf, war dafür das gegebene Testfeld.[6] Eine liberalisierte Geburtenkontrolle sprach die japanische Elite freilich aus einem ganz anderen Grund an. Eugenisches Denken war in den Oberklassen »in«; in diesen Kreisen hegte man die Überzeugung, dass es nur zu Japans Bestem sein könne, wenn Schwangerschaften von geistig und körperlich Behinderten zwangsweise unterbunden würden.[7] Westliche und östliche Interessen fanden 1948 zusammen, als die amerikanischen Berater Landesregierung und Parlament zur Verabschiedung des »Eugenischen Schutzgesetzes« drängten, mit dem Abtreibung und Sterilisierung legalisiert wurden.* Danach war Japan das einzige Land der Welt, in dem ein Schwangerschaftsabbruch mit vielerlei Begründung legal vorgenommen werden konnte.[8]

Das Experiment war ein Erfolg, zumindest auf der Ebene der nackten Zahlen. Als Folge der allgemein verfügbaren Möglichkeit der Abtreibung sowie der Sterilisation von Personen, denen die Fortpflanzungseignung abgesprochen worden war, ging die Geburtenrate in Japan stark zurück – und das sogar, obwohl sanftere, befristet wirksame Verhütungsmethoden verboten blieben. (Die Antibabypille wurde in Japan erst 1999 zugelassen.)[9] Im Jahr 1955 wickelten japanische Ärzte schätzungsweise dreißig bis fünfzig Prozent mehr Abtreibungen als Geburten ab.[10] Derweil nahm die Armut ab, und im Lauf der nächsten Jahrzehnte wuchs Japan zu einer der weltweit größten Wirtschaftsmächte – und einem unentbehrlichen politischen Verbündeten Amerikas – heran. Als Beobachter dieses Wandels war Draper stark davon beeindruckt, wie effektiv sich Abtreibung als Methode der Geburtenkontrolle bewährte. Seine Sekretärin Phyllis Piotrow erinnerte sich später, dass der General »mit eigenen Augen gesehen hat, wie das japanische Volk mittels legalisierter Abtreibung und beträchtlicher Öffentlichkeitsarbeit die Geburtenraten drastisch abgesenkt und sein ›Wirtschaftswunder‹ geschaffen hat«.[11] Begeistert darüber, welches

* Da die Erinnerung an die Nazi-Zwangssterilisationen an Behinderten der Weltöffentlichkeit noch frisch im Gedächtnis war, wollten die amerikanischen Berater nicht als Befürworter eugenischer Bestrebungen wahrgenommen werden. Sie operierten daher hinter den Kulissen und achteten sorgsam darauf, dass das Gesetz das Ansehen einer ganz und gar japanischen Eigenproduktion hatte.

Potenzial in der Abtreibung steckte, um amerikanische Interessen im Ausland zu fördern, kehrte er in die USA heim.

Nachdem ihn Präsident Dwight D. Eisenhower 1958 zum Vorsitzenden seines neu gegründeten Komitees für die Bewertung der Prioritäten der US-Auslandshilfe ernannt hatte, rückte der 64-jährige General die zunehmenden Bevölkerungszahlen in Asien in den Mittelpunkt seines politischen Denkens. In einem zusammenfassenden Bericht über die Arbeit des »Draper-Komitees« sagte er vor dem Senatsausschuss für auswärtige Beziehungen: »Ich fürchte, das Bevölkerungsproblem ist das größte Hindernis für unser Wirtschaftshilfeprogramm und für den Fortschritt auf der Welt.«[12] Er vertrat offen die Legalisierung der Abtreibung im Ausland, und dank seines Engagements in dieser Sache mutierte das Konzept eines globalen Rechts auf Abtreibung von einem Diskussionsgegenstand unter Randfiguren der Bevölkerungskontrollbewegung zu einem wichtigen Anliegen der außenpolitischen Elite der USA.[13] (Draper betätigte sich auch als Lobbyist für die Einrichtung des Bevölkerungsfonds der Vereinten Nationen, trieb Gelder für die International Planned Parenthood Federation ein und propagierte die Idee, Nahrungsmittelhilfe an die Bedingung zu knüpfen, dass die Empfängerländer ihre Geburtenrate senkten.)[14]

Draper, der ferner neben dem millionenschweren Dixie-Cup-Pappbecher-Produzenten Hugh Moore Mitbegründer des Population Crisis Committee war, konnte hartherzig sein, und er hatte Kritiker. Andere in der Bevölkerungskontrollbewegung zogen Kondome und Intrauterinpessare der Abtreibung vor. Sie sahen, welches Gesundheitsrisiko wiederholte Abtreibungen darstellten, und sie sahen, dass Frauen weniger emotionale Probleme damit hatten, eine Schwangerschaft zu verhindern, als zu reagieren, wenn bereits eine eingetreten war – oder sie sahen schlicht und einfach, welche politischen Risiken im In- und Ausland man einging, wenn man als jemand gesehen wurde, der sich für Abtreibung einsetzte.[15] Aber um Asiaten von den Vorzügen der Verhütung zu überzeugen, hätte es anhaltender Bildungsbemühungen bedurft, und für die – so das Argument des Draper-Lagers – reichte einfach die Zeit nicht. Abtreibung war, grosso modo, auch eine praxisnähere Sache: Familienplanungsberatern, die sich nach potenziellen Beratungsbedürftigen umsahen, fielen naturgemäß eher Schwangere in die Augen als Frauen, die in nächster Zeit ein Kind empfangen würden. Und so erlangte Abtreibung im Laufe weniger Jahre Anerkennung als bedeutendes Mittel zur Senkung der Geburtenraten in der Dritten Welt – ganz speziell in Asien.

* * *

In den ausgehenden 1960er und beginnenden 1970er Jahren liberalisierten Dutzende von armen Ländern beziehungsweise Entwicklungsländern ihre Abtreibungsgesetze, viele unter Druck vonseiten der USA.[16] Die Politik im Umfeld neuer Gesetze hatte auch nicht die entfernteste Ähnlichkeit mit den Bemühungen amerikanischer Feministinnen um die Legalisierung der Abtreibung in ihrem Heimatland. In der Dritten Welt gab es keine Massenkundgebungen von Frauengruppen, keine Diskussionen über die Zahl der Frauen, die bei verpfuschten illegalen Abtreibungen ums Leben kamen, keine hitzigen Dispute über die Frage, wann das Leben des Individuums beginnt. In armen Ländern betrachtete man das Recht auf Abtreibung als etwas, das nicht dem Interesse der Frauen, sondern dem des Staats diente – wenngleich selbst dessen Machtstellung nur eine Illusion sein mochte. Der 1971 vom indischen Parlament erlassene Medical Termination of Pregnancy Act (Gesetz über den medizinischen Schwangerschaftsabbruch), um nur ein Beispiel zu nennen, war von einer Regierung erwirkt worden, die für die Aufrechterhaltung ihres Apparats von amerikanischen Hilfsgeldern abhing.[17] »Die westlichen Länder setzten Indien und China seit den 1960er Jahren unter Druck, indem sie ihnen vorwarfen, ihre Bevölkerung vermehre sich wie die Ratten«, meinte der Aktivist für öffentliche Gesundheitsfürsorge Sabu George dazu. »Indien stand unter gewaltigem Druck, weil es ein Stück von einer Welt à la Malthus war. Die Regierung liberalisierte die Abtreibungsgesetze … damit Abtreibung zum Zweck der Bevölkerungskontrolle eingesetzt werden konnte.«

In den Vereinigten Staaten kamen unterdessen im Zeichen des Bemühens, weltweit Zustimmung für die Abtreibung zu gewinnen, merkwürdige politische Allianzen zustande. Erwartungsgemäß legte sich Paul Ehrlich für die Abtreibung als Mittel der Geburtenkontrolle ins Zeug. An anderen Stellen indessen liest sich die Liste der frühen Verfechter des legalisierten Schwangerschaftsabbruchs wie ein Auszug aus der Mitgliederkartei der Demokratischen Partei. Dass Draper mit dabei war, zog weitere Konservative an, von denen sich viele eine schamlose Doppelmoral leisteten. Da diese Bevölkerungskontrollaktivisten Abtreibung als ein Instrument und nicht als ein Recht ansahen, glaubten sie, sich für deren Nutzbarkeit in anderen Ländern starkmachen zu können, ohne sich um ihre Legalisierung im eigenen Land zu scheren.[18] So machte beispielsweise George Bush senior keinen Hehl daraus, dass er Draper und seine Arbeit bewunderte. 1973, nur wenige Jahre, bevor die Republikaner die Rechte des Fetus zu ihrem Anliegen machten, schrieb Bush das Vorwort zu *World Population Crisis*, ein Buch über die Bevölkerungskontrollbewegung von Drapers altgedienter Sekretärin Phyllis Piotrow. Darin erinnerte er sich rückblickend auf seine Zeit als Kongressabgeordneter: »Als Vorsitzender der Republikanischen Arbeitsgruppe Bevölkerung und Erdressourcen war ich beeindruckt von William H. Draper Jr.s Argumentation, dass die Wirtschaftsentwicklung in Übersee kläglich fehlschlagen werde, solange die Entwicklungsländer der von den einzelnen Familien für die Fertilitätskontrolle benötigten Kenntnisse und Hilfsmittel ermangelten.«[19] Ein weiterer namhafter Befürworter der Abtreibung im Ausland war Henry Kissinger, damals Außenminister unter Nixon. Im April 1974, am Vorabend des Beginns der Geschlechtstests am All-India Institute of Medical Sciences, unterzeichnete Kissinger ein geheimes Memorandum der US-Regierung, in dem festgestellt wurde, dass »Abtreibung unerlässlich für die Lösung« des Problems des Weltbevölkerungswachstums sei. »Kein Land konnte bislang sein Bevölkerungswachstum ohne Zuhilfenahme der Abtreibung reduzieren«, hieß es in dem Memorandum weiter.[20] Zur Legalisierung der Abtreibung im Ausland kam es demnach mit Unterstützung vonseiten beider Flügel im politischen Spektrum der USA.

Sicherzustellen, dass Frauen in der Dritten Welt eine ungewollte Schwangerschaft legal abbrechen konnten, war freilich erst die halbe Miete. Damit Abtreibung eine effektive Methode der Bevölkerungskontrolle wurde – damit sie wirklich westlichen Interessen diente –, mussten die Frauen auch für die Abtreibung gewonnen werden. Heutige Presseberichte über die Situation in Asien zeichnen gern das Bild von in Sachen Moral pragmatisch denkenden Menschen, die ein Schwangerschaftsabbruch völlig unbekümmert lässt und denen die in jüdisch-christlichen Kulturen gängige ethische Tabuisierung des Beginns des Menschenlebens sehr fremd ist. (Diese Sicht war schon in den 1970er Jahren verbreitet. Erinnern wir uns, dass die Ärzte am All-India Institute of Medical Sciences zur Rechtfertigung ihrer Experimente mit der Geschlechtsselektion unter anderem auch vorbrachten, die Frauen hätten sich »ohne ungerechtfertigte Ängstlichkeit oder Besorgnis« für eine Abtreibung entschieden.) Dieses Bild unterscheidet sich jedoch himmelweit von der Realität, wie die amerikanischen Berater in Bevölkerungsfragen sie vorfanden, als sie in den 1950er Jahren nach Asien kamen.

Abtreibung war in ganz Asien verpönt. Wo sie vorgenommen wurde, war sie eine verschwiegene, schimpfliche Angelegenheit. Die asiatischen Religionen und philosophischen Traditionen waren mehr oder minder strikt gegen Abtreibung. Für den Konfuzianismus begann das Leben Monate vor der Geburt.[21] Das hinduistische Schrifttum warnte vor der Tötung eines Fetus, weil dies ein großes Verbrechen sei, wie schon der um Unterbindung des weiblichen Infantizids im kolonialen Indien bemühte John Duncan herausgestellt hatte.[22] In den buddhistischen Mönchsregeln wiederum war festgelegt, dass das menschliche Leben mit der Empfängnis beginnt; Mönche oder Nonnen, die Mithilfe bei einer Abtreibung geleistet hatten, konnten aus der Ordensgemeinschaft ausgestoßen werden.[23]

Diese Verbote waren in Lokalkulturen und ärztliche Verhaltenskodizes eingesickert. Nehmen wir das Beispiel China. Im 13. Jahrhundert schrieb einer der hervorragendsten Medizinethiker des Landes eine Unheil verkündende Parabel, mit der er Ärzte und Hebammen vor dem Durchführen von Abtreibungen warnte:

> »In der Hauptstadt lebte eine Frau, die mit Familiennamen Bai hieß ... Sie bestritt ihren Lebensunterhalt mit dem Verkauf von Fehlgeburten verursachenden Drogen. Eines Tages setzten bei ihr heftige Kopfschmerzen dauernder Art ein: Ihr Kopf schwoll an und nahm Tag um Tag an Umfang zu. Sie suchte bei allen berühmten Ärzten Heilung, aber keiner konnte ihr helfen. Nach vielen Tagen entwickelte sich ein Geschwür, und der Gestank war bald nicht mehr auszuhalten. Sie schrie jede Nacht, und ihr Schreien war nah und fern zu hören. Endlich versammelte sie ihre Kinder um sich und bat sie: ›Verbrennt alle Rezepte, die ich aufbewahrt habe.‹ Und sie ließ die Kinder schwören, dass sie ihr Gewerbe nicht fortführen würden. Ihr Sohn fragte verwundert: ›Durch diese deine Arbeit bist du groß geworden. Warum willst du das alles nun aufgeben?‹ Die Mutter antwortete: ›Jede Nacht träume ich, dass Hunderte Kinder an meinem Kopf saugen. Darum schreie ich laut vor Schmerzen. Das alles ist meine Strafe dafür, dass ich Mittel zur Abstoßung der Leibesfrucht verkauft habe.‹ Nach diesen Worten verschied sie.«[24]

Wenngleich andere chinesische Ethiker Abtreibung stillschweigend billigten, blieb Schwangerschaftsabbruch die gesamte Kaiserzeit hindurch – um das Mindeste zu sagen – äußerst umstritten. Bis zu den 1950er Jahren hatte sich das Unbehagen, das die Praxis auslöste, längst in die Sprachform eingeschlichen: In dem Mandarin, das man zu dieser Zeit sprach, war der Fetus mit Leben, Schwangerschaftsabbruch mit Gewalt konnotiert. Bildhafte Ausdrücke für Abtreibung waren beispielsweise *duoshengtai*, »den lebendigen Fetus abwerfen«, und *datai*, »den Fetus besiegen«. Das chinesische Wort für Fehlgeburt assoziierte gedanklich ebenfalls den Geburtsvorgang, war jedoch nicht negativ konnotiert: *xiaochan* bedeutet »kleine Wehen«.[25]

Aber die ablehnende Haltung zum Schwangerschaftsabbruch war nicht bloß die natürliche Folge überkommener Religiosität. Sie verdankte sich auch den gängigen Vorstellungen von Weiblichkeit. Mitte des 20. Jahrhunderts bedachten alle asiatischen Kulturen Frauen, die Mutter wurden, mit immateriellen Belohnungen. Eine Mutter vieler Kinder war eine attraktive Frau. Ihre Nachbarn schauten respektvoll zu ihr auf, und in ihrer Familie genoss sie hohes Ansehen. Eine kinderlose Frau dagegen war bemitleidenswert. Bevor Südkorea sein Familienplanungsprogramm auflegte, war dem Soziologen Seungsook Moon zufolge »das Konzept der Empfängnisverhütung ... den meisten Koreanern fremd; sie neigten vielmehr zu der Auffassung, dass es ein Glück sei, viele Kinder zu haben«.[26] Asiatinnen davon zu überzeugen, dass Abtreibung nicht nur ethisch erlaubt, sondern in manchen Fällen der Geburt vorzuziehen war, war demnach eine Mammutaufgabe. Wenn der Familienplanungsberater Glück hatte, war sie mit einer Bravourleistung an raffinierter sozialer Manipulation zu bewältigen. Hatte er keines, war die Anwendung von Zwang angesagt.

* * *

War Japan das Labor, wo nachgewiesen wurde, dass Abtreibung ein brauchbares Instrument der Bevölkerungskontrolle war, so war Südkorea die Werkstatt, in der dieses Instrument verfeinert wurde. Nach dem Ende des Koreakriegs im Juli 1953 entwickelte sich das Land zum nächsten größeren Problemfall, auch dort brachte das Ende der militärischen Auseinandersetzung einen Babyboom und die De-facto-Herrschaft der USA mit sich. Präsident Syngman Rhee, der unpopuläre Herrscher, der unmittelbar nach Kriegsausbruch 1948 ins Amt gelangt war, war im Grunde eine Marionette, die den amerikanischen Beratern weit reichenden Einfluss auf die Wirtschaft- und Sozialpolitik einräumte. Nachdem Rhee 1963 unter Mitwirkung der USA vom Parlament gestürzt worden war, brachten die Amerikaner seinen Nachfolger Park Chung-hee umgehend auf ihre Seite – einen Berufsmilitär, der einen Teil seiner Ausbildung in Fort Sill, Oklahoma, erhalten hatte.[27] Dennoch: Hier ging es um höhere Einsätze als zuvor in Japan, denn der Kalte Krieg war in vollem Gang und der McCarthyismus auf dem Sprung, sich Amerikas zu bemächtigen. »Es wurde sonnenklar«, erinnerte sich Draper, zur fraglichen Zeit Ständiger Vertreter der USA bei der NATO, »dass es angesichts des laufenden Koreakriegs und der Bedrohung Westeuropas durch Russland unerlässlich sein würde, das gemeinsame Verteidigungspotenzial der westlichen Welt aufzustocken.«[28]

Zum Glück für Leute vom Schlage Drapers bedeutete politischer Zugang in einem Staat wie Südkorea, dass Vertreter der Bevölkerungskontrollbewegung hier praktisch freie Hand hatten. Als erste Organisation kam die International Planned Parenthood Federation ins Land und gründete am 1. April 1961 die Planned Parenthood Federation of Korea.[29] Der Population Council nahm 1962 offiziell die Zusammenarbeit mit der koreanischen Regierung auf.[30] Über die folgenden Jahre flossen stetig Gelder nach Seoul, und die Mitarbeiter der beiden Organisationen gehörten in der Stadt bald zum Inventar. Indes stützte sich die organisierte Familienplanung nicht ausschließlich auf westliche Kräfte. Den ausländischen Experten ward ein weit gespanntes Netz von heimischen Mitarbeitern und freiwilligen Helfern beigesellt. Spätestens 1964 verfügten die westlichen Berater über 1500 koreanische Familienplanungsberater im Außendienst.[31]

Die Emissäre der amerikanischen Bevölkerungskontrollbewegung hatten zwar Geld und politischen Willen im Übermaß, betraten aber eine Welt voller Hindernisse, gegen die mit diesen Mitteln wenig auszurichten war. In den 1960er Jahren lebten zwanzig Prozent der Koreaner in Gemeinden ohne Arzt, und in ländlichen Gebieten waren öffentliche Verkehrsmittel praktisch nicht existent. Manchmal mussten Außendienstmitarbeiter meilenweit zu Fuß gehen, um potenzielle Beratungsbedürftige zu treffen.[32] Waren sie endlich angelangt, standen sie vor der neuen Herausforderung, ein Ehepaar effektiv zu einer Verhaltensänderung zu bewegen. Die Mitarbeiter im Außendienst waren geschult worden, sich in schöpferischen Vergleichen auszudrücken – ein vasektomierter Mann gleiche einer »samenlosen süßen Wassermelone«, erklärten sie skeptischen

Bauern – und sanfte Verhütungsmethoden in den Mittelpunkt ihrer Ausführungen zu stellen.[33] Aber koreanische Dörfler waren nicht so leicht zu überzeugen. Das Kinderkriegen »ist ihnen schwer abzugewöhnen«, bemerkte ein westlicher Berater trocken.[34] Nach der Wahrnehmung anderer lehnten viele Frauen Empfängnisverhütung ab, weil sie unbedingt einen Sohn wollten.[35]

Diese Hartleibigkeit brachte jedoch den Eifer der Familienplanungsberater nicht zum Erlahmen, sondern schärfte lediglich deren Bewusstsein von der Dringlichkeit ihrer Aufgabe. Bald riefen westliche Gruppen – wie sie es später auch in Indien und anderswo tun sollten – nach einer »Intensivphase« der Familienplanung in Korea.[36] »Das einzige Ergebnis von Bedeutung bei dieser Kampagne ist eine Senkung der jährlichen Zuwachsrate«, hieß es in einem Bericht in dem Population Council-Journal *Studies in Family Planning*.[37] Stillschweigend vorausgesetzt wurde dabei, dass die Geldgeber in New York genau wussten, worauf die »Zuwachsrate« sich bezog: auf die Bevölkerungsgröße. Es gab keine andere Kennzahl von vergleichbarer Wichtigkeit.

Die Park-Chung-hee-Regierung zeigte sich gern entgegenkommend. Als erfahrener General ging der Präsident die Geburtenkontrolle »wie einen Feldzug« an und stellte einmal sogar Soldaten als Helfer zur Verfügung.[38] Während der Anlaufzeit der Intensivphase stieg der für Familienplanung vorgesehene Anteil am Haushalt des Gesundheitsministeriums auf satte 25 Prozent. (Der Gesundheitsminister erhob Einspruch gegen diese disproportionale Verteilung der Mittel, aber die westlichen Berater scheinen bei der Kraftprobe am längeren Hebel gesessen zu haben.)[39] Das Beförderungsproblem löste die amerikanische Entwicklungshilfe-Behörde (United States Agency for International Development, USAID) mit dem Geschenk von elf generalüberholten Armee-Sankas – robusten Jeeps, die zuvor wahrscheinlich im Koreakrieg eingesetzt worden waren.[40] Die Behörde ließ den Jeeps mit weißer Lackierung einen zivilistenfreundlichen Anstrich verpassen und lieferte im Dezember 1965 acht Fahrzeuge an ländliche Familienberatungsposten aus, wo sie zu mobilen Kliniken umgestaltet wurden.

Später stockte die USAID den Fuhrpark mit weiteren fünfzig Jeeps auf, zu denen noch fünfzig Busse und fünfzig Halbtonner-Pickups kamen. Die schwedische Entwicklungshilfe-Behörde steuerte ihrerseits dreißig Land Rover bei.[41]

Die gesamte zweite Hälfte der 1960er Jahre hindurch kreuzte die Fahrzeugflotte der Bevölkerungskontrollberater durch die ländlichen Gebiete Koreas. Jede mobile Klinik war mit einem Arzt, einer Krankenschwester, einer Hebamme, einem Instrukteur und etlichen Freiwilligen besetzt.[42] In einem etwa vier Quadratmeter großen »OP« hinten im Fahrzeug setzten diese Teams Intrauterinpessare ein und nahmen Sterilisationen vor.[43] Viele unter den Teammitgliedern hatten keinerlei gynäkologische Erfahrung, und die Ärzte hatten eine Schulung von höchstens zwei Tagen Dauer absolviert, ehe sie auf Tour geschickt worden waren.[44] Gleichwohl wurde von ihnen schnelles Arbeiten erwartet; ihre Entlohnung bemaß sich nach der Zahl der täglich vorgenommenen Eingriffe. Eine Vasektomie zum Beispiel brachte einem Außendienstmitarbeiter 36 Cent ein, das Einsetzen eines Intrauterinpessars die Hälfte davon.[45]

Sang-yong Song, ehemals Vizepräsident der Asiatischen Bioethikvereinigung und heute ein großväterlich-älterer Herr mit einer tiefen, angenehmen Stimme, erinnert sich noch gut an die mobilen Kliniken der 1960er Jahre. Damals studierte er Chemie an der Staatlichen Universität Seoul, die an der Kampagne für die Bevölkerungskontrolle stark beteiligt war. Der Population Council hatte die Einrichtung eines dezidierten Zentrums für Bevölkerungsforschung an der Universität finanziert, die dort beschäftigten Wissenschaftler beobachteten Fertilitätstrends und führten Sterilisationsexperimente an Tieren durch.[46] Song tat seine Schuldigkeit, indem er über Land reiste und Vorträge über die Wichtigkeit der Geburtenkontrolle hielt. Mit den mobilen Kliniken habe er nichts zu tun gehabt, sagt er, aber er erinnert sich an den Eindruck, den sie damals hinterlassen hatten. »Es war schrecklich«, erzählt er mir Jahrzehnte später beim Essen in einem Fischrestaurant in Seoul, um nach einer Weile hinzuzufügen: »Korea unterstand einer Militärregierung, und das Pro-Kopf-Einkommen lag bei sechzig US-Dollar im Jahr. Da passierten … alle möglichen unglaublichen Dinge.

Man hatte keinen Begriff von Menschenrechten.« Dann spült er den größten Teil einer Flasche *makali*, einem starken koreanischen Reiswein, hinunter.

In den Akten der ausländischen Organisationen für Bevölkerungskontrolle sind keine Zahlungen für – in Korea, formal gesehen, illegale – Abtreibungen belegt. Doch angeblich wurden in den mobilen Kliniken auch solche durchgeführt. Cho Young-Youl, der Vorstadt-Frauenarzt, der später geschlechtsselektive Abtreibungen vornehmen sollte, war seinerzeit erst Medizinstudent. Als ich ihn frage, wie es kam, dass Abtreibungen in Südkorea so weite Verbreitung fanden, beschreibt er zunächst die Bevölkerungskontrollkampagne. In den 1970er Jahren, sagt er, »war auf dem Land Hilfspersonal unterwegs in die kleinen Dörfer und brachte Frauen in die [mobilen] Kliniken. Das schlug sich dann in ihrem Verdienst nieder. Sie brachten die Frauen ohne Rücksicht darauf, ob sie schwanger waren.« Viele Frauen wurden Zwang unterworfen: »War die Frau nicht schwanger, brachte der Helfer sie so weit, dass sie sich einer Operation – einer Tubenlitigation – unterzog, damit sie nicht noch mehr Kinder bekommen konnte. War sie schwanger, drängte der Helfer sie zur Abtreibung mit anschließender Tubenlitigation. Es gab Einsatzgruppen, die haben nichts anderes [als Abtreibungen und Sterilisationen] gemacht.«

Was in den Akten des Population Council über das System der Entlohnung vermerkt ist – 18 Cent für das Einsetzen eines Intrauterinpessars –, bestätigt, dass es für die Außendienstmitarbeiter einen Anreiz gab, so viele Frauen wie nur möglich zusammenzutrommeln. Dieselben Akten lassen auch durchblicken, dass die Frauen nicht aus freiem Willen zu den mobilen Kliniken kamen: »Es macht den Frauen nichts aus, die Einsatzgruppen aufzusuchen«, formuliert ein Bericht halbherzig.[47] Fotos, die in Dörfern entlang der Route der Familienplaner aufgenommen wurden, zeigen Frauen, die im Regen hinter den Fahrzeugen Schlange stehen oder sich, die Arme vor der Brust verschränkt und trotzigen Blicks, abseits aufgestellt haben.[48]

Sei's direkt, sei's indirekt über koreanische Organisationen – über ein Jahrzehnt lang ließen die International Planned Parenthood Federation und der Population Council in Südkorea mobile Kliniken durch das Land rollen, überwachten die Arbeit von Helfern im Außendienst und setzten Sollzahlen für Vasektomien und eingesetzte Intrauterinpessare fest. Der Zufluss ausländischer Gelder für Familienplanung erreichte 1974 einen Höchststand, als der UN-Bevölkerungsfonds eine Sechs-Millionen-Dollar-Unterstützung, verteilt über fünf Jahre, bewilligte, dank der unter anderem die Zahl der koreanischen Außendienstmitarbeiter auf 2780 erhöht werden konnte.[49] Während der Dauer des westlichen Engagements sackte die Geburtenrate in Südkorea im Jahr 1960 von 43 auf 24 pro tausend Einwohner im Jahr 1975.[50] In den offiziellen Erklärungen für das rapide Absinken der Fertilität ist zwar keine Rede davon, dass in den umgebauten Armee-Transportern erzwungene Abtreibungen vorgenommen worden wären, aber sie lassen unmissverständlich erkennen, dass Koreanerinnen, die gerade eine Abtreibung hinter sich hatten, ideale Kandidatinnen für das Einsetzen eines Intrauterinpessars oder für Sterilisation waren – ein Hinweis, der Chos Bericht über erzwungene Abtreibungen mit anschließender Tubenligatur bestätigt.[51] »Schwangerschaftsabbruch ging ja so beiläufig vonstatten«, sagt Heeran Chun, Soziologin an der Ewha Womans University in Seoul und Kennerin der Geschichte der Familienplanung in Korea. »Ob – nach erfolgter Aufklärung oder ohne sie – frei gewählt oder erzwungen: er war bei verheirateten Frauen so etwas wie eine Verhütungsmethode.«[52]

In westlichen Berichten wurde offen zugegeben, dass in Südkorea die Akzeptanz für das Kondom und die Antibabypille hinter den Erwartungen zurückblieb und dass der Rückgang der Geburtenrate der Abtreibung geschuldet war.[53] Christopher Tietze, der ehemalige Chef der Abteilung für Bevölkerungsfragen im US-Außenministerium und Kollege jenes Sheldon Segal, der 1969 die Geschlechtsselektion als Methode der Bevölkerungskontrolle befürwortet hatte, schrieb in der Fachzeitschrift *Studies in Family Planning*: »Es ... steht außer Zweifel, dass Schwangerschaftsabbruch, unbeschadet seiner Rechtsnatur, wesentlich zum Erfolg von Koreas nationalem Familienplanungsprogramm in Gestalt einer Reduktion der Fertilität beigetragen hat.«[54] Es wäre allerdings auch schwergefallen, die Rolle, welche Abtreibung in Südkorea spielte, zu leugnen. Im Jahr 1977 kamen in Seoul auf jede Geburt 2,75 Abtreibungen – das ist die höchste Abtreibungsrate in der Menschheitsgeschichte.[55]

* * *

Binnen Kurzem waren in Korea jüngere Kinder in der Minderzahl gegenüber Teenagern, und 1983 hatte der Rückgang der Fertilitätsrate schließlich das Ersatzniveau erreicht.[56] Aber Bevölkerungstheorien sind zählebig. Parallel zum Rückgang der Geburtenrate hatte Südkorea seinen wirtschaftlichen Aufschwung erlebt, und Chun Doo-hwan, dem Nachfolger Park Chung-hees als Militärmachthaber, lag viel daran, das Wirtschaftswachstum weiter anzuheizen. Außerdem hatte sich Bevölkerungskontrolle als eine verlässliche Bezugsquelle von Entwicklungshilfe erwiesen. Die Weltbank stellte Korea im Jahr 1980 Kredite in Höhe von dreißig Millionen US-Dollar zweckgebunden für Familienplanung zur Verfügung und pumpte bald darauf über ihre Internationale Bank für Wiederaufbau und Entwicklung weitere Millionen in das Land.[57] Statt die restriktiven bevölkerungspolitischen Zielvorgaben zu lockern, zog Chun die Zügel noch stärker an, indem er die für Paare empfohlene Kinderzahl von zwei auf eines halbierte und Frauen, die sich nicht an die Begrenzung hielten, die Sozialleistungen strich.

Während der von Chun 1983 gestarteten zweiten Intensivphase wurde im ganzen Land die Parole verbreitet »Sogar zwei sind noch eine Menge«.[58] Wieder kurvten mobile Kliniken durch das ländliche Südkorea, jetzt mit dem Auftrag, bevölkerungspolitische Zielvorgaben zu realisieren, die es an Strenge beinah mit der chinesischen Ein-Kind-Politik aufnehmen konnten. »Mit der neuen, strengeren Politik soll mehreren Trends entgegengearbeitet werden, die das Erreichen erklärter Bevölkerungsziele gefährden«, hieß es in einem geheimen Kurzreferat des Nationalen Sicherheitsrats der Vereinigten Staaten, das wenige Monate nach dem Anlaufen der Kampagne zu den Akten genommen wurde. »Der gravierendste davon ist der anhaltend hohe kulturell bedingte Wert, der Söhnen beigemessen wird … Die Koreaner widersetzen sich der Geburtenkontrolle, solange sie keinen Sohn haben.«[59] Die südkoreanische Regierung spreche offen über Strategien, wie der Besitz von Töchtern attraktiver gemacht werden könne. Indes wussten Chun und seine Unterstützer bei der Weltbank sicherlich, dass die demografischen Folgen der hartnäckigen Bevorzugung von Söhnen nicht zur Verbesserung der Stellung von Mädchen und Frauen führte, sondern – wie Paul Ehrlich und Sheldon Segal es sich schon Jahre zuvor ausgemalt hatten – zum verstärkten Rückgriff auf die neuerdings verfügbare Technik der Geschlechtsbestimmung. Der verstärkte Druck zur Einschränkung ihrer Fertilität, den die Kampagne auf Frauen ausübte, spielte zweifellos eine Rolle bei der geschlechtsselektiven Abtreibungsorgie im Südkorea der 1980er Jahre.

Nachdem er als freiwilliger studentischer Helfer monatelang koreanischen Dorfbewohnern Vorträge über Geburtenkontrolle gehalten hatte, machte Sang-yong Song seinen Dr. phil. an der University of Indiana in Bloomington, wo er, wie er sagt, zum »Wissenschaftskritiker« wurde. In späteren Jahren, als Bioethiker, wandte er seine Aufmerksamkeit berüchtigten Fällen wie dem Fälschungsskandal um den südkoreanischen Stammzellenforscher Hwang Woo-suk zu, der 2005 Experten und die Öffentlichkeit mit der Behauptung getäuscht hatte, er habe Stammzellen aus geklonten menschlichen Embryonen gewonnen. Doch noch heute, da er weit im siebten Lebensjahrzehnt steht, beschäftigt sich Song in Gedanken mit dem, was er damals, in den 1960er Jahren, miterlebt hat.

Selbst das Hwang-Fiasko hat nach seiner Überzeugung seine Wurzeln in der Bevölkerungskontrollbewegung. Als die Neuigkeit von der »Entdeckung« des Wissenschaftlers bekannt wurde, standen die koreanischen Frauen Schlange, um Eizellen zu spenden, sodass es Hwang möglich war, einen Vorrat von über zweitausend menschlichen Eizellen anzuhäufen. Eine derart gleichgültige Haltung gegenüber der Eizelle, dem Embryo oder dem Fetus verstößt eindeutig gegen das konfuzianische Ethos, sagt Song; zu dieser laschen Moral sei es unter dem jahrzehntelangen Zwang gekommen, den die Kampagne für Bevölkerungskontrolle in Südkorea ausgeübt habe.[60] Dass die Koreaner heute mit ihrem Genmaterial so unüberlegt umgingen, hänge damit zusammen, dass ihr Land seinerzeit zu einem »Abtreibungsparadies« geworden sei, erklärt er mir beim Essen. Bevor ihm der *makali* vollends zu Kopf steigt, sagt er mir trübselig, dass es im heutigen Korea »in den besseren Kreisen kaum eine Frau gibt, die keine Abtreibung hinter sich hat. Die Abtreibungsdebatte – die interessiert mich nicht besonders. Ich bin für Abtreibung, für Sterbehilfe und so weiter. *So* liberal bin ich. Aber ich bin gegen Utilitarismus. Das Leben ist wirklich wichtig, und wir sollten es nicht auf die leichte Schulter nehmen.«

* * *

In den Vereinigten Staaten war man über den Erfolg des koreanischen Familienplanungsprogramms voll des Lobes. Typisches Beispiel ist ein Bericht in der Fachzeitschrift *Demography*, der die koreanische Praxis der Geburtenkontrolle in der Form, wie sie vor dem Eingreifen der westlichen Organisationen aussah, und ihre Form danach einander gegenüberstellt: »Nur wenige Techniken der Geburtenkontrolle waren bekannt oder in Gebrauch: Lediglich sieben Prozent der Frauen im gebärfähigen Alter hatten es je mit Abtreibung versucht, handelsübliche Verhütungsmittel gab es bestenfalls in der Bezirkshauptstadt zu kaufen. In diesem Milieu stellten sich nun massenmediale Informationen, ambulante Helfer und handfeste Dienstleistungen ein – alle mit Aplomb –, und die Resonanz hatte ein historisches Ausmaß.«[61] »Aplomb«, fast müßig zu sagen, war ein Euphemismus für Anwendung (oder Androhung) von Zwang, aber dieser Punkt wurde selten eingehender durchleuchtet. Weil die späten 1960er Jahre noch immer die Ära General William Drapers waren und es für Konservative noch keine politische Kardinalsünde war, Abtreibung im Ausland zu befürworten, konnte das koreanische Familienplanungsprogramm zur Blaupause für andere asiatische Länder werden.[62] In Taiwan verdoppelte sich binnen lediglich acht Jahren der Anteil der Frauen, die sich einer oder mehrerer Abtreibungen unterzogen hatten: von zehn Prozent 1965 auf zwanzig Prozent 1973.[63] Auch in Indien fand ähnlich rapide eine vergleichbare Entwicklung statt;

1973, nur zwei Jahre, nachdem im Land die Abtreibung legalisiert worden war, wurden in indischen Gesundheitseinrichtungen schätzungsweise 23 000 Abtreibungen durchgeführt.[64] Jahrzehnte später resümierte der Demograf Geoffrey McNicoll den stürmischen Wandlungsprozess, der über Asien hinwegfegte, in dürren Worten so: »Zuvorderst im Ablaufschema stand die Einrichtung eines leistungsfähigen, im Regelfall autoritären lokalen Verwaltungssystems, mit dem dann (manchmal eher zufällig) die Rahmenbedingungen für neue Schritte und konkrete Dienstleistungen auf den Gebieten Volksgesundheit, Volksaufklärung und Familienplanung gegeben waren.«[65]

Je öfter die Familienplanungsorganisationen in einem neuen Staat Fuß fassen konnten, desto unverfrorener wurden die westlichen Berater. Manche priesen die Abtreibung sogar noch höher als die Geburtenkontrolle per Empfängnisverhütung. »Frühzeitiger Schwangerschaftsabbruch ist eine sichere, effektive, kostengünstige und unter Umständen die am einfachsten anzuwendende Methode«, schrieb Malcolm Potts, der medizinische Direktor der International Planned Parenthood Federation, 1976 in den *Proceedings of the Royal Society of London*. »Von ihm als ›zweitbester‹ oder ›Reserve-Methode‹ zu sprechen, heißt an einen Mythos zu glauben … der den weiblichen Interessen, dem Wohl der existierenden Kinder und dem Wohlstand – wenn nicht dem Überleben – der Menschheit diametral zuwiderläuft.«[66] Andere richteten den Blick nach China, wo im Vorfeld der Ein-Kind-Politik ein Bemühen um Beschränkung der Zahl der Geburten pro Familie im Gang war. Seit den frühen 1970er Jahren schweiften hier Teams aus Sanitätern und Hebammen durch ländliche Gebiete und führten »Schockattacken« aus, bei denen sie Frauen Intrauterinpessare einsetzten, Abtreibungen durchführten und an Männern wie Frauen Sterilisationen vornahmen.[67] Fast von Anfang an waren viele dieser Kampagnen mit der Anwendung von Zwang verbunden. 1973 berichteten westliche Journalisten mit Wohnsitz in Hongkong, dass schwangere Frauen in Festlandchina, die bereits zwei Kinder hatten, vor die Wahl gestellt wurden, entweder einer Abtreibung zuzustimmen oder weitere Kinder ohne zusätzliche Lebensmittelbezugskarte großzuziehen.[68]

China war von den Konvulsionen der Kulturrevolution geschüttelt und hatte sich gegen den Rest der Welt abgeschottet. Mit der Familienplanung schloss es sich allerdings einer Vorgehensweise an, die man sich im Westen ausgedacht und bereits in Südkorea zu eigen gemacht hatte, ein Umstand, den die Verfechter der Bevölkerungskontrolle höchst erfreulich fanden – insbesondere William Draper, der Asien nie aus den Augen verlor und davon träumte, eines Tages das Komitee für die Bevölkerungskrise (Population Crisis Committee) zum Mitgestalter der Bevölkerungspolitik Beijings machen zu können.

Am 24. März 1971 – in nicht einmal drei Wochen würde die Tischtennis-Nationalmannschaft der USA auf der Rückreise von der Weltmeisterschaft in Japan überraschend einen historischen Besuch in der Volksrepublik China machen – schrieb Draper an den chinesischen Premierminister Zhou Enlai, um einen Informationsaustausch vorzuschlagen; er habe dabei, so erinnerte er sich später, betont, dass Familienplanung genau wie Tischtennis »weder mit einer bestimmten Ideologie, noch mit politischen Implikationen« befrachtet sei.[69] Nachdem Draper vergebens auf eine Antwort gewartet hatte, beauftragte er Edgar Snow, der als einer der ersten US-Journalisten ausführlich über die Volksrepublik berichtet hatte, Informationen über das chinesische Familienplanungsprogramm zu sammeln.

Snow, der große Sympathie für die chinesische Regierung hegte und infolgedessen bei ihr wohlgelitten war, legte nach kurzer Zeit einen umfänglichen, mit aufschlussreichen Anekdoten gespickten Bericht vor. Mao Zedong persönlich erwähnte dem Journalisten gegenüber, dass es hauptsächlich die Bevorzugung von Söhnen als Nachkommen war, was die Chinesinnen gegen die Familienplanung einnahm. »Auf dem Land will eine Frau nach wie vor Jungen haben«, sagte Mao nach Snows Erinnerung. »Wenn das erste und das zweite Kind beide Mädchen sind, versucht sie es ein drittes Mal. Wenn das dritte kommt und ist wieder ein Mädchen, versucht sie es weiter. Nicht lange und sie hat neun Kinder.«[70] Anderswo registrierte Snow Dinge, die er als Anzeichen großer Fortschritte deutete. In dem Bericht, den er Draper vorlegte und der in einer China gewidmeten Sondernummer der Zeitschrift des Population Crisis Committee publiziert wurde, schilderte er ein neues Abtreibungsverfahren unter Narkose mittels Akupunktur, bei dessen Erprobung an einer Frau, die ihre Geburtenquote überzogen hatte, er Zeuge war. »Ein Schwangerschaftsabbruch wird an einer lächelnden Patientin vorgenommen«, schrieb ein leichtgläubiger Snow. »Die junge Frau, eine Fabrikarbeiterin, wurde durch nichts anästhetisiert, außer mittels zwei Nadeln, die schmerzlos in ihre Ohrläppchen gestochen wurden. ›Spüren Sie irgendwelche Schmerzen?‹, frage ich auf Chinesisch. Sie lächelt und schüttelt den Kopf. Sie wende Mao-Zedong-Denken an, sagt sie. Vielleicht ›Fürchte weder Bedrängnis noch Tod‹. Nach nicht einmal zehn Minuten wird sie vom Operationstisch genommen.«[71]

Für Draper machten offenbar solche Geschichten das Land als Partner für eine Zusammenarbeit in Bevölkerungsfragen nur noch attraktiver. In der Einleitung der erwähnten China-Sondernummer appellierte er abermals an die chinesische Führungsspitze (und schaffte es dabei wieder, Bevölkerungskontrolle und Tischtennis miteinander zu verquicken): »Jetzt, da die vor weltweitem Publikum so professionell gespielte erste Runde Ping-Pong-Diplomatie abgeschlossen ist, geben wir Premierminister Zhou Enlai erneut zu bedenken, dass es von Nutzen sein könnte, Kanäle für die Verständigung über gemeinsame Grundinteressen wie Familienplanung und deren Auswirkung auf die Zukunft der Menschheit insgesamt einzurichten.«[72]

Aber Draper war durchaus nicht der einzige amerikanische Bevölkerungskontrollaktivist, der davon träumte, beim bevölkerungsreichsten Land der Erde einen Fuß in die Tür zu bekommen. 1976, kurz, nachdem chinesische Ärzte an der Tietung-Klinik die erfolgreiche Geschlechtsbestimmung und Abtreibung weiblicher Feten bekannt gegeben hatten, veröffentlichte das Guttmacher Institute, eine Familienplanungs-Organisation mit Sitz in New York, in seiner Zeitschrift einen beifälligen Artikel mit dem Titel »Auch nach anderen Ländern exportierbar: China ›Geburtsplanungs‹-Verfahren«.[73] Im darauffolgenden Jahr – in China machte sich Song Jian gerade daran, die abstrakten Gleichungen niederländischer Mathematiker in praktische Bevölkerungspolitik umzusetzen – schickte die International Planned Parenthood Federation eine zwanzigköpfige Delegation auf eine 17-tägige Rundreise durch sechs chinesische Städte und zu zwei Volkskommunen.

Trotz strenger Überwachung durch behördliche Begleiter blieb der Gruppe die fallweise Anwendung von Zwang nicht verborgen. Ein Delegationsmitglied berichtete einem Reporter: »Wenn Zureden nichts bewirkt, können drakonische Mittel zum Einsatz kommen. Bei einer dritten Schwangerschaft kann einer Frau die Zustimmung zur Abtreibung abgepresst werden.«[74] In einem umfangreichen Reisebericht, den der IPPF-Regionaldirektor Benjamin Viel nach der Rückkehr aus Beijing zu Papier brachte, war jedoch von drakonischen Mitteln nicht die Rede, jedenfalls nicht im Zusammenhang mit Geburtenkontrolle. Viel räumte zwar ein, dass Chinesinnen, die den vorgeschriebenen Dreijahresabstand zwischen Geburten nicht eingehalten hatten, einem Schwangerschaftsabbruch unterzogen wurden, der aber auf freiwilliger Basis stattfand, wie er durchblicken ließ. »Zum Beweis dafür, dass bei dem Programm kein Zwang oder Druck im Spiel ist«, schrieb er in einem Kommentar, der ebenso sehr für die chinesischen Behörden wie für westliche Sponsoren seiner Organisation gedacht gewesen sein mag, »wurde uns gesagt: Seien einerseits in den meisten Regionen neunzig Prozent der Kinder planungsgemäß, so gebe es andererseits auch Landesteile, wo die planungsgemäßen Kinder nicht mehr als fünfzig Prozent der Gesamtzahl ausmachen.«[75] Direktiven der Zentralregierung, fügte er hinzu, »durchlaufen auf dem Weg an die Peripherie [anscheinend] einen optimierten Dezentralisierungsprozess«.

Ob solche Lobesworte bei den Kadern in Beijing irgendeine Wirkung erzielten, ist ungewiss. Doch sollten die Bevölkerungskontrolle-Organisationen ihre Komplimente binnen zwei Jahren mit harter Währung unterfüttern – und China sollte schließlich weich werden und westliche Berater ins Land lassen.

ZEHNTES KAPITEL

Die Feministin

Handeln ist besser als Nichthandeln.
Bhagavadgita

Im Dezember 1979, als in Beijing bereits die Vorbereitung der Ein-Kind-Politik im Gang war, traf die chinesische Regierung mit dem Bevölkerungsfonds der Vereinten Nationen (UNFPA) ein Abkommen über das erste Bevölkerungsprojekt der Organisation in China.[1] Die fünfzig Millionen US-Dollar, verteilt über vier Jahre, zu deren Zahlung sich der UNFPA verpflichtet hatte, waren der größte Brocken an Entwicklungshilfe, den China seit seinem Bruch mit der Sowjetunion im Jahr 1961 erhielt – für die klamme Regierung in Beijing ein wahrer Segen.[2] Das Abkommen nannte als Verwendungszweck den Ankauf von Computern, die Ausbildung von 70 000 Familienplanungsagenten und großflächige Informationskampagnen, die für eine geringere Kinderzahl pro Familie werben sollten – Maßnahmen, von denen die chinesische Führung bisher nur hatte träumen können.[3] Außerdem ebnete es den Weg für eine Zusammenarbeit mit anderen westlichen Nichtregierungsorganisationen für Bevölkerungskontrolle wie etwa die International Planned Parenthood Federation, die Ford Foundation und den Population Council.

Schon seit sechs Jahren sickerten aus China immer wieder Berichte über Zwangsabtreibungen und andere Formen von Geburtenkontrolle durch; möglicherweise deswegen betonte Rafael M. Salas, der Direktor des UNFPA, bei der Bekanntgabe des Abkommens, dass Chinas Geburtenplanungssystem in der Weise funktioniere, dass es sich eine in der Landeskultur wurzelnde kollektive Disposition zur Mobilisierung zunutze mache. »Es ist nicht nur ein effizient abgewickeltes Programm, eine gut funktionierende Verwaltungsbürokratie, was die Familienplanung vorantreibt«, sagte er vor der Presse, »sondern ein auf allen gesellschaftlichen Ebenen vorhandenes soziales Bewusstsein und ebensolcher kollektiver Druck.«[4]

Derlei Kommentare gründeten auf einem unangebrachten Kulturrelativismus derselben Sorte, die einen auch glauben lässt, eine nichtnarkotisierte Frau auf einem Operationstisch könne sich gegen die Prozedur, der sie unterzogen wird, unempfindlich machen, indem sie innerlich Mao-Zedong-Gedanken aufsagt: Während Menschen im Westen aus eigennützigen Motiven handeln, stellen die Menschen in China die eigenen Bedürfnisse hinter die Bedürfnisse der Gruppe zurück. Spätestens in der zweiten Hälfte der 1970er Jahre wussten Beobachter, dass der Kollektivismus in China auf dem Gebiet der Industrie- und Agrarproduktion gescheitert war. Aber in Bezug auf die menschliche Fortpflanzung hielt sich hartnäckig die Vorstellung von der Volksrepublik als einem sozialistischen Paradies, in dem der Einzelne mit seinen Interessen willig hinter den Forderungen des Gemeinwesens zurückstand. »Überzeugungsarbeit und Motivieren«, schrieb IPPF-Regionaldirektor Benjamin Viel in seinem Bericht von 1977, »bewirken viel in einer Gesellschaft, in der all denen, die beim Aufbau des sozialistischen Staats nicht mitmachen, soziale Sanktionen drohen.« Etliche Jahre später hieß es in einem vom U.S. Office of Technology Assessment (US-Amt für Technikfolgenabschätzung) vorgelegten Überblick über die weltweiten Bemühungen um Geburtenkontrolle:

> »Nach der tragenden Philosophie der Geburtenplanungspolitik geht es darum, staatliche Anleitung (Aufklärung und Überzeugungsarbeit im Gegensatz zu behördlichen Verordnungen) mit dem ›Voluntarismus‹ der Menschen unter einen Hut zu bringen. ... Weil jede nicht planungsgemäße, der Gemeinde-Entscheidung zuwiderlaufende Geburt bedeutet, dass ein die Voraussetzungen erfüllendes Paar auf die Geburtserlaubnis, die ihm zusteht und für die es sich qualifiziert hat, verzich-

> ten muss, besteht ein kollektives Interesse daran, dass der Geburtenplan der Gemeinde eingehalten wird. Chinesische Geburtenplanungsprogramme binden so gesehen die örtlichen Gemeinwesen in die Planung und Umsetzung einer Politik von höchster nationaler Bedeutung ein.«[5]

Indessen dauerte es nach der Unterzeichnung des Abkommens zwischen China und dem UNFPA nur Monate, bis Presseberichte die wahre Natur des »Voluntarismus« in China erhellten. Nachdem die Kader gegen nichtautorisierte Geburten hart vorzugehen begonnen hatten, sickerten Geschichten über Zwangsabtreibungen außer Landes. Im Mai 1980 gab Associated Press Berichte von heimgekehrten China-Reisenden weiter, die in der Provinz Guangdong vor Krankenhäusern »Eimer, in denen Feten lagen« gesehen hatten.[6] Im August interviewte die Agentur in der Provinz Sichuan Dorfkader, deren Auskünfte auf Zwangsabtreibung als eine dort gängige Praxis hindeuteten. »Wenn eine Frau außerhalb unserer Planung schwanger wird, muss sie sich einer Abtreibung unterziehen«, sagte Brigadeführer Fu Shaorong der Reporterin Victoria Graham. Chen Fenglian, die Vorsitzende des örtlichen Frauenbundes, ging näher darauf ein: »Die meisten Frauen wollten von Abtreibung nichts wissen, aber dann kommen Kader zu ihnen ins Haus und machen ihnen klar, wie arm China ist, und hinterher stimmen sie zu.« Sie fügt noch hinzu, dass manche Frauen, die so überzeugt werden mussten, im siebten Monat waren.[7]

Berichte über Zwangsabtreibungen kursierten auch in den Familienplanungs-Organisationen. In einem Memorandum für den IPPF-Direktor Carl Wahren vom Januar 1980 wies die Informationsmanagerin Penny Kane darauf hin, dass kürzlich aus China zurückgekehrte Planned-Parenthood-Mitarbeiter berichteten, es würden »sehr scharfe Maßnahmen zur Verringerung des Bevölkerungswachstums angewandt – unter anderem auch Abtreibungen bis zum achten Monat«. Vorausschauend merkte Kane dazu an, es wäre wohl von Nachteil für die IPPF, mit solchen Vorkommnissen in Verbindung gebracht zu werden: »Ich denke, in nicht allzu ferner Zukunft wird sich das zu einem Sturm im Blätterwald aufblähen, denn es enthält alle Zutaten für Sensationsmache: Kommunismus, aufgezwungene Familienplanung, Ermordung lebensfähiger Feten, Parallelen zu Indien usw. Wenn sich das aufbläht, wird es sehr schwer sein, es zu verteidigen.«[8]* Öffentlich galt für Sprecher der IPPF und anderer Organisationen jedoch weiterhin die verharmlosende Sprachregelung, dass der in China vorherrschende Gemeinschaftsgeist eine reibungslose, unaufwendige Familienplanung ermöglichte.

Westliche Organisationen, das darf man nicht vergessen, hatten fast zehn Jahre lang versucht, im bevölkerungsreichsten Land der Erde mit ihren Zielen und Methoden Anklang zu finden, und jetzt hieß man sie mit offenen Armen willkommen. Das Abkommen zwischen dem UNFPA und der chinesischen Regierung sicherte der Organisation den direkten Zugang zu Regierungsstellen in Beijing zu, dazu das Recht, etwa ein halbes Dutzend ausländische Spezialisten für die Dauer von zwei Jahren in China zu stationieren und nach und nach zwanzig weitere ins Land zu bringen.[9] Westliche Demografen schwiegen, aus ähnlichen Gründen. Dafür kümmerte sich der UNFPA darum, dass China bei dem Zensus 1982 technische Hilfe erhielt.[10] Andererseits und außerdem waren viele Demografen noch immer überzeugt davon, dass es das Bevölkerungswachstum zu bekämpfen gelte, koste es, was es wolle. Bei einer 1978 unter Mitgliedern der Population Association of America durchgeführten Umfrage bejahten 34 Prozent der Befragten die Aussage: »Zumindest in manchen Ländern sollte umgehend ein Programm zur zwangsweisen Geburtenkontrolle eingeleitet werden.«**[11] Immerhin hatte man es mit Zwang schon in Indien und Südkorea versucht und die westlichen Berater und Demo-

* Noch im selben Jahr machte Kane auch warnend darauf aufmerksam, dass sich führende chinesische Behörden mit dem Ziel der Ausselektion geistig und körperlich behinderter Kinder vor Augen stark für Eugenik interessierten.

** Die im Jahr 1930 gegründete Fachgesellschaft Population Association of America (www.popassoc.org) ist eine gemeinnützige wissenschaftliche Berufsorganisation, die die Forschung zu Bevölkerungsfragen fördert. Bei den rund 3000 Mitgliedern handelt es sich um Demografen, Soziologen, Ökonomen, Fachleute aus dem Gesundheitswesen und andere, die sich grafen, die in beiden Ländern mitgemischt hatten, waren aus der Sache relativ ungeschoren hervorgegangen. Mag sein, dass sie dachten, in China werde es nicht anders sein.

* * *

Die Umsetzung der Ein-Kind-Politik in die Praxis, die in der zweiten Hälfte des Jahres 1980 begann, gab Chinas Nationaler Kommission für Bevölkerungsentwicklung und Familienplanung schon bald Gelegenheit, von dem Geld aus dem Ausland Gebrauch zu machen. Mit den vom UNFPA für solche Zwecke bestimmten Mitteln finanzierte die Kommission die Ausbildung von Familienplanungsagenten und eine ambitionierte Propagandakampagne mit dem Ziel, den Massen einzuhämmern, dass es den Regierenden mit der Geburtenkontrolle ernst war.[12] Beim UNFPA hatte man wahrscheinlich erwartet, dass die für Volksaufklärung vorgesehenen Mittel in Plakatanschläge fließen würden, die den Wert von Töchtern herausstellten und die Vorzüge von Kleinfamilien priesen. Aber die Ortsbehörden hatten eine andere Vorstellung von einprägsamen Parolen. Bald stand auf dörflichen Mauern zu lesen:

BESSER EIN STROM VON BLUT FLIESST ALS
DASS MAN UNERLAUBT EINES ZU VIEL HAT

oder

DU KANNST ES RAUSPRÜGELN!
DU KANNST DAFÜR SORGEN, DASS DU ES VERLIERST!
DU KANNST ES ABTREIBEN!
ABER DU KANNST ES UNMÖGLICH ZUR WELT BRINGEN![13]

Die frisch ausgebildeten Familienplaner machten sich an die Arbeit und schwärmten im Land aus, um die Geburten-

für Forschung und Weiterbildung in diesem Fachbereich interessieren. – Anm. d. Übers.

beschränkung durchzusetzen. In Chinas Dörfern und Städten wandten sie verschiedene Methoden der Geburtenkontrolle an: Sie setzten Frauen Intrauterinpessare ein oder sterilisierten sie und auch Männer. Aus den von der Regierung veröffentlichten Zahlen geht jedoch hervor, dass Abtreibung in China rasch zur Hauptmethode der Geburtenkontrolle wurde.[14]

Wie in Südkorea waren viele der unter dem Vorzeichen der Familienplanung durchgeführten Abtreibungen freiwillig. Andere waren es nicht. Manche blieben in dieser Hinsicht schwer einzustufen, denn im China der 1980er Jahre trennte nur ein schmaler Grat Freiwilligkeit von Zwang.

Die Methoden, mit denen Familienplanungsagenten Schwangere zur Abtreibung nötigten, variierten auf breiter Front. Im Juli 1981 kam ein Reporter aus Hongkong dahinter, dass in der Provinz Guangdong Frauen, die eine Abtreibung ablehnten, außer Bußgeldern und anderen Verwaltungsstrafen auch riskierten, dass ihnen Wasser und elektrischer Strom abgestellt, Ziegel vom Hausdach gestohlen und sie selbst aus dem Haus ausgesperrt wurden.[15] Drei Monate später berichtete das *Wall Street Journal* von Frauen, die »in Handschellen oder mit Stricken gefesselt oder in einem Schweinekorb«* zur Abtreibung in die Klinik befördert wurden.[16] Im *Wall Street Journal* erschien auch ein Artikel des Anthropologiestudenten Steven Mosher, der sich im Rahmen des Doktorandenprogramms der Stanford University in China aufgehalten hatte und in der Provinz Guangdong bei Feldforschungen in einer Volkskommune Zeuge von Zwangsabtreibungen geworden war. Mosher schilderte seine Eindrücke von einer Zusammenkunft in der Zentrale der Kommune:

> »Auf vorn in dem Raum im Halbkreis aufgestellten schmalen Holzbänken saßen apathisch 18 im fünften bis neunten Monat schwangere Frauen, viele mit vom Schlafmangel und Weinen geröteten Augen. He Kaifeng, ein Leitungsfunktionär und

* In Asien werden lebende Schweine oft in Körben transportiert. Siehe http://tinyurl.com/6tvxsnl. – Anm. d. Übers.

langjähriges KP-Mitglied, nannte sehr klar und deutlich den Zweck der Zusammenkunft.›Ihr seid hier, weil ihr euch über Geburtenkontrolle klare Gedanken‹ machen müsst, und ihr werdet hier bleiben, bis ihr das tut.‹«[17]

Mosher zufolge versuchte der Funktionär anfangs, die Frauen mit Argumenten zu überzeugen. Die Kommune würde dafür sorgen, dass sie mit Personenautos zur Klinik und zurück gebracht würden – die meisten von ihnen hatten noch nie in einem Bus, geschweige denn in einem Auto gesessen –, und würde auch Moskitonetze beschaffen, mit denen sie während der Prozedur bedeckt würden. Dann wechselte er die Taktik und den Ton:

»›Ihr habt allesamt in dieser Sache keine Wahl. Ihr müsst euch darüber ins Klare kommen, dass eure Schwangerschaft jeden in der Kommune angeht, ja jeden in diesem Land angeht.‹ Dann taxierte er mit Blicken, wie weit die einzelnen Frauen in ihrer Schwangerschaft waren, und fuhr anschließend fort: ›Bei den zweien, die im achten oder neunten Monat sind, wird ein Kaiserschnitt gemacht, die übrigen kriegen eine Spritze, die den Abort einleitet.‹ Da waren mehrere Frauen schon am Weinen …«[18]

Zu der Zeit, als er sich in Guangdong aufhielt, war Mosher noch Abtreibungsbefürworter. An der Universität hatten ihn die Ideen Paul Ehrlichs stark beeinflusst; *The Population Bomb* hatte er, wenn er sich richtig erinnerte, vier Mal gelesen. Nach China war er mit der Überzeugung gereist, »dass das Land ein Übervölkerungsproblem hat und dass die chinesische Regierung gut daran tut, sich dieses Problems mit durchgreifenden Maßnahmen anzunehmen«.[19] Aber die Brutalität, mit der die Staatsmacht dabei vorging, entsetzte ihn, und als er das Land verließ, schmuggelte er Fotos aus dem Land, auf denen zu sehen war, wie Hochschwangere einer Abtreibung unterzogen wurden.

Auf einem dieser Bilder liegt eine Frau auf dem Operationstisch, im achten Monat schwanger, und der Arzt setzt das Skalpell auf ihrem Bauch an. Er hat sich nicht die Mühe gemacht, die Frau mit OP-Kleidung zu versorgen, und ihre grobe Arbeitshose bauscht sich um ihre Knöchel.[20]

Anderen Beobachtern fiel allmählich auf, dass Widerstand gegen die Ein-Kind-Politik am ehesten von chinesischen Ehepaaren kam, die auf einen Sohn hofften. »Der Wunsch nach einem Sohn«, schrieb der *New York Times*-Reporter Christopher S. Wren 1982, »ist offenbar der Hauptgrund, warum mehr und mehr Paare darauf verzichten, sich ein ›Ein-Kind-Zertifikat‹ ausstellen zu lassen, mit dem sie sich verpflichten, keine weiteren Kinder zu bekommen, und als Gegenleistung Vorteile für ihr Einzelkind bei dessen Gesundheitsversorgung und Ausbildung erhalten.«[21] Wren referierte einen Bericht der chinesischen Zeitschrift *Health News*, demzufolge Frauen weibliche Feten abtreiben ließen.[22] Wenige Monate später erhob Victoria Graham – die Reporterin, die auf bereits im Vorfeld der Umsetzung der Ein-Kind-Politik stattfindende Zwangsabtreibungen aufmerksam gemacht hatte – in einem Agenturbericht, der in Zeitungen in ganz Amerika abgedruckt wurde, warnend ihre Stimme: »Überzeugt, dass ein Junge die bessere Option darstellt, lassen viele chinesische Frauen eine Geschlechtsbestimmung an ihrer Leibesfrucht vornehmen und einen gesunden weiblichen Fetus überstürzt abtreiben ... Das sind keine Einzelfälle ... Demografen warnen vor den unheilvollen Folgen, die sich einstellen könnten, wenn durch Abtreibung und Infantizid das Gleichgewicht im Zahlenverhältnis der Geschlechter gestört wird.«[23] Doch die westlichen Organisationen, die jetzt Vertreter in Beijing hatten, machten keine Anstalten, zu intervenieren, und im folgenden Jahr verschärfte die chinesische Regierung im Rahmen einer Welle allgemeiner Repression ihre Geburtenkontrolle-Aktionen.*[24] Parallel dazu nahm die Geschlechtsselektion zu.[25]

Auch jetzt zogen sich die westlichen Organisationen nicht

* Die Regierung ging auch hart gegen Jeans und andere Formen »geistiger Umweltverschmutzung« vor.

etwa aus China zurück, sondern verstärkten ihre Unterstützung. IPPF-Direktor Carl Wahren beantragte 1983 erhöhte Zahlungen an China.[26] Um diese Zeit sanktionierte die Stanford University den Anthropologiestudenten Steven Mosher, der, neben anderen, auf Zwangsabtreibungen in China aufmerksam gemacht hatte. Scheinbar hatte sich Mosher zweierlei zuschulden kommen lassen: Er hatte gegen das Berufsethos der Anthropologen verstoßen, indem er Fotografien von seinen menschlichen Studienobjekten veröffentlicht hatte, und er hatte in China Reisen unternommen, ohne vorher von den Behörden die erforderlichen Genehmigungen eingeholt zu haben.[27] Aber hinzu kam noch, dass ein Vertreter der Chinesischen Akademie der Sozialwissenschaften während des von Mosher angestrengten Revisionsverfahrens die Stanford University wiederholt unter Druck setzte, indem er indirekt damit drohte, dass andere in China forschende Wissenschaftler des Landes verwiesen werden würden, sollte Mosher die Fortsetzung seines Promotionsstudiums erlaubt werden.[28]

Der Eifer, mit dem die chinesische Regierung die Bevölkerungskontrolle betrieb, erregte Wohlgefallen insbesondere auf der Führungsebene des UNFPA. Im September 1983 verlieh die Organisation erstmals ihren mit 12 500 US-Dollar dotierten UN-Bevölkerungspreis, und dies gleich zweifach: zum einen an Qian Xinzhong, den ehemaligen General der Volksbefreiungsarmee, der nun als Familienplanungsminister mit der Durchsetzung der Ein-Kind-Politik betraut war, zum anderen an Indira Gandhi, die im Indien der 1970er Jahre sowohl Massensterilisationen als auch die Geschlechtsselektions-Experimente des All-India Institute of Medical Sciences verantwortet hatte. Bei der gemeinschaftlichen Verleihungszeremonie für beide Preisträger in New York geriet Javier Pérez de Cuéllar, der Generalsekretär der Vereinten Nationen, in Überschwang. »In Anbetracht der Tatsache, dass in China und Indien mehr als vierzig Prozent der Menschheit zu Hause sind«, sagte er, »müssen wir alle tief empfundene Anerkennung dafür zum Ausdruck bringen, wie die Regierungen dieser beiden Länder den Einsatz der notwendigen Mittel organisieren, um eine riesenhaft dimensionierte Bevölkerungspolitik ins Werk zu setzen.«[29]

Für alle jedoch, die sich um Menschenrechte ebenso sehr sorgten wie um den Abbau des Bevölkerungswachstums, schlug diese Preisvergabe dem Fass den Boden aus. Einer der Berater des Vergabekomitees, der Nobelpreisträger für Wirtschaftswissenschaften Theodore W. Schultz, zeigte umgehend seine Missbilligung öffentlich und erklärte, die Wahl dieser Preisträger füge der Sache der Familienplanung Schaden zu; beim UNFPA möge man doch bitte seinen Namen in allen die Wahl betreffenden Akten streichen.[30] Von da an wurde Bevölkerungskontrolle – und in unglücklicher Verquickung damit, auch das Engagement für reproduktive Gesundheit – zu einem höchst heiklen Thema.

Bald nach Bekanntgabe der Preisverleihung schlachtete Amerikas im Entstehen begriffene Anti-Abtreibungs-Bewegung das Thema zwangsweiser Geburtenkontrolle in China aus, um damit einen Stopp der Finanzierung durch den UNFPA zu erreichen. Wie die IPPF-Informationsmanagerin Penny Kane schon 1980 vorausgesehen hatte, war die Story von Organisationen für reproduktive Rechte, die Zwangsabtreibungen subventionierten, ein Propagandaknüller, der nicht ungenutzt bleiben konnte. Auf der Weltbevölkerungskonferenz 1984 in Mexico City traten Anti-Abtreibungs-Demonstranten auf, die Beweise für Zwangsabtreibungen, weiblichen Infantizid und geschlechtsselekive Abtreibungen in China schwenkten – und besonders aggressiv über die IPPF und den UNFPA herzogen.[31] Im darauffolgenden Jahr verabschiedete das amerikanische Parlament das »Kemp-Kasten Amendment«, das der US-Regierung jede Finanzierung von Organisationen verbot, die an Zwangsabtreibungen oder -sterilisationen beteiligt waren; Präsident Reagan sperrte die im Haushalt der Behörde für Entwicklungshilfe zur Zahlung an den UNFPA vorgesehenen 46 Millionen Dollar und legte so dessen ergiebigste Quelle von Regierungssubventionen lahm.[32] (Reagans Anordnung, auch solchen Nichtregierungsorganisationen die Subventionen zu streichen, die für zwangsfreie Abtreibungen im Ausland Lobbyarbeit leisteten oder sie durchführten, wird heute gelegentlich als »globaler Maulkorberlass« bezeichnet.)

Inzwischen hatten sich in der Zusammensetzung von Organisationen wie dem UNFPA die Gewichtsverhältnisse zu verschieben begonnen, rückten mehr und mehr Frauen in Machtpositionen auf. Aber die neuen Führungspersönlichkeiten hatten einen harten Kampf führen müssen für das Recht, als US-Bürgerin eine Schwangerschaft abbrechen zu dürfen, und in manchen Winkeln des Globus war der Kampf für reproduktive Rechte noch nicht gewonnen; mindestens ein Viertel der weiblichen Weltbevölkerung lebte in Ländern, wo Schwangerschaftsabbruch unter den meisten Umständen verboten war. (Das trifft noch heute zu.)[33] In China jedoch war das keineswegs der Fall, und die ganzen 1980er Jahre hindurch reagierte die Führung des UNFPA auf Vorwürfe der Komplizenschaft in der Weise, dass sie abwechselnd vorbrachte, die Ein-Kind-Politik werde ohne Anwendung von Zwangsmitteln umgesetzt oder die chinesische Regierung verwende die UNFPA-Gelder ausschließlich im Bildungsbereich und zur Qualitätsverbesserung der chinesischen Demografie.* Als der UNFPA sich 1989 zur Finanzierung eines auf fünf Jahre geplanten, 57 Millionen Dollar schweren Programms in China bereit erklärte, erzählte der UNFPA-Generalsekretär Nafis Sadik der *New York Times*, chinesische Funktionsträger hätten eingeräumt, dass einzelne Fälle von Zwangsabtreibung vorgekommen seien; zugleich hätten sie aber auch zugesagt, dergleichen in Zukunft zu unterbinden – und versichert, dass ihr Politprogramm grundsätzlich nur freiwillige Abtreibungen erlaube.[34] Die USA setzten Zahlungen an den UNFPA dennoch weiterhin aus. Das Gerangel um die Gelder der USA für den UNFPA hält bis in die Gegenwart an, und daneben wurde der Maulkorberlass von jedem Präsidenten seit Reagan bald nach dem Amtsantritt je nach politischer Ausrichtung entweder aufgehoben oder wieder in Kraft gesetzt.[35] Gegenteiligen Behauptungen von Anti-Abtreibungs-Gruppen zum Trotz spielt der UNFPA heute in China eine ganz andere

* Was eine problematische Behauptung war. Die mit UNFPA-Geldern angeschafften Computer zum Beispiel dienten erklärtermaßen der Tabellarisierung von Volkszählungsresultaten. Da jedoch die Volksrepublik zur damaligen Zeit nur über sehr wenige andere Computer verfügte, kann man so gut wie sicher davon ausgehen, dass jene Maschinen auch zur Kontrolle der Einhaltung von Geburtenzielen benutzt wurden.

Rolle als damals – und Gleiches trifft auch auf die chinesische Familienplanungskommission zu, die längst nicht mehr auf Geburtenraten fixiert ist. Das Hin und Her um Zwangsanwendung oder nicht hatte in China den bedauerlichen Nebeneffekt, dass es einen wichtigen – stark mit Chinas ungleichgewichtigem Geschlechterverhältnis zusammenhängenden – Trend verdeckte. Für Aktivistinnen, denen die weibliche Gesundheit am Herzen lag, hätte schon die bloße Zahl der im Namen der Ein-Kind-Politik durchgeführten Abtreibungen und die Häufigkeit, mit der sie im zweiten oder dritten Trimenon vorgenommen wurden, ein Alarmsignal sein müssen. In dem Zeitraum von Januar 1981 – kurz nach Einführung jener Politik – bis Dezember 1986 wurden an chinesischen Frauen 67 Millionen Abtreibungen vollzogen.[36]

* * *

Vergleichen wir die Abtreibungspraxis in Asien mit jener im Westen, so stellen wir fest, dass in Nordamerika und Westeuropa nach der Legalisierung des Schwangerschaftsabbruchs die Zahl der erfolgten Abbrüche im typischen Fall zurückging. Das ist nicht so paradox, wie es zunächst scheint: Gesellschaften, die ihre Abtreibungsgesetze liberalisieren, erleichtern oft auch den Zugang zur Empfängnisverhütung, sodass mit dem Recht, nicht zu gebären, das Recht, gar nicht erst schwanger zu werden, gepaart ist.[37] Aber in Asien und einem großen Teil Osteuropas, wo man Familienplanungskonzepte ohne Rücksicht auf weibliche Bedürfnisse entwickelte und Abtreibung nicht als Notanker neben Verhütung, sondern als durchschlagende Methode der Bevölkerungskontrolle verstand, bedeutete legale Abtreibung mehr Abtreibung. »Man hat die Familienplanungspolitik um die Gender-Perspektive verkürzt«, sagt Whasoon Byun, die Sozialforscherin am Korean Women's Development Institute. »Das Instrument der Familienplanung ist der weibliche Körper. Also bedienen wir uns anstelle der Pille der Abtreibung.«[38]

In den Vereinigten Staaten ist eine Frau, die sich einer Abtreibung unterziehen möchte, im Durchschnitt zum ersten Mal schwanger. Meist ist sie unverheiratet, jung und dabei, etwas ungeschehen zu machen, was oft als Fehltritt bezeichnet wird. In Osteuropa und Asien ist die Mehrzahl der Frauen, die sich für eine Abtreibung entscheiden, verheiratet, sie haben Kinder und aller Wahrscheinlichkeit nach schon zwei oder drei Abtreibungen hinter sich. (Eine Frau in Aserbaidschan unterzieht sich im Lauf ihres Lebens durchschnittlich 3,2 Abtreibungen, in Georgien 3,7.)[39] Nachdem diesen Frauen jahrelang Bevölkerungsziele eingebläut wurden, ist Abtreibung für sie jetzt das probate Mittel, die Kinderzahl der Familie in Grenzen zu halten.

Einmal wollte ich einer koreanischen Bekannten, die in den 1980er Jahren groß geworden war, mein Arbeitsthema erklären. Ich war noch nicht weit gekommen, da wurde sie ernst. »Als ich noch klein war, hatte meine Mutter drei Abtreibungen.« Ich muss wohl ein besorgtes Gesicht gemacht haben, denn sie zuckte die Achseln. »Damals war das allgemein üblich.«

* * *

Dabei fiel es Frauen sehr schwer, sich von alten Vorstellungen zu lösen, sich ihrer religiösen Anschauungen zu entledigen und sich ein neues Verständnis von Weiblichkeit zuzulegen. Dem Bioethiker Nie Jing-Bao gegenüber, der Ende der 1990er Jahre eine Umfrage unter Frauen machte, die abgetrieben hatten, benutzten mehrere Befragte die Ausdrücke *tongbu yusheng*, »so leidvoll, dass man am liebsten gestorben wäre«, und *kubu kangyang*, »so bitter, dass keine Worte es je beschreiben können«.[40] Eine der Frauen erzählte Nie: »Ich erinnere mich daran, als ob es heute Morgen geschehen wäre. Ich werde mich immer daran erinnern. Beim Warten auf die OP war ich ganz durcheinander. Ich hatte Angst, dass ich unfruchtbar werden könnte. Ich hatte Angst, meine Gesundheit könnte Schaden leiden. Während der Operation wurde mir klar, dass es wirklich nicht leicht ist, eine Frau zu sein. Es ist leidvoll, sehr leidvoll.«[41] Andernorts blieben die Frauen dabei, jede Schwangerschaft wichtig zu nehmen, auch wenn sie sich dem Bevölkerungskontrollprogramm ihre Landes anpassten. In Vietnam gaben die Frauen der Tochter, die in ihnen wuchs, einen Namen, ehe sie abtrieben.[42] Eine in jüngerer Zeit durchgeführte Studie der indischen Nichtregierungsorganisation Centre for Youth Development and Activities kommt zu dem Ergebnis, dass selbst nach Jahrzehnten staatlich geduldeter Abtreibungspraxis viele Inderinnen »Abtreibung als eindeutige Tötung von Leben (Leben, dem man denselben Status wie einem fertigen Menschen zuerkennen muss) und deshalb als Verstoß gegen die Ethik betrachten«.[43]

Trotz alledem haben sich die Denkmuster in Asien großenteils geändert. Selten ist man heute in einem chinesischen Dorf länger unterwegs, ohne dass einem ein Anschlag ins Auge sticht, der für die Gelegenheit zu kostengünstiger und problemloser Abtreibung wirbt. Diese Anzeigen werden in Fettschrift gedruckt, fotokopiert und an die Wände von Häusern, Geschäften und öffentlichen Toiletten geklebt. Als ich in Suining einmal eine solche Toilette benutzte, zählte ich an der Lehmwand fünf solcher Flyer. Chinesische Abtreibungskliniken platzieren TV-Werbespots in die Hauptsendezeit, und die Kundenbeschaffungsstrategien schießen ins Kraut; eine Klinik in Chongqing bietet Abtreibungen für Studenten zum halben Preis an.[44] Als Westlerin empfinde ich diese Ungeniertheit manchmal einerseits als Positivum – als einen erfrischenden Gegensatz zu den Vereinigten Staaten, wo es einer Frau, die eine Abtreibungsklinik betreten will, passieren kann, dass sie sich durch eine Postenkette von Abtreibungsgegnern kämpfen muss. Im Großen und Ganzen jedoch ist der nonchalante Umgang mit allem, was mit Abtreibung zu tun hat, beunruhigend. Nehmen wir zum Beispiel die Sprache: Die emotionale Resonanz der Worte, in denen die Magie der Schwangerschaft und die Trauer um deren Abbruch anklingt – es gibt sie nicht mehr. Der chinesische Ausdruck, den Liu Li gebrauchte, als sie mir von ihren geschlechtsselektiven Abtreibungen erzählte, lautete *dadiao*, »eliminieren«.

Den Frauen, die eingestanden, dass die Abtreibungen ihnen zusetzten, standen bei Nies Recherchen ebenso viele Frauen gegenüber, die Abtreibung für etwas ganz Gewöhnliches hielten. Aus den Fragebögen, die er 1997 an mehr als 600 Männer und Frauen verteilt hatte, erfuhr Nie, dass 29 Prozent der Befragten eine Abtreibung für gerechtfertigt hielten, wenn die Schwangerschaft das Aussehen der Mutter beeinträchtigte; 34 Prozent sahen in starker morgendlicher Übelkeit einen ausreichenden Grund für eine Abtreibung.*[45] Abtreibung sei »etwas ganz Natürliches, so wie Essen und Trinken«, sagte eine Befragte. »Das ist ein ziemlich normaler Vorgang, [so wie wenn man] irgendwas gewöhnliches Essbares [zu sich nimmt]«, echote eine andere.[46]

Und das ist auch bei Delhis Elite die gängige Einstellung. Sogar die Vergleiche liegen auf einer Linie. Für einige seiner Patientinnen, erzählt mir Puneet Bedi, ist eine Abtreibung »nicht aufregender als eine Tasse Kaffee. Ob Sie es glauben oder nicht, ich habe Patientinnen, die kommen zu mir und sagen: ›Ich möchte abtreiben, weil dieses Baby im Sternzeichen Zwilling geboren würde, ich möchte aber, dass es eine Waage wird.‹« Andernorts in Indien ist die im Volk heimische Abneigung gegen Abtreibung tiefer verwurzelt, steht aber im Schatten einer auf Regierungsebene zählebig sich haltenden Fixierung als Instrument der Bevölkerungskontrolle. Bei einer in jüngerer Zeit im Bundesstaat Rajasthan vorgenommenen Begutachtung des Informationsmaterials zum Thema reproduktive Gesundheit fanden sich Flipcharts, die von der Prämisse ausgingen, dass »eine Frau, die arm war oder schon drei Kinder hatte, sich um eine Abtreibung bemühen sollte« – einerlei, ob das deren eigenem Wunsch entsprach oder nicht.[47] Die Folge davon ist, dass Inderinnen die Praxis, obgleich sie diese als moralisch falsch empfinden, mit einem gewissen Fatalismus hinnehmen. Inderinnen, so hält die erwähnte Studie des Centre for Youth Development and Activities fest, »begreifen [Abtreibung] nicht als einen Gegenstand des Rechts oder der Menschenrechte«.[48]

Jahrelang sorglos vorgenommene Abtreibungen im Namen der Bevölkerungskontrolle, sagen asiatische Wissenschaftler, haben es den Frauen enorm erleichtert, sich aus einem so nichtigen Grund, wie das Geschlecht des Fetus es ist, für eine Abtreibung zu entscheiden. »Was wäre gewesen, wenn die [korea-

* Ebenfalls beunruhigend: 75 Prozent – aus Männern wie Frauen – stimmten auch der Aussage zu: »Unter Umständen ist es notwendig, eine Frau zur Abtreibung zu zwingen.«

nische] Regierung den Zugang zur Abtreibung in der Epoche hoher Fertilität nicht dermaßen erleichtert hätte?«, spekuliert in Seoul die Soziologin Heeran Chun. »Was, wenn die Regierung die Abtreibung nicht erlaubt hätte?« Sie legt den Kopf schief und überlegt, wie ein alternatives Szenario wohl ausgesehen hätte. »Ich glaube nicht, dass geschlechtsselektive Abtreibung so populär geworden wäre.«

* * *

Noch Jahre, nachdem die indirekte Beteiligung des Bevölkerungsfonds der Vereinten Nationen an Zwangsabtreibungen in China Präsident Reagan veranlasste, die Unterstützungszahlungen an die Organisation einzustellen, machte dies dem UNFPA zu schaffen. Wenn Feministinnen und Aktivistinnen für reproduktive Rechte heute das Thema Abtreibung aufs Tapet bringen, dann gewöhnlich, um herauszustellen, wie viele Frauen in Ländern, wo der Schwangerschaftsabbruch illegal ist, durch verpfuschte Eingriffe ums Leben kommen. Sie reden nicht darüber, dass Abtreibung für dunkle Zwecke eingesetzt wird. Sie reden nicht darüber, wie stark sich das kulturelle Umfeld der Abtreibung in Asien verändert hat, wie stark das ungezügelte Um-sich-Greifen der Prozedur sogar die Ärzte, die sie durchführen, beunruhigt. Und schon gar nicht geben sie preis, dass die Zahl der geschlechtsselektiven Abtreibungen die Opferzahl von Engelmachern weit übertrifft.[49]

Die meisten Organisationen für reproduktive Rechte suchen, wenn sie sich mit Geschlechtsselektion befassen, das Thema Abtreibung ganz zu meiden. Die Info-Broschüre, welche das indische Landesbüro des UNFPA an bildende und darstellende Künstler verteilt, die Interesse zeigen, sich im Kampf gegen Geschlechtsselektion zu engagieren, rät vom Gebrauch des Wortes »Abtreibung« ab und empfiehlt, stattdessen den Ausdruck »vorgeburtliche Geschlechtsselektion« zu verwenden.[50] »Eine der zentralen Herangehensweisen an das Problem besteht darin, sich auf die Faktoren Selektion und Diskriminierung [anstelle von Abtreibung] zu konzentrieren«, führt die Indien-Repräsentantin Dhanashri Brahme aus.[51]

Kenner der Materie reagieren auf solche Überlegungen einigermaßen verblüfft. Als einer der führenden Experten in Sachen Geschlechtsselektion hat Christophe Guilmoto mehrfach Forschungsaufträge für den UNFPA ausgeführt und ausführliche Analysen und demografische Hochrechnungen in Info-Dokumente für Journalisten und Wissenschaftler umgesetzt. Mehrere dieser Reports wurden aufgrund politischer Bedenken umgeschrieben. Beim UNFPA »hat man es nicht gern, wenn das Wort ›Abtreibung‹ allzu deutlich in Erscheinung tritt«, sagt er mir. »Die wollen es nicht an die große Glocke hängen, dass Abtreibung letztlich die Bedingung der Möglichkeit von Geschlechtsselektion ist. Und ich kann es ihnen nachfühlen. Aber es überrascht mich trotzdem, denn wenn man von vorgeburtlicher Geschlechtsselektion spricht, ist nicht ganz klar, worum es geht. Und meistens *geht* es eben um Abtreibung – in 95 oder 99 Prozent aller Fälle.«

Nach jahrzehntelangem Kampf für das Recht der Frau, selbst darüber zu bestimmen, wie ihre Schwangerschaft ausgeht, ist es schwierig, zur Sprache zu bringen, dass Frauen dieses Recht missbrauchen – dass zusammen mit dem Bevölkerungsdruck und der Technik auch die Wahlfreiheit in eine falsche Bahn gelenkt wurde. Hinter vorgehaltener Hand verraten einem UNFPA-Beamte, dass sie in einer Klemme stecken. »Von uns wird großes Geschick verlangt, wenn wir in unseren Verlautbarungen garantieren wollen, dass wir für das Recht der Frau auf Abtreibung stehen, gleichzeitig aber auch sagen, dass Geschlechtsselektion auf der Basis des Geschlechts der Leibesfrucht unzulässig ist, weil sie auf Diskriminierung hinausläuft«, sagt mir ein UNFPA-Mitarbeiter. »Wie hält man an diesem Etikett Diskriminierung fest und spricht gleichzeitig von gefahrloser und frei zugänglicher Abtreibung? Es ist ein Drahtseilakt, den wir da vollbringen.«

Aber statt nun die Abtreibungsdebatte unter neuen Voraussetzungen wieder aufzunehmen, lösen die UNFPA-Beamten in ihren Sprachregelungen Geschlechtsselektion aus jedem Zusammenhang nicht nur mit Abtreibung, sondern sogar noch mit dem Begriff Wahlfreiheit heraus und behaupten, dass asiatische Frauen in der Frage, ob das Kind in ihrem Bauch ausgetragen werden soll oder nicht, zumeist gar kein Mitspracherecht haben – und dass deshalb von Geschlechtsselektion als dem Ergebnis einer freien Willensentscheidung keine Rede sein könne. In Zeitungs- und Zeitschriftenartikeln, die sich auf UNFPA-Quellenmaterial stützen, bevölkern Frauen die Bühne, die von ihrem Ehemann verprügelt werden oder die Scheidung angedroht bekommen, wenn sie keinen männlichen Erben zur Welt bringen. Interne Richtlinien wiederum weisen die Mitarbeiter ausdrücklich an, die Ohnmacht der Frauen zu betonen, die den Schritt zur Geschlechtsselektion machen. In einer für indische bildende und darstellende Künstler bestimmten Broschüre zum Beispiel heißt es: »Vermeiden Sie eine Ausdrucksweise, die die Verantwortung für die Geschlechtsselektion direkt oder indirekt der Mutter zuweist. Sie hat so gut wie keinen Einfluss auf die Entscheidung. … Eine Wahl ohne Entscheidungsfreiheit ist keine Wahl.«[52]

Guilmoto ist bei der Organisation auch in diesem Punkt auf Widerspruch gestoßen. »Ab und an«, erinnert er sich, »bekam ich Ärger mit dem UNFPA, wenn ich geschrieben hatte: ›Frauen, die dies und jenes taten …‹; dann strichen sie das aus und schrieben ›Ehepaare, die dies und jenes taten‹ oder ›Eltern, die das taten‹. Es ist ja schön und gut, wenn man den Partner oder den Ehemann mit ins Bild holt, aber es stört den Eindruck ein bisschen. Wir wissen doch, dass in dem ganzen Vorgang auch die Frau ein Stück unabhängige Handlungsmacht hat, und es gibt keinen Grund, das unter den Tisch fallen zu lassen.«

Im Großen und Ganzen hat sich die Verbrämung von Abtreibung und weiblicher Entscheidungsfreiheit nicht durchgesetzt. UNFPA-Beamte wussten über das weit über den Globus verbreitete Ungleichgewicht im Zahlenverhältnis der Geschlechter fast von Anfang an Bescheid – lange bevor Amartya Sen mit einem Aufsatz in der *New York Review of Books* 1990 die Welt der Sozialwissenschaften wachrüttelte. Der Demograf Joseph Chamie verbrachte Jahrzehnte im Dienst der UN-Abteilung für Bevölkerungsfragen, zwölf dieser Jahre als deren Direktor. Aufgabe der Abteilung ist es, Statistiken zusammenzutragen, und anders als der UNFPA betreibt sie keine Lobby- und Advocacy-Arbeit. Das in Asien bestehende Missverhältnis zwischen männlichen und weiblichen Geburten, sagt Chamie, war innerhalb der UN schon früh allgemein bekannt. »Wir wussten in den Achtzigern Bescheid darüber. Wir wussten in den Neunzigern Bescheid darüber. In jeder demografischen Publikation gibt es zwei Faktoren, die immer angegeben werden. Der eine ist die Geschlechterverteilung, und der andere ist das Alter. Geschlecht und Alter. Ein Jurist interessiert sich vielleicht für rechtliche Aspekte. Ein Mediziner vielleicht für Gesundheitsaspekte. Bei uns Demografen richtet sich das Interesse auf Geschlecht und Alter – zuerst und allem voran.« Aber nicht nur Zahlenangaben waren innerhalb der UN in Umlauf. Die Beamten waren auch darüber informiert, »dass die Technik stetig verbessert wurde«. Sie hatten Kenntnis von der Entwicklung tragbarer Ultraschallsysteme. Nur dass deren Existenz dem UNFPA bei seinen anders gelagerten Zielsetzungen nicht in den Kram passte. (Chamie sagt, auf der UNFPA-Führungsebene habe man sich auch dagegen gesperrt, von ihm veröffentlichte Zahlen – etwa Indizien dafür, dass die Bevölkerung weltweit altert – ernst zu nehmen, wenn man der Meinung war, dass sie im Widerspruch zu Aktivitäten des Fonds stünden.)

Mehrere Jahrzehnte, nachdem die Disparität im Zahlenverhältnis zwischen männlichen und weiblichen Geburten in Asien erstmals augenfällig wurde, hat der UNFPA noch immer keine offizielle Stellungnahme zur Geschlechtsselektion abgegeben. Auf dem Internetportal des New Yorker Hauptquartiers ist das Thema Geschlechtsselektion weit nach hinten verbannt; als relevantere Bevölkerungsprobleme rangieren mit höherer Priorität Ehrenmorde und häusliche Gewalt. In China übergeht das Landesbüro geschlechtsselektive Abtreibung mit praktisch totalem Schweigen, und das albanische Büro ist nach wie vor dabei, eine Besserung der Verhältnisse de facto zu verhindern. Zwar legen die Landesbüros in Indien und Vietnam mehr Aktivität an den Tag, aber in Indien kam man mit Verspätung in die Gänge, nachdem man jahrelang die Augen vor der Realität verschlossen hatte. Der Aktivist Sabu George erinnert sich, dass er den Direktor des indischen Büros schon Mitte der 1990er Jahre gebeten hatte, etwas gegen das Problem zu unternehmen, das ihn zu dem Zeitpunkt bereits seit über zehn Jahren beschäftigte. Und seit noch längerer Zeit berichtete die indische Presse über Geschlechtsselektion im Land; indische Feministinnen – wir erinnern uns – hatten Ende der 1970er Jahre begonnen, sich zu organisieren. Aber der UNFPA-Beamte habe ihn abgewiesen, sagt Sabu George. »Für die stellen diese Dinge kein Problem dar. Die haben in der Geschlechtsselektion keine Angelegenheit von Belang gesehen.«*

Einige Jahre später wandte das indische Büro seine Aufmerksamkeit auch dem Geschlechterungleichgewicht zu, und heute sind die Wände der Zentrale in Delhi mit Plakaten einer »Große Freude an Töchtern« geheißenen Kampagne gepflastert. Laut Guilmoto ist jedoch »vorrangiges Anliegen« des UNFPA nach wie vor das Recht auf Abtreibung, und laut George macht die Scheu, etwas für die Einschränkung dieses Rechts zu tun, das Wirken des indischen Büros größtenteils bedeutungslos. »Sehen Sie sich doch an, was die da machen!«, sagt er. »Der größte Teil von dem Geld, das die ausgeben, ist verschwendet. Denen liegt gar nichts an durchschlagenden Maßnahmen. Die Leute tun so, als ob sie an dem Problem arbeiten, aber im Grunde genommen kommt fast nichts dabei heraus.«

* * *

Die UNFPA-Führung müsste sich durch ihr problematisches Engagement in China nicht unbedingt zum Schweigen veranlasst fühlen, sie könnte die Vergangenheit ruhen lassen und die Gegenwart neu angehen. Sie könnte auf die Rechtsverletzungen eines William Draper aufmerksam machen und die Konservativen von heute daran erinnern, dass der Einsatz der Abtreibung zur Geburtenkontrolle in Asien größtenteils eine Hinterlassenschaft ihrer eigenen Vorväter ist – und dann die dramatische Veränderung hervorheben, die mit der Bewegung für reproduktive Rechte vor sich gegangen ist. Zum Allermin-

* Die Ford Foundation, zu ihrer Ehre sei's gesagt, hat im Kampf gegen Geschlechtsselektion eine aktivere Rolle übernommen und finanziert ein chinesisches Programm, das Paaren Anreize für eine Tochter bieten will und die Einhaltung des in China geltenden Verbots der vorgeburtlichen Geschlechtsbestimmung sichern soll.

desten könnte sie der von der UN-Kommission für die Stellung der Frau gesponserten Vierten Weltfrauenkonferenz folgen.

Diese fand 1995 in Beijing statt – ein passender Rahmen, um das verbreitete Ungleichgewicht im Zahlenverhältnis der Geschlechter zur Sprache zu bringen. Die von den Delegierten zum Abschluss der Konferenz verabschiedete Resolution machte auf die zunehmende Gewalt gegen Frauen aufmerksam, die anhand von exemplarischen Fällen definiert wurde als »massive Verletzungen der Menschenrechte der Frauen in Situationen des bewaffneten Konflikts ... vor allem Mord, Vergewaltigung, so auch systematische Vergewaltigung, sexuelle Sklaverei und erzwungene Schwangerschaft ... auch Zwangssterilisation, erzwungener Schwangerschaftsabbruch, unter Nötigung erfolgte oder erzwungene Anwendung von Empfängnisverhütungsmitteln, die Tötung weiblicher Neugeborener und die vorgeburtliche Geschlechtsselektion«.[53]

Aber statt die Erklärung von Beijing als Beweis für ein frühes Reagieren der UN auf eine sich verschärfende Problemlage zu sehen, weigern sich führende Vertreter des UNFPA bis heute, sie anzuerkennen. Bei der Durchsicht des Dokuments Jahre nach dessen Veröffentlichung wurde jemand in der Organisation offenbar von der Sorge befallen, die Erklärung könnte so verstanden werden, dass sie dem Fetus personale Menschenwürde zuspricht, denn ein internes Rundschreiben der Organisation vom Jahr 2010 weist die Mitarbeiter in Landesbüros an, den Gebrauch der in Beijing formulierten Definition der Menschenrechte der Frauen unter allen Umständen zu vermeiden. Falls ein Landesbüro das Thema Menschenrechtsverletzungen an Frauen glaube, aufgreifen zu sollen, so das Rundschreiben, möge es »auf Menschenrechtsprobleme, die mit Geschlechtsselektion in Zusammenhang stehen (z.B. Geschlechterungleichbehandlung im Allgemeinen oder in speziellen Fällen wie Zwangsabtreibung), oder auf ihre menschenrechtlich relevanten Folgen (z.B. Frauenhandel, Frühehen) Bezug nehmen«. Die Mitarbeiter sollten jedoch unbedingt darauf achten, »Geschlechtsselektion als solche nicht mit Menschenrechtsverletzung gleichzusetzen«.[54]

Dass die wichtigste mit bevölkerungspolitischer Lobby- und

Advocacy-Arbeit befasste UN-Organisation sich vor dem Thema der geschlechtsselektiven Abtreibung drückt, hat immense Auswirkungen. Die UNFPA-interne Stillhaltetaktik hindert andere globale Fonds an sinnvollen Unternehmungen gegen das Geschlechterungleichgewicht. In Christophe Guilmotos Wohnzimmer in Paris lerne ich eines Tages Sharada Srinivasan kennen, eine feministische Soziologin an der York University in Toronto, die zur Besprechung eines gemeinsamen Publikationsprojekts gekommen ist. Srinivasan, mit einem schwer zu bändigenden Wuschel pechschwarzer Locken und einer ebenso ausladenden Persönlichkeit ausgestattet, erinnert sich an eine Konferenz zu Frauenfragen, an der sie 2009 in den Niederlanden teilgenommen hat. Die Frau, die während der Konferenz den Platz neben ihr hatte, stellte sich ihr als die Kontaktperson für Fragen zur Genitalverstümmelung bei der Weltgesundheitsorganisation (WHO) vor.* Srinivasan staunte – sie hatte noch nie gehört, dass es bei einer internationalen Organisation eine ähnliche Zuständigkeit für das Thema Geschlechtsselektion gäbe; es gibt keine Kontaktpersonen für Fragen zum Geschlechterungleichgewicht, obwohl dieses in einem viel größeren Teil der Welt vorkommt und mehr Frauen – oder potenziale Frauen – betrifft als die FGM.** »Wenn man die UNICEF-Website oder die Websites des UNFPA und der Weltgesundheitsorganisation besucht, findet man schnell Material über die FGM«, sagt Srinivasan. »Unter Umständen ganz vorn auf der Homepage. Aber man sieht da absolut *nichts* über verschwundene Mädchen. Wieso dürfen Auslandsbüros die Sache als lokales Problem behandeln? Die FGM ist Gesprächsthema auf internationalen Foren!*** Nichts dergleichen lässt sich über geschlechtsselektive Abtreibung sagen – über verschwundene Mädchen.«

* Genitalverstümmelung (*female genital mutilation*, kurz FGM) ist eine in manchen afrikanischen und nahöstlichen Kulturen geübte Praxis, bei der Mädchen, meist beim Beginn oder während der Pubertät, die äußeren Genitalien ganz oder teilweise entfernt werden.

** Die Zahl der über zehn Jahre alten Mädchen und Frauen, die irgendeiner Form der Genitalbeschneidung unterzogen wurden, wird auf 91 Millionen geschätzt – das sind 72 Millionen weniger als die Zahl der aus der Bevölkerung Afrikas verschwundenen Frauen.

*** Die Genitalverstümmelung hat sogar ihren eigenen UN-Gedenktag. Der

Laut Srinivasan können sich die Leute, denen die Geschlechtsselektion Kummer macht, von den FGM-Aktivisten noch eine Scheibe abschneiden. Das offenkundigste Negativum an der FGM ist, dass sie eine Menschenrechtsverletzung darstellt. Aktivisten haben es jedoch seit den 1990er Jahren geschafft, die Problematik aus der Sphäre von Recht und Unrecht herauszuhalten und mit dem Argument, dass die FGM eine Gefährdung der weiblichen Gesundheit darstelle, in ein anderes Kategoriensystem zu verschieben. »Bei der WHO läuft die FGM jetzt in der Kategorie Gesundheitsproblem«, sagt Srinivasan. »Und das war's. Mehr nicht. Jetzt wird dort über alle möglichen gesundheitlichen Folgen für Frauen geredet, bis hin zur Müttersterblichkeit und zu Fisteln – man sieht da einen Zusammenhang mit allen möglichen Dingen. Damit kann man dann sehr gut Regierungen so weit mobilisieren, dass sie etwas unternehmen, und man kann Druck auf die verschiedenen afrikanischen Staaten ausüben, in denen die Praxis gang und gäbe ist.« Sie weist auch darauf hin, dass mehrfache Spätabtreibung in Serie gesundheitsschädliche Folgen hat – was mir von Ärzten, mit denen ich sprach, immer wieder bestätigt wurde. In Indien sind 13 Prozent aller Fälle von Müttersterblichkeit bedingt durch unsachgemäße, zum Teil an Frauen, die keine Tochter haben wollen, durchgeführte Abtreibungen.[55] Srinivasan muss jedoch anerkennen, dass ihre Strategie reines Wunschdenken ist. Die gesundheitsschädlichen Folgen von Spätabtreibungen oder auch nur von Spätabtreibungen weiblicher Feten groß herauszustellen, würde für Frauengruppen ein zu großes politisches Risiko mit sich bringen. »Sobald Sie sagen: ›Da gibt es diese Frauen, die so lange abtreiben, bis sie einen Jungen haben‹«, so Srinivasan, »na, Sie wissen doch, was dann passiert, dann ist sofort der Vatikan da und sagt: ›Abtreibung muss verboten werden, es müssen Anti-Abtreibungs-Gesetze her!‹: Klappe zu, Affe tot. Also lässt der UNFPA wegen dem A-Wort die Finger von dem Problem.«

Aber, setzt Srinivasan hinzu, nicht nur Organisationen mit

6. Februar ist der Internationale Tag »Null Toleranz für Genitalverstümmelung«.

bevölkerungspolitischer Zielsetzung wie der UNFPA sollten sich verantwortungsbewusster im Kampf gegen Geschlechtsselektion engagieren. Der Zeitpunkt werde kommen, da die Feministinnen sich aus dem Fenster lehnen und Geschlechtsselektion als Menschenrechtsverletzung definieren müssten. »Es ist sehr wichtig, unumwunden klarzustellen, dass – egal, ob geschlechtsselektive Abtreibung oder Genitalverstümmelung oder häusliche Gewalt – alle drei eine Form von patriarchalischer Unterdrückung sind«, sagt sie. »Das ist das Gemeinsame an allen diesen Dingen.«

Die Furcht vor dem »A-Wort« hemmt auch die Leute, die gegen die Unterdrückung laut aufbegehren müssten. Vor Kurzem meinte die langjährige Frauenrechtsaktivistin Gita Sen gegenüber einer Journalistin: »Die größte Gefahr, mit der wir es im Moment zu tun haben, besteht darin, dass Anti-Geschlechtsselektions-Kampagnen in Anti-Abtreibungs-Kampagnen umschlagen könnten.«[56] Darauf könnte man antworten, dass die größte Gefahr, der wir uns gegenübersehen, in einem dramatischen Rückgang der Zahl von Frauen und Mädchen besteht – dass Sexhandel mit Frauen, Brautkauf und generelle Instabilität der gesellschaftlichen Verhältnisse, wenn sie gleichzeitig auftreten, sich zu einer einzigen riesengroßen Gefahr summieren. In einer Welt, die an einer unnatürlichen Frauenknappheit krankt, wird das Recht auf Abtreibung unsere geringste Sorge sein.

DRITTER TEIL

Die Welt ohne Frauen

ELFTES KAPITEL

Die Braut

Es ist eine allgemein anerkannte Wahrheit, dass ein Junggeselle im Besitz eines ansehnlichen Vermögens einer Frau bedarf.

Jane Austen, Stolz und Vorurteil

Bitte behandelt eure Bräute nicht wie Waren.

Datuk Michael Chong, Direktor des Büros für Dienstleistungen und Beschwerden der Partei Malaiisch-Chinesische Vereinigung, zu einem malaiischen Geschäftsmann[1]

Cheng Chinghuang und Nguyen Thi Mai Chau verlobten sich noch in derselben Woche, in der sie einander kennengelernt hatten. Das war für beide eine knappe Frist, aber anders wäre es nicht gegangen. Cheng hatte einen fixen Termin für den Rückflug nach Taiwan, und Nguyen, die von einem Bekannten, der sich nebenbei als Heiratsvermittler betätigte, in das Hotel in Ho-Chi-Minh-Stadt gelotst worden war, wo Cheng logierte, wurde in ihrem Heimatdorf erwartet, wohin gar nicht zurückzukehren immer noch besser gewesen wäre, als ungebunden zurückzukehren. Da war keine Zeit für ein Werberitual gewesen, und wäre Zeit gewesen, wären wohl kaum romantische Gefühle zwischen den beiden aufgekommen.

Sie sprachen nicht dieselbe Sprache und hatten auch sonst wenig miteinander gemein. Cheng war in einer Epoche wirtschaftlicher Prosperität in Taiwan aufgewachsen. Obwohl nur ein einfacher Obstbauer, war er nicht ungebildet, sehr interessiert an allem, was in der Welt außerhalb seines Heimatdorfs vorging, und jetzt, mit 31, relativ begütert, was sich in seiner gut genährten Körperfülle kundtat. Nguyen war Vietnamesin, zwanzig Jahre alt und zierlich. Sie war das neunte von zehn Kindern einer armen Familie in der ländlichen Provinz Vinh Long und mit 14 Jahren von der Schule abgegangen, um als Dienstmädchen zu arbeiten. Es war wenig, was Nguyen und Cheng miteinander verband; die beiden waren ohne jeden Zweifel ein Fall, in dem sich Gegensätze *nicht* anzogen. Als Nguyen Cheng zum ersten Mal sah, dachte sie: »Oh, ist der dick!« Chengs Eindruck wiederum erschöpfte sich darin, dass die Frau vor ihm wie ein verschrecktes junges Mädchen auf ihn wirkte. Er sorgte sich, dass er ihr alles über das Leben würde beibringen müssen.

Er hielt trotzdem um ihre Hand an. Vor ein paar Jahren hatte sich Cheng mit dem Gedanken abgefunden, dass er niemals heiraten werde. Sein älterer Bruder, der mit ihm zusammen den Grundbesitz der Familie auf den Anhöhen vor Taichong bewirtschaftete, war ledig geblieben, so wie auch viele andere Männer in ganz Taiwan, die das Pech gehabt hatten, in eine Zeit hineingeboren worden zu sein, zu der die Taiwanerinnen weibliche Feten zu Tausenden abtrieben. Alles in allem gab es in Chengs Generation eine Dreiviertelmillion mehr Männer als Frauen – eine beträchtliche Differenz in einem Land mit nur wenigen Millionen Erwachsener im erwerbsfähigen Alter.[2] Zu allem Übel hatte auch noch eine Änderung in den Geschlechterrollen stattgefunden. Nicht nur waren die Frauen in Taiwan knapp, sondern diese jetzt auch mehr auf einen Job als auf Heiraten und Kinderkriegen aus; sie verließen die ländlichen Gebiete nach dem Gymnasialabschluss in Richtung Taipeh mit dem Ziel, es dort zu einem akademischen Grad und zu einer glänzenden Karriere zu bringen. Cheng wusste, dass es schwierig geworden war, eine moderne Taiwanerin zu einem Leben auf dem Bauernhof zu überreden. Dann schlug ihm seine Schwester vor, er könne sich doch eine Frau in Vietnam suchen.

Vietnamesinnen, die bereit waren, einen wildfremden Ausländer zu heiraten und in ein nie gesehenes fremdes Land überzusiedeln, pflegten aus entlegenen, nur mit dem Boot erreichbaren Dörfern im Mekong-Delta zu kommen. Ihre Eltern erwarteten Geld für die Trennung von der Tochter, und die Verhandlung konnte sich kompliziert gestalten. Doch bis zum Jahr 1999, in dem Cheng die Sache erstmals bedachte, hatten schon so viele Taiwaner vietnamesische Dörflerinnen geehelicht, dass sich Beziehungsgeflechte entwickelt hatten, an deren Zustandekommen die zuerst auf der Insel angekommenen Ehefrauen mitwirkten, indem sie sich als Heiratsvermittlerinnen für die ledigen

Freunde ihrer Ehemänner betätigten. Ein paar geschäftstüchtige Frauen hatten Agenturen gegründet, die mit dem Angebot von All-inclusive-Vietnamreisen die gesamte Prozedur erheblich vereinfachten. Nicht mehr als umgerechnet 10 000 US-Dollar zahlte ein Mann für den Flug nach Ho-Chi-Minh-Stadt, Hotelunterkunft, Verpflegung, Weiterbeförderung und eine Ehefrau inklusive. Cheng entschloss sich zu einem Versuch.

Der Gedanke an Heirat war etwas Neues auch für Nguyen, die bis dahin gedacht hatte, sie habe noch einige Jahre Single-Dasein vor sich. Nachdem die Dienstmädchenstellung sich als nicht von Dauer erwiesen hatte, verbrachte sie mehrere Jahre in wechselnden Arbeitsverhältnissen, baute in einer Schuhfabrik High Heels zusammen, arbeitete später in der Nähe von Ho-Chi-Minh-Stadt in einem Speiselokal und schickte die ganze Zeit über einen Teil ihres Lohns ihrer Familie. Sie war in dem Speiselokal beschäftigt, als ihre Mutter ihr die Nachricht zukommen ließ, sie sei erkrankt und Nguyen möge zurück ins Dorf kommen. Zu Hause fand die junge Frau eine kerngesunde Mutter vor, die allerdings nur noch einen Gedanken im Kopf hatte: Es war nun Zeit, dass ihre jüngste Tochter *wirklich* etwas für die Unterstützung der Familie tat.

Nguyen wusste, was das bedeutete. Etliche Frauen im Dorf hatten nach Taiwan geheiratet, und was diese Heiraten den Familien der Frauen an Geld und Geschenken eingebracht hatten, hatte deren Ansehen und Wohlstand in solchem Maß gesteigert, dass die Leute im Dorf begonnen hatten, von einem »taiwanischen Traum« zu sprechen.[3] Dahinter lag freilich alles im Dunkel. Nguyen hatte keinerlei Vorstellung davon, wie es sein mochte, in Taiwan zu leben. Nur von wenigen Ländern jenseits der Grenzen Vietnams kannte sie wenigstens die Namen, und ihre Erfahrungen mit der taiwanischen Männerwelt beschränkten sich auf die geblafften Bemerkungen ihres Vorgesetzten in der Schuhfabrik. Aber als gehorsame Tochter fügte sie sich dem Plan ihrer Mutter. Und ehe sie sich's versah, fand sie sich in einem tristen Hotel beim Flughafen Ho-Chi-Minh-Stadt wieder, wo sie, mit einem Blumenbukett in der Hand, das zu kaufen ihr der Heiratsvermittler nahegelegt hatte (sie hatte sich gefragt, warum *sie* Blumen überreichen sollte, sich aber nicht getraut, die Frage auszusprechen), zusammen mit anderen Frauen auf die Ankunft eines Nachtflugs aus Taipeh wartete.

Schließlich waren die Männer da. Der Heiratsvermittler machte das Paar miteinander bekannt, und dann stand Nguyen, die Augen abgewendet, stumm vor Cheng und wartete. »Und?«, fragte der Heiratsvermittler Cheng, nachdem der ein paar Minuten Zeit gehabt hatte, sie zu mustern. »Wirst du sie heiraten?«

* * *

Sie heirateten in Nguyens Heimatdorf, dann nahm Cheng Nguyen mit zurück auf seine Obstfarm in der Hügellandschaft bei Taichong, nicht weit von der taiwanischen Westküste. Auf der Zufahrt zum Gehöft blickte sie zum Seitenfenster hinaus und sah Kakibäume, die, jeder von einer Metallstange gerade gehalten, sich in schnurgeraden Reihen die Hügel hinaufzogen. Ihre Eltern bauten Obst an, wie Cheng, das war etwas, woran sie sich für den Anfang festhalten konnte: In mancher Hinsicht war der Anbau von Kakis in Taiwan nicht viel anders als der von Logans in Vietnam. Aber eine Obstfarm in Taiwan war ein einsamer Ort – mechanisiert, organisiert und meistens menschenleer –, und Nguyen tat sich schwer, bis sie eines Tages hörte, dass eine der vietnamesischen Ehefrauen, die schon länger als sie im Land waren, in der Gegend ein kleines Speiselokal eröffnet hatte. Mit der Zeit kauften sich noch andere einheimische Männer in Vietnam eine Braut, die im Heimatland nicht zu haben war, und in die Häuser in der Umgebung von Chengs Farm zogen vietnamesische Frauen ein. Nguyens Lebensumstände besserten sich, sie bekam zwei Kinder, ein Mädchen und einen Jungen, sie lernte, Huhn auf taiwanische Art zuzubereiten, Nudeln nach Chengs Geschmack zu würzen, und zu guter Letzt lernte sie auch Mandarin. So gingen die Jahre dahin.

Elf Jahre nach der Eheschließung treffe ich das Paar in seinem Lagerhaus an, wo die beiden auf umgedrehten Eimern sitzen und Kakis verpacken. Nguyen hat volle Lippen und Fältchen um die Augenwinkel. Sie trägt ein korallenrotes Stehkragenshirt, baumelnde Silberohrringe und wirkt neben Cheng in seiner den stämmigen Körper unterstreichenden schwarz-roten ledernen Bomberjacke schmächtig. Auch als Persönlichkeit ist sie weniger präsent; anfangs ist es nur Cheng, der redet, was so viel heißt wie laut über beider Ehe nachdenkt, während er die rotorangen Früchte in Styropor-Schutzhüllen gleiten lässt. »Wir haben uns erst *nach* der Heirat verliebt«, verkündet er vergnügt und lacht in sich hinein. »Und wir verlieben uns immer noch weiter.« Nguyen sagt nichts. Ein paar Minuten später erhebt sie sich von ihrem Eimer, geht, wie um wortlos zu antworten, zu ihrem Ehemann hinüber und entfernt behutsam ein Flöckchen Styropor von seiner rechten Augenbraue.

Ich verbringe den Tag bei den beiden, und als ich mich verabschiede, ist mir klar, dass die Ehe für Cheng das Leben lebenswerter gemacht hat. Verwandte sagen über ihn, er sei schon immer lebenslustig und umgänglich gewesen, aber man kann sich gut vorstellen, dass seine kontaktfreudige, mitteilsame Persönlichkeit aufblühte angesichts der Segnungen, die es ihm eintrug, dass er sich eine Ehefrau gesucht hatte: zwei reizende Kinder, eine Gefährtin auf der Farm und eine Küche erfüllt vom Wohlgeruch kräftiger Brühen und Würzen. Zudem erweiterte die Ehe Chengs Lebenshorizont. Zusammen mit seiner Frau ist er zum Besuch von Nguyens Familie schon etliche Male wieder nach Vietnam gereist, wo er es genießt, mit ihrem Vater und ihren Onkeln Reiswein zu trinken. Er spricht nur ein paar Brocken Vietnamesisch, empfindet aber diese Unfähigkeit, zu kommunizieren, kurioserweise als befreiend. »In Vietnam kann ich meinem Gehirn eine Ruhepause gönnen«, sagt er. Nach dem Mittagessen führt er mich ins Wohnzimmer der Familie und schiebt ein Video in den Player, das er vor Kurzem bei einem dieser Besuche aufgenommen hat. Auf dem Bildschirm des Fernsehers tauchen knallbunte Häuser auf, Männer auf Honda Dream Choppern und Kinder, die am Uferrand von lehmig-braunen, angeschwollenen Wasserläufen entlangrennen. Chengs Stimme liefert dazu ein enthusiastisches Voice-over in Mandarin.

Vietnam ist für ihn ein Abenteuer, und zweifellos bedeutet das seiner Frau etwas, die jetzt mit leuchtenden Augen zusieht, wie das Kameraauge über Panoramen ihres Heimatlands streift. Doch als ich sie frage, ob sie Vietnam vermisst, antwortet sie ausweichend. »Wir reisen da zum Vergnügen hin und weil wir meine Eltern besuchen wollen«, sagt sie ungerührt. »Nach dem Vergnügen kommen wir wieder zurück.« Sie weiß nicht viel über die demografischen Umstände, die sie nach Taiwan gebracht haben, aber sie hat entschieden, dass es ihr Schicksal ist, hierzubleiben. »Ich möchte nicht dort leben. Hier lebt es sich besser. So ist es nun mal.«

* * *

Frauen wie Nguyen gibt es überall, wo geschlechtsselektive Abtreibung über längere Zeit ein Stück Normalität gewesen ist. Für die Wissenschaft sind sie »Ehemigrantinnen« (man könnte sie auch als »gekaufte Bräute« oder, wie es gelegentlich schon geschehen ist, als »Importbräute« bezeichnen). In reicheren Ländern wie Taiwan, Südkorea und Singapur – den Staaten, in denen es zuerst zu einem asymmetrischen Geschlechterverhältnis kam – ist Frauenhandel inzwischen zu einem bestens eingeführten, von etablierten Agenturen ausgeübten Gewerbe geworden. Singapurer auf der Suche nach einer Frau haben die Wahl zwischen den Eheanbahnungsinstituten J&N Viet-Bride Matchmaking Agencies, First Overseas International Matchmaker und Ideal Marriage Center.[4] In Südkorea bietet die Agentur Interwedding Bräute aus etlichen ärmeren asiatischen Ländern an.[5] Die Agentur Lotus 2000 in Taiwan ist auf die Vermittlung vietnamesischer Frauen spezialisiert.

Im Regelfall beginnt die Suche auf den Websites der verschiedenen Institute, wo den Männern Fotos der Handelsware präsentiert werden – häufig Ganzkörperporträts von dünnen, braven Fast-noch-Mädchen, die sich auf nacktem Betonboden in hochhackigen Schuhen auf den Beinen zu halten suchen. Die Zahl der Männer, die sich dadurch anregen lassen, reicht aus, um der Eheanbahnungsbranche einen Boom zu bescheren. Im Jahr 2003 waren es bei einem Drittel aller in Taiwan neu geschlossenen Ehen gemischte Paare (einheimisch-ausländisch), die die Verbindung eingingen; in der großen Mehrzahl der Fälle war der einheimische Teil der Bräutigam, die Braut der ausländische.[6] In Südkorea haben sich mehr als tausend internationale Eheanbahnungsinstitute staatlich registrieren lassen.[7]

Binationale Heiraten machten 2008 in dem Land fast elf Prozent aller Eheschließungen aus.[8] Noch höher war die Quote in ländlichen Gebieten, wo im selben Jahr vierzig Prozent der koreanischen Bauern und Fischer Ausländerinnen ehelichten.[9] Eheschließungen zwischen begüterten asiatischen Männern und Frauen aus armen Nachbarländern sind ein so verbreitetes Phänomen, dass sie bereits zu Filmen (*Heiratsoffensive* in Südkorea), populären Büchern (*Nennt mich nicht ausländische Braut* in Taiwan) und TV-Dating-Shows inspiriert haben (in einer bestimmten taiwanischen Show dieser Art können Junggesellen mit einigem Glück eine vietnamesische Braut zum Nulltarif ergattern).[10]

Besteht in einer Gesellschaft im Zahlenverhältnis zwischen heiratsfähigen Männern und Frauen ein erhebliches Gefälle, sprechen die Demografen von einem »Heiratsengpass«. Die Dynamik eines solchen Heiratsengpasses scheint vielleicht a priori klar, und in gewissem Grad ist sie es auch: Bei Frauenknappheit haben Männer Schwierigkeiten, eine Frau zu finden. Aber verschiedene Faktoren können den Engpass dramatisch verschärfen. Denn in der ersten Generation, in der die Männer gegenüber den Frauen in der Überzahl sind, heiraten überschüssige Männer häufig jüngere Frauen, sodass die Frauenknappheit ihnen eigentlich nichts ausmacht. Und wenn dann ein paar Jahre später jüngere Männer das Heiratsalter erreichen, wird die Lage schwierig. Weil die Männer dieser jüngeren Jahrgänge sowohl mit älteren als auch gleichaltrigen Geschlechtsgenossen rivalisieren, bekommen sie die Frauenknappheit akut zu spüren. Der Männerüberschuss »staut sich auf«, wie Christophe Guilmoto es ausdrückte, und viele Männer der zweiten Generation bleiben zwangsläufig ledig.

Geht in einem Land, wo Eltern auf Jungen selektieren, parallel dazu die Fertilitätsrate zurück (wie es sowohl in Taiwan als auch in Südkorea der Fall war), verschärft dies ebenfalls den Engpass. Da unter diesen Umständen die von Generation zu Generation abnehmende Geburtenzahl das Missverhältnis der Zahl junger Frauen zu der junger Männer vergrößert, wird es für spätere Junggesellenjahrgänge immer schwieriger, Frauen zu finden.

Für Männer, denen am Zusammenleben mit Frauen von vornherein nicht viel liegt, mag ein Heiratsengpass natürlich gar nicht so schlecht sein. In großen Teilen der Dritten Welt geraten homo- und bisexuelle Männer unter erheblichen Druck, zu heiraten. Je selbstverständlicher dort der unverheiratete Mann im Erscheinungsbild der Gesellschaft wird, desto mehr könnte die »Normalbiografie« mit Ehe und Familie an Konformitätszwang einbüßen, was es manchen Männern erspart, eine Lüge zu leben. (Für Lesben hingegen wirkt sich das Geschlechterungleichgewicht im entgegengesetzten Sinn aus. Wenn potenzielle Ehefrauen rar werden, geraten Frauen unter Druck, zu heiraten und Kinder zu kriegen, einerlei, ob sie wollen oder nicht.)[11]

Die Demografin Zhu Chuzhu, die seit den 1980er Jahren über das in China herrschende Ungleichgewicht im Zahlenverhältnis der Geschlechter publiziert, sagt, dass sich für ihre Arbeit neuerdings auch für Schwulenrechte kämpfende Gruppen interessieren. Auf einer 2009 in Beijing abgehaltenen Konferenz zum Thema »Gender und sozialer Wandel« habe ein Aktivist sie angesprochen, um den Vortrag zu kritisieren, den sie gerade gehalten hatte. »Sie haben sich ausschließlich auf heterosexuelle Beziehungen konzentriert. Aber die interessieren Schwule nicht. Das Ungleichgewicht ist also vielleicht gar nicht so bedenklich, wie Sie alle behaupten.«[12] In Südkorea spekulierten Wissenschaftler schon früh über einen möglichen Zusammenhang zwischen Männerüberschuss und einer Zunahme gleichgeschlechtlicher Aktivitäten unter Männern, und in Mehsana, einem Bezirk mit stark asymmetrischem Geschlechterverhältnis in Nordwestindien, berichten die Zeitungen, dass die Frauenknappheit eine Nachfrage nach männlichen Prostituierten entfacht habe.[13] »Ich bekomme mindestens acht bis zehn Anrufe im Monat [von Männern] aus Mehsana, die mich dann in Ahmedabad abholen«, zitierte die *Times of India* einen Sexarbeiter. »Wir steigen in irgendeinem von den Gasthöfen an der Autostraße Ahmedabad-Mehsana ab.«[14]

Aber nach wie vor wollen die meisten asiatischen Männer heiraten. Mit zunehmendem Wohlstand sind Hochzeiten auf dem Lande zu aufwendigen Angelegenheiten geworden; in China gehören heutzutage oft eine gemietete Limousine und im Geleitzug mittrabende Schimmel dazu. Für die Menschen, mit denen ich in Suining zu tun hatte, war das Heiraten ein solches Faszinosum, dass es mir manchmal so vorkam, als sprächen sie von überhaupt nichts anderem.[15] »Wenn du nicht heiratest, bleibst du ein Kind«, sagte mir einmal ein chinesischer Junggeselle.

Vietnam ist eine der beliebtesten Bezugsquellen von Frauen für verzweifelt suchende ostasiatische Männer. Gut betuchte Junggesellen freilich kaufen sich gern auch eine Braut aus Thailand, Usbekistan, Russland, Malaysia, Nordkorea, Festlandchina oder von den Philippinen. Manche dieser Länder haben einen Frauenüberschuss. Zum Teil hatten Krieg oder regionale Konflikte viele Männer das Leben gekostet. (Im Mekong-Delta schaffte das der Vietnamkrieg.) In anderen Fällen ist ein großer Teil der erwachsenen Männer außerhalb der Landesgrenzen im Arbeitseinsatz. Aber der Frauenüberschuss schwindet im selben Maß, wie in anderen Ländern überschüssige Männer ins Heiratsalter kommen. Die Kaukasusstaaten, die Balkanländer und, in geringerem Grad, Indien – sie alle sind für die kommenden zwei Jahrzehnte mit einem weite Kreise erfassenden Heiratsengpass an der Reihe.* Und in manchen Ländern, die Frauen ins Ausland entsenden – so in China und Vietnam –, herrscht jetzt ebenfalls Ungleichgewicht im Geschlechterverhältnis.

Im Jahr 2013 wird für jeden zehnten von Chinas Männern keine potenzielle Partnerin vorhanden sein. In der zweiten Hälfte des 2020er-Jahrzehnts wird Hochrechnungen zufolge jeder fünfte chinesische Mann ein überschüssiger Mann sein. Laut einer Schätzung werden heiratsfähige Frauen bis 2045 knapp bleiben.[16] Nach einer anderen Berechnung wird der chinesische Überschuss an Männern im dritten Lebensjahrzehnt bald die gesamte weibliche Bevölkerung Taiwans an Zahl übertreffen.[17] Ein ähnliches Szenario wird auch überall sonst in Asien ablaufen. In Nordwestindien werden spätestens 2020 fünfzehn bis zwanzig Prozent der Männer überschüssig sein – ein erheblicher Wandel in einer Gesellschaft, in welcher der An-

* Die indischen Männer sind gegenüber ihren Geschlechtsgenossen in den anderen Ländern besser dran, weil Indien eine höhere Fertilitätsrate hat.

teil unverheiratet bleibender Männer bislang bei plus/minus einem Prozent lag.[18] Welche Auswirkungen auf die Heiratsrate das Ungleichgewicht im Geschlechterverhältnis in Armenien, Albanien und Georgien jeweils haben wird, haben die Demografen noch nicht zu berechnen begonnen. Aber die hohe weibliche Migration in diesem Weltteil könnte den jungen Männern dort ein noch widrigeres Schicksal bescheren.*

Manche chinesische Solo-Männer machen es wie ihresgleichen in Südkorea und Taiwan und suchen sich eine Frau in Vietnam. Aber die meisten Männer in China und Indien können es sich nicht leisten, auf Frauensuche ins Ausland zu reisen. Stattdessen verlegen sie ihre Suche in verarmte Regionen im eigenen Land. Bei einer von der Exekutivkommission des US-Kongresses für China 2003 veranstalteten Expertenrunde zum Thema Frauenrechte bezifferte die Professorin für Geschichte und Genderstudien Christina Gilmartin die bis 1990 aufgelaufene Zahl der inländischen Ehemigrantinnen – zum großen Teil Töchter armer Bauern, die sich in reichere Gegenden verheiraten – auf über vier Millionen. Und mit dem sich verschlimmernden Ungleichgewicht im Geschlechterverhältnis habe diese Zahl fraglos zugenommen und werde noch weiter wachsen.[19]

Wo der Zu- und Abfluss von Frauen über regionale und Landesgrenzen hinweg nicht wissenschaftlich beobachtet wird, lässt er sich rekonstruieren, indem man das Geschlechterverhältnis bei der Geburt in einem bestimmten Gebiet mit dem Geschlechterverhältnis vergleicht, das dort zwanzig oder dreißig Jahre später in der erwachsenen Bevölkerung herrscht – indem man die Mädchen zählt, die in dem Gebiet geboren wurden, und die Zahl dagegenhält, wie viele im Laufe einer Generation verblieben oder hinzugekommen sind. Die Ergebnisse machen staunen. In demografischen Problemzonen wie Nordwestindien und Ostchina, wo neugeborene Mädchen rar sind, herrscht un-

* Während in früheren Zeiten Arbeit suchende Männer nach Westeuropa oder in die Vereinigten Staaten auswanderten, emigrieren heute in großer Zahl Frauen, angezogen nicht zuletzt von dem in Industrieländern mit alternder Bevölkerung herrschenden Bedarf an Krankenpflege- und Altenbetreuungspersonal.

ter Erwachsenen im Heiratsalter ein sehr viel normaleres Geschlechterverhältnis. Diese Diskrepanz ist bedingt durch einen regen Handel mit Mädchen und erwachsenen Frauen.[20]

* * *

In einem gewissen Grad ähneln die ostasiatischen Eheanbahnungsinstitute den amerikanischen Mailorder-Brautvermittlungen, die den bei manchen Männern vorhandenen Wunsch nach einer femininen, untertänigen Frau bedienen. Für die Vietnamesin, heißt es im Werbematerial der Institute, bedeutet Familienleben alles. Sie hört auf ihren Ehemann. Sie ist »eine Frau alter Schule«. Der australische Geograf und Migrationswissenschaftler an der University of Adelaide Graeme Hugo, der die Branche studiert hat, sagt, dass viele asiatische Kunden den Kontakt mit diesen Instituten mit reichlich chauvinistischen Vorstellungen von der gesuchten Frau aufnehmen. »Sie suchen nach einer Partnerin nach der Devise: unkritisch und unterwürfig.«[21]

Aber während die amerikanischen Vermittlungsagenturen die fremdländischen Frauen gern exotisieren, betonen die taiwanischen und koreanischen Agenturen die Wesensgleichheit der vietnamesischen Bräute mit ihren Kunden. Ihre Websites vermitteln den Eindruck, dass sie sich an Männer wenden, die sich einfach nur nach einer Frau sehnen – nach *irgendeiner* Frau, aber vorzugsweise nach dem Nachbarsmädchen. »Als Betreiberin einer Vermittlungsagentur für vietnamesische Bräute«, schreibt eine taiwanische Eheanbahnerin auf ihrer Website www.vietnambride.tw, »werde ich oft gefragt: Vietnamesische Bräute, festlandchinesische Bräute, russische Bräute, ukrainische Bräute – welche sind denn nun die besten? Wenn Sie mich das fragen, dann antworte ich: Meiner Meinung nach sind vietnamesische Bräute, festlandchinesische Bräute, russische Bräute, ukrainische Bräute – sind ausländische Bräute überhaupt allesamt nichts für Sie! Taiwanische Bräute sind die besten!«[22] Aber, fährt die Vermittlerin fort, wer keine taiwanische Ehefrau kriegen könne, für den sei die Suche in Vietnam eine gute Alternative, und ihm dabei zum Erfolg zu verhelfen, dazu sei sie da.

Vietnam ist als Bezugsquelle von Frauen nicht zuletzt deshalb beliebt, weil es, anders als Thailand, Kambodscha oder die Philippinen, manche Traditionen mit seinen ostasiatischen Nachbarländern gemeinsam hat. Eine lange Geschichte chinesischen Einflusses auf ihr Land hat den Vietnamesen eine konfuzianische Hierarchie, eine der chinesischen ähnliche Einstellung zu Ahnenkult und Abstammungslinie sowie eine meistenteils patriarchalische Familienstruktur hinterlassen. Cheng Ching-huang, der taiwanische Obstbauer, kann eine Liste solcher Gemeinsamkeiten aufzählen: Taiwaner wie Vietnamesen beten in buddhistischen Tempeln, stellen zu Hause Familienaltäre auf und feiern das Neujahrsfest nach dem chinesischen Lunisolarkalender. Männer wie Cheng sind nicht auf Exotik aus. Sie wollen einfach nur eine Ehefrau haben.*

In puncto Ehe mit ausländischen Frauen gibt es zwischen dem Westen und dem Osten noch einen weiteren Unterschied: In Asien wird der Import von Bräuten von Regierungen gefördert, denen daran liegt, schwächelnde Geburtenraten anzuheben.[23] Eine südkoreanische Provinz förderte kurzzeitig die Brautsuche männlicher Bewohner in Vietnam, indem sie deren Reisekosten trug, und die Landesregierung trägt auf andere Weise zum Florieren des Brauthandels bei, seit Neuestem mit umgerechnet etwa 23 Millionen US-Dollar im Haushalt, die für Programme zur Integration der neuen Bräute bestimmt sind.[24] Bei den meisten dieser Programme geht es im Wesentlichen darum, die Frauen mit der koreanischen Kultur vertraut zu machen: Den ausländischen Bräuten werden Kurse zum Erlernen der koreanischen Sprache, des Umgangs mit den angeheirateten Verwandten und der Zubereitung der koreanischen Gemüsespezialität Gimchi angeboten. Auf koreanischen Straßen liegen derweil weggeworfene Reklameflugblätter von Heiratsvermittlungsagenturen herum, auf denen sich Schlagzeilen von der Güteklasse der folgenden finden:

* In ähnlicher Weise suchen Koreaner ihnen ethnisch nahestehende Ehefrauen in Usbekistan und Festlandchina, zwei Ländern, in denen es jeweils eine koreanische Minderheit gibt.

EINE VIETNAMESISCHE SCHWIEGERTOCHTER IST FOLGSAM

oder

SCHNELL UND ERFOLGREICH ZUR EHE MIT PHILIPPINISCHER, KAMBODSCHANISCHER ODER VIETNAMESISCHER FRAU[25]

Die taiwanische Regierung gibt sich mehr Mühe, die Rechte der Vietnamesinnen zu sichern. Ein Paar, das zusammengefunden hat und eine Heiratserlaubnis beantragt, ist aufgefordert, zunächst in Ho-Chi-Minh-Stadt einen Lehrgang zu absolvieren, in dem sie von häuslicher Gewalt angefangen bis hin zum Erbrecht in Kurzform alles Wissenswerte über das taiwanische Recht erfahren.[26] Da es der Regierung jedoch in erster Linie darum zu tun ist, die Prozedur flüssig abzuwickeln, nicht sie aufzuhalten, kann eine Braut stattdessen auch bei der Ankunft in Taiwan sich ein 130-seitiges *Vademecum Informationen zur Lebensführung für ausländische Ehepartnerinnen in Taiwan* aushändigen lassen, das zweckmäßigerweise in vietnamesischer, birmanischer, kambodschanischer, indonesischer und Thai-Druckfassung vorliegt.[27]

Aber das ist nur der Anfang. Taiwan und Südkorea sind kleine Länder; ihre Auswirkung auf das Gleichgewicht der Geschlechter in einem Land wie Vietnam ist begrenzt. Wenn jetzt in China und Indien die Wirtschaft weiter boomt und Männer dort Geld genug verdienen, um sich im Ausland nach einer Ehefrau umsehen zu können, wird das massivere Folgen haben. Schon wird in China das Interesse für Heiratsvermittlungsagenturen durch Empfehlungsschreiben im Internet von Männern wie Dai Wensheng geweckt, der sich 2009 eine Ehefrau aus Vietnam kaufte. »Die meisten Frauen, die ich in Vietnam kennen gelernt habe, sind Frauen alter Schule, pflegeleicht und auf ihre stille Art bezaubernd«, schrieb Dai ein paar Monate, nachdem er sich mit seiner frischgebackenen Braut in Nanjing niedergelassen hatte, in einem Internetforum. »Meine vietnamesische Frau kümmert sich um die Wäsche, kocht und macht sauber und pult mir sogar die Krabben. Zum ersten Mal fühle ich mich geliebt und verwöhnt.«[28]

Doo-Sub Kim, ein Migrationsforscher in Seoul, der sich auf den asiatischen Heiratshandel spezialisiert hat, sagte mir, dass die Umsiedlung ärmerer asiatischer Frauen nach Südkorea, Taiwan und Singapur womöglich auf eine massenhafte Jagd nach Frauen andernorts in Asien hindeuten. Gegenwärtig sähen wir nur die Spitze des Eisbergs, meint er: »Wenn sich die Situation, die wir hier [in Korea] haben, in China fortsetzt, wird es in den nächsten 25 Jahren eine gigantische Wanderungsbewegung aus den südostasiatischen Ländern nach Festlandchina geben. Das wird das totale Chaos werden.«

* * *

Trotz der wachsenden Zahl von gekauften Bräuten sowie anderer Fakten vertreten manche Wissenschaftler hartnäckig die Ansicht, dass die Gesetze von Angebot und Nachfrage auch für die Rolle der Geschlechter in der Gesellschaft gelten – dass der Wert von Frauen desto höher steigt, je stärker sich ihre Reihen lichten. »Werden aus Kindern von Jahrgängen mit einem hohen Anteil von Jungen [im Verhältnis zu Mädchen] Erwachsene«, schrieben der Wirtschaftswissenschaftler Gary Becker und der Rechtstheoretiker Richard Posner, »wird die Lage von Mädchen und Frauen zunehmend vorteilhafter für sie, weil sie knapper sind.« (Vor allem Wirtschaftswissenschaftler neigen zu dieser Denkweise.) In einer Gesellschaft mit asymmetrischem Geschlechterverhältnis, so die beiden Wissenschaftler weiter, befänden sich nicht die Frauen, sondern die Männer in einer nachteiligen Lage: in dem Maße, wie »der Wert von jungen Frauen als Ehefrauen, feste Freundinnen und in sonstiger Beziehung steigt ... sinkt tendenziell der Wert von jungen Männern als Ehemänner oder feste Freunde«.[29]

Diese Einschätzung trifft nur in denkbar eingeschränkter Beziehung zu. In Gebieten mit stark verzerrtem Geschlechterverhältnis kann die Knappheit der Frauen die Verhandlungsposition einer einzelnen gegenüber einem Mann stärken, der um ihre Hand anhält. In reichen ostchinesischen Städten klagen die

Männer inzwischen darüber, dass die Frauen Freier abweisen, wenn die nicht ein Haus, ein Auto und einen einträglichen Job vorweisen können.[30] Einen hohen Brautpreis herauszuschlagen ist jedoch nicht dasselbe, wie mehr Selbstbestimmung zu erlangen; die Wertsteigerung, welche die Ostchinesin erfährt, findet nur auf unterster Ebene statt, denn das eigentliche Kriterium für weibliche Gleichstellung ist nicht, was eine Frau einem Mann an materiellen Werten abringen kann, sondern welche Behandlung sie nach der Eheschließung von ihm erwarten kann. In einem Gebiet mit stark verzerrtem Geschlechterverhältnis mag ein Mann nach der Heirat seine frischgebackene Ehefrau freundlich und verständnisvoll behandeln. Er könnte aber auch von dem Gedanken nicht loskommen, wie viel Kapital er aufbieten musste, um sie zu gewinnen, und sie aus Furcht, sie könnte ihm davonlaufen, mit Luchsaugen bewachen. Keine mehrheitliche soziale Gruppe war je bestrebt, eine Minderheit zu werden, in der Illusion, sie würde dann in den Augen der übrigen Gesellschaftsmitglieder aus irgendeinem Grund an Wert gewinnen, und Frauen geht es, was das betrifft, nicht anders. Und was die in Armutsregionen geborenen Frauen anbelangt, wo sie möglicherweise irgendwann einmal zum Verkauf stehen, so bedeutet eine Verschiebung im Gleichgewicht der Geschlechter für sie in vielen Fällen eine beträchtliche Verschlechterung ihrer Lebensbedingungen.

In Asien trifft eine Importbraut im Regelfall in ihrem neuen Heimatland ohne Kenntnis der Sprache ihres Ehemanns ein und ist in puncto Geld und Einwanderungsstatus abhängig von diesem. Fast immer ist sie jünger als er; oftmals beläuft sich der Altersunterschied auf fünfzehn bis zwanzig Jahre.[31] Jugendlichkeit ist wichtig, weil die Frauen Kinder gebären sollen, aber sie werden auch ihres Aussehens wegen ausgesucht – und manchmal wegen eher altmodischer Tugenden. Die singapurische Heiratsvermittlungsagentur Life Partner Matchmaker lässt ihre vietnamesischen Bräute medizinisch auf Jungfernschaft untersuchen, um diese den männlichen Kunden garantieren zu können. (Andere Agenturen, warnt Gründungschef Janson Ong in einem Video auf der Website seines Instituts, bringen den Frauen lediglich bei, wie sich Jungfräulichkeit vortäuschen lässt.)[32]

Da dies alles nicht unbedingt das ist, was Eheberatern als ausreichende Voraussetzung einer dauerhaften Beziehung einleuchten würde, wartet auf die Frauen ein anstrengendes Leben.

Von allen gekauften Bräuten, die ich in Taiwan, Südkorea und China kennenlernte, hatte nach meinem Eindruck einzig Nguyen Thi Mai Chau annähernd so etwas wie Zufriedenheit erlangt, und selbst in ihrem Fall war der Zustand nicht von Dauer: Vierzehn Tage nach meinem Besuch erlitt Cheng Chinghuang, während er draußen auf den Wiesen seine Kakibäume pflegte, einen Herzinfarkt. Bald darauf starb er. In den darauffolgenden Monaten griff seine Familie Nguyen unter die Arme, damit sie über die Runden kam. Trotzdem wurde ihre finanzielle Lage so prekär, dass sie das Land, das Cheng gepachtet hatte, aufgeben und staatliche Unterstützung beantragen musste (im Rahmen ihres Unterstützungsprogramms für gekaufte Bräute stellt die taiwanische Regierung Mittel für Immigrantinnen bereit, deren Ehemann verstorben ist). Dass Nguyen mit ihren Kindern nach Vietnam zurückkehren könnte, stand wohl nie zur Diskussion.

* * *

Das Leben der meisten ausländischen Bräute ähnelt eher dem von Do Thi Nguyet, einer 34-Jährigen mit herzförmigem Gesicht, akkurater Dauerwelle und einer tiefen, sich quer über die Nase ziehenden Narbe. Ich treffe mich mit Nguyet in dem kleinen Esslokal, das sie in einem Viertel am Rand von Taipeh betreibt, einer Gegend, die auf bestem Wege ist, zum Little Vietnam der Stadt zu werden. Für die Unterhaltung mit mir legt sie das Messer beiseite, mit dem sie gerade beim Gemüseschneiden war, wischt die Hände an ihrer roten Schürze ab und setzt sich an einen verschmierten Klapptisch. Um uns herum schlürfen Gäste ihre Nudeln, unterhalten sich lebhaft auf Vietnamesisch miteinander oder kümmern sich schweigend um ihre Babys. Bis auf eine Ausnahme sind es Frauen.

Weil ich es für einen guten Einstieg halte, frage ich Nguyet, wie es sie nach Taiwan verschlagen hat.

Sie bricht in Tränen aus.

Vor über einem Jahrzehnt verließ Nguyet ihr Heimatdorf im Mekong-Delta, um einen vierzehn Jahre älteren Taiwaner zu heiraten. In Taiwan zerstob schon bald ihr Traum, ihren Eltern in der Heimat Geld schicken zu können. Sie stellte fest, dass sie einen übel mit ihr umspringenden Schürzenjäger geheiratet hatte, der zwar keine Arbeit, dafür aber ein Alkoholproblem hatte und dazu mit im gemeinsamen Haus wohnende herrschsüchtige Eltern, die sie wie eine Dienstbotin behandelten. Aber andere Wege standen ihr kaum offen, und so blieb sie. Während die Jahre dahingingen, schenkte sie ihrem Mann zwei Kinder, zog sie groß und sorgte sogar dafür, dass ihre ältere Schwester von Vietnam nach Taiwan kam, um den Bruder ihres Mannes zu heiraten.

Jetzt, da ihre Schwester im Land war, brachte Nguyet endlich den Mut auf, sich von ihrem Mann zu trennen. Die Frauen reichten beide am selben Tag die Scheidung ein, mieteten gemeinsam ein Haus und eröffneten mit ihren kargen Ersparnissen das kleine Speiselokal. In dem anschließenden Rechtsstreit erhielt Nguyets Ehemann das Sorgerecht für die Kinder, sie kommen aber weiterhin zu ihr zum Essen, oder wenn sie neue Kleider brauchen. So habe ich Nguyet nun vor mir: eine alleinstehende Mutter zweier Kinder in fremdem Land, die Nudelgerichte in Schalen serviert, um sich über Wasser zu halten. Ich frage sie, was sie Frauen aus ihrem Heimatdorf sagen würde, die mit dem Gedanken spielen, einen Taiwaner zu heiraten, und sie antwortet, ohne lange zu überlegen. »Ich würde ihnen abraten. Taiwan ist gut, aber taiwanische Männer, die eine Vietnamesin heiraten wollen, sind es nicht.«

Später lerne ich extremere Fälle kennen und begreife, dass Nguyet immerhin insofern auf verdrehte Weise Glück gehabt hat, als ihr Exmann ihr wenigstens die Scheidung zugestand. In Seoul schaue ich auf einen Sprung beim Koreanischen Zentrum für die Menschenrechte von Migrantinnen vorbei, einer von Feministinnen gegründeten Nichtregierungsorganisation, die sich für die Stärkung der Position von Importbräuten einsetzt. Das Zentrum betreibt ein Frauenhaus, das den Opfern häuslicher Gewalt eine geschützte Unterkunft bietet. Alle zwölf Plätze sind belegt, und die Aktivistin Yeong Sug-heo sagt mir, dass sie Hilfesuchende abweisen muss. Ein Viertel der ausländischen Ehefrauen in Korea fühle sich nach eigenen Angaben vom Ehemann körperlich bedroht.[33]

Doch nur ein Bruchteil der misshandelten Frauen sucht je ein Zentrum wie das Ihre auf, so Yeong weiter. Viele hätten eine Schwiegermutter, die sie nicht außer Haus lasse: »Die Frau hat sie eine Menge Geld gekostet, darum halten sie sie gefangen und lassen sie keinen Fuß vor die Tür setzen.« Hin und wieder steigert sich die Misshandlung der Ehefrau hin zu schweren Verbrechen: Im Sommer 2010 wurde die zwanzigjährige Vietnamesin Thach Thi Hoang Ngoc nur acht Tage nach ihrer Ankunft in Südkorea von ihrem 47-jährigen Ehemann erstochen.[34]

In Taiwan wiederum nimmt sich in der Industriestadt Taoyuan der vietnamesische katholische Priester Peter Hong der leidgeprüften Bräute an, verschafft den ihrer häuslichen Hölle Entlaufenen eine Rechtsvertretung und bietet ihnen eine geschützte Unterkunft in dem Anbau an seine Kirche. »Es gibt da so viele Probleme«, sagt Hong, mit dem ich mich eines Sonntagnachmittags in seinem Frauenhaus, das er »Büro für zugewanderte vietnamesische Arbeiterinnen und Bräute« nennt, getroffen habe. Er erzählt mir von einer Frau, deren taiwanische Schwiegermutter sie in dem Glauben, das werde es ihr leichtermachen, schwanger zu werden, zwang, sich Pornografie anzuschauen, von einer Frau, die man mit einem Geisteskranken verheiratete, und von einer, die selber geistesgestört wurde.* Während wir uns in einem kleinen Büro im ersten Stock des Frauenhauses unterhalten, haben sich in dem Raum nebenan eine Handvoll entlaufener Frauen um ein Karaoke-Gerät versammelt und, untermalt von scheppernden Synthesizer-Rhythmen, zu singen begonnen. Die unpassend fröhlichen Klänge dringen durch die dünne Bürotür herein. »So viele Probleme«, fährt Hong fort. »Aber das größte ist meiner Meinung nach, dass Ehe für diese Taiwaner eben nicht Ehe bedeutet. Sondern kaufen und ver-

* In einem anderen, in der taiwanischen Presse berichteten Fall folterte ein Mann seine Ehefrau sieben Monate lang, indem er ihr mit Klebeband die Hände fesselte, Gummibänder gegen ihre Augenlider schnellen ließ und ihr mit einem Messerchen Schnittwunden zufügte.

kaufen.« In der Tat gab es 2004 auf der taiwanischen Website von Ebay drei Vietnamesinnen zum Schnäppchenpreis von umgerechnet jeweils 5400 US-Dollar zu kaufen.[35]

* * *

Selbst die schärfsten Kritiker des Heiratshandels räumen unumwunden ein, dass er die homogenen Gesellschaften Asiens auf mehrerlei interessante Art umgestaltet. In Südkorea und Taiwan geht die Existenz der Kinder aus Mischehen mit der Infragestellung eines eng mit dem Faktor Rasse verknüpften Konzepts von Nationalität einher. Einst waren Mischlingskinder in Korea stationierter amerikanischer Soldaten sozial ausgegrenzt. Heute sind binationale Ehen etwas Häufiges – und bringen im Durchschnitt mehr Kinder hervor als Ehen zwischen koreanischen Partnern –, sodass Ausgrenzung nicht mehr praktikabel ist. In Indien wiederum bringt die interregionale Ehe die Kastenhierarchie zum Bröckeln. »Infolge der [Frauen]Knappheit erleben wir heute Heiraten über Kastengrenzen hinweg«, sagt Sharada Srinivasan, die feministische Soziologin, die ich in Christophe Guilmotos Wohnzimmer kennenlernte. »Zum Teil werden diese uralten Barrieren allmählich durchlässig, und in manchen Fällen werden die Frauen auch ohne Mitgift geheiratet. Es könnte also am Ende noch etwas Gutes aus der Sache herauskommen.«

Frauen, die als Bräute in fremde Länder ziehen, bekommen es auch hin, Geld in die alte Heimat zu schicken. Entweder zur Hochzeit oder in den folgenden Monaten gehen vietnamesischen Brauteltern in der Regel umgerechnet 1000 bis 2000 US-Dollar als Kompensation für den Wegzug der Tochter zu.[36] Es ist nur ein Bruchteil dessen, was Männer an ihre Vermittlungsagentur zahlen, aber bei späteren Besuchen im Elternhaus bringt die Frau unter Umständen Geschenke im Wert von umgerechnet bis zu 10 000 US-Dollar mit – das ist nahezu das Zehnfache des jährlichen Pro-Kopf-Einkommens in Vietnam.[37] Die Höhe der Summe hat viele der Wissenschaftler erstaunt, die sich mit der Branche befassen. Sie untersuchten, wie die Ehe zwischen einem Mann und einer ausländischen Frau nach der

Heirat weitergeht. In manchen Fällen kriegt die Frau den Mann dazu herum, dass er ihr gleichsam als Unterpfand seines Willens zu harmonischem Zusammenleben in periodischen Abständen Bares über den Tisch schiebt. In anderen Fällen verdient die Frau selbst Geld, indem sie nach der Ankunft in Korea oder Taiwan eine Arbeit im Niedriglohnsektor annimmt. »Es ist falsch, in allen diesen Frauen nur Opfer sehen zu wollen«, sagt Hugo, der australische Geograf und Experte für Ehemigration. »Es ist nicht zu übersehen, dass ein Teil von ihnen es am Zielort zu einer wirtschaftlichen Besserstellung bringt.«

Die Verdienstmöglichkeiten der Vietnamesinnen, die ins Ausland geheiratet haben, heben in gewissem Maße ihre Stellung in ihrer Primärfamilie. Weil die emigrierten Töchter das Geld für Hausrenovierungsmaßnahmen, neue Haushaltsgeräte und die Ausrichtung der Hochzeiten ihrer Brüder liefern, wird vor wichtigen Entscheidungen häufig ihr Rat eingeholt.[38] Dennoch bleibt die vietnamesische Importbraut unterm Strich hauptsächlich eine Geldquelle. Ihr Wert hat sich erhöht, allerdings wieder nur in denkbar eingeschränkter Beziehung, nämlich für ihren Ehemann, ihren Heiratsvermittler und ihre Eltern – zu ihrer aller Vorteil, nur nicht zu ihrem eigenen.

Der verstorbene Cheng Chinghuang sagte mir einmal, er sei sich dessen bewusst, dass die Heirat seine Frau in eine schwierige Lage gebracht habe. Vietnamesischen Eltern sei in aller Regel mehr an der Vermehrung ihrer Haushaltsgeräte als am Glück ihrer Töchter gelegen. »Wenn du sie besuchst, interessieren sie sich bloß dafür, wie viel Geld du mitgebracht hast. Ob du deine Frau gut behandelst oder nicht, kümmert sie nicht.«

Für Lena Edlund, die Wirtschaftswissenschaftlerin an der Columbia University, die Indizien für geschlechtsselektive Abtreibung im asiatisch-amerikanischen Bevölkerungsteil entdeckte, ist das unmittelbar einleuchtend. Sie findet es unerträglich, dass Wirtschaftswissenschaftler die Logik von Angebot und Nachfrage auf die Frauenwelt übertragen. »Na schön«, sagt sie, »der Wert einer Frau steigt«, wenn die Gesamtzahl der Frauen abnimmt. »Aber bedeutet das, dass sie jetzt einen höheren Status genießt? Nicht unbedingt. Denn sie wird vielleicht von ihren Eltern verkauft oder sie wird vielleicht verschleppt. Es hört sich zwar ein bisschen paradox an, aber je wertvoller Frauen werden, desto höher das Risiko, dass sie womöglich dieses Werts beraubt werden. Irgendwer könnte sich ihn unter den Nagel zu reißen versuchen.«

Das Angebot-und-Nachfrage-Denkschema ignoriert auch die Rollen, die Frauen in Gesellschaften mit hochgradig schlagseitigem Geschlechterverhältnis zugedacht sind. In Taiwan, Südkorea und anderen an Frauenknappheit leidenden Gebieten ist das knappe Gut stark gefragt als Ehefrau, Mutter, Umsorgerin, Haushälterin und Sexpartnerin; wenn Männer die Qualitäten aufzählen, mit der sie ihre erwünschte vietnamesische Ehefrau gern ausgestattet sähen, finden sich auf der Liste nie solche Eigenschaften wie Intellekt oder Humor oder das Verlangen nach einer gleichrangigen Partnerschaft. Historisch bedingt weisen Gesellschaften mit stark asymmetrischem Geschlechterverhältnis einen außerordentlich niedrigen Alphabetisierungsgrad und eine ebensolche Frauenerwerbsquote auf, dazu legen asymmetrische Gesellschaften heute Wert auf die Beibehaltung traditioneller Geschlechterrollen.[39] Frauen, die sich jenen Rollen anpassen, werden geschätzt, solche, die den Erwartungen entgegenhandeln – indem sie sich entschließen, Rechtsanwältin oder Wissenschaftlerin zu werden, ledig zu bleiben oder keine Kinder zu bekommen –, werden als bedrohlich wahrgenommen.

* * *

Auf Tan Loc regelt der Monsun das Leben. Der Regen beginnt jeden Morgen einigermaßen pünktlich um etwa elf Uhr und prasselt lange genug, um die Autostraßen der Insel zu überfluten und den Fluss Hau, der sie umspült, bis zum Uferrand anschwellen zu lassen. Nach dem Regen warten die Insulaner stundenlang auf das Abfließen des Wassers. Die Nachmittage ziehen sich träge hin, erst in der Abenddämmerung erwacht die Insel wieder zum Leben. Das Wetter erinnert die Menschen täglich daran, dass ihr Schicksal mit dem Boden verbunden ist, auf dem sie leben, und dass in einem Dorf im Mekong-Delta geboren zu sein heißt, dass die Zukunft durch die Herkunft eingegrenzt ist. Vielleicht ziehen deshalb so viele Frauen von hier weg und heiraten ins Ausland – und vielleicht ist genau deshalb Tan Loc, wo seit gut einem Jahrzehnt der Heiratshandel blüht, als die »Taiwan-Insel« bekannt geworden.[40]

Nach Tan Loc reise ich auf einem Motorroller, gelenkt von Miss Ha, einer schwarzarbeitenden Fremdenführerin mittleren Alters, die mich in der Lobby meines Hotels ansprach und mir eine Karte in die Hand drückte, auf der stand: »ERLEBEN SIE DAS MEKONG-DELTA – Leute, die Sie auf der Straße ansprechen und sich als meine Geschwister ausgeben, lügen.« Über eine Kontaktperson hatte ich einen Trip nach Tan Loc organisieren wollen, aber die Ortsverwaltung hatte mich wissen lassen, dass ich auf der Insel nicht willkommen sei, und wenn ich trotzdem käme, würde man das erfahren – anscheinend war man die andauernde Presseberichterstattung über den lokalen Brauthandel leid. Also dachte ich mir ein unverdächtiges Alibi als Touristin aus und machte mich auf den Weg. (Vor der Abfahrt arbeiteten Miss Ha und ich eine zweckmäßigerweise durch Tan Loc führende Route zu einem Schutzgebiet für Störche aus, einer der wenigen Sehenswürdigkeiten der Region.)

In der Provinz Can Tho leben vierzig Prozent der Bevölkerung in Armut, daher rechne ich mit einer deprimierenden Fahrt.[41] Aber weit gefehlt: Miss Has Motorroller durchquert adrette Dörfer mit vielen farbenfroh gestrichenen Häusern und üppig grünenden Gärten. Tan Loc, wo wir nach einstündiger Fahrt ankommen, erweist sich als das hübscheste Dorf von allen – die Autostraße frisch asphaltiert, die Häuser frisch gestrichen und eingedeckt, die Höfe sauber gefegt und durch Gattertore aus blinkendem rostfreien Stahl gesichert. In den umliegenden Dörfern waren die Gärten meist Nutzgärten, in denen jede Menge Salatgurken, grüne Bohnen und Auberginen angebaut werden. Auf Tan Loc sind es Ziergärten, die von einer vielfarbigen Blumenpracht überquellen.

Ende der 1990er Jahre ging es los mit dem Nach-Taiwan-Heiraten einheimischer Frauen; zur Jahrtausendwende prägte sich diese Abwanderungsbewegung im Erscheinungsbild der Insel aus. Die Summen, die die frischgebackenen Ehefrauen an ihre Eltern nach Hause schickten, veranlassten die Firma Western Union, auf Tan Loc eine Zweigstelle zu eröffnen, und von da an strömte das Geld nur so. In diesem Teil Vietnams ist es Brauch, das Baujahr eines Hauses in den Türsturz einzuschlagen; die Häuser, die nach dem Zeitpunkt, zu dem die Insulanerinnen in die Fremde zu heiraten begannen, errichtet wurden – solche, welche die Jahreszahlen 2001, 2004 oder 2007 tragen –, sind babyblau oder mintgrün oder bubblegumrosa, mitunter auch ein Mix aus allen drei Farben – gestrichene Manifestationen der Geschmacksverirrung mit Ziegeldächern, auf denen riesige Satellitenschüsseln stehen. (Familien im Raum Tan Loc, die weibliche Mitglieder ins Ausland entsandt haben, sind häufiger als solche ohne dergleichen Kontakte im Ausland Besitzer von Fernsehern, Radios, Motorrollern, Mobiltelefonen und Klimaanlagen.)[42] Einige Bauten ragen bullig über ihr Fundament hinaus und liefern quasi Beispiele für so etwas wie eine Architektur auf Anabolika.

Kleine eingeschossige Häuser aus früherer Zeit wiederum sind zu dreigeschossigen Hochbauten gewachsen und prunken mit einer Ziegelstein vortäuschenden Verkleidung, gefliestem Innenhof und jeder Menge Vorbauten – Balkonen, Veranden, Laufgängen. Bei anderen sind die Umbauarbeiten noch im Gang; sie sind von Gerüsten umschlossen, und rundherum ist der Boden mit Farbkanistern übersät. Mehrfach sind Eingangstüren mit brandroten, aus Karton ausgeschnittenen »Doppelglück«-Schriftzeichen geschmückt – ein Zeichen dafür, dass hier kürzlich eine Hochzeit gefeiert wurde.

Aber nicht alles, was es über Tan Loc zu berichten gibt, präsentiert sich in rosigem Licht. Vor meiner Abreise zu der Insel traf ich in einem Speiselokal in Ho-Chi-Minh-Stadt mit Xoan Nguyen, einer Soziologin an der dortigen Staatlichen Universität, zusammen. Anders als die meisten Wissenschaftler, die sich mit dem Heiratshandel befassen, hat die schmale, quirlige Frau in Rüschenhemd, Jeans, Flip-Flops und mit silbrig lackierten Fußnägeln, ihr Interesse auf dessen Auswirkungen in Vietnam konzentriert. Ziel ihrer Feldforschung ist die Erstellung eines Katalogs gern übersehener Einzelheiten: gemeinsame Eigenschaften der Frauen, die ins Ausland heiraten; wie viel Geld sie nach ihrem Weggang an die Familie zurückschicken; wie viele sich von ihnen scheiden lassen. (Erstaunlich viele täten das, sagt sie, aber im demografischen Bild von Ortschaften wie Tan Loc schlage sich das nicht nieder. Wohl komme eine große Zahl der Frauen nach Vietnam zurück, bleibe aber nur so lange, bis ein neuer ausländischer Ehemann gefunden sei.)

Auch wie sich die Abwanderung der Bräute auf die heimische Männerwelt auswirkt, behält Nguyen im Blick. »Viele der Damen haben bereits einen festen Freund, aber der ist arm, also geben sie ihm den Laufpass und suchen sich zum Heiraten irgendeinen Koreaner oder Taiwaner.« In einer 2007 veröffentlichten Untersuchung kamen sie und der Demograf Graeme Hugo zu dem Befund, dass in manchen Mekong-Bezirken nicht weniger als die Hälfte aller in jüngster Zeit geschlossenen Ehen Verbindungen zwischen einer Einheimischen und einem Taiwaner waren.[43] »Die Männer, die verschmäht im Land zurückbleiben, haben kaum eine Chance, eine Partnerin zu finden«, fährt sie fort. »Das ist richtig traurig.«

Während meines eintägigen Aufenthalts auf Tan Loc begegne ich keiner einzigen Frau über dreißig. Dagegen sieht man auf der Insel mehr als genug Jungen und junge Männer. Bevor wir abfahren, nehmen Miss Ha und ich in einer Gartenwirtschaft bei der Anlegestelle der Fähre ein Nudelgericht zu uns. Dort ist die übrige Kundschaft ausschließlich männlich, und während wir auf die Nudeln warten, zähle ich über ein Dutzend junger Männer in unterschiedlichen Stadien des Kampfs gegen die Langeweile – Tee trinkend, in der Hängematte dösend, Billard spielend an einem Tisch, von dessen einst grünem Filzbezug nur noch ein farbloser Rest übrig ist.

Nach einer Weile versammeln sich die Müßiggänger sämtlich um einen Klapptisch, wo die jüngeren dann zuschauen, wie die älteren mit einer Pokerpartie beginnen. Gespielt wird um Zigaretten, wobei man das Spielgeschehen mit gelegentlichen dramatischen Seufzern begleitet, mit Faustschlägen auf den Tisch und mit Ausrufen, die Miss Ha mit »Ach du lieber Gott!« übersetzt. Einer der Kiebitze hat ein weißes T-Shirt an, auf dem die Umrisszeichnung einer nackten Frau im Profil aufgedruckt ist. Die Aufschrift lautet: »Was Männer mögen«.

Wie in China fließt auch in Vietnam selbst bei der Heirat zweier Einheimischer ein Brautpreis an die Eltern der Braut.

Doch was da gezahlt wurde, reichte nie an die Summe heran, die bei der Heirat mit einem Ausländer über den Tisch geht – bis vor Kurzem die Konkurrenz den Brautpreis in die Höhe zu treiben begann. Sollte es den Männern aus der Gartenwirtschaft gelingen, heiratswillige Frauen zu finden, müssten sie, um das Geschäft in trockene Tücher zu bringen, schon das nötige Geld zusammengespart haben: Die Eltern einheimischer junger Frauen verlangen heute als Brautpreis doppelt so viel an Sachwerten wie früher.[44] Tran Giang Linh, ein Forscher am Institute for Social Development Studies in Hanoi, befragte hunderte Haushaltungen im Raum Tan Loc. »Fast alle hübschen jungen Frauen haben längst ins Ausland geheiratet«, sagte ihm ein Junggeselle. »Wir – die armen Männer – haben echt Schwierigkeiten, eine Frau zu kriegen. Von meinen Bekannten haben sich viele ihre Frau … in der nächsten oder übernächsten Gemeinde suchen müssen. Ich überlege mir, es auch so zu machen.«[45]

Zu allem Übel kommt noch Vietnams eigenes Geschlechterungleichgewicht hinzu, das zur Folge hat, dass bis 2040 überwiegend im nördlichen Landesteil noch 4,3 Millionen mehr Männer keine Ehefrau finden werden.[46] Da die meisten vietnamesischen Männer es sich nicht leisten können, sich eine Frau im Ausland zu kaufen, wird dieses ungleichgewichtige Geschlechterverhältnis den Sog, der Frauen aus der Mekong-Region im Süden abzieht, verstärken.

* * *

In der misslichen Lage der Männer im Raum Tan Loc zeigt sich einer der hässlichsten Züge des Brauthandels: Die Menschen, die auf Söhne hin selektieren, sind nicht dieselben, die mit ansehen müssen, wie ihre Söhne einsam alt werden. Genauso, wie die Globalisierung es Konsumenten erlaubt, billige Waren zu kaufen, ohne daran zu denken, welchen Tribut die Waren den Arbeitern, die sie herstellen, abverlangen, erlaubt sie es auch Eltern, die Folgen ihres Handelns zu ignorieren, indem sie die unerquicklichen Auswirkungen der geschlechtsselektiven Abtreibungen an Orten wie Tan Loc vor ihren Blicken verbirgt. Wohlhabende Eltern in Taiwan und Südkorea treffen die Entscheidungen, wie die sich auswirken, bekommen arme Familien in Vietnam zu spüren.

Die vietnamesische Regierung ist angesichts des Exodus der Frauen nicht ganz tatenlos geblieben, hat sich vielmehr bemüht, die Abwanderung einzudämmen. Nachdem Ende 2000 in einem Hotel für Geschäftsleute im Zentrum von Ho-Chi-Minh-Stadt mehr als 220 junge Frauen im Alter von 18 bis 25 Jahren entdeckt worden waren, die dort, von Ehemaklern in sieben Zimmern zusammengepfercht, darauf warteten, von ausländischen Heiratskandidaten »erwählt« zu werden, ging die Zentralregierung hart gegen die Eheanbahnungsbranche vor.[47] In staatlichen Presseorganen erschienen Sonderbeiträge, die den »taiwanischen Traum« entzauberten. Als »taiwanische Desillusionierung« wurde er in den Schlagzeilen bezeichnet.[48] Im Jahr 2002 verbot die Regierung die gewerbsmäßige Eheanbahnung per Gesetz.[49]

Der Soziologin Nguyen zufolge bewirkte dieses harte Durchgreifen jedoch lediglich dessen Abtauchen in den Untergrund. Nachdem sie ihre Dörfer verlassen haben, kommen die Frauen jetzt in Cholon, dem Chinatown von Ho-Chi-Minh-Stadt, zusammen, wo sie in finsteren Seitenstraßen in schmuddeligen Motels verstaut werden, jeweils sechs oder noch mehr Personen in einem Zimmer, und dann darauf warten, dass sie von Taiwanern oder Südkoreanern begutachtet werden. Eine längere Wartezeit ist da nicht nur kein Vergnügen. Sie schafft auch ein Problem: Da die Geschäftsbedingungen mancher Makler für den interessierten Mann die Übernahme der Unterbringungskosten seiner zukünftigen Ehefrau vorsehen, treibt in einem solchen Fall wochenlanges Ladenhütertum den Anschaffungspreis einer Frau nach oben. Des Weiteren hatte die gegen die Ehemaklerbranche angewandte Härte zur Folge, dass sich, von ihr getrieben, der Frauenhandel in die ärmsten Winkel der Erde ausweitete. Laut einem Bericht der Internationalen Organisation für Migration aus dem Jahr 2008 hat der asiatische Heiratshandel inzwischen auf Kambodscha übergegriffen.[50] Das Ungleichgewicht im Zahlenverhältnis der Geschlechter hat in Ehedingen eine Abwärtsspirale in Gang gesetzt.

Wenn die geschlechtsselektive Abtreibung einmal in der Mekong-Region ankommt, wird sie dort nach Meinung einiger

Wissenschaftler in einer lokalen Variante auftreten: Die Einheimischen werden auf Mädchen hin selektieren. »Töchter sind einem heutzutage lieber als Söhne, sie können nämlich ins Ausland heiraten und ihre Familie wirtschaftlich unterstützen«, sagte ein Dörfler Tran Giang Linh, dem Sozialforscher, der die Einheimischen zum Thema Frauenhandel befragt hatte.[51] »Viele hier ... bedauern, dass sie keine Töchter im heiratsfähigen Alter haben«, erfuhr Nguyen in der Provinz An Giang von einer Teilnehmerin mittleren Alters.*[52]

Wenn die befragten Eltern dafür sorgen, dass derlei Wunschvorstellungen Wirklichkeit werden, wird in Vietnam das Geschlechterverhältnis bei der Geburt ausgeglichener werden – aber in anderen, noch ärmeren Ländern könnte sich das Verhältnis männlich:weiblich in dem Bevölkerungsanteil im Kindesalter langsam zu weiblichem Übergewicht hin verschieben. Mit der zunehmenden Verbilligung, Verfeinerung und Verbreitung der Geschlechtsselektionstechnik und mit der wachsenden Zahl der Jungengeburten in den Ober- und Mittelklassen der Welt, so die Prognose Lena Edlunds, wird sich für die Armen eine Chance auftun – nämlich die, auf Mädchen hin zu selektieren, um diese dann an wohlhabendere Familien zu verkaufen. »Die größte mit der vorgeburtlichen Geschlechtsbestimmung gegebene Gefahr«, schreibt die Wirtschaftswissenschaftlerin, »ist, dass sie dem Wachstum einer weiblichen Unterklasse Vorschub leistet.«[53] In diesem Szenario sind wir mit einer Realität konfrontiert, in der »Gender«, das soziale Geschlecht, sich nach Klassenzugehörigkeit und Einkommensniveau definiert und es für Frauen vom Nicht-geboren-Werden zum In-die-Armut-hineingeboren-Werden geht.

* Ähnlich bekommen Sozialforscher in asiatischen Regionen, wo Frauen in großer Zahl ihr Auskommen in Sexarbeit finden, von Eltern zu hören, dass die Geburt eines Mädchens für sie ein Grund zum Feiern ist. In ihrem Buch *Sex Slaves* (2001) schreibt Louise Brown über das ländliche Nepal: »Die Geburt einer Tochter ist hier kein Anlass zum Klagen mehr. Sexarbeit hat Mädchen einen Marktwert verliehen.«

ZWÖLFTES KAPITEL

Die Prostituierte

Unsere nationale Fähigkeit, Tussen aufzureißen, wird Höhen erreichen, die in der Menschheitsgeschichte ohne Beispiel sind.

Forumbeitrag von 2007 zum Thema asymmetrische Geschlechterverteilung bei der Geburt auf dem chinesischen Internetportal tianya.cn[1]

Die Mädchen verabschiedeten sich von der Puffmutter, verließen das Bordell und machten sich in dem abendlichen Schummerlicht draußen auf der unbekannten chinesischen Straße auf den Weg. Eine war 16, die andere erst 15 Jahre alt. Zum ersten Mal waren sie in dem fremden Land unter freiem Himmel, trotzdem waren sie nicht nervös; bisher lief alles nach Plan. Sie gingen in Richtung des Hotels, das ihnen genannt worden war, langsam und bedächtig; der Zuhälter, sagten sie sich, würde sich nicht die Mühe machen, ihnen zu folgen. Seine Praxis, den Mädchen zu erlauben, das Bordell zu verlassen und zu zweit Kunden aufzusuchen, so vermuteten sie, musste auf einer Art perversem Vertrauen gründen, dass all das, was er seine Opfer hatte durchmachen lassen – Kidnapping und Über-die-Grenze-Schmuggeln, der kaltschnäuzige Verkauf ihrer Defloration an den Meistbietenden und der monatelange Zwang zum unbezahlten Sex mit täglich zwanzig Freiern –, sie lammfromm und unsicher gemacht hatte. Ein Mädchen allein würde vielleicht zu fliehen versuchen, aber zu zweit niemals. Sie nahmen an, dass sie nicht beobachtet wurden, darum kletterten sie, als sie auf halbem Weg zu dem Hotel an der vereinbarten Stelle das wartende Taxi am Straßenrand sahen, hastig hinein, ohne zurückzublicken.

Die beiden anderen Fahrgäste vor Augen – zwei Männer, die ihre Sprache sprachen, ihr Trauma kannten und gekommen waren, um sie zu befreien – spürten die Mädchen, wie die Spannung von ihnen abfiel, und zum ersten Mal seit sieben Monaten empfanden sie eine gewisse Sicherheit. Lam Huong Duong, die 15-Jährige, war besonders erleichtert, denn das weiche runde Gesicht des einen Mannes war ihr vertraut, es erinnerte sie an Schulunterricht und den Zeitvertreib nach der Schule in Hanoi.* Sie rückte sich auf ihrem Platz zurecht, rutschte vielleicht auch etwas näher zu dem anderen Mädchen hin und wartete ab.

Der vertraut aussehende Mann, der Tran Tuan Dung hieß, gab dem Fahrer das Zeichen zur Abfahrt, und das Taxi schoss los in Richtung vietnamesischer Grenze, ihrem Heimatland. Doch dann geriet der Plan ins Wanken. Die Mädchen hatten nur wenige Minuten in dem schnell fahrenden Taxi gesessen, bevor sie durch das Rückfenster zwei Männer auf einem Motorrad sahen, das sich mit rasender Geschwindigkeit dem Auto näherte. Sie kannten die Männer nicht, aber ihnen war sofort klar, dass sie im Auftrag des Bordells hinter ihnen her waren – vielleicht, weil der Mann auf dem Rücksitz in der erhobenen Hand eine lange Metallstange hielt, die er schüttelte, wie um dem Taxi zu drohen.

Schon im nächsten Moment bretterte das Motorrad neben dem Auto her, und voller Entsetzen sahen die Mädchen den Mann auf dem Rücksitz mit der geschwungenen Metallstange auf die Seitenfenster des Taxis zielen. »Schneller! Schneller!«, hörten sie Tran dem Fahrer zurufen. Er rief es auf Vietnamesisch, eine Sprache, die der Mann am Lenkrad nicht beherrschte, aber es war klar, was er wollte. Der Fahrer signalisierte mit einer Handbewegung, dass das mehr kostete, und Tran drückte ihm ein paar speckige Hundert-Yuan-Scheine in die Hand. Jetzt endlich trat der Fahrer das Gaspedal durch, und mit einem spürbaren Ruck begann der Wagen zu beschleunigen. Nur wenige Kilometer weiter winkten die Grenze und die Aussicht auf Freiheit. Doch direkt hinter ihnen hielt sich, in rasender Fahrt, das Motorrad. Stumm beobachteten die Mädchen, wie der Fahrer aufdrehte und der Abstand zwischen dem Motorrad und dem Auto sich von Neuem verringerte. Sie verharrten im

* Sowohl der Name des verschleppten Mädchens als auch der des Nichtregierungsorganisation-Mitarbeiters, der es rettete, wurden geändert.

Schweigen, aber im Stillen müssen sie sich gefragt haben, ob sie die Grenze erreichen würden, bevor die Schlägertypen die Windschutzscheibe des Taxis zertrümmerten.

Tran behielt die Straße voraus im Blick und versuchte gleichzeitig, die Situation zu meistern. Der ausgebildete Rechtsanwalt hatte, als er ins Berufsleben eintrat, nicht im Traum daran gedacht, dass zu seinen Aufgaben auch einmal Rettungsaktionen über die Landesgrenzen hinweg gehören würden. Nachdem er das Jurastudium erfolgreich abgeschlossen hatte, entschied er, dass das Gellschaftsrecht nicht sein Fall war, und trat die Stelle des Justitiars einer in Hanoi ansässigen Nichtregierungsorganisation an, die in Armut aufwachsende Kinder betreut und fördert. Dann verschwand eines Tages Lam, die Tochter eines Altmetallsammlers und seiner Frau aus dem armen Zentralvietnam, eine gute Schülerin. Tran wusste, dass Mädchenhändlerringe es auf Mädchen aus sozial benachteiligten Schichten abgesehen hatten, ihre Opfer auf den Straßen von Hanoi kidnappten, sie über die Grenze nach China verschleppten und dort in die Prostitution verkauften. Als in den letzten Jahren in China die ersten Jahrgänge überschüssiger Jungengeburten das Mannesalter erreicht hatten und die Nachfrage nach Prostituierten angestiegen war, war das Geschäft kräftig in Schwung gekommen. In wachsender Zahl wurden vietnamesische Mädchen und junge Frauen jetzt auch in Ehen gezwungen. Trans schlimmste Befürchtungen wurden bestätigt, als ein anderer Mitarbeiter der Organisation einen verzweifelten Anruf von Lam erhielt, die berichtete, dass sie gekidnappt worden war und jetzt in einem Bordell irgendwo in China gefangen gehalten wurde. Sie stehe fürchterliche Ängste aus, sagte sie, und ihr einziger Wunsch sei es, dass jemand herkomme und sie da heraushole. Sie bekam gerade noch den Namen der Stadt zusammen, in der sie sich befand: Hochai. Mehr wusste sie nicht.[2]

Als Justitiar der Nichtregierungsorganisation brachte Tran den Fall den vietnamesischen Behörden zur Kenntnis. Doch von der Hanoier Polizei erhielt er eine entmutigende Auskunft. Da es sich um eine zwischenstaatliche Angelegenheit handle, sei eine Sondergenehmigung vonnöten, damit Ermittlungsbeamte nach China einreisen könnten. Die zu beschaffen, hätte freilich Zeit gekostet, und Zeit war genau das, was Tran nicht hatte. Er entschied sich dafür, das Recht selbst in die Hand zu nehmen.

Bei Freunden in der Internationalen Organisation für Migration erkundigte er sich über Hochai, eine kleine Trabantenstadt von Pingxiang und einem wichtigen Grenzposten zwischen Vietnam und China, der neuerdings zu einem Brennpunkt des Menschenschmuggels geworden war. Tran warb einen Kollegen als Begleiter an, besorgte zwei Dreitagevisen für China und machte sich auf den Weg zur Grenze.

Die Innenstadt von Hochai umfasste wenige Häuserblocks, und der – für eine Kleinstadt recht große – Rotlichtbezirk war leicht zu finden. Er bestand aus einer Ansammlung von schäbigen, von Frauen in heißen Höschen und High Heels und mit dick aufgetragenem Make-up flankierten Bauten (manche tatsächlich mit roten Lampen überm Eingang). Tran hatte keine Ahnung, in welchem Bordell sich die verängstigte Lam befand, also fing er an einem Ende der Straße an und arbeitete sich zum anderen hin vor, indem er ein Etablissement nach dem anderen betrat und um die Präsentation des Angebots bat. Wenn die Mädchen dann aufgereiht vor ihm standen, begrüßte er sie der Reihe nach und musterte jede von oben bis unten, als ob er im Laden eine Ware begutachtete. »*Nihao, xiahoije*«, sagte er zu jeder Einzelnen, bemüht, zu verschleiern, dass er ein Vietnamese war: »Hallo, Fräulein.« Wenn er die Reihe durch hatte, spielte er den Enttäuschten und ging. Die Mädchen seien zu hässlich oder zu mager oder zu schüchtern, erklärte er jedes Mal der Puffmutter, die ihn zur Tür geleitete. Im achten Bordell, das er aufsuchte, blieb er schließlich. Hier hatte er Lam entdeckt.

Den Fluchtplan heckten Tran und Lam in einem winzigen Zimmer aus, wo es nach Sperma roch und als einziger Einrichtungsgegenstand in einer Ecke eine dünne, arg verschmuddelte Matratze lag. An jenem Tag wurde der Raum, in dem Lam gefangen war, zur Geburtsstätte ihrer Befreiung. Sie war zur Flucht längst entschlossen und hatte die Zuhälter und die Puffmutter aufmerksam beobachtet, um in deren Überwachungssystem eine Lücke zu entdecken. Die ihr aussichtsreichste schien zu sein: ein Anruf aus einem Hotel, die Anforderung von gleich zwei Mädchen auf einmal und ein auf dem Weg vom Bordell zu dem Hotel unauffällig wartendes Taxi.

An jenem Tag in jenem schmutzigen Zimmer hatte der Plan einen soliden Eindruck gemacht. Aber Lam hatte nicht bedacht, dass der Zuhälter ihr einen Schritt voraus sein könnte – dass sie nicht die Erste war, die einem Leben unter dem Diktat, tagtäglich mit irgendwelchen Männern zu schlafen, zu entrinnen versuchte. In dem dahinrasenden Taxi drückten Lam und die andere Ausreißerin sich in die Sitzpolster. Die Männer, die von so weit hergekommen waren, um sie zu retten, bangten. Alle vier dachten an die Grenze und die sichere Heimat, die sie hinter ihr erwartete – und hofften.

* * *

Ungewöhnlich an der Geschichte von Lam und ihrer Rettung ist der über eine Landesgrenze führende, aufregend dramatische Handlungsstrang, der damit beginnt, dass sich ein moderner Ritter aufmacht, im Alleingang junge Mädchen ihren Entführern zu entreißen. Doch was dem Mädchen davor widerfuhr – Kidnapping, Verschleppung in ein fremdes Land, Verlust der Jungfernschaft an einen fremden Mann, der sich das Recht dazu einfach nur erkaufte –, ist alles andere als ungewöhnlich. In jüngerer Zeit wurden Tausende vietnamesischer Frauen und Mädchen über die Grenze nach China verkauft.[3] Zum Teil landen diese Frauen wie Lam in chinesischen Bordellen. Andere – nach manchen Berechnungen der größte Teil der vietnamesischen Opfer – werden in Ehen mit chinesischen Männern in Provinzen mit stark asymmetrischem Geschlechterverhältnis verkauft.[4] Solche Verbindungen entbehren völlig der Freundlichkeiten, die bei den von asiatischen Eheanbahnungsinstituten gestifteten Ehen üblich sind. Da gibt es keinen Austausch von Fotos, keine Geschenke an die Eltern der Braut, keine Liebesbeteuerungen. Die weit überwiegende Mehrzahl der gekidnappten und verkauften vietnamesischen Frauen wird nie gerettet.

Der illegale Verkauf von Frauen von Vietnam nach China datiert zurück bis mindestens ins 19. Jahrhundert, die Zeit, als Südostasien unter französischer Kolonialherrschaft stand. Damals erfassten die Kolonialbeamten viele Fälle von Kidnapping junger Mädchen durch Ganoven und anschließendem Verkauf an Mädchenhändlerbanden. Die Menschenhändler kleideten die Mädchen in chinesischem Stil ein und gaben sich als ihre Eltern aus, um sie über die Grenze zu schmuggeln. Noch als die Kolonialverwaltung bereits hart gegen diese Praxis vorging, sollen französische Soldaten den Schmugglern geholfen haben.[5] Nachdem die Franzosen die Kontrolle über Indochina verloren hatten, blieben die lichtscheuen Netzwerke bestehen und wuchsen oder schrumpften, je nach dem Gezeitenstand der Nachfrage nach Frauen. Heute jedoch sind die Banden aktiver denn je.

Zum Teil ist das dem Abklingen internationaler Spannungen zuzuschreiben. Nach Jahrzehnten stark belasteter Beziehungen einigten sich die chinesische und die vietnamesische Regierung 1992, die Grenze zwischen beiden Ländern wieder zu öffnen – wodurch sie Menschenschmugglern das Geschäft ungemein erleichterten.[6] Doch die Zunahme von Menschenraub und Sexhandel hat eine direktere Ursache: In dem Maße, wie in China mehr und mehr überschüssiger männlicher Nachwuchs den Kinderschuhen entwächst, steigt die Nachfrage nach Sexpartnerinnen in die Höhe. In 65 Prozent der Fälle von im Zeitraum 2004 bis 2010 durch vietnamesische Ordnungskräfte vereiteltem Menschenhandel waren die Opfer für China bestimmte Frauen und Kinder.[7]

Manche Frauen aus Vietnam haben eine ungefähre Vorstellung davon, was ihnen blüht. Sie sind, noch ledig, jetzt Anfang dreißig, in einem Alter, in dem sie im ländlichen Vietnam keinen Mann mehr finden, oder sie sind geschieden, also in einem Familienstand, der in der klatschsüchtigen Dorfwelt einen schlechten Ruf hat, und sie verlassen das Land in der vagen Erwartung, in China Arbeit oder einen Mann zu finden. Andere sind sehr naiv. Jemand spricht sie auf dem Markt oder auf der Straße mit einem verlockenden Angebot an – »Ich weiß, wo Sie Arbeit finden können«, »Ich kann Ihnen einen besseren Job als den hier verschaffen«, »Helfen Sie mir, diese Tasche über die Grenze zu schaffen und Sie bekommen eine hübsche Stange Geld dafür«. Nicht selten ist die Person, die das Lockangebot unterbreitet, selbst eine Frau.[8]

Lam ging einer auf die Interessen jugendlicher Stadtbewohner abgestimmten Strategie auf den Leim. Zum ersten Kontakt zwischen ihr und ihren späteren Entführern kam es in einem Chatroom, in dem sie jemanden kennenlernte, den sie zunächst für einen sympathischen Jungen in ihrer Altersklasse hielt. Schon nach ein paar Chats verabredete sie sich zu einem Date mit ihm. Doch am verabredeten Treffpunkt wurde sie dann gekidnappt.

Lams Geschichte höre ich zuerst von Doan Thuy Dung und Nguyen Quoc Nam, zwei Anti-Menschenhandel-Aktivisten von der Internationalen Organisation für Migration (IOM), mit denen ich mich in einem Konferenzraum in einem Hanoier Wolkenkratzer treffe. Doan und Nguyen bemühen sich, diesen Handel mit Frauen aus nordvietnamesischen Dörfern einzudämmen. Es sei eine mühselige Aufgabe, sagen sie, weil er so expansiv geworden sei. Zumal der Sexhandel habe im Lauf des vergangenen Jahrzehnts zugenommen. Er »findet überall statt«, sagt Nguyen, ein Mann, dessen Stimme so leise ist, dass sie kaum das Hupen der Autos und Motorräder auf den Hanoier Straßen sieben Stockwerke weiter unten übertönt. »Sie können hingehen, wo sie wollen, in jeder Provinz, in jeder Gemeinde können Ihnen die Leute etwas darüber erzählen.« Besonders schwer sei den Menschenhändlern das Handwerk in den Fällen zu legen, in denen sie sich ihre Opfer in der Gemeinde suchen, in der sie leben, fügt er hinzu.[9] In Interviews, die Rechercheure der IOM in Quang Ninh, einer vietnamesischen Provinz an der chinesischen Grenze, mit Hunderten zurückgekehrter Opfern führten, gaben siebzig Prozent der betroffenen Frauen und Mädchen zu Protokoll, dass sie auf eine Person hereingefallen sind, die sie kannten.[10] Jugendliches Alter und die mit ihm gepaarte Arglosigkeit sind weitere Faktoren, die den Aktivisten das Leben schwermachen. Zwanzig Prozent der in Quang Ninh befragten Frauen waren zu dem Zeitpunkt, als sie nach China verkauft wurden, 18 Jahre oder jünger.[11] Nguyen ist überzeugt, dass dieser Prozentsatz inzwischen gestiegen ist. »Wenn man sich die Opfer ansieht, stellt man fest, dass sie immer jünger werden.«

Doan, deren Gesicht von einer Brille mit rotem Gestell gerahmt ist, nickt energisch. Manche sind gerade mal elf oder zwölf«, wirft sie ein. »Sogar Zehnjährige sind dabei.«

Seitdem die wirtschaftlichen Reformen der 1980er Jahre die Bedingungen für eine freizügigere inländische Migration schufen, ist in China die Zahl der Prostituierten explosionsartig gestiegen: Geschätzte zehn Millionen Sexarbeiterinnen strömten in die boomenden Großstädte des Landes.[12] Doch mit zunehmender Nachfrage nach Prostituierten und abnehmender Zahl chinesischer Frauen, die den Bedarf decken könnten, ist ausländischer Ersatz zu einem begehrten Gut geworden, und als arme Ausländerin nahe der Grenze zum Reich der Mitte zu leben, ist ein Leben im Risiko. Vietnam, wo der Menschenhandel ja schon Tradition hat, ist von diesem Risiko besonders stark betroffen, aber auch in anderen Nachbarstaaten Chinas bieten sich jungen Frauen ähnlich trübe Aussichten. An Chinas Westgrenze gelangen Birmesinnen ins Land über die Stadt Ruili, in der es jede Menge Heiratsvermittlungsagenturen und Bordelle gibt. Für Nordostchina wiederum ist ein wichtiger Frauenlieferant Nordkorea, ein Land, in dem, ähnlich wie in Myanmar, die grausame Mixtur aus Autoritarismus und Armut dafür sorgt, dass Frauen es nur zu gern verlassen. Das tun sie in solchen Scharen, dass der Direktor der Durihana-Mission, einer christlichen Organisation zur Unterstützung landesflüchtiger Nordkoreaner, 2010 der Agence-France-Presse mitteilen musste, dass achtzig Prozent der Zehntausende in China lebenden Nordkoreaner weiblichen Geschlechts seien.[13] In China kommen die Flüchtlinge in der Regel ohne Geld und ohne Aussicht auf eine Beschäftigung an, und viele werden schließlich Prostituierte oder gekaufte Bräute, abhängig oder vermittelt von Zuhältern, für die der Frauenhandel mehr und mehr zu einem lukrativen Geschäft geworden ist.[14] Kenner der Szene sagen, eine flüchtige Nordkoreanerin bringe heute zehn Mal so viel ein wie noch vor zwanzig Jahren.[15]

Die Verantwortung für den blühenden Sexhandel in Asien kann nicht einzig und allein auf das Konto des Geschlechterungleichgewichts verbucht werden. Das Wirtschaftswachstum, wie es in der jüngsten Vergangenheit stattgefunden hat, hat auch mehr persönliche und gesellschaftliche Freiheit, eine Lockerung der Sexualmoral und eine Hyperkommerzialisierung so gut wie aller Lebensbereiche. Alle drei Faktoren zusammengenommen ergeben die auf dem ganzen Kontinent aufkommende Einsicht: *Sex sells*. Aber das Geschlechterungleichgewicht ist zumindest ein mitwirkender Faktor. In dem jährlich vorgelegten Menschenhandelsbericht des US-Außenministeriums wird Frauenknappheit als eine der Hauptursachen des Sexhandels in Asien aufgeführt. »Eine wesentliche Folge des zunehmenden Geschlechterungleichgewichts ist die gesteigerte Nachfrage nach Zwangsehen und Prostitution«, trug Mark Lagon, der Direktor des Büros zur Überwachung und Bekämpfung des Menschenhandels, 2008 in Washington vor politischen Entscheidungsträgern vor. »Der Frauenmangel trägt zur Steigerung der Nachfrage nach Frauen und Mädchen bei, die der Prostitution nachgehen ... die ihrerseits den Bedarf an Opfern des Menschenhandels erhöht.«[16] Ins gleiche Horn stießen Forscher der Chinesischen Akademie der Sozialwissenschaften, als sie 2010 gegenüber Journalisten erklärten, dass infolge des Geschlechterungleichgewichts Zwangsprostitution und Menschenhandel im Lande mittlerweile »grassieren«.[17]

Und während der internationale Menschenhandel in Asien zusehends Beachtung findet, erlebt der Kontinent auch eine Blüte des intranationalen Menschenhandels etwa von West- nach Ostchina oder von Nordost- nach Nordwestindien – mit der gleichen Folge für die Opfer. Wie die gekidnappte vietnamesische Jugendliche, die in tiefster Nacht über die Grenze verschoben wird, weiß auch das gekaufte chinesische kleine Mädchen vom Lande nur das Wenigste darüber, was letzten Endes aus ihr werden soll.

Historisch gesehen gedeiht die Prostitution immer dort, wo Männer gegenüber Frauen in der Überzahl sind. Im Frankreich des 19. Jahrhunderts waren florierende Bordelle eine Folge der Industrialisierung, mit der eine urbane Migration einherging, die von Männern überlaufene Städte erzeugte.[18] Eine ähnliche Entwicklung war im Shanghai der 1930er Jahre zu beobachten, wo jede 13. Frau eine Prostituierte war.[19] Auch heute wachsen in Asien Bordelle dort am meisten, wo das stärkste Ungleichgewicht im Geschlechterverhältnis besteht. Aufs Ganze gesehen ist in China die Prostitutionsrate höher als in den USA: 13 Prozent der 21- bis 30-jährigen chinesischen Männer geben an, schon einmal mit einer Prostituierten verkehrt zu haben; noch höher ist dieser Prozentsatz in Landkreisen mit hohem Bevölkerungsanteil von ledigen Männern.[20] In Suining, der Stadt in der Provinz Jiangsu, wo ich erstmals Eltern zum Thema geschlechtsselektive Abtreibung befragte, heißt ein bestimmtes Gebiet in der Innenstadt bei den Einheimischen heute nur noch *ji'nü jie* – »die Nuttenstraße«. Zu ihrem Arbeitsfeld haben sich Prostituierte auch das Ackerland rund um die Stadt erkoren, wo das Rot ihrer geschminkten Lippen in krassem Kontrast zu den matten Grün- und Brauntönen der Reis- und Weizenfelder steht.

Sexarbeiterinnen wiederum, die das Gewerbe aus freiem Entschluss ausüben, haben begriffen, dass die Schieflage beim Geschlechterverhältnis gut fürs Geschäft ist. Angesichts der steigenden Nachfrage nach ihren Diensten beginnen sie, sich zu organisieren. Im Juli 2010 gingen in Wuhan Prostituierte mit roten Regenschirmen – rund um den Globus das Abzeichen von Vorkämpfern der Sexarbeiterinnen-Rechte – auf die Straße, um gegen harte Aktionen der Regierung gegen die Prostitution zu demonstrieren und eine Unterschriftenaktion für deren Legalisierung zu starten. »Solche Unterdrückungsaktionen haben niemals eine Dauerwirkung«, schrieb die Protestlerin Ye Haiyan – unter dem Alias Hooligan Sparrow (Krawallspatz), eine bekannte Bloggerin. »Die alleinstehenden [Männern] durch das derzeitige schieflastige Geschlechterverhältnis auferlegte Einschränkung ihrer Sexualität schafft einen enormen gesellschaftlichen Bedarf.«*[21]

* * *

* Da hat sie nicht ganz unrecht. Zu verschiedenen Zeiten in der Weltgeschichte haben Regierungen die Förderung der Prostitution als Mittel zur Ruhigstellung von Männern in einer Gesellschaft mit stark asymmetrischem Geschlechterverhältnis entdeckt. Die britische Regierung expedierte einst eine ganze Schiffsladung weiblicher Sträflinge, viele davon Prostituierte, ins australische Grenzland, um männliche Siedler zu besänftigen.

Ist es auch besonders auffallend, wie die Zahl der Prostituierten in China zunimmt, so heben Anti-Menschenhandel-Aktivisten doch mit Recht hervor, dass die Mehrzahl der Opfer des Frauenhandels ihr Schicksal letztlich als gekaufte Bräute findet, als dem Rest der Welt aus dem Blick geratene, in der dörflichen Alltagsroutine verschwundene Bauersfrauen. Dem Bericht einer lokalen Nichtregierungsbehörde zufolge endet für neunzig Prozent der nach China verschobenen Birmesinnen das zweifelhafte Abenteuer in einer Zwangsehe.[22] Auch von den Nordkoreanerinnen wird die Mehrheit von Männern, die auf Freiersfüßen gehen, gekauft.[23] Nguyen und Doan wollen gehört haben, dass Vietnamesinnen bis in die Innere Mongolei in Ehen verkauft wurden. Die Zwangsehe ist in Asien mittlerweile so gängig geworden, dass sie – neben Genitalverstümmelung, häuslicher Misshandlung und Vergewaltigung in der Ehe – in den USA als Asylgrund für Frauen anerkannt wird.[24]

Für eine über Provinzgrenzen oder eine Landesgrenze hinweggeschmuggelte Frau hielt das Schicksal also den einen oder den anderen von zweierlei Zwängen bereit: entweder den, täglich die Gelüste Dutzender Männer zu bedienen, oder den, sich einfach nur auf die Bedürfnisse eines einzigen Mannes einzustellen, seine Kinder auszutragen und sich mühsam den Lebensbedingungen fern von Freunden und Bekannten und der eigenen Familie anzupassen. Zumeist kein großer Unterschied.

In einem Dorf außerhalb von Suining lerne ich Zhang Mei kennen, eine 37-jährige Dorfbewohnerin in Männerhose und schwarz gepunktetem weißen Hemd, das um ihren mageren Körper schlottert. Zhang stammt aus der weit entfernten Provinz Yunnan, aus einer armen Gebirgsregion nahe der tibetischen Grenze – einem Gebiet, das mit Suining weniger gemein hat als Tennessee mit Alaska. Ihre Nachbarn erzählen mir, dass sie vor zwanzig Jahren nach einer langen Reise mit einem Mädchenhändler in dem Dorf ankam, der sie hier ihrem zukünftigen Ehemann ablieferte. Sie hatte keine Ahnung, was sie am Ende dieser Reise erwartete, hatte nur das vage Versprechen, dass sich dort eine Beschäftigung für sie finden werde; dennoch hatte sie ein gewisses Vertrauen zu dem Mädchenhändler gehabt, denn sie war nicht gekidnappt worden. Ihre Eltern hatten sie verkauft.[25]

Der Trip war ganz leidlich verlaufen. Der Mädchenhändler hatte Zhang zunächst nach Kunming gebracht, der Hauptstadt von Yunnan, ein flüchtiger Eindruck von urbaner Zivilisation in der Provinz und ihr erster Besuch einer Großstadt. Sie erinnert sich an das große Warenhaus im Stadtteil Yiliang, das für sie die moderne Zeit mit all ihren Verheißungen repräsentierte. Irgendjemand machte draußen vor dem Gebäude ein Foto von ihr, und auf dem Bild, das sie noch hat, fällt ihr Haar seitwärts über die Schulter und fließt als glänzende schwarze Sturzflut über den Oberkörper fast bis zur Hüfte hinunter. In Suining angekommen, schnitt sie sich das Haar allerdings ab. Städtisch-raffinierte Aufmachung wäre verfehlt gewesen an einer Frau, deren Los es war, in dörflicher Umgebung zu leben, den Boden zu bestellen und Kinder zu kriegen.

Der Dörfler, der ihr Ehemann wurde, war von sanfter Gemütsart, aber 15 Jahre älter, unbestreitbar hässlich und einer der Ärmsten am Ort. Sie erfuhr, dass harte Mitarbeit von ihr gefordert war, damit beide sich über Wasser halten konnten, und dass sie aus dem Dorf nie würde wegkönnen, auch nicht für einen kurzen Besuch in der alten Heimat. Heute meistert Zhang die »lebenslange Haft«, indem sie an lärmigen dörflichen Mah-Jongg-Turnieren teilnimmt, sich in der Welt der Seifenopern verliert (an dem Nachmittag, an dem ich sie besuche, sieht sie sich eine mit dem Titel *Frauen weinen nicht* an) und betet. Wie Liao Li ist sie Mitglied der staatlich anerkannten Drei-Selbst-Kirche. »Ich schleppe ein paar Lasten mit mir herum«, sagt sie zu mir, nachdem wir uns auf der Couch in ihrem Ein-Zimmer-Haus niedergelassen haben. »Wenn ich nicht beten würde, würden die mir alle aufs Herz drücken.«

Die Familie in Yunnan wird nicht müde, sie mit Fotos zu versorgen, so kann sie verfolgen, wie daheim die Kinder ihrer Schwestern groß werden, nacheinander heiraten und alle Familienmitglieder das Neujahrsfest gemeinsam feiern. Die Aufnahmen bewahrt sie in einer verschließbaren kleinen Schublade auf. Das Bild, das, direkt über dem Fernseher hängend, in ihrem Haus in Suining den Blickfang darstellt, ist eine vergrößerte Aufnahme von ihr und ihrem Mann am Hochzeitstag. Das Paar, beide in Weiß, steht vor einer mit der Farbspritzpistole auf einen Vorhang gesprühten Nebelwand, der Bräutigam klein, mit großen Ohren und Glubschaugen, die Braut ernst und blass, das Gesicht weiß gepudert. Sie sieht aus wie ein verwirrtes Gespenst.

Vielleicht das Erschütterndste an Zhangs Geschichte ist, dass sie sich in gewisser Hinsicht zu wiederholen droht. Schon bald nach der Hochzeit sah Zhang sich unter Druck, einen Sohn zur Welt zu bringen. Der stellte sich nach zwei Mädchen beim dritten Versuch ein. Die Kinder wuchsen heran, und der Vater begann zu klagen, dass die Erziehung der Töchter zu teuer komme, und da in Suining die Söhne zählen, gab er eines der Mädchen in die Obhut von Zhangs Eltern nach Yunnan, damit die es großzögen – es war sozusagen die um eine Generation verzögerte Rückkehr einer verlorenen Tochter. Ich frage mich, wie weit die Parallele mit der Zeit noch gehen wird – ob das Mädchen, herangereift, auf denselben Weg wie ihre Mutter gewiesen und in die Ehe mit einem wildfremden Mann verkauft werden wird.

* * *

Zhang war eine frühe Migrantin; als sie nach Suining kam, hatte hier die Verschiebung des Geschlechterverhältnisses bei der Geburt gerade erst begonnen. Aber zum Zeitpunkt meines Besuchs beherbergte der verschlafene Ort von etlichen Hundert Seelen bereits vier Frauen aus Yunnan. Yunnan-Frauen stehen in ganz China in dem Ruf, preisgünstig zu erwerben, gehorsam und reichlich verfügbar zu sein. Wer nach den chinesischen Schriftzeichen für »Braut aus Yunnan« googelt, erhält eine lange Liste von Forumsthreads, in denen Männer ihre Erfahrungen beim Erwerb von Frauen aus der armen Provinz in Chinas Südwesten austauschen. Den Statistiken der Provinzpolizei zufolge werden jedes Jahr über tausend Frauen und Kinder von Menschenhändlern aus Yunnan hinausgeschmuggelt. Tatsächlich sind es wahrscheinlich viel mehr, denn die durchaus nicht seltenen Fälle, in denen Eltern die eigene Tochter verkaufen, sind schwer zu erfassen.[26]

Im Jahr 2004 startete die Internationale Arbeitsorganisation in Zusammenarbeit mit dem staatlichen Allchinesischen Frauenbund in Südwestchina eine Anti-Menschenhandel-Aktion. Mehrere Jahre gingen pädagogisch ausgebildete Kräfte von Haus zu Haus in just dem Bergland, wo Zhang Mei von Mädchenhändlern gekauft worden war, und verteilten Broschüren, in denen Empfängerinnen vor den Gefahren gewarnt wurden, sich von fremden Personen breitschlagen zu lassen, mit fortzugehen. Die Broschüren waren als Bildergeschichten gestaltet – Yunnans Analphabetenrate zählt zu den höchsten in China – und zielten auf junge Frauen, für die das Fernsehen, das Internet und Berichte von Freundinnen, die bereits fortgegangen sind, die Welt jenseits der Provinzgrenze unwiderstehlich verlockend macht.[27] Doch die Botschaft an die Adressatinnen zu bringen, war keine leichte Aufgabe, erzählt mir die in Yunnan geborene einstige Journalistin Zhu Hui'e, die die Aktion leitete. Ambitionierte Teenager sind sich im Klaren darüber, wie eingeschränkt die Möglichkeiten sind, die sie haben, wenn sie in ihrem Dorf bleiben, und so gehen oft die hellsten jungen Frauen den Mädchenhändlern am ehesten auf den Leim. »Die jungen Leute wollen weg«, sagt Zhu Hui'e. »Wenn sie erwachsen sind, gibt es für sie im Dorf nichts mehr zu tun.«

Die bevorzugte chinesische Quelle von Frauen ist Yunnan nur im Moment. In einem chinesischen Forumsthread zum Thema Brautkauf spöttelte ein Teilnehmer: »In Yunnan einkaufen ist für Leute von gestern.« Eine junge Frau aus Yunnan koste im Durchschnitt um die 5000 Yuan (760 US-Dollar) – ungefähr so viel wie eine gleichaltrige Vietnamesin. In der Provinz Shandong, so der Brautkauf-Experte, bekomme man Frauen schon für 3000 bis 4000 Yuan (460 bis 710 US-Dollar).[28] Während taiwanische und koreanische Ehemakler ihre Geschäfte in eine Sprache kleiden, die ihren männlichen Kunden dabei hilft, sich und anderen vorzumachen, dass es sich bei dieser Art des Ehestiftens um mehr als eine bloße Transaktion Geld gegen Ware handelt, drücken sich die Makler im ländlichen Festlandchina ohne Bedenken ganz unverblümt aus. Die Heiratsvermittler, die in der Stadt Ruili an der Grenze zwischen Yunnan und Myanmar ganze Straßenzüge besetzt halten, preisen ihre

Birmesinnen ungeniert als Schnäppchen an: »Fünfzig Prozent Preisnachlass«.[29]

Ein vergleichbares Gewerbe floriert in Indien, wo, genau wie in China und Vietnam, der Menschenhandel eine lange Geschichte hat. Der Exodus von Frauen aus dem armen Osten in den von Männern beherrschten Nordwesten begann vor Jahrhunderten, sagt Ravinder Kaur, eine Soziologin am Indian Institute of Technology in Delhi, die das Problem untersucht. Um an Ehefrauen zu kommen, kidnappten die Rajputen – jene Kaste, die unter britischer Herrschaft den weiblichen Infantizid praktizierte – regelmäßig junge Mädchen, und die Kolonialbehörden des 19. Jahrhunderts registrierten jedes Jahr Dutzende Fälle von Frauen- und Mädchenhandel.[30] Aber seit Jahren nehme der inländische Frauenhandel ständig zu, sagt Kaur, und derzeit sei es so, dass sie immer wieder beobachte, »wie Frauen mit falschen Versprechungen dazu gebracht werden, einen viel älteren oder ärmeren Mann zu heiraten, und dann eine Enttäuschung erleben oder letztendlich ein sehr schweres Leben haben und dabei in ihrer Wirtsgemeinde weitgehend ausgegrenzt bleiben«.[31] Verschärft werde das Problem noch dadurch, dass die Unterschiede zwischen den indischen Regionen sehr groß sein können, sodass für Migrantinnen, die in einem der weltabgeschiedenen Dörfer im Osten aufgewachsen seien, der Nordwesten praktisch ein fremdes Land sei. Oft könnten sich die hier ankommenden Frauen mit ihrem Ehemann und ihren angeheirateten Verwandten auf keine Weise verständigen. Im Randgebiet von Delhi machte Kaur die Bekanntschaft einer frisch Verheirateten aus Bengalen, die große Schwierigkeiten hatte, die Anordnungen ihrer Schwiegermutter zu verstehen. Die Ältere bestrafte sie für ihr Nichtbegreifen mit Schlägen.[32]

Früher, so Kaur, sei der ankommenden Frau das Einleben in die Gemeinde dadurch erschwert worden, dass die Einheimischen über sie und ihre neue Familie gelästert hätten, etwa mit dem Tenor, Letztere habe händeringend eine Ehefrau für den Sohn gesucht und sie am Ende kaufen müssen. Wie die Reihen der Migrantinnen sich dann gefüllt hätten und gekaufte Bräute für die Alteingesessenen zu einem Stück Normalität geworden seien, sei der Klatsch freilich versiegt. »Angesichts des dringenden Bedarfs an Frauen sind diese Ehen jetzt sozial akzeptiert«, sagt Kaur. Es seien ausgeklügelte Rituale entstanden, die den Familien helfen, die inhärente Anomalie solcher Eheschließungen zu kaschieren. Nach indischer Tradition sei es die Familie der Braut, die dem Bräutigam zur Hochzeit ein Geldgeschenk überreiche, nicht umgekehrt. Das Gegenteil sei heute der Fall – der Bräutigam kaufe die Braut –, aber die Familien tun so, als verführen sie nach alter Sitte. Nicht selten überlasse der Bräutigam den Brauteltern eine symbolische Summe Geldes, und die Brauteltern reichten dieses Geld umgehend zurück, so, als hätten sie ihre Tochter nicht verkauft, sondern über Jahre hin eine Mitgift für sie zusammengespart.

Für Frauen, die keine Mühe scheuten, um sich in einer neuen Familie und einer anderen Kaste zu akklimatisieren, stelle vermehrte soziale Akzeptanz einen Wandel der Verhältnisse zum Positiven dar. Doch genauso wie die ostasiatische Heiratsvermittlungsindustrie ermögliche es die Normalisierung des Sex- und Heiratshandels den Bewohnern von Gebieten, wo in großem Umfang Geschlechtsselektion praktiziert werde, deren Folgen zu ignorieren. Der dringende Bedarf an Frauen, klagt Kaur, »hat nicht die Wirkung, die wir uns gewünscht hätten, nämlich die geschlechtsselektive Abtreibung zu vermindern«.

Mancherorts hat man sich für das Problem der Frauenknappheit Lösungen ausgedacht, die es wahrscheinlich niemals zur Normalität bringen werden. Eine bizarre, aber leider immer wieder neu aufgelegte Geschehensabfolge sieht so aus, dass eine Frau in eine Region mit stark asymmetrischem Geschlechterverhältnis verkauft und dort mit einem Mann verheiratet wird, um dann alsbald zu erfahren, dass sie auch mit dessen Brüdern schlafen muss. Polyandrie – Vielmännerei – wurde früher in Teilen Chinas und Indiens als eine Methode praktiziert, mit der eine Familie die Aufsplitterung ihres Landbesitzes im Erbgang vermied; sie war jedoch nie sehr verbreitet. Heute ist ein solches Arrangement bei den meisten Asiaten verpönt, und Eltern, die eine Frau für mehrere Männer einkaufen, suchen die Sache vor den Nachbarn geheim zu halten. Ungeachtet dessen ist Polyandrie immerhin etwas so Gängiges geworden, dass sich ihre Existenz in den Preislisten des Frauenhandels niederschlug. Eine Frau, von der erwartet wird, dass sie mit mehreren Brüdern verkehrt, kostet mehr.[33]

In anderen erschreckenden Fällen versuchen die Akteure, nur vorpubertäre Mädchen als Ehefrauen zu finden. Indien ist seit Langem das Land mit dem weltweit höchsten Anteil an Kinderheiraten – derzeit beläuft er sich auf vierzig Prozent –, und die jüngste Schwemme von ledigen Männern verstärkt den Trend, zumal im Nordwesten des Landes, wo die Geschlechtsselektion am zügellosesten praktiziert wird.[34] Alljährlich im April werden in Rajasthan beim Akshaya-Tritiya-Fest routinemäßig junge und jüngste Mädchen verheiratet, manche gerade erst im frühkindlichen Alter.[35]

Kinderheiraten sind auch in China im Zunehmen. Die längst erloschene Praxis, ein Mädchen im Kleinkind- oder frühkindlichen Alter zu kaufen und es zusammen mit seinem zukünftigen Ehemann großzuziehen – ein euphemistisch als *tongyangxi*, »eine Schwiegertochter als Pflegekind ins Haus nehmen«, bezeichneter Brauch –, wurde wiederbelebt.[36] Dank frühzeitiger Spekulation am Heiratsmarkt können Eltern beruhigt in die Zukunft blicken, ohne sich sorgen zu müssen, wo sie das Geld hernehmen sollen, das später ihrem erwachsenen Sohn helfen würde, das Interesse einer passenden Frau zu wecken. Aber eine Gelegenheit zum Kauf eines kleinen Mädchens ergibt sich nicht sehr häufig, daher handelt es sich bei »als Pflegekinder ins Haus genommenen Schwiegertöchtern« heutzutage in vielen Fällen in Wirklichkeit um Entführungsopfer. In China für die öffentliche Sicherheit zuständige Stellen schätzen, dass Jahr für Jahr tausende kleine Mädchen ihren Eltern gestohlen werden – so viele, dass die chinesische Hilfsorganisation *Baby Come Home* eine Internetplattform mit angegliederter DNA-Datenbank eingerichtet hat, wo betroffene Eltern vermisste Kinder registrieren lassen können.[37] In manchen Winkeln der Welt stehen die Eltern von Töchtern vor einer Wahl, um die sie nicht zu beneiden sind: Sie können die Mädchen an Menschenhändler verkaufen und sie damit in die weibliche Unterklasse verstoßen, oder sie können sie hüten wie ihren Augapfel, um sie vor Kidnappern zu schützen.

Menschenhandel über Landesgrenzen hinweg steht wenigstens unter Beobachtung vonseiten internationaler Organisationen wie der IOM. Auf Frauen, denen die Gefahr droht, von einer Region eines Landes in eine andere verschleppt zu werden, sind nicht so viele wachsame Augen gerichtet. Sind sie erst am Bestimmungsort angekommen und ihrem zukünftigen Ehemann oder Zuhälter übergeben worden, sind sie ganz auf sich allein gestellt. Anders als im Fall der Vietnamesin, die nach Taiwan oder Südkorea geheiratet hat, gibt es für die Inderin, die vom Nordosten des Landes in den Nordwesten verbracht wird, von keiner Seite irgendwelchen Beistand, keine Institution, die ihre Rechte schützt, keine Handbücher, die ihr ihre Rechte erklären, keine Sprachkurse und keine Einführung in die lokale Kultur.

Verhinderung des Exodus von Frauen aus Entsendedörfern ist ein weiteres unterfinanziertes, ungenügend erforschtes Aufgabengebiet. Wenige Monate nach meinem Zusammentreffen mit Zhu Hui'e schloss diese das Büro der Internationalen Arbeitsorganisation in Yunnan, weil ihr Etat aufgebraucht war.

* * *

Frauen sind nicht die einzigen Opfer der Geldgier von Mädchenhändlern. Die panische Furcht, keine Ehepartnerin zu finden, macht auch Männer – und Eltern, die ja häufig bei Heiratsverhandlungen ein Wörtchen mitzureden haben – zur leichten Beute. In Haryana, einem Delhi benachbarten indischen Bundesstaat mit starkem Geschlechterungleichgewicht, nahm die Polizei 2008 zwei vierzigjährige Frauen fest, die sich im Rahmen eines perfiden Plans, einheimische Familien auszurauben, als Ehemaklerinnen ausgegeben hatten. Erst stifteten sie eine Ehe, dann warteten sie, bis sich das frischverheiratete Paar in seine neue Gemeinsamkeit eingelebt hatte, und dann machten sie sich unter Mitnahme der Wertsachen der Familie zusammen mit der Braut, ihrer Komplizin, aus dem Staub. Bei der polizeilichen Vernehmung kam heraus, dass die Maklerinnen die führenden Köpfe einer ganzen Bande von jungen Frauen waren – die Erklärung dafür, dass in der fraglichen Gegend im zurückliegenden Jahr fast ein Dutzend Fälle von durchgebrannten Bräuten – oder »falschen Ehefrauen«, wie sie in der indischen Presse genannt wurden – aktenkundig geworden war.[38] Im darauf folgenden Jahr wurden Dorfbewohner in China mit einem ähnlichen Bluff aufs Kreuz gelegt. In einer Ortschaft in der Provinz Shaanxi registrierte die Polizei elf Fälle von durchgebrannten gekauften Bräuten. Auch dort hegt man den Verdacht, dass die Frauen bandenmäßig organisiert waren. Drei von ihnen waren in Abständen von wenigen Monaten am Ort angekommen und hatten sich als Freundinnen aus derselben Region ausgegeben. Alle drei machten sich an ein und demselben Tag davon, unter Mitnahme von umgerechnet tausenden Dollar, die insgesamt als Brautpreis geflossen waren.[39]

Eine Gesellschaft, in der junge Mädchen auf offener Straße gekidnappt werden und eine junge Braut sich unter Umständen als Trickbetrügerin entpuppt, ist natürlich nicht gerade die ideale Lebenswelt. Die durch das Ungleichgewicht im Zahlenverhältnis der Geschlechter bewirkte Zunahme des Frauenhandels und der Prostitution wirkt sich jedoch nicht allein auf der Ebene der inneren Sicherheit aus. Sie vermag auch, zu weniger augenfälligen Umbauten im Gemeinwesen zu führen. Die Kommerzialisierung von Sex und Heiratschancen bedeutet, dass wohlhabende Familien die besseren Aussichten haben, Ehefrauen für ihre Söhne zu finden. Aufgrund dessen hat bei verknapptem Frauenangebot und verschärfter männlicher Konkurrenz um Ehepartnerinnen das Volumen der Gelder und sonstigen Vermögenswerte, welche Eltern horten, stark zugenommen – und des Öfteren handelt es sich bei diesen Vermögenswerten um solidere Objekte, als die Mao-Anstecknadeln es sind, die Wu Pingzhang in Suining im Hinblick auf die Heirat seiner Zwillingssöhne sammelt. Der an der Columbia University lehrende Wirtschaftswissenschaftler Shangjin Wei meint, dass Chinas asymmetrisches Geschlechterverhältnis bei der Geburt mitverantwortlich ist für die astronomisch hohe Sparquote der chinesischen privaten Haushalte, die sich in den zurückliegenden zwei Jahrzehnten nahezu verdoppelt hat und heute zu den höchsten der Welt zählt.[40] Dieses Geldhamstern hat eine Fernwirkung, die weit über die Landesgrenze hinausreicht: Die hohe Sparquote heizt Chinas Nachfrage nach amerikanischen Staatsanleihen an.

Nach der Überzeugung anderer Wissenschaftler wird die starke zahlenmäßige Zunahme der überschüssigen Männer die Verbreitung von sexuell übertragbaren Erkrankungen begünstigen. Schon jetzt gehört China zu den am schärfsten auf HIV/AIDS überwachten Ländern. Wenngleich die Ansteckungsraten im Land noch nicht epidemisches Niveau erreicht haben, sind sie doch in den zurückliegenden Jahrzehnten zumal in den Hauptrisikogruppen steil angestiegen, sodass AIDS hier 2008 Tuberkulose und Tollwut überholt und zur häufigsten Todesursache aufgestiegen ist.[41] Parallel dazu änderte sich in China die Zusammensetzung der HIV-positiven Bevölkerung. Wurde das HI-Virus zuvor hauptsächlich durch intravenösen Drogenkonsum übertragen, so verbreitet es sich nun zunehmend durch Geschlechtsverkehr. Bei wachsendem Zuspruch zur Prostitution und einer vergleichsweise stark ausgeprägten Abneigung chinesischer Männer gegen den Gebrauch von Kondomen machen in China inzwischen die durch Geschlechtsverkehr Infizierten geschätzte 44 Prozent aller HIV-positiven Menschen aus.[42] Die Wirtschaftswissenschaftler Ebenstein und Sharygin haben die Prostitution in China unter die Lupe genommen und sind dabei zu der Überzeugung gelangt, dass sich dieser Anteil mit jedem Jahrgang überschüssiger männlicher Jugendlicher, der das Erwachsenenalter erreicht, erhöhen wird. Bleiben die derzeitigen Prostitutionsraten konstant, wird durch Chinas asymmetrisches Geschlechterverhältnis nach ihrer Berechnung die Zahl der Männer, die Sex für Geld haben, im Lauf von dreißig Jahren um zwei bis drei Prozent zunehmen – ein Wandel, der seinerseits bewirkt, dass der [HIV-]infizierte Bevölkerungsanteil in den kommenden dreißig Jahren steil ansteigen wird«.[43]

Das eigentliche Problem liegt ja nicht darin, dass lebenslange Junggesellen eher dazu neigen, Prostituierte zu besuchen. Vielmehr stellen überschüssige Männer eine – so der Sprachgebrauch der Experten für öffentliche Gesundheit – »Brückenpopulation« dar: eine Gruppe, die Krankheiten aus Risikogruppen in die Normalbevölkerung tragen kann. Als Jugendlicher oder in den Zwanzigern mag sich ein Überschüssiger bei einer Prostituierten das HIV geholt haben. Später kauft er sich vielleicht eine Frau aus Vietnam oder Südkorea – jemand, der ohne ihn nicht HIV-gefährdet wäre – und gibt das Virus an sie weiter, das von ihr dann auf die gemeinsamen Kinder übergeht. Brückenpopulationen haben an der Verbreitung des HI-Virus im subsaharischen Afrika mitgewirkt und sind, einer Veröffentlichung amerikanischer und chinesischer Forschungsmediziner in dem Fachjournal *AIDS* (2005) zufolge, »von grundlegender Bedeutung für die Zukunft der HIV-Epidemie«.* Nach Ansicht der AIDS-Forscher verlangt das auf dem Kontinent herrschende Geschlechterungleichgewicht nicht weniger als ein Umdenken in Asiens öffentlichem Gesundheitswesen: »Präventionsstrategien, die traditionelle Maßnahmen – Werbung für Kondome, sexuelle Aufklärung, medizinische Bildung – in den Vordergrund stellen, müssen durch Strategien verstärkt werden, die auch überschüssige Männer und Sexarbeiterinnen auf dem Schirm haben«, schreiben sie. »Angesichts dieses demografischen Wandels ist Verständnis für das sich herausbildende sexuelle Risiko … lediger junger Männer ein dringendes Gebot.«[44]

* * *

Als das Taxi an der Grenze mit kreischenden Bremsen zum Stehen kam und Tran Tuan Dung die Kontrollstelle mit den uniformierten Grenzpolizisten erblickte, war das Erste, was er dachte, dass die Mädchen nun endlich in Sicherheit waren. Auf den letzten Kilometern hatten die Schlägertypen dicht hinter dem Taxi gehangen, aber jetzt, im Angesicht der Kontrollstelle, vollzog der Mann am Lenker des Motorrads abrupt eine Halbkreiswende und brauste davon – vielleicht in der Überlegung, dass es besser sei, zwei Prostituierte verloren zu geben als den Zorn der Behörde zu riskieren. Tran stieß einen Seufzer der

* Nicht nur AIDS liegt in Asien derzeit im Aufwind. Die vor fünfzig Jahren in China fast vollständig beseitigte Syphilis ist in Shanghai zur verbreitetsten ansteckenden Krankheit geworden – Anlass genug für eine Gruppe von Forschungsmedizinern, sie im *New England Journal of Medicine* als ein »im Dunkeln lauerndes folgenschweres Übel« zu bezeichnen.

Erleichterung aus. Die Jagd war vorbei, und seine Partei hatte gewonnen.

Aber jetzt tauchten andere Sorgen auf. Der Taxifahrer lenkte den Wagen auf dem Ausreise-Fahrstreifen vor die chinesische Kontrollstation, wo ein Beamter den Mädchen signalisierte, dass sie ihm ihre Pässe und Visa herausreichen sollten. Da gerade kein Übersetzer Dienst tat, konnte Tran nicht erklären, warum die Mädchen über keinerlei Ausweispapiere verfügten, und als der Grenzer keine Papiere zu sehen bekam, wurde er ungemütlich. Auf Vietnamesisch auf ihn einzureden, war nutzlos, und ehe Tran sich's versah, saßen er, sein Kumpan und die beiden entführten Mädchen auf dem Rücksitz eines Streifenwagens, der auf dem Weg zu einem Militärstützpunkt war, wo sie als illegale Immigranten in Gewahrsam genommen werden sollten.

Zu guter Letzt fand die Geschichte ein gutes Ende. Zum Personal des Stützpunkts gehörte ein Übersetzer, und nachdem die Leitenden dort Trans Geschichte gehört hatten, sicherten sie ihm Schutz und Schonung für seine Gruppe zu. Am nächsten Tag führte Tran einen etwa 15 Mann starken, aus Militär- und Polizeipersonal zusammengesetzten Trupp zu dem Bordell, in dem er Lam ausfindig gemacht hatte. Vom Streifenwagen aus konnte er zusehen und mit seiner Kompaktkamera filmen, wie die Männer das Bordell stürmten und mit der Puffmutter und den Zuhältern wieder herauskamen. Die Männer, die das Taxi verfolgt hatten, waren nicht dabei, aber mit Genugtuung sah Tran, wie die Vertreter der Staatsgewalt die Handvoll Männer festnahmen, die sie im Hausinneren geschnappt hatten. Dank der Razzia gewannen auch noch andere Mädchen ihre Freiheit zurück. An jenem Tag befreite der lange Arm der Staatsgewalt vier weitere Vietnamesinnen, die gekidnappt und in Hochai zur Prostitution gezwungen worden waren.

Anders als viele Geschichten aus dem Mädchenhändler-Milieu ging dieses Abenteuer also gut aus – im Großen und Ganzen, jedenfalls. Um ihre Visa nicht zu überziehen, kehrten Tran und sein Kumpan am Tag nach der Razzia in dem Bordell nach Vietnam zurück und ließen Lam und die anderen Mädchen in der Obhut der chinesischen Behörden, die versprachen, bis zum Eintreffen aller erforderlichen Papiere gut für sie zu sorgen. In Vietnam setzte sich Tran ins Benehmen mit der unter anderem auf humanitäre Nothilfe spezialisierten Nichtregierungsorganisation Oxfam, diese schickte den Mädchen alles Lebensnotwendige und kümmerte sich darum, dass ihnen die für ihre Heimkehr nach Hanoi notwendigen Papiere aus- und zugestellt wurden. Zwei Wochen später waren die Mädchen wieder mit ihren Familien vereint.

Die bei der Razzia festgenommenen Zuhälter und die Puffmutter wanderten ins Gefängnis. Die Polizei von Hochai, die dem florierenden Bordellbetrieb jahrelang untätig zugesehen hatte, bejubelte jetzt in einer kleinen PR-Kampagne diese Einzelaktion als einen großen Sieg. Tran seinerseits gelangte in den Kreisen der Hanoier Nichtregierungsorganisationen zu ziemlicher Berühmtheit, und die Anerkennung stärkte seine Zielbewusstheit. Er erkenne nun mehr Sinn in seinem Leben, erzählt er mir.

Für die Mädchen, die monatelang als Prostituierte gearbeitet hatten, war jedoch mit der Heimkehr nicht wieder alles in Ordnung. Um Vergeltungsmaßnahmen ihrer Kidnapper zu entgehen, sind sie untergetaucht. Unterstützt von diversen Hilfsorganisationen leben sie an geheim gehaltenen Orten und mit weiterer Unterstützung werden sie vielleicht eines Tages in ein normales Leben zurückfinden. Doch für die Jüngste, für Lam, die den Telefonanruf tätigte, der die Befreiungsaktion in Gang setzte, dürfte eine vollständige Rückkehr zur Normalität unmöglich geworden sein. Irgendwann während jener Monate, in denen sie mit über einem Dutzend Männern täglich ins Bett steigen musste, wurde sie mit dem HI-Virus infiziert.

DREIZEHNTES KAPITEL

Der Junggeselle

Man möge ein Hundert Weiber in guter körperlicher Verfassung, junge und reine Maiden, dorthin schicken, damit sie Ehefrauen der Einwohner werden und solchermaßen die Männer sesshafter machen und vom Nomadisieren abhalten.

Anweisung des Direktoriums der Virginia Company of London vom 3. Nov. 1619, betreffend die Besiedlung von Jamestown, Virginia[1]

Bist du ein bisschen gelangweilt, ein bisschen einsam, ein bisschen schutzlos und brauchst du ein bisschen Nervenkitzel und ein bisschen Risiko; hast du den Mut, dich einem Kampf zu stellen; kannst du ein Team leiten; bist du gleichermaßen intelligent und tapfer; bist du Mühen und Schwierigkeiten gewachsen? Dann wirst du nie mehr allein kämpfen müssen.

Flyer-Werbung für die Teilnahme an einem Paintball-Wettkampf, Shanghai, China, 2005[2]

In allen Kulturen und der gesamten Menschheitsgeschichte werden Gewalttaten weitaus überwiegend von Männern begangen. Männliche Skelette aus Jäger-und-Sammler-Zeiten weisen mehr Verletzungen durch Prügel und Stiche auf als weibliche Skelette; Archäologen sind überzeugt, dass in der Frühzeit die meisten Tötungen eine Mann-gegen-Mann-Angelegenheit waren.[3] Aus den Erzählungen männlicher Stammesangehöriger in zivilisationsfernen Gegenden – die gute Forschungsobjekte sind, weil sie keine aus Massenmedien stammenden Gewaltbilder im Kopf herumtragen – geht hervor, dass sie öfter von Tod und Waffen träumen als weibliche Stammesangehörige.[4] Auch in der Tierwelt sind Männchen aggressiver als Weibchen (sieht man von den wenigen Arten ab, bei denen die Männchen den Hauptanteil an der Brutpflege übernehmen und ihre Energie nicht für die Revierverteidigung, sondern für die Aufzucht des Nachwuchses einsetzen). Und wenn es auch heutzutage politisch inkorrekt sein mag, einen Zusammenhang zwischen Geschlecht und Gewalttätigkeit zu unterstellen, so beweist doch die Verbrechensstatistik, dass diese spezielle Klischeevorstellung eindeutig der Realität entspricht. Rund um den Globus sind es eher Männer als Frauen, die hinter Gitter wandern; bewaffneten Raubüberfall, schwere Körperverletzung oder Mord begehen; wegen illegalen Waffenbesitzes festgenommen und der Vergewaltigung schuldig gesprochen werden.[5]

Die Erklärung für die Kluft zwischen den Geschlechtern liefert zu einem Teil das Testosteron, ein Sexualhormon, das bei Männern wie Frauen vorkommt, bei Männern allerdings in sehr viel höherer Konzentration, und dessen Ausschüttung im Mutterleib in den ersten Wochen der fetalen Entwicklung zur Ausbildung männlicher Geschlechtsorgane führt. In den vergangenen Jahrzehnten bestimmten Verhaltenswissenschaftler mit Speicheltests den Testosteronspiegel bei beiden Geschlechtern, um sodann in Tabellen festzuhalten, wie Individuen mit unterschiedlichen Testosteron-Blutwerten auf bestimmte Situationen reagieren. Dabei zeigte sich, dass, entgegen landläufiger Meinung, Testosteron nicht als Auslöser von Gewalttätigkeit wirkt. Nur wenn eine Person bereits zur Aggressivität neigt und gewisse kulturelle und situative Faktoren gegeben sind, vermag Testosteron die Aggressionsbereitschaft zu verstärken, weswegen das Hormon aufgrund seines »fördernden Effekts« ein wichtiger Prädiktor dafür ist, ob er oder sie Gewalt anwenden wird.[6]

Wegen Gewaltverbrechen einsitzende Strafgefangene beiderlei Geschlechts haben einen signifikant höheren Testosteronspiegel als Häftlinge, die wegen Diebstahls oder Drogenvergehen inhaftiert sind.[7] Bei Wettkämpfen attackieren und bedrohen Judoka mit hohem Testosteronspiegel den Gegner öfter als Judokämpfer mit niedrigem Blutwert.[8] Der Zusammenhang zwischen Testosteronspiegel und Gewalt ist auch der Grund, warum Athleten, die Anabolika – das sind im Wesentlichen hoch dosierte Gaben von synthetischem Testosteron – einnehmen, anfällig für Attacken von (zum Beispiel in der Body-Building-Szene so genanntem) *roid rage** sind. Der

* Nach dem gängigen *road rage*, »aggressive Fahrweise« bzw. »Gewalt im

berühmteste jüngere Fall eines mit Anabolika vollgepumpten Mannes, der durchdrehte, ist der des kanadischen Profi-Wrestlers Chris Benoit, der 2007 seine Frau erdrosselte, seinen siebenjährigen Sohn erstickte und sich dann in seinem Trainingsraum an der Kabelzugmaschine erhängte. Die Autopsie erbrachte den Befund, dass Benoit zum Zeitpunkt der Morde einen Testosteronspiegel in den Adern hatte, der zehn Mal so hoch wie der Normalwert war.[9]

Zudem kommt der fördernde Effekt des Testosterons nicht nur bei Gewaltverbrechen zum Tragen. Er spielt auch in andere Formen dissozialen Verhaltens hinein, in Vandalismus, Aggression, Risikofreude und Gefährdung anderer sowie Verstößen gegen grundlegende gesellschaftliche Normen.[10] Männer, die beim Testosterontest mit hohen Werten abschneiden, sind eher bereit, Diebesgut zu kaufen und zu verkaufen, eher bereit, sich zu überschulden, und eher gefährdet für Vergehen, die über Verkehrssünden hinausreichen.[11] Für sie besteht eine höhere Wahrscheinlichkeit, dass sie an militärischen Auseinandersetzungen teilnehmen werden (wenngleich die Forscher nicht sagen können, ob dies daran liegt, dass Männer mit hohem Testosteronwert das Gewaltgeschehen suchen, oder daran, dass die Musterungsoffiziere ihr aggressives Potenzial erkennen und sie für die kämpfende Truppe auswählen).[12] Männer mit hohem Testosteronwert lächeln sogar seltener.[13] Bei der Ausforschung von annähernd 4500 US-Veteranen kam der Psychologe James M. Dabbs zu dem Befund, dass »Personen mit höherem Testosteronwert häufig von Problemen mit den Eltern, den Lehrern und den Schulkameraden berichteten, von Tätlichkeiten gegen andere Erwachsene, von unerlaubter Entfernung von der Truppe während der Militärzeit und vom Konsum von harten Drogen, Marihuana und Alkohol. Weiter berichteten sie, dass sie mehr Sexualpartner hatten. Das Gesamtbild ist geprägt von Delinquenz, Drogenmissbrauch und der allgemeinen Tendenz zur Ausschweifung.«[14]

Straßenverkehr«, geformter Ausdruck, wobei *roid* als Kurzform für *anabolic steroids* steht; Bedeutung: »durch Anabolika [anabole Steroide] geförderter Gewaltausbruch«. – Anm. d. Übers.

Aber die Sache verhält sich nicht einfach nur so, dass manche Männer mehr Testosteron als andere haben, sondern auch so, dass der Hormonspiegel über den gesamten Lebenslauf des Mannes hin fluktuiert. Diese Veränderungen fallen ins Gewicht, wenn es um die überschüssigen Männer dieser Welt geht.

Zweierlei hormonelle Veränderungen stechen da ins Auge. Zum einen das allmähliche Absinken des Testosteronspiegels im Verlauf des Alterungsprozesses: Die Hormonkonzentration ist in den Jahren unmittelbar nach der Pubertät auf dem Höchststand und nimmt mit fortschreitendem Alter ab.* Zum anderen kann der Hormonspiegel des Mannes von Jugend an bis ins Ruhestandsalter nach Maßgabe körperlicher oder emotionaler Veränderungen steigen und fallen. Stress und Gewichtszunahme zum Beispiel sind jeweils mit einem Absinken des Testosteronspiegels gepaart, desgleichen der Ehestand. Zusammengenommen bedeuten diese Fluktuationen, dass junge, unverheiratete Männer unter allen ihren Geschlechtsgenossen den höchsten Testosteronspiegel haben.

Der Wissenschaft ist schon seit Langem bekannt, dass verheiratete Männer einen niedrigeren Testosteronspiegel haben als ledige Männer und Väter einen niedrigeren Testosteronspiegel als kinderlose Männer.[15] Das Warum und Woher dieses Unterschieds war jedoch jahrelang nicht auszumachen. Um einen Kausalzusammenhang nachzuweisen, hätte es einer Langzeitstudie an einer größeren Männergruppe bedurft, also begnügten sich die Forscher zunächst mit der spekulativen Annahme, dass Männer mit niedrigem Testosteronspiegel den sozialen Rollen besser angepasst sind und deshalb mit höherer Wahrscheinlichkeit heiraten. Aber immer mehr Indizien sprechen dafür, dass auch das Gegenteil der Fall ist – dass den Bund fürs

* Einer, der dieses Phänomen wahrnahm, ist interessanterweise Malcolm Potts, der Ende der 1960er Jahre Medizinischer Direktor der International Planned Parenthood Federation war, zu der Zeit also, als die IPPF die Intensivierung der Forschung zur Geschlechtsbestimmung propagierte. »Aggression ist überwiegend die Sache junger männlicher Individuen«, schrieb er in dem Buch *Sex and War* (2009), das er gemeinsam mit dem Journalisten Thomas Hayden verfasste. »Gesellschaften, in denen der Anteil junger männlicher Individuen gegenüber dem Anteil älterer männlicher Individuen hoch ist, sind häufig besonders konfliktanfällig.«

Leben zu schließen und Kinder zu haben, tatsächlich die Menge von Testosteron im Blut eines Mannes verringern kann.

Im Rahmen einer zehnjährigen Studie verfolgten Allan Mazur und Joel Michalek bei mehr als zweitausend Veteranen der amerikanischen Luftwaffe die Entwicklung des Testosteronspiegels, wobei sie sowohl physiologische Veränderungen als auch Wandlungen im Lebensstil der Männer registrierten. (Die Veteranen eigneten sich deshalb zum Untersuchungsobjekt, weil sie bereits in der Teilnehmerliste zu einer regierungsamtlichen Langzeit-Gesundheitsbefragung geführt wurden.) Die beiden Forscher kamen zu einem aufschlussreichen Befund: Der Testosteronspiegel von Probanden sank im zeitlichen Umfeld einer Heirat und stieg im zeitlichen Umfeld einer Scheidung.[16]

Das, so folgerten die Forscher, lag daran, dass der Ehestand für den Mann die Chancen verringert, in mit erhöhtem Testosteronspiegel verbundene Situationen – eine Kneipenschlägerei zum Beispiel – zu geraten. »Ledige Männer verbringen mehr Zeit als verheiratete in männlicher Gesellschaft und sie sehen sich eher als verheiratete Geschlechtsgenossen Reibereien und Provokationen ausgesetzt«, glauben Mazur und Michalek. »Ohne den sozialen Rückhalt, den eine Ehefrau gibt, sind sie eher mit Situationen konfrontiert, in denen sie sich in Acht nehmen, defensiv auftreten oder eine Abwehrhaltung einnehmen müssen. Und genau in dieserart Situationen steigt der Testosteronspiegel.«[17]

Im Gegensatz dazu scheint, wenn ein Mann heiratet oder Kinder hat, sein Körper ein evolutionäres Kompensationsgeschäft abzuwickeln: Er opfert einen Teil des Hormons, das ihn zur Konkurrenz mit anderen Männern befähigt, für die Fähigkeit, ein liebender Ehemann und Vater zu werden, beides Rollen, die es ihm ermöglichen, seine Gene weiterzugeben.[18]

Verhaltenswissenschaftler kennen, was Aggression angeht, noch immer eine ganze Anzahl offener Fragen, fest steht jedoch jetzt schon, dass verheiratete Männer weniger Delikte begehen als ledige, was besonders für Männer »in den besten Jahren« gilt.[19] Ohne Berücksichtigung der Polarität verheiratet/unverheiratet sehen wir in der Statistik, dass junge Männer mit weit höherer Wahrscheinlichkeit als ältere zu Mördern werden.[20]

Beziehen wir die Polarität in die Betrachtung mit ein, ergibt sich ein krasser Kontrast: »Ein unverheirateter Mann in der Altersklasse von 24 bis 35 Jahren wird mit drei Mal so hoher Wahrscheinlichkeit zum Mörder wie ein verheirateter Altersgenosse.«[21]

Die wissenschaftlichen Studien zum Testosteron können uns etwas über unsere missliche demografische Lage verraten. Sie können uns sagen, warum ein Überschuss von 160 Millionen Männern ein ganz anderes Aussehen haben wird als ein Überschuss von 160 Millionen Frauen.* Sie können uns sagen, warum es etwas ausmacht, dass die überschüssigen Männer dieser Welt jung sind. Sie nennen uns spezifische Indikatoren – Verbrechen, Mord, Delinquenz –, aus denen zu ersehen ist, wie die Erfolglosigkeit auch nur einer Generation auf dem Heiratsmarkt die gesamte Gesellschaft zu beeinträchtigen vermag. Was die wissenschaftlichen Studien zum Testosteron nicht voraussagen können, sind die Folgen, die es haben wird, wenn sich irgendwo unverheiratete junge Männer über Jahre hin zu Dekamillionen ansammeln. Was das mit sich bringen wird, ist nicht vorherzusehen, weil dergleichen noch nie zuvor geschehen ist. Immerhin lassen sich der Weltgeschichte einige Anhaltspunkte entnehmen.

* * *

Nach der Gründungssage Roms, des antiken Stadtstaats, dem unsere Regierungsform, unsere Architektur und unsere Sprache viel verdanken, wuchsen die Zwillingsbrüder Romulus und Remus als wilde Kinder an den Ufern des Tiber auf, von einer Wölfin gesäugt und von einem Specht mit fester Nahrung versorgt. Diese raue Kinderstube machte sie stark und selbst-

* Nebenbei bemerkt dürften Gesellschaften, in denen die Frauen gegenüber den Männern in beträchtlicher Überzahl sind, kaum Fortschrittsparadiese sein. Solange patriarchalische Machtstrukturen überdauern, sind Frauen, um es mit den Worten der Soziologen Marcia Guttentag und Paul F. Secord zu sagen, als »bloße Sexobjekte« geschätzt, während Männer »Möglichkeiten haben, sukzessive von einer Frau zur nächsten zu wechseln oder zu mehreren gleichzeitig Beziehungen zu unterhalten«.

bewusst, und in das Erwachsenenleben traten sie an der Spitze eines zusammengewürfelten Haufens von Anhängern ein – vorwiegend Hirten und Gesetzlose –, mit denen sie zusammen davon träumten, eine Stadt zu gründen.

Die Zwillinge waren sich allerdings uneins, wo die neue Ansiedlung gelegen sein sollte, und gerieten darüber in einen Streit, der damit endete, dass Romulus seinen Bruder tötete. Nachdem er so seine Macht gesichert hatte, gründete Romulus im Jahr 753 vor Christus am ausersehenen Ort den Stadtstaat, den er nach seinem eigenen Namen benannte.

Der erste Punkt auf der Agenda des neuen Königs war das Herbeischaffen neuer Einwohnerscharen, die seine Jungmannschaft von Außenseitern der Gesellschaft ergänzen würden. »Um die Stadt, deren Anlage nicht umsonst so groß gemacht sein sollte, zu bevölkern … eröffnete er auf einem Platz … eine Freistatt«, schrieb der Historiker Titus Livius sechs Jahrhunderte später in seiner *Römischen Geschichte.* »Allerlei Gesindel aus den benachbarten Völkern, ob Freie oder Sklaven ohne Unterschied, führte der Wunsch, sich in einem neuen Staat zu versuchen, hier zusammen in einer Menge, die ein erster Schritt zu jener Größe war, auf die man es für die Zukunft abgesehen hatte.«[22] Doch die in Rom eintreffenden Neubürger, das »Gesindel«, waren größtenteils Männer, und Romulus wurde bald klar, dass eine Bevölkerung von Ausgestoßenen und Flüchtigen zwar von Nutzen für die Verteidigung der Stadt war, aber für die Sicherung von deren dauerhaftem Fortbestand nichts Gutes verhieß. »Schon hatte der römische Staat eine solche Stärke, dass er jedem seiner Nachbarn im Krieg gewachsen war«, heißt es bei Livius weiter, »aber weil es an Frauen fehlte, konnte diese Größe nur ein Menschenalter dauern. Zu Hause sahen sich die Römer ohne Hoffnung auf Nachkommenschaft, und noch berechtigten keine nachbarschaftlichen Verträge sie, sich Ehefrauen in den umliegenden Stadtstaaten zu suchen.«

Zu diesem Zeitpunkt hatte Romulus bereits hundert Senatoren ernannt und die rieten ihm klugerweise, erst das Problem der Frauenknappheit in Angriff zu nehmen, bevor er mit der Eroberung Europas weitermache. Der König schickte Gesandte in die benachbarten Stadtstaaten, damit sie erkundeten, ob man dort eventuell bereit wäre, den Römern mit Bräuten auszuhelfen. Aber den misstrauischen Nachbarn ging das Mitgefühl für die Römer ab. Einige höhnten, wenn Romulus so erpicht auf weibliche Neubürger sei, solle er doch jetzt eine Freistatt für weibliche Gesetzlose eröffnen. Als die Gesandten zu Hause von ihren Erfahrungen berichteten, geriet Romulus in Zorn. »Gewalt war so gut wie beschlossen«, schreibt Livius.

Doch statt die Nachbarn sofort anzugreifen, bediente sich Romulus einer Finte. Beste Laune vortäuschend, ließ er die Nachricht verbreiten, dass er zu Ehren des Gottes Neptun ein großes Fest mit einer Überfülle von Volksbelustigungen geben werde.

Am Tag der Veranstaltung überfluteten, von Neugier auf die neue Stadt getrieben, Bewohner der Nachbarstädte die Straßen Roms, darunter auch Scharen von Sabinern. Kaum war der Zustrom von Familienvätern mit Weib und Kind versiegt, schlug Romulus' Junggesellenhorde zu. »Auf ein gegebenes Zeichen stürzten sich die römischen Krieger mit gezogenem Schwert in die Menge zum Raub der Mädchen. Die meisten wurden ohne Wahl weggenommen, wie sie jedem in die Hände fielen ... So gewaltsam unterbrochen, wich die Festfreude der Panik«, berichtet Livius.

Tage später kamen die Männer, die Ehefrau und Töchter an die Römer verloren hatten, bewaffnet zurück, um Rache zu üben. Mit einem Teil der Angreifer wurden Romulus' Krieger mühelos fertig. Die Sabiner indessen erwiesen sich als üble Gegner; nachdem sie sich heimlich in die Stadt eingeschlichen und die Burg auf dem Kapitol besetzt hatten, starteten sie von dort einen Überraschungsangriff und verwickelten die Römer, deren Reihen gnadenlos lichtend, in eine verlustreiche Schlacht, die erste in der Geschichte des angehenden Weltreichs.

Der Blutzoll, den beide Seiten zu entrichten hatten, wäre Livius zufolge noch viel höher ausgefallen, hätten sich nicht die geraubten Sabinerinnen eingemischt und zwischen den Männern, die sie großgezogen hatten, und den Männern, die sie gekidnappt und zu ihren Ehefrauen gemacht hatten, einen prekären Frieden gestiftet. Rom war auf dem Radar der benachbarten Stadtstaaten noch kaum präsent, dennoch hatte das Geschlechterungleichgewicht, an dem die neue Stadt litt, bereits eine blutige Schlacht verschuldet.

Die Geschichte von den Anfängen der Stadt Rom ist zwar eine Legende – sollte es einen Romulus gegeben haben, so wurde er wahrscheinlich nicht von einer Wölfin gesäugt –, gleichwohl lässt sie darauf schließen, dass schon zu einem frühen Zeitpunkt in der abendländischen Kulturgeschichte Befürchtungen hinsichtlich der schlimmen Folgen einer Frauenknappheit auftraten. Noch Jahrtausende nach Romulus' verhängnisvoller Festveranstaltung hörte die Geschichte nicht auf, Künstler und Schriftsteller zu faszinieren. Nicolas Poussin und Pablo Picasso hielten den Raub der Sabinerinnen auf Leinwand fest und Bildhauer meißelten aus Marmorblöcken wild um sich schlagende Frauen heraus. Die Geschichte aus Roms grauer Vorzeit ist jedoch nur das früheste Beispiel dafür, wie ein asymmetrisches Geschlechterverhältnis die Stabilität der Verhältnisse in einer Region zu beeinträchtigen vermag. Viele weitere sollten folgen.

Im Jahr 1976 rekonstruierten Demografen anhand von Grabinschriften und antiken Texten das Geburtenregister für Athen im vierten vorchristlichen Jahrhundert. Dabei stellten die Wissenschaftler fest, dass auf jeweils 100 Mädchengeburten zwischen 143 und 174 Jungengeburten kamen.[23] Gewiss, abschwächende Faktoren, welche das krasse Missverhältnis relativieren würden, sind denkbar: Wahrscheinlich waren Männer und Jungen in den Personenstandsregistern der klassischen Antike überrepräsentiert. Andererseits passt das von den Demografen rekonstruierte hochgradig schlagseitige Geschlechterverhältnis zu Berichten, denen zufolge die alten Athener Infantizid praktizierten. Die Wissenschaftler kamen zu dem Schluss, dass ungeachtet der dem Vertrauen auf antike Originalquellen inhärenten Problematik im alten Athen Männer gegenüber Frauen in bedeutender Überzahl waren.[24]

Falls das genannte Geschlechterverhältnis zutreffend rekonstruiert ist, trägt es etwas zur Erklärung des niedrigen gesellschaftlichen Status der Athener Frauen bei. Männer betrachteten Ehefrau und Töchter als Besitz und schränkten ihre Bewegungsfreiheit für die meiste Zeit auf das häusliche Anwesen ein; gingen die Frauen einmal aus, hatten sie strengste Schicklichkeitsregeln zu beachten. Die Mädchen wurden im Pubertätsalter verheiratet, weibliche Untreue wurde hart bestraft, und Raubehen waren keine Seltenheit.[25] Schwer zu sagen, ob Frauenknappheit nicht auch mitverantwortlich für das Blutvergießen war, das die athenische Geschichte in einer Zeit kennzeichnet, als der Stadtstaat durch den Peloponnesischen Krieg und den Korinthischen Krieg stark geschwächt wurde. Fest steht jedoch, dass, genau wie in der Sage Roms, Frauenmangel auch in Athen zur Folge hatte, dass Frauen als bewegliche Habe behandelt wurden.

Je näher wir der Gegenwart kommen, desto deutlicher sehen wir diese Zusammenhänge in Erscheinung treten. Einen Zeitraum von zwei Jahrhunderten überspannende genealogische Daten adeliger Familien im mittelalterlichen Portugal lassen ein Geschlechterverhältnis männlich:weiblich von 112:100 erkennen. Das Ungleichgewicht – das, so wird angenommen, darauf zurückging, dass man im Hochadel die elterliche Fürsorge für Töchter selektiv vernachlässigte – wurde unter dem Gesichtspunkt der Reproduktion verschärft durch den Umstand, dass viele Frauen aus höheren Ständen in Klöstern dahinwelkten. Der Anthropologe James L. Boone fand heraus, dass sich in den fraglichen 200 Jahren die Zahl der portugiesischen Männer hohen und höchsten Standes, die keine überlebenden Kinder hervorbrachten, verdoppelte.[26]

Wo das Heiraten keine Option war, fanden Aristokraten auf anderem Wege zu ihrem Vergnügen. Viele verlegten sich, eben erst erwachsen geworden, auf ein von der Gesellschaft toleriertes befristetes Vagabundenleben, durchstreiften in Gruppen das Land und raubten arglose Dorfbewohner aus. König Johann I. erkannte jedoch schnell die Gefahr, die der Überschuss unruhiger lediger Männer für seine Herrschaft darstellte, und bei seiner Entscheidung für eine militärische Operation in Nordafrika spielten auch diese überschüssigen Männer eine Rolle. »Landlose Männer hohen Standes, vornehmlich jüngere Söhne, waren bei der portugiesischen Expansion nach Afrika und Indien mit dabei und eine wesentliche treibende Kraft«, schreibt Boone.[27]

In jüngerer Zeit vertrat der Anthropologe Lionel Tiger die Ansicht, dass ein Zuviel an unverheirateten jungen Männern in Afghanistan – wo Frauen zwar nicht knapp sind, aber eine strikte Geschlechtertrennung die Verhältnisse so gestaltet, als ob sie es wären – an der Verbreitung des Terrorismus mitwirkt.[28]* Aber wenn wir die Geschichte der Paarung unverheiratete Männer/Gewalt wirklich verstehen wollen, sollten wir vielleicht unser Augenmerk auf Amerika richten.

* * *

Die Vereinigten Staaten sind die gewaltfreudigste Industrienation der Welt. In den USA ist die offizielle Rate der Tötungsdelikte zehn Mal so hoch wie in Japan, acht Mal so hoch wie in Norwegen, vier Mal so hoch wie in Italien und drei Mal so hoch wie in Kanada.[29] In der übrigen entwickelten Welt betrachtet man unsere Schulmassaker, gebeutelten Gettos und Waffenverkaufstheken im Discount-Supermarkt als bizarre Auswüchse. Nach UNO-Daten zur öffentlichen Gesundheit ist die Zahl der Morde pro Kopf in den Vereinigten Staaten höher als in einer Reihe von kriegsgeschundenen oder verarmten Ländern, darunter Somalia, Israel, Peru, Marokko und der Libanon.[30] Die Mordraten für Männer in der Alterklasse der 15- bis 24-Jährigen sind noch erschreckender. In dieser demografischen Gruppe, für die ein hoher Testosteronspiegel charakteristisch ist, lassen die USA alle anderen entwickelten Staaten weit hinter sich.[31] Wie wurde diese größte Supermacht der Welt im Innern zu einem so unsicheren Terrain?

Im Lauf der Jahre wurden für Amerikas inniges Verhältnis zur Gewalt schon viele Erklärungen angeboten. Manche führen es auf die Besiedlung des Landes durch Kriminelle, Dissidenten

* Zu allem Übel gehört Afghanistan zum engeren Kreis der Länder, in denen es bald zu einem Geschlechterungleichgewicht kommen könnte. Derzeit ist geschlechtsselektive Abtreibung dort selten, weil die Fertilität sich auf hohem Niveau hält, manche Wissenschaftler glauben jedoch, dass die Afghanen, sollten sie erst einmal die Zahl ihrer Kinder einschränken, sich in großer Zahl der Ultraschalltechnik zuwenden und zur Abtreibung übergehen werden.

und Häretiker zurück. Nach Meinung anderer hat die Gewalt ihre Wurzeln in der blutigen Revolution, mit der die Geburtsstunde der Nation anbrach, und in dem Bürgerkrieg, der nicht lange darauf im Land wütete. In wieder anderen Darstellungen figurieren der Sklavenhandel oder die inhumane Behandlung der Ureinwohner der Neuen Welt durch die Siedler aus Europa als Hauptquellen des Übels: Amerikaner hätten sich von Anfang an brutal gegen andere und gegeneinander verhalten. Vor Kurzem haben Historiker jedoch mit einer anderen Erklärung aufgewartet: Von Gewalt geplagt werden die Vereinigten Staaten von heute, weil die geografischen und industriellen *Frontier*-Zonen – die Gebiete an der Siedlungsgrenze –, die zu einem so großen Teil die amerikanische Identität geformt haben, vorwiegend von Männern bevölkert waren.

Als Erste dieser *Frontier*-Zonen ist da der »Wilde Westen« zu nennen, heute gefeiert, Mitte des 19. Jahrhunderts ein Sammelbecken des Glücksrittertums und des Lasters. Der Westen entstand aus dem Wunsch, die Siedlungsgrenze hinauszuschieben, neues Land zu kontrollieren und neue Städte zu gründen, in denen sich Männer neu erfinden konnten. Er war bei Weitem nicht das Eldorado, als das die Hollywood-Western mit ihren verwegenen Cowboys und schnell zusammengebrachten Reichtümern ihn hinstellen. Quer durch das Land dorthin zu kommen, war mit gnadenlosen, schier mörderischen Anstrengungen verbunden; nicht wenige wurden unterwegs von Krankheiten dahingerafft. In der Regel waren es arme Teufel aus dem Süden, die das Risiko des Weges auf sich nahmen – Männer, die verzweifelt Arbeit suchten und denen es mehr ums nackte Überleben als um unbegrenzte Möglichkeiten ging.

Wenn diese Männer Glück hatten und gesund ans Ziel kamen, warteten Jobs auf sie, die enorme Kraft und viel Durchhaltevermögen verlangten: Arbeit als Bergleute, Viehtreiber oder Holzfäller. Nach der langen Tagesarbeitszeit kehrten sie in ein verdrecktes Camp zurück, wo sie sich von einer Kost ernährten, die zur Hauptsache aus Vitamin-C-armen Zutaten (Pökelfleisch, Schweineschmalz, Weißmehlprodukten, Kaffee, Zucker) bestand. Skorbut war ein weit verbreitetes Übel; viele der Männer in den Camps starben an Mangelernährung.[32] Ein weiterer Preis, den die männlichen Westwärtswanderer zahlten, war, dass sie Junggesellen blieben. Frauen zeigten keine große Lust auf die beschwerliche Reise in den Westen, mit der Folge, dass die Bevölkerung an der amerikanischen *Frontier* weitestgehend aus Männern bestand.

Eine Landkarte der USA des Jahres 1870, die das Geschlechterverhältnis in den verschiedenen Landesteilen spiegelt, gleicht einer solchen Karte des heutigen China. Auf einem breiten Streifen von Amerika, der den größten Teil des Landes westlich des Mississippi mit einschloss, kamen damals, die Bevölkerung im Ganzen genommen, auf je 100 Frauen 125 Männer. In Kalifornien belief sich das Geschlechterverhältnis auf 166, in Nevada auf 320, in Idaho auf 433. In Westkansas kamen auf je 100 Frauen staunenswerte 768 Männer.[33] Anders als das heutige China glichen die Vereinigten Staaten des 19. Jahrhunderts dieses Missverhältnis mit Gebieten im Osten aus, wo die Frauen gegenüber den Männern deutlich in der Überzahl waren. (Wie Bewohnerinnen von Manhattan bezeugen können, sind die großen Städte im Osten bis in die Gegenwart »frauenlastig« geblieben. Vor einigen Jahren ließ sich einer anhand von Zensus-Daten erstellten, in hoher Auflage verbreiteten »Singles-Landkarte« entnehmen, dass damals in New York 210 000 mehr unverheiratete Frauen als unverheiratete Männer lebten.)[34] Aber es war die *Frontier*, die wohl den größten Einfluss auf den amerikanischen Nationalcharakter hatte.

Die Wirtschaft des Westens entwickelte sich, indem sie die Bedürfnisse der weitgehend männlichen Bevölkerung bediente. Spielhöllen, Saloons und pornografische Literatur florierten. Hemmungsloser Alkoholkonsum grassierte und Prostituierte waren so gefragt, dass in den reichlich vorhandenen Bordellen des Westens die Preise in die Höhe schossen.[35] Im Jahr 1880, so hat der Historiker David Courtwright errechnet, kam in der Minenarbeiterstadt Leadville, Colorado, auf je 80 Einwohner ein Saloon, auf je 170 Einwohner ein Spielkasino und auf je 200 Einwohner ein Bordell. (In vielen Städten des Westens zeigte die Verwaltung in der Überzeugung, dass der Zugang zu Prostituierten Männer von Übergriffen gegen »ehrbare« Frauen abhalte, offen Toleranz für die Prostitution.)[36] Demgegenüber war von den Kirchen in Leadville jede einzelne für 5000 Leute da.[37] Courtwright zufolge war Leadville eine Abart des aus *Peter Pan* bekannten »Nimmerlands«, wo »die demografischen Gegebenheiten – viele gleichaltrige Männer, wenige Frauen und Kinder – eine Welt ewiger männlicher Adoleszenz schufen«.[38]

Nicht dass jeder das so gewollt hätte. Die Männer des Wilden Westens gaben sich wahrlich Mühe, eine Frau zum Heiraten zu finden. Wie im heutigen Asien blühte auch dort das Geschäft der Ehevermittler, und am Ende des Goldrauschs war das Heiratsalter der Frauen an der *Frontier* so weit zurückgegangen, dass man kaum noch von Frauen reden konnte. Manche heirateten mit 12 oder 13 Jahren. (Im Osten waren Bräute am Hochzeitstag in der Regel 18 oder 19).[39]

Manche Männer nahmen sich eine Indianerin zur Geliebten; die Stämme »verliehen« Mädchen für Nahrungsmittel an weiße Männer oder verkauften sie kurzerhand. Wie es auch heute der Fall ist, blieb in vielen Fällen der gekauften Frau Misshandlung durch den Mann nicht erspart. Der unter dem Namen Mountain Bill Rhodes bekannte Jäger aus Wyoming erklärte einem Beobachter: »Wenn das Mädchen einem Weißen verkauft worden ist, ist es im Allgemeinen eine Zeit lang verängstigt und läuft bei der erstbesten Gelegenheit weg. Wenn du es aber wieder einfängst und ihm ordentlich das Fell gerbst und vielleicht noch 'nen Zwickel aus seinem Ohr rausschneidest, bleibt es bei dir.«[40] Anders als die spanischen Kolonisten weiter im Süden und die französischen Händler weiter im Norden heirateten jedoch die amerikanischen Siedler zum größten Teil keine indianischen Frauen. Aufgrund ihrer spezifisch angelsächsischen Spielart von Rassismus lehnten sie Rassenvermischung ab, und so blieben viele von ihnen unverheiratet.[41]

Wir erinnern uns: Testosteron hat einen »fördernden Effekt«, der im Verein mit kulturellen und situativen Faktoren es befähigt, eine bereits vorhandene Aggressionsbereitschaft zu verstärken. Zu den wichtigsten dieser katalysierenden Faktoren zählt, ob ein Mann einer Kultur angehört, in der die Ehre hoch eingeschätzt wird. Das ist mit ein Grund, warum im Süden der USA, wo die Siedler Abkömmlinge verschiedener verfeindeter Clans sind, die Mordrate seit Langem höher ist als im Norden, dessen Bewohner von Anhängern eines moralinsauren Puritanismus abstammen. Untersuchungen, bei denen Männer darauf getestet wurden, wie schnell sie auf Beleidigungen hin ausrasten, führten zu dem Befund, dass Südstaatlern weit früher als den Probanden aus dem Norden das Blut überkochte.[42] Insofern ist es von Bedeutung, dass viele der amerikanischen Westwärtswanderer aus dem Süden kamen.[43]

Im ausgehenden 19. Jahrhundert war die Mordrate im Westen Dutzende Male so hoch wie an der Ostküste. 1880 brachte es Leadville auf 105 Morde pro 100 000 Einwohner – in Boston dagegen lag die Rate gerade mal bei 5,8 pro 100 000.[44] In Tombstone, Arizona, kam die Journalistin Clara Spalding Brown zu dem Schluss: »Wenn sich in den Saloons die ganze Nacht dicht an dicht erregte und bewaffnete Männer drängen, muss es ja ab und an zum Blutvergießen kommen.«[45] Aber nicht nur brachten sich die Männer des Wilden Westens gegenseitig um, sondern sie wurden auch handgreiflich gegen die wenigen Frauen, die nicht im Sexgewerbe beschäftigt waren – von daher gesehen erwies sich die liberale Einstellung zur Prostitution als ineffektiv –, und sie terrorisierten die Indianer mit einer Brutalität, die Tausende kalifornischer Ureinwohner das Leben kostete.[46] Laut dem französischen Missionar Edmond Venisse, dem die Seelsorge in dem Gebiet oblag, war diese Gewaltausübung großenteils der Ausfluss reiner Willkür. Manche Männer, schrieb er bekümmert, »töten Indianer einfach nur, um ihre Pistole auszuprobieren«.[47]

Zeitgenössische Beobachter machten grundsätzlich den Frauenmangel für die Gewalt verantwortlich. Der scharfe Gesellschaftskritiker Hinton Helper schrieb 1855, eine »hoch bedeutende Ursache dieser Zügellosigkeit, Entartung und Ausschweifung, dieser schandbaren Zustände insgemein dürfte in dem zahlenmäßigen Missverhältnis der Geschlechter zu suchen sein – in der Frauenknappheit«. Nach Helpers Überzeugung war dieser Kausalzusammenhang so unbestreitbar, dass nur »ein Zustrom der züchtigen Frauen und zärtlichen Mütter, die unsere andere Küste zieren«, die Gewalt im Westen eindämmen könne. Ohne Frauen, so Helper, »wird nur das Laster geschätzt und gerühmt, die Tugend gilt als leerer Traum, eine unverschämte Vorspiegelung moralischer Überlegenheit und der Beachtung eines Mannes von Verstand als unwerte Torheit«.[48] Die Reformerin Eliza Farnham wiederum meinte, in Ermangelung von Ehefrauen hätten »Tausende Männer ... den Charakter nicht nur gänzlich eingebüßt, sondern auch jeglichen Willen zum Charakter aufgegeben; und Zehntausende haben sich die Hände mit Taten beschmutzt, an die auch nur zu denken sie, bevor sie hierher kamen, schaudern gemacht haben würde«.[49] Die – unter dem Eindruck des Goldrauschs in Kalifornien konzipierte – Lösung des Problems sah sie darin, ein Schiff zu chartern, es mit 100 bis 130 »rechtschaffenen Yankee-Frauen« nicht unter 25 Jahren zu befrachten, deren jeder Tugendhaftigkeit und Bildung von einem Kleriker schriftlich bescheinigt worden war, und von Neuengland aus um Kap Hoorn nach San Francisco zu segeln, wo die Damen sich alsdann an die Zivilisierung des Landstrichs und seiner Bewohner machen würden.[50]

Liza Farnhams ernsthafter Versuch, diesen Plan in die Tat umzusetzen, schlug fehl. Als sie, in San Francisco angekommen, mit nur zwei Frauen im Schlepptau von Bord ging, hätte das bei den im Hafen so hoffnungsvoll wie vergebens wartenden »Hunderten erzürnter Junggesellen beinah einen Krawall ausgelöst«.[51] Da von wenigen Ausnahmen abgesehen andere weibliche Siedler weiterhin ausblieben, regierten im Westen weiterhin chaotische Zustände. In den 1930er Jahren dann begann dort das Geschlechterverhältnis endlich zu verflachen; bis dahin waren ganze Indianerstämme dezimiert, viele weiße Männer und Frauen getötet und große Flächen unberührten Landes verwüstet worden.[52] Und die Saga vom Wilden Westen war jetzt in der amerikanischen Kultur fest verankert. Die Amerikaner der nachfolgenden Generationen sollten den Mythos auf der Leinwand immer wieder neu nacherleben, die Bilder als Kinder internalisieren und als Erwachsene ausagieren. Das Resümee bleibt: Im Geschlechterungleichgewicht an der *Frontier* lag der Keim, aus dem sich die Gewalttätigkeit eines Volks entwickelte.

Aber lässt sich aus dem Fall Amerika etwas lernen für Indien, Aserbaidschan und Vietnam – für Weltteile mit jahrtausendealter Kultur und ganz anderen Traditionen? Jedenfalls hat auch Asien seine Überlieferungen von alleinstehenden jungen Männern, die als Angehörige einer Kultur, in der Ehre einen hohen Wert darstellt, in der Gesellschaft einiges Unheil anrichteten.

* * *

In der ersten Hälfte des 19. Jahrhunderts führte eine Serie von Getreidemissernten in China dazu, dass Bauernfamilien ihre weiblichen Säuglinge töteten. In einer bestimmten Landgemeinde im Nordosten kam so schätzungsweise ein Fünftel bis zu einem Viertel aller Töchter ums Leben.[53] Auch im Adel der Qing-Dynastie (Mandschu-Dynastie) wurde der Infantizid praktiziert, wenngleich in geringerem Umfang und aus anderen Gründen.[54] Um die Jahrhundertmitte zählte das Land weit mehr Männer als Frauen.

Ein Teil dieser Männer ging ins Ausland. In dem Zeitraum von 1840 bis 1910 emigrierten zehn Millionen Chinesen nach Übersee, viele davon Männer mit dem Ziel Kalifornien, wo sie beim Eisenbahnbau, in Restaurants oder in Wäschereien Arbeit fanden.[55] (Wie sich zeigen sollte, brachte die Emigration keinen verbesserten Zugang zu Frauen. Die restriktive Einwanderungspolitik der USA nach 1875 verhinderte, dass den Männern Frauen aus China nachfolgten; viele chinesische Immigranten lebten schließlich in einem reinen Männergemeinwesen, wo sich ein Milieu entwickelte, dessen Charakter sich in der Gleichung fand: »Chinatown = Brutstätte des Lasters«.) Die meisten chinesischen Männer blieben jedoch im Lande, wo das Geschlechterverhältnis in der erwachsenen Bevölkerung in entmutigend starker Schieflage verharrte. Wohlhabende Männer verschärften das Problem, indem sie Frauen förmlich horteten – manche hatten Dutzende Konkubinen –, mit der Folge, dass bis zum Ende des 19. Jahrhunderts zwischen zehn und zwanzig Prozent aller chinesischen Männer keine Ehefrau finden konnten.[56]

Als in den 1850er Jahren die Macht der Qing-Dynastie wankte, machten sich charismatische Demagogen die Existenz einer Überzahl alleinstehender Männer zunutze, um eine Reihe von

Aufständen anzuzetteln. Die Unruhen begannen im Norden der heutigen Provinz Jiangsu, nicht weit entfernt von Suining, wo laut regierungsamtlichen Zahlen für 1874 ein Geschlechterverhältnis männlich:weiblich von 163:100 bestand.[56] Doch wie im Wilden Westen reichte die Tatsache allein, dass Männer keine Aussicht auf eine Heirat hatten, nicht aus. Der Umgang von Chinesen untereinander wird unter anderem durch etwas geregelt, was nicht eigentlich als Ehre zu bezeichnen ist, ihr aber doch recht nahekommt: die Betonung des »Gesichts«. Bei Männern ist »ein Gesicht zu haben« – ein Prestige, das von der Stellung des Einzelnen im Verhältnis zu anderen herrührt – aufs Engste verbunden mit bestimmten gesellschaftlichen Rollen. »Gesicht ist im Wesentlichen ein Attribut verheirateter Männer, die das Wohl einer Familie zu sichern und Verpflichtungen zu erfüllen haben«, schreibt der Anthropologe James L. Watson. Demgemäß nötigen unverheiratete Männer nicht viel Respekt ab. Schon der chinesische Ausdruck für »Junggeselle« – *guanggun*, »kahler Ast« oder »kahler Zweig«, eine Anspielung auf die Unfähigkeit des Mannes, dem Stammbaum der Familie etwas hinzuzufügen – hat etwas Abwertendes. »Junggesellen bleiben ewig Unreife, die keine vollwertige Rolle in der Gesellschaft spielen können«, so Watson weiter. »Ein unverheirateter Jugendlicher kann nicht Gesicht haben.«[58]

Damals wie heute waren es Männer mit wenig Geld und geringem Status, Männer ganz unten in der gesellschaftlichen Hackordnung, die Junggesellen blieben.* »Ein Junggeselle«, scherzte der Anthropologe Claude Lévi-Strauss einmal, sei »nur ein halber Mensch.«[59] Die Bemerkung bezog sich auf die Verhältnisse bei den Bororo, einem Eingeborenenstamm in Zentralbrasilien, trifft aber ebenso gut auch auf die Lage eines »kahlen Asts« in Asien zu. Ein *guanggun* kann allerdings versuchen, sich auf die billige Tour ein bisschen Respekt zu verschaffen, indem er öffentlich das Gesicht anderer Männer infrage stellt.

* Verschärfte Ausprägung erfährt dieses Phänomen heute durch Brautkauf und Sexhandel. Nach wissenschaftlicher Voraussage werden Provinzen in Chinas niedrigstem Einkommensfünftel einen fünfzig Prozent höheren Bevölkerungsanteil an Junggesellen über dreißig haben als Provinzen im reichsten Fünftel.

Mitte des 19. Jahrhunderts war Zentralchina in Aufruhr. Viele Kriminelle in dem Gebiet waren »kahle Äste«.[60] Banditen plünderten Bauernhäuser, Bewaffnete machten die Straßen unsicher und Banden kämpften um Einflusssphären. Als 1851 der Gelbe Fluss wertvolles Ackerland überschwemmte und damit die Armut und Unruhe verschärfte, erreichte die Gesetzlosigkeit einen Höhepunkt. In verzweifelter Lage schlossen sich viele Männer den Nian an, locker organisierten Aufständischen, die sich unter örtlichen Familien Opfer aussuchten, denen sie Getreide und Vieh raubten. Der Historiker Jonathan Spence schreibt, dass »drastische Ungleichgewichte in den regionalen Geschlechterverhältnissen« in den Nian

> »einen wurzellosen, leicht beweglichen Verband [schufen], der jederzeit in der Lage war, mit einem Stoßtrupp zuzuschlagen. Die örtlichen sesshaften Gemeinschaften bemühten sich, eine gewisse Sicherheit zu gewährleisten, indem sie Dorfmilizen und Feldhütertrupps aufstellten und die Dörfer mit Mauern befestigten, aber die Nian hinderte das nicht, in handstreichartigen Aktionen die Feldfrucht von Dörfern in der Umgebung an sich zu bringen, die Transportfahrzeuge staatlicher Salzhändler zu plündern, reiche Grundbesitzer zu entführen, um Lösegeld zu erpressen, oder sogar ein Gefängnis zu überfallen, um ein dort einsitzendes Mitglied der eigenen Bande zu befreien.«[61]

Wiewohl ohne über eine allgemeine Unzufriedenheit hinausgehende Ideologie zu verfügen, entwickelte sich die Nian-Bewegung bis zum Jahr 1855 zu einem richtiggehenden Aufstand gegen die Zentralregierung, wobei der Schmuggler Zhang sich als Anführer der Bewegung herauskristallisierte. Andere Führungspersönlichkeiten der Nian trugen eindrucksvollere Beinamen: Große Kanone Chang, Wasserpfeife Wei, Katzenohriger Goldener Höllenkönig Wang.[62]

Im Sommer 1855 dann hatten die Nian den Qing bereits alle Verkehrswege zwischen dem Norden und dem Süden des Landes abgeschnitten. Während sich ihre Kontrolle über Zentralchina zunehmend festigte, verlegten sie sich auf die Entführung von Frauen, die »umgehend verkauft oder im Tausch gegen Pferde ausgelöst« werden konnten.[63] Jungfrauen waren besonders lohnende Objekte, weil die Familie einen Aufschlag zahlte, wenn die Aufständischen ihre Tochter vor Anbruch der Nacht mit unversehrtem Hymen zurückgaben.[64] Die Zerrüttung der Gesellschaft in diesem Landesteil schritt weiter voran; um die Jahrhundertmitte schrieb ein chinesischer Dichter über das Gebiet: »Kinder tragen Schwerter, Erwachsene schultern Gewehre und Desperados versammeln sich zu Hunderten, um am hellichten Tag zu töten.«[65]

Unterdessen sammelte weiter südlich ein charismatischer gescheiterter Gelehrter namens Hong Xiuquan *guanggun* um sich. Hong war ein sonderbarer Heiliger, der einzige Intellektuelle in einer Bauernfamilie, der, nachdem er bei den kaiserlichen Examina mehrmals durchgefallen war, erkrankte und sich, wieder gesundet, vom Krankenbett mit der Gewissheit erhob, dass er der jüngere Bruder Jesu war.[66] Hong hatte unter einem Missionar von den Südlichen Baptisten studiert, aber in den Auslegungen der Heiligen Schrift, die er seinen Anhängern bot, ging in der Übersetzung viel verloren. (In Hongs Version der zehn Gebote enthalten diese auch ein Verbot des Opiumrauchens.)[67] Seine zusammengeschusterte religiöse Verkündigung spickte er mit Anklagen gegen die Mandschu-Herrscher der Qing-Dynastie, denen er die Schuld an der Frauenknappheit in die Schuhe schob. »Diese dämonischen Mandschu-Teufel haben sich sämtliche schönen Mädchen in China genommen und sie zu ihren Sklavinnen und Konkubinen gemacht«, war in einer seiner Schriften zu lesen. »Und so wurden 3000 schöne Frauen von den Barbarenhunden geschändet, mussten eine Million reizvoller Mädchen den stinkenden Füchsen zu Willen sein; davon zu sprechen bekümmert das Herz und verunreinigt die Zunge.«[68] Wie nicht anders zu erwarten, kam das bei den »kahlen Ästen« gut an.

Bis zum Ende des Jahres 1851 brachte Hong in seiner neuen Religionsgemeinschaft über 60000 Mitglieder zusammen. Kaum hatten die Männer sich zu seinem Credo bekehrt, stellte Hong auch schon ihre Glaubensfestigkeit auf die Probe. Der Prophet Jesaja, ließ er seine Anhänger wissen, hatte sie aufgerufen, sich gegen die Mandschu-Herrschaft zu erheben und das Taiping Tianguo, das »Himmlische Reich des Großen Friedens«, zu errichten.[69] Doch der Taiping-Aufstand, wie er in der Geschichtsschreibung genannt wird, war alles andere als friedlich. Spence spricht von »einem der opferreichsten und langwierigsten Aufstände in der chinesischen Geschichte«.[70]

Der Marsch nach Norden zur kaiserlichen Residenz Nanjing wurde den Taiping-Rebellen erleichtert durch die von den Nian angerichtete Verwüstung, deren unmittelbare Folge ein Machtvakuum in Zentralchina war.[71] Die Städte an ihrer Marschroute konnten schnell und mühelos eingenommen werden. Trotzdem fielen sie plündernd über die schon Not leidenden Gemeinwesen her.[72] Am 29. März 1853 eroberte Hongs Streitmacht die herrschaftliche Stadt Nanjing, die zu verschiedenen Zeiten in der chinesischen Geschichte kaiserliche Residenz gewesen war, und erklärte sie zur Hauptstadt des neuen »Himmlischen Reichs«. In den darauffolgenden Tagen töteten die Soldaten ohne viel Federlesens alle Mandschu, deren sie in der Stadt habhaft werden konnten, und verschonten auch Kleinkinder und Säuglinge nicht.[73]

Hong eignete sich schnell die Attitüde und alles sonstige Drum und Dran des Kaisertums an, kleidete sich extravagant, legte sich Konkubinen zu und herrschte die nächsten elf Jahre über China. Aber ein Kaiser war er nur vom Äußeren her. Die Sorgfalt in administrativen Dingen blieb unter seiner Herrschaft auf der Strecke; das »Himmlische Reich« war im Wesentlichen ein Militärstaat. Nach Hongs Tod im Jahr 1864 stürmten Mandschu-Truppen Nanjing und gewannen die Kontrolle über die Stadt zurück. Die Taiping-Rebellen, die bei der Erstürmung nicht umgekommen waren, scharten sich zusammen und, gewalttätig bis zum Ende, steckten sich selbst in Brand. »Von Urzeiten bis heute hat es selten solch einen phänomenalen Bund von Rebellen gegeben«, schrieb ein Augenzeuge, der das Gesehene kaum zu glauben vermochte.[74]

Nach der Wiedereroberung der Macht waren die Mandschu zu Recht äußerst besorgt, Chinas »kahle Äste« könnten weiterhin Ärger verursachen. In dem Bemühen, eine – um es mit den Worten des Historikers Matthew Sommer zu sagen – »gefährliche Unterklasse von überschüssigen Männern« zu bändigen, entfaltete der Staat eine zunehmend moralistische Politik, etwa indem er die Prostitution und den Geschlechtsverkehr unter Männern kriminalisierte und mit dem Tod bestrafte.[75] Aber nach Jahrzehnten gesellschaftlicher Unruhen war die Qing-Dynastie geschwächt, und der endgültige Zusammenbruch des Kaiserreichs sollte nur noch eine Frage der Zeit sein. Nach dem 1912 schließlich erfolgten Sturz der Herrscherdynastie verwiesen wissenschaftliche Beobachter zur Erklärung auf die Jahrzehnte zuvor durch den Nian- und den Taiping-Aufstand bewirkte Zerrüttung – und auf die Junggesellen, die diese Aufstände möglich gemacht hatten.

* * *

Nach der Zeit, während deren Hong Xiuquan dort als »Himmlischer König« herrschte, wurde Nanjing Hauptstadt der Provinz Jiangsu und wandelte sich von der Schaubühne kaiserlicher Macht zum kommunistischen Verwaltungszentrum. Aber in einer wesentlichen Beziehung war der Wandel nicht gar so groß.*

Die überschüssigen Männer von heute veranstalten zwar keine Aufstände, aber so verschieden zeigen sich ihre Umtriebe nicht. Im Nanjing unserer Tage trifft man sich unter der Flagge des »Patriotenklubs«, eines Vereins zur Freizeitgestaltung, dessen Mitglieder, allesamt in erster Linie Waffennarren, ein versteckt gelegenes Waldstück oben in den Bergen eines städtischen Parks in Beschlag genommen haben.

An einem sonnigen Frühlingstag besuche ich das Hauptquartier des Vereins; im Park biege ich am Rand eines Picknickplatzes instruktionsgemäß auf den bezeichneten Pfad ein und klettere einen steilen Hang hinauf. Wo die verstreuten Kampferbäume sich zum Wald verdichten, bemerke ich, dass an die

* Das asymmetrische Geschlechterverhältnis in Nanjing, Ergebnis jahrzehntelanger geschlechtsselektiver Abtreibung, wird noch verschlimmert durch einen hohen Bevölkerungsanteil an männlichen Arbeitsmigranten.

Bäume ringsum in alle möglichen Richtungen schauende, grob handgefertigte Holztafeln genagelt sind, von denen Schriftzeichen in Rot mir »Vorsicht!« und »Verteidige das Vaterland!« zurufen. Die Mahnungen setzen sich auf dem weiteren Weg hinauf fort, alle paar Schritte taucht eine neue auf, sodass die Erwartungsspannung einen fast schon komischen Grad erreicht. »Erhöhte Wachsamkeit geboten.« Dann wieder »Vorsicht!«. Die Steilheit des Pfads nimmt zu, bis ich an kleinen Bäumen Halt suchen muss. Schließlich gelange ich durch eine Lücke zwischen den Bäumen auf eine sandige Lichtung.

Die Lichtung ist von olivgrünen Armeezelten umringt und belebt von annähernd einem Dutzend junger Männer in steifleinenen Tarnanzügen, das Staubwolken aufwirbelnd durcheinanderläuft. An einem grünen Tisch, der von dem Picknickplatz unten entwendet zu sein scheint, befüllt eine Handvoll Männer Metallmagazine mit weißen Kunststoffkügelchen – sogenannten BB – und schiebt die Magazine dann in AK-47- und M4-Sturmgewehr-Nachbildungen. Am Rand der Lichtung testen unterdessen zwei andere ihre Waffen mit Schüssen auf mit Blutimitat bespritzte Zielscheiben und schreien jedes Mal »Huaaaaah!«, wenn das BB ins Schwarze trifft. Im Schatten des baufälligen Klubhauses steht ein Mann, der BB in den Wald schießt, ohne sich erst die Mühe zu machen zu zielen. Andere rücken ihre Knieschützer zurecht, schnallen sich dicke Plastikmasken vors Gesicht oder binden sich Tarnstoff-Gürteltaschen um die Hüften.

Die Lichtung ist eine einzige Kakofonie aus Rufen, Flüchen und Gelächter; die meisten Männer sind viel zu sehr mit ihren Zurüstungen beschäftigt, als dass sie eine fremde Person am Waldrand bemerken könnten. Sie haben auch gar keine Zeit mehr dazu, denn binnen Minuten kommt von irgendwoher das Zeichen zum Gefecht. Synchron knallen sie sich das Gewehr vor die Brust, formieren sich zur Einerreihe und bewegen sich in einem stilisierten Trab – mit eingeknickten Knien und auf und ab hüpfenden Gürteltaschen – in den Wald hinein. In zehn Meter Entfernung vom Picknicktisch wirft sich der erste Mann zu Boden. Nach wenigen Minuten haben die Männer sich im Gelände zerstreut und eröffnen das Feuer.

Es ist Samstagnachmittag, und im Park drunten wimmelt es von Familien. Wackelige Kleinkinder mit eiskremverschmierten Gesichtern schauen zu, wie ihre Eltern Drachen steigen lassen. Wie die meisten öffentlichen Anlagen in China wird der Park stark genutzt. Jeden Morgen versammeln sich auf dem Picknickplatz Senioren und zeichnen, während ihre Füße in eleganter Bewegung über die Fliesen gleiten, mit den Armen ihre Tai-Chi-Figuren in die Luft. Später am Tag kommen sie mit ihren Heimvögeln wieder, um zu schwatzen und sich die Zeit zu vertreiben. Soweit ich sagen kann, ahnen die Parkbesucher kaum, dass einige Hundert Meter über ihnen junge Männer mit illegalen Repliken vollautomatischer Sturmgewehre durch den Wald hasten und sich gegenseitig mit BB-Munition beschießen. Mit seinem primitiven Zeltplatz, dem zusammengeschusterten Klubhaus und dem hektarweise verwilderten, überwucherten Wald drumherum kann der »Patriotenklub« ja auch leicht den Eindruck einer einzelnen, isolierten Randgruppe erwecken. Er ist alles andere als das.

In China gibt es derzeit viele Vereine wie den »Patriotenklub«: in Shanghai die »Bruderschaft«, in Guangzhou die »Kämpfer«, in Chongqing das »Grüne Barett«. Die Möchtegern-Krieger, aus denen die jeweilige Mitgliederschaft besteht, bezeichnen die Schlachten, die sie sich liefern, als »Kriegsspiele«, ein Ausdruck, der darüber hinwegtäuscht, wie ernst sie ihr Treiben nehmen. Die »Kriegsspiele« können leicht die Wochenenden und die Urlaubszeit eines Mannes verschlingen und auch noch sein Alltagsbewusstsein beherrschen; das chinesische Internet ist überflutet von Forumsthreads, in denen »Kriegsspieler« sich über Waffen und Strategien austauschen. Der ernsthafte Spieler braucht einen Feldanzug, Wärmeunterbekleidung, eine kugelsichere Weste, mehrere Tarn-T-Shirts, einen Kampfrucksack, ein Bandelier, einen Stahlhelm, ein Funksprechgerät, einen Zwei-Liter-Wassersack und mehrere Gewehre.[76]

Während der Nanjinger Wald vom stakkatoartigen »ping-ping-ping« der mit Schnellfeuerstößen verschossenen BB-Munition widerhallt, bin ich auf der Lichtung einzig noch in Gesellschaft eines Mannes mit dem Bürstenschnitt und dem konzentrierten Blick eines erfahrenen Generals. Er stellt sich als Herr Zhang vor und erzählt mir, dass er 1997 den »Patriotenklub« gegründet hat. Dann lädt er mich ein, an dem Picknicktisch Platz zu nehmen. Nachdem ich mich auf eine Bank gesetzt habe, legt er in denkbar einfachen Worten dar, was es mit der Popularität von »Kriegsspielen« auf sich hat. »Mit Gewehren ist es wie mit dem Fußball«, sagt er. »Männer mögen sie einfach.«

Wie für so viele Chinesen ist die angesagte Waffe für die Mitglieder des »Patriotenklubs« das vollautomatische Softair-Sturmgewehr, eine Replik, die BB-Munition – Kunststoffkügelchen – verschießt, sie hat aber das Aussehen und das Feeling des Originals, einer Kalschnikow, Colt oder Heckler & Koch. »Kriegsspieler« würden sich lieber echte Sturmgewehre zulegen, wenn echte Sturmgewehre in China zu haben wären.* Aber in mancher Hinsicht sind Softairwaffen genauso effektiv: Ihre Munition kann Augen zerstören, innere Organe durchlöchern und in jungen Knochen stecken bleiben. Unter Umständen tötet sie auch.[77]

Die Schlacht geht weiter, Herr Zhang und ich sitzen am Tisch und schauen zu. Nur wenig abseits der Lichtung liegen drei Männer flach auf dem Bauch hinter aufgeschichteten Sandsäcken und schießen auf zwei Gegner, die sich hinter einem Stapel vergammelnder Holzkisten verschanzt haben. Mitunter komme es vor, dass ein BB den Weg hinter eine Gesichtsmaske oder in das Fleisch eines ungeschützten Halses findet und den Betroffenen verwunde, sagt Herr Zhang. Das sei halt das Risiko, das ein Soldat nicht vermeiden könne. Er richtet den Blick in die Ferne und sinniert. »Sie werfen ja auch nicht die Flinte ins Korn, weil das, was Sie vorhaben, gefährlich ist, oder?«

Doch, *ich* tue das. Herrn Zhangs Welt indessen ist von alleinstehenden jungen Männern bevölkert, für die als Antwort nur ein klares »nein, natürlich nicht« infrage kommt. Manchmal nachts im Park, wenn unten die Familien und die Tai-Chi Übenden nach Hause gegangen sind, kämpfen oben die Patriotenklubmitglieder im Dunkeln und streifen mit ihren Waffen

* Selbst Nachbildungen sind in China illegal. Aber sie lassen sich verhältnismäßig leicht aus Hongkong ins Land schmuggeln.

im Wald herum, eine grimmige, mit Testosteron vollgepumpte Horde mit kollektivem Todeswunsch.

Während die Schlacht weitertobt, verbreitet sich Herr Zhang über die Kampfeslust seiner »Spieler« mit der Begeisterung eines Fußballtrainers, der über die Stars in seiner Mannschaft spricht. Der ansonsten zurückhaltende Mann redet über das Thema Waffen mit steigendem Enthusiasmus ohne Punkt und Komma und lässt mich kaum zu Wort kommen, bis ein Tumult hinter den Sandsäcken ihn unterbricht. Ein Mann springt auf die Füße und schüttelt die hoch gereckte Faust. »Ich bin tot!«, jubelt er laut.

VIERZEHNTES KAPITEL

Die Welt

Sie könnte im Effekt das Geschlechterverhältnis aus dem Gleichgewicht bringen und würde offensichtlich auf eine Zunahme der männlichen Geburten gegenüber den weiblichen hinauslaufen ... Wenn man diese Science-Fiction-Geschichte noch etwas weiter ausführen wollte, könnte man sagen, es läuft darauf hinaus, dass man eine Menge mehr aggressiver Männer herumlaufen haben wird.

Charles Westoff, Professor der Soziologie an der Princeton University, in einer Äußerung über die Geschlechtsselektionstechnik gegenüber dem Magazin *New York*, 1977[1]

Am 23. September 2003 trafen sich in der chinesischen Küstenstadt Zhuhai 400 japanische Geschäftsleute, allesamt Männer, zu einem dreitägigen Meeting zusammen, das mit Geschäften nur im allerweitesten Sinne zu tun hatte. Sie logierten im »Zhuhai International Conference Center Hotel«, einer pompösen Luxusabsteige mit einem großzügigen Angebot an Tagungs- und Bankettträumlichkeiten – von dem sie allerdings keinen Gebrauch machten. Gleich zu Beginn ihres Aufenthalts schmiss das Bauunternehmen, das die Zusammenkunft sponserte, in einem anderen Etablissement eine Party, zu der als Begleiterinnen für die Männer 500 Prostituierte angeheuert worden waren, zu Preisen von 800 Yuan (umgerechnet 120 US-Dollar) bis 1800 Yuan (270 US-Dollar) pro Nase.[2] Nachdem die Männer Hunger und Durst gestillt hatten, kehrten sie in Begleitung der Frauen in ihr – passenderweise an der Lover's Avenue gelegenes – Hotel zurück, wo sie, wie berichtet wurde, in der Lobby ihre Begleiterinnen erst einmal befummelten, bevor sie sie in die Aufzüge verluden und mit ihnen zu den Zimmern hinauffuhren.

Zhuhai ist bekannt als Zielort von Sextourismus, und es war kaum das erste Mal gewesen, dass eine Gruppe von Männern – egal, ob inländisch oder ausländisch – hier Prostituierte engagiert hatte. »Wir haben es oft mit Japanern zu tun«, erzählte die Sexarbeiterin Coco Wang, eine der bei jener Gelegenheit engagierten Frauen, einem Reporter.[3] Aber diese spezielle Gruppe von Japanern hatte einen ungünstigen Zeitpunkt erwischt: Der 18. September, der letzte Tag jenes Meetings, war der Jahrestag des Beginns der japanischen Invasion in die Mandschurei im Jahr 1931. Und es war auch nicht gerade hilfreich, dass japanische Soldaten während des Nanjin-Massakers im Jahr 1937 Tausende chinesischer Mädchen und Frauen vergewaltigt hatten – ein Geschehen, das im Gedächtnis des Volkes außergewöhnlich lebendig geblieben war dank einer in der Jugend aufkeimenden nationalistischen Bewegung, die das Bild von China als vergewaltigter Unschuld kultivierte.[4] Und für die wachsende Zahl der jungen männlichen Patrioten, die begierig nach Anlässen suchten, ihrem Zorn Ausdruck zu verleihen, nahm sich die Zhuhai-Affäre ganz wie blanker Hohn aus.

Binnen Tagen machten Zehntausende Chinesen dem Groll, den die Orgie mit den Nutten in ihnen erweckt hatte, im Internet Luft. Die staatliche Presse – und dann auch die internationale – stieg voll auf den Vorfall ein, und es entstand ein regelrechter Sturm im Blätterwald.[5] Die chinesische Regierung blieb nicht untätig und ergriff Strafmaßnahmen: Das »International Conference Center Hotel« wurde für zwei Monate geschlossen und über mehr als ein Dutzend Zhuhaier Zuhälter und Prostituierte wurden Haftstrafen verhängt.[6] Zwei bekamen lebenslänglich.[7] Das Außenministerium gab eine Stellungnahme ab, in der es das zum Exzess ausartende Meeting als »zutiefst verabscheuenswürdigen Fall für die Strafjustiz« bezeichnete und Japan dringend nahelegte, seinen Staatsbürgern eine bessere Erziehung angedeihen zu lassen.[8] Und die Regierung zeigte abschließend noch einmal demonstrativ die Zähne, indem sie Interpol um die Festnahme der japanischen Eventmanager ersuchte, die die Rahmenbedingungen für die Affäre geschaffen hatten.[9]

Interpol reagierte nicht. Die japanische Regierung allerdings tat etwas: Sie veranlasste Ermittlungen gegen das Bauunternehmen, das die Prostituierten bezahlt hatte, und sie ermahnte ihre Bürger, im Ausland die geltenden Gesetze des jeweiligen Landes einzuhalten – woraufhin Kritiker den Vorwurf erhoben, Japan sei unter chinesischem Druck eingeknickt.[10] Letzten Endes belastete die ganze Geschichte die ohnedies gespannten chinesisch-japanischen Beziehungen – und vermittelte eine Anschauung davon, welchen Einfluss eine Gruppe von zornigen jungen Männern auf die Geopolitik auszuüben vermag.

* * *

Zornige junge Männer – genauso heißt sie denn auch, diese demografische Gruppe. *Fenqing*, die chinesische Bezeichnung für Chinas unruhige, meistenteils männliche Nationalisten, bedeutet wörtlich »zorniger Jugendlicher«. Ein bevorzugtes Angriffsziel der *fenqing* ist Japan, aber ab und an nehmen sie auch andere Länder aufs Korn. Die Nationalisten formierten sich im Mai 1999 anlässlich des NATO-Bombardements der chinesischen Botschaft in Belgrad, eines Zwischenfalls, den sie auf das Schuldkonto der Vereinigten Staaten buchten.[11] In jenem Monat marschierten junge Leute durch zwei Dutzend Städte, steckten ein amerikanisches Konsulat in Brand und bewarfen, wo kein Konsulat vorhanden war, Kentucky-Fried-Chicken- und McDonald's-Restaurants mit Steinen.[12] Inzwischen sind die *fenqing* zu einer bleibenden politischen Kraft geworden, deren Attacken sich gegen vielerlei Angriffsziele richten können – gelegentlich sogar gegen die chinesische Regierung.

Der Einfluss der einzelnen nationalistischen Gruppierungen variiert. Das Handlungsfeld mancher zornigen jungen Männer beschränkt sich mehr oder weniger auf Internetforen, andere widmen sich ausschließlich Aktivitäten, die sich um Frauen oder Waffen drehen: Sie mobben beispielsweise eine Schauspielerin, von der in einer Modezeitschrift ein Bild zu sehen war, auf dem sie ein Kleid mit aufgedruckter japanischer kaiserlicher Kriegsflagge trägt; oder sie stürzen sich in den Adrenalinrausch von Computerkriegsspielen.* (Die Mitglieder des »Patriotenklubs« sind, wie man schon aus dem Vereinsnamen

* Auf das angebliche Vergehen der Schauspielerin Zhao Wei reagierten *fenqing*, indem sie gefälschte Nacktfotos von ihr ins Internet stellten, ihr Haus mit Ziegelsteinen bewarfen, Überlebende des Nanjin-Massakers von 1937 mobilisierten (Zhao erhielt einen von tausend Menschen in den

schließen könnte, allesamt *fenqing*.) Manche indessen haben die Weltpolitik zu ihrem Ding gemacht, und diese Gruppe ist selbst durch die banalste Entwicklung auf die Palme zu bringen. Kurz nachdem sich Japan im Jahr 2005 um einen ständigen Sitz im UNO-Sicherheitsrat beworben hatte, sah ich eines Morgens gleich nach dem Aufwachen etliche Tausend *fenqing* in der normalerweise verschlafenen Straße aufmarschieren, in der ich in Shanghai wohne, und unter »Haut ab, japanische Schweine!«-Rufen das lokale Sushi-Restaurant mit Eiern bewerfen. Was die regionale Stabilität zu untergraben droht, sind solche Wuteruptionen.

In den vergangenen Jahrzehnten hing die Herrschaft der Kommunistischen Partei Chinas von der Aufrechterhaltung eines alle Rekorde schlagenden Wirtschaftswachstums ab. Ein bisschen neu erworbener Wohlstand macht viel aus: für ihn verzichten die Chinesen gern darauf, antiquierte kommunistische Dogmen anzuzweifeln. Politische Legitimation auf rasante Entwicklung zu gründen bedingt allerdings einen heiklen Balanceakt, denn für die Regierung gilt es dabei, die Geldbeutel der Mittelklasse zu füllen und gleichzeitig die Armen zu beschwichtigen angesichts steigender wirtschaftlicher Ungleichheit. Zur Stützung seiner Macht greift Beijing auf den Nationalismus zurück. Die Zahl der *fenqing* ist nicht zuletzt auch deswegen so hoch, weil die jungen Leute von heute zum Zornigsein erzogen wurden. Bald nachdem die Proteste auf dem Tiananmen-Platz der politischen Führung unmissverständlich klargemacht hatten, welches Gefahrenpotenzial in einer reformistisch gesinnten Jugend steckt, wartete der chinesische Staat mit einer Serie hurrapatriotischer Lehrbücher für den Geschichtsunterricht auf.[13]

Oft jedoch nimmt sich der *fenqing*-Aktivismus wie ein Auswuchs mehr von eher unklar motivierter Wut als von rigorosem Patriotismus aus. Heutige Männer »stehen zu stark unter Druck«, meint Wu Gang mir gegenüber, ein ehemaliger Boxer, der am Jangtseufer in Nanjing die »Zorn-ablassen-Bar zur Aufgehenden Sonne« eröffnet hat, um hier Menschen mit dumpfer

Siebzigern und Achtzigern unterzeichneten Protestbrief) und ihr das Gesicht mit Kot beschmierten.

Wut im Bauch etwas zu bieten. »Sie brauchen eine Gelegenheit, Dampf abzulassen.« Und exakt diese Gelegenheit finden Männer in Wus Lokal – einer Art oberirdischem »Fight Club«. Für den Preis von ein paar Drinks können Gäste auf einen der vom Wirt angeheuerten Lohndiener eindreschen.

An den Schaltstellen der Macht allerdings ist man sich im Klaren darüber, dass Nationalismus ein zweischneidiges Schwert ist: In der chinesischen Geschichte kam es mehr als einmal vor, dass sich eine patriotische Bewegung einem demokratischen Gedankengut öffnete. Die Amtsträger wissen auch, dass die von dem ungleichgewichtigen Geschlechterverhältnis angefachte spezielle Art von Unruhe eine entschieden subversive Färbung annehmen kann.

Und mitunter scheinen Chinas *fenqing* auf der Schwelle zur Gewalttätigkeit zu stehen. Im Jahr 2006 begann ein in Shanghai lebender ausländischer Englischlehrer, sich in seinem Blog der priapischen Großtaten zu rühmen, mit denen er chinesische Frauen beglückt hatte. Sein Tagebuch auf blogspot.com zeugte nicht gerade von allerbestem Geschmack. (»Sie zuckte und bebte, seufzte und presste sich mit geöffneten Lippen an mich«, schrieb der Lehrer, der sich das Pseudonym »ChinaBounder« – China-Vermesser – zugelegt hatte, in einem Eintrag.)[14] Andererseits zählte ein solcher Blog aber auch nicht zu den Sachen, die erfahrene Internetnutzer sonderlich ernst nehmen. Das änderte sich, als der Psychologieprofessor Zhang Jiehai eine blutdürstige »Internet-Menschenjagd« anstieß – der Versuch eines Nationalisten, per *crowdsourcing*, »Schwarmauslagerung« – vulgo: Nutzung kollektiven Wissens –, die Identität des Lehrers aufzudecken.

»Der liederliche Ausländer treibt sein Spiel mit chinesischen Frauen«, gab Zhang, ein junger Mann mit Spitzbart und stechendem Blick, auf einem Fahndungsaufruf bekannt, den er auf mehreren viel besuchten chinesischen Websites postete.*

* Obschon Mitglied des Lehrkörpers der renommierten Shanghaier Akademie der Sozialwissenschaften, zieht Zhang die Grenze dessen, was allenfalls noch als Wissenschaftlichkeit gelten könnte, generös weit. In einer Arbeit aus späterer Zeit katalogisierte er die Begierden nichtchinesischer Frauen.

»Sollen wir sein schamloses perverses Treiben etwa zulassen?«[15] Zhangs *fenqing*-Anhänger machten dem ungebärdigen Englischlehrer in Internet-Chatrooms den Prozess und befanden ihn für schuldig – und würden ihn vielleicht hart bestraft haben, wenn ihre Cyberjagd auf ihn zum Erfolg geführt hätte. »Lasst uns die Bestie umbringen«, schlug einer der Fahnder auf Zhangs Blogseite vor.[16]

Zhang veröffentlichte dann ein Buch (auf Mandarin) mit dem Titel *Ich bin zornig. Die wahre Geschichte hinter der Affäre um den liederlichen Ausländer,* und bald danach treffe ich mich mit ihm in einem Shanghaier Café, um zu erfahren, was bei seiner Menschenjagd herausgekommen ist. Er lässt seine Enttäuschung darüber durchblicken, dass die Hatz keine handfesteren Aktionen gezeitigt hat. »Läuft dieser ChinaBounder-Typ noch immer in China herum? Hat irgendwer die Gehälter von Ausländern gekürzt?«, sagt er. Er drückt seine Zigarette aus und sieht mich an. »Hat irgendwer Ausländer auf der Straße verprügelt?«[17]

* * *

Im Anwachsen von Einfluss und Bedeutung der chinesischen *fenqing* haben wir ein Beispiel für die Art und Weise vor uns, wie sich die Existenz eines problematischen Männerüberschusses widerspiegeln kann. Und doch ist schwer vorauszusagen, wieweit das China der 2030er Jahre – oder das Indien, das Albanien, das Georgien – dem Wilden Westen gleichen wird. Anders als Brautkauf, Polyandrie und selbst ein jäher Anstieg der Prostitution lassen sich zunehmende Gewalttätigkeit und Unruhe nicht so leicht einem schieflastigen Geschlechterverhältnis bei der Geburt zuschreiben. Zugegeben, auf dem ganzen Kontinent gingen zur selben Zeit, als der männliche Anteil an der jungen Bevölkerung anstieg, die Kriminalitätsraten steil nach oben. In dem Zeitraum von 1992 bis 2004 hat sich Chinas Kriminalitätsrate nahezu verdoppelt.[18] In Indien wiederum nahm von 2003 bis 2007 die Zahl der Vergewaltigungen um über dreißig Prozent zu und die der Fälle von Brautraub um über fünfzig Prozent, was die Regierung veranlasste, in mehreren Städten für den Pendlerverkehr ausschließlich Frauen vorbehaltene Züge (»Ladies Specials«) einzusetzen.[19] Aber in den vergangenen Jahrzehnten erlebte Asien auch eine rasante Wirtschaftsentwicklung und einen ebensolchen gesellschaftlichen Wandel. Wie viel an der Zunahme der Kriminalität ist rein korrelativ, wie viel kausal bedingt? Anders gesagt: Wie viel hängt mit einem Übermaß an Testosteron zusammen?

Immerhin gibt es Möglichkeiten, zu einer vorläufigen Antwort zu kommen. Eine Vorgehensweise besteht darin, die Verbrechens- und Vergehensfälle nach Regionen und Zeiträumen aufzuschlüsseln. Genau das tat 2007 eine Gruppe von Wirtschaftswissenschaftlern der Chinese University Hongkong und der Columbia University – unter ihnen die gebürtige Koreanerin Nora Edlund, die das Vorkommen von Geschlechtsselektion in den USA aufdeckte und vor der Schaffung einer »weiblichen Unterklasse« warnt –, indem sie sich die chinesische Kriminalstatistik der zurückliegenden Jahrzehnte vornahm. Als förderlich erwies sich dabei eine Eigenheit im Regierungshandeln der 1980er Jahre: Bei der Durchsetzung der Ein-Kind-Politik auf Provinzebene waren Zeitdifferenzen im Spiel. In der Anlaufphase der Politik übertrug die Zentralregierung die Verantwortung für deren Durchsetzung den Provinzregierungen, und in manchen Provinzen wurden strikte Kontrollen der Einhaltung des Gesetzes früher als in anderen verordnet und durchgeführt. Dies bedeutete einen früheren Rückgang der Geburtenrate – und ein damit verbundenes Hochschnellen der Zahl der Jungengeburten. Diese zeitlich gestaffelte Durchsetzung hatte zur Folge, dass die wachsende Verschiebung des Geschlechterverhältnisses in der Teenager-Population in unterschiedlichen Provinzen zu unterschiedlichen Zeiten auftrat, sodass die Forschergruppe verfolgen konnte, ob in den einzelnen Provinzen die Kriminalitätsraten mit den Geschlechterverhältnissen Schritt hielten.[20]

Sie kam zu einem bedeutsamen Ergebnis: In den chinesischen Provinzen, wo die Verschiebung des Geschlechterverhältnisses bei der Geburt früher eingesetzt hatte, hatte auch der Anstieg der Kriminalität früher begonnen. Die Analyse des Befunds anhand komplexer Formeln führte zum zweifelsfreien Nachweis eines Zusammenhangs zwischen hohem männlichen Bevölkerungsanteil und erhöhter Delinquenz, der sich dergestalt auswirkte, dass eine einprozentige Zunahme des Geschlechterverhältnisses bei der Geburt eine fünf- bis sechsprozentige Zunahme der Kriminalitätsrate eines Gebiets bedingte.[21] »Die zunehmende Vermännlichung der jungen Erwachsenenpopulation könnte wohl für ein Drittel des Anstiegs der Kriminalität im Ganzen verantwortlich sein«, schrieben Edlund und Kollegen.

In Indien wurden weniger Studien dieser Art durchgeführt, aber auch dort ist der Aufwärtstrend der Kriminalität nicht gleichmäßig verbreitet. Vergewaltigung, häusliche Gewalt und Verbrechen im Namen der »Ehre« haben sich in kurzer Zeit in Haryana und Uttar Pradesh stark erhöht, beides Bundesstaaten mit stark asymmetrischen Geschlechterverhältnissen.[22] In Uttar Pradesh hat die wachsende Zahl der Misshandlungsfälle und Sexualdelikte eine Gruppe von mehreren Hundert Frauen so sehr aufgebracht, dass sie das Recht in die eigenen Hände nahmen.[23] In magentafarbene Saris gekleidet schlossen sie sich zu »rosaroten Banden« zusammen und lehrten Männer, die sich nicht an Recht und Ordnung hielten, auch schon mal mit geschwungenen Knüppeln Mores.[24]

Aber diese Selbsthilfe-Milizionärinnen bewegten sich auf gefährlichem Terrain, denn Indiens Nordwesten ist auch als Schauplatz von Mord und Totschlag bekannt. Ob in einem bestimmten Landesteil Indiens die Mordrate hoch liegt, kann man in der Tat am besten an dem dort bestehenden Geschlechterverhältnis ablesen. Selbst mit der Armutsquote weist die Mordrate keine dermaßen starke Korrelation auf.[25] Im Nordwesten sorgten sich Eltern schon immer um den Schutz ihrer Töchter und um deren sexuelle Unversehrtheit, doch heute, so bekennen sie gegenüber Sozialforschern, seien angesichts des stark angewachsenen Bevölkerungsanteils an alleinstehenden Männern ihre Ängste enorm gestiegen. »Die [Mädchen und jungen Frauen drohenden] Gefahren, so heißt es, hätten sich durch die Unzahl junger und nicht mehr ganz so junger unverheirateter Männer – Männer, die keine Möglichkeit haben, ihre Sexualität auszuleben – noch vermehrt«, ist in einem neueren Bericht des in Delhi ansässigen Centre for Women's Development Studies zu lesen.[26]

Eine Ahnung davon, wie sich Millionen überschüssiger Männer auf die Stabilität der Gesellschaft auswirken werden, bekommen wir auch, wenn wir uns ansehen, welchen Tribut an Lebensqualität das Junggesellentum von den Einzelnen fordert. In ganz Asien hängen Ehestand und Gesundheit eng miteinander zusammen. Selbst nach Bereinigung der Daten um Alters-, Bildungs- und ethnische Unterschiede bekundet die Statistik, dass sich in China unverheiratete Männer nach eigener Auskunft mit um elf Prozent geringerer Wahrscheinlichkeit gesund fühlen als verheiratete.[27] Überdies kumulieren die Auswirkungen dieser Disparität im Laufe des Lebens. Sowohl in China als auch in Indien haben unverheiratete Männer eine geringere Lebenserwartung als verheiratete.[28] Nicht zu heiraten kann also die körperliche Gesundheit eines Mannes negativ beeinflussen. Und noch bevor er das Heiratsalter erreicht, kann sich das Geschlechterungleichgewicht gravierend auf seine seelische Gesundheit auswirken.

Thérèse Hesketh, Gesundheitswissenschaftlerin am Centre for International Health and Development des University College London, leitet eine über drei chinesische Provinzen sich erstreckende Studie, bei der es unter anderem darum geht, den psychologischen Auswirkungen des Geschlechterungleichgewichts auf die Spur zu kommen.[29] Hesketh hat es sich zur Aufgabe gemacht, Depressionsraten zu katalogisieren; sie vermutet, dass Jungen schon von Kindheit an durch das Wissen beeinflusst sein könnten, dass später keine potenziellen Partnerinnen auf sie warten. »Wachsen die Kerle in dem Bewusstsein auf, dass sie später nicht zum Bumsen kommen werden?«, fragt sie. »Ahnen sie das?« Zu dem Umstand, dass alleinstehende junge Männer einen höheren Testosteronspiegel haben als verheiratete, komme möglicherweise hinzu, dass sie schlicht stärker unter Hoffnungslosigkeit oder Verzweiflung leiden.

Das erklärt zum Teil, warum Liu Guiming, der Leiter der Chinese Society of Juvenile Delinquency Research (Chinesische Gesellschaft für Jugendkriminalitätsforschung), vor Seminarteilnehmern in Beijing feststellte, dass Teenager heute Verbrechen begehen »ohne ein bestimmtes Motiv, häufig ohne Vorsatz«.[30] Und dass der bereits erwähnte Bericht des Centre for Women's Development Studies zu dem Befund kommt, dass in Nordwestindien »Arbeitslosigkeit und Drogenabhängigkeit eine ganze Generation junger Männer belasten«.[31] Und dass China neuerdings von sinnloser Gewalttätigkeit der Sorte heimgesucht wird, die ehemals die Domäne der USA war. Im Jahr 2004 und noch einmal im Jahr 2010 erlebte das Land jeweils eine Welle voneinander unabhängiger Anschläge auf Grundschulen und Kindertagesstätten, bei denen Amokläufer kleine Kinder erschlugen oder erstachen.[32]

Die Mörder waren durchweg Männer; acht von zehn lebten in ostchinesischen Provinzen mit stark asymmetrischem Geschlechterverhältnis bei der Geburt, mehrere waren arbeitslos. Bevor er festgenommen und im Schnellverfahren abgeurteilt und hingerichtet wurde, hatte einer von ihnen seinen Nachbarn erzählt, das er hoffnungslos frustriert sei und sich an den Reichen und Mächtigen gern rächen würde.[33] Ein anderer erzählte offenbar der Polizei, er sei durch den Wind, weil seine Freundin ihn verlassen habe.[34]

* * *

Die destabilisierenden Auswirkungen eines Männerüberschusses kann man auch überzeichnen. In ihrem Buch *Bare Branches: The Security Implications of Asia's Surplus Male Population* vertreten die Politikwissenschaftlerinnen Valerie Hudson und Andrea den Boer die Ansicht, das Geschlechterungleichgewicht in China und Indien stelle eine ernsthafte Gefahr für den Westen dar. Erst legen die beiden sorgfältig dar, dass Gesellschaften, in denen junge Männer die jungen Frauen an Zahl weit übertreffen, im Regelfall gewaltbereiter sind, dann gehen sie noch einen Schritt weiter und stellen einen Zusammenhang zwischen Männerüberschuss und Despotismus her. »Gesellschaften mit hochgradig asymmetrischem Geschlechterverhältnis«, schreiben sie, »sind einzig von einem autoritären Regime regierbar, das in der Lage ist, Gewalt im Innern zu unterdrücken und sie durch Kolonisation oder Krieg ins Ausland zu exportieren.«[35]

Diese Annahme lässt die Tatsache unbeachtet, dass Indien eine der lebendigsten Demokratien der Dritten Welt ist, ebenso wie die Tatsache, dass die Regierung Chinas, wiewohl derzeit autoritär, ein ganz anderes Aussehen haben könnte, würden sich erregte junge *fenqing* gegen sie wenden. (Tatsächlich hat in den letzten Jahren der auf Ausweitung der politischen und gesellschaftlichen Freiheit zielende Druck auf die Regierung nicht abgenommen, sondern ist gestiegen.) Historisch gesehen hat es eine derartige lineare Beziehung zwischen Geschlechterverhältnis und Regierungsform nie gegeben. Als Adolf Hitler an die Macht kam, zählte die durch den Ersten Weltkrieg dezimierte deutsche Bevölkerung zwei Millionen mehr Frauen als Männer.[36] Die hypothetische Unvermeidlichkeit autoritärer Regierungsführung dient Hudson und den Boer als Sprungbrett zu dem voreiligen Schluss, dass die asiatischen Giganten ihre überschüssigen Männer kurzerhand in ihre Streitkräfte integrieren könnten.[37] Chinesische und indische Junggesellen könnten in abgelegenen Gebieten isoliert oder außer Landes entsandt werden: »weit entfernt von Städten stationiert, vielleicht sogar auf Auslandseinsätzen«.[38]

Eine solche Überbewertung des demografischen Wandels in Asien und einer politischen Instabilität globalen Ausmaßes ist nichts Neues. »Die Wahrscheinlichkeit von Krieg nimmt mit jedem Zuwachs der Bevölkerung zu, insofern dieser die Konkurrenz um die schwindenden Ressourcen und Nahrungsmittel verschärft«[39], schrieb Paul Ehrlich 1968 in *The Population Bomb*. Ebenso schlecht begründet wie Ehrlichs düstere Prophezeiungen ist auch die neuerliche Panikmache. Die Länder, über die sie schreiben, kennen Hudson und den Boer nicht aus eigener Erfahrung; ihre Schlussfolgerungen gründen auf englischsprachigen Medienberichten und Sekundärquellen. Die Wissenschaftlerinnen »reisen nicht nach China und reisen nicht nach Indien«, sagt die britische Forscherin Thérèse Hesketh, die Leiterin der Studie zu den Depressionsraten. »Sie sitzen in ihren Büros. Und sie treffen meines Erachtens sachfremde Folgerungen.«

Aber mag das Geschlechterungleichgewicht auch nicht die nächste Faschismuswelle fördern oder das Militär in Asien so lange aufblähen, bis ein richtiggehender Krieg nicht mehr zu vermeiden ist, so wird es doch mit größter Wahrscheinlichkeit die regionale Stabilität gefährden. »Es gibt … Anhaltspunkte dafür, dass überall, wo sich ledige Männer zusammenscharen, das Potenzial für planvollere Aggression wahrscheinlich beträchtlich zunimmt«, schrieb Hesketh 2006 in einem gemeinsam mit Zhu Wei Xing verfassten Artikel. »In den kommenden zwei, drei Jahrzehnten wird Männerüberschuss für eine Reihe asiatischer Staaten ein gewichtiges Problem darstellen.«[40]

Bei chinesischen Intellektuellen weckt die wachsende Macht der *fenqing* Ängste vor weit greifendem Unheil. »Wahrhaft Schrecken erregend ist es, wenn ein Land unter den Einfluss seiner zornigen Jugend gerät«, schrieb der Essayist Xiong Peiyun vor einiger Zeit. »Es ist nichts dagegen zu sagen, dass es einen gewissen Anteil von zornigen jungen Menschen im Land gibt, aber wenn man ihnen die Führung des Landes überlässt und das ganze Volk, einschließlich sanftmütiger alter Männer und Frauen und argloser Kinder, gezwungen wird, sich der zornigen Jugend anzuschließen, werden totales Chaos und Fiasko die Folgen sein.«[41]

Vielleicht das sicherste Anzeichen dafür, dass da etwas im Argen liegt, ist jedoch der Umstand, dass die überschüssigen Männer den führenden chinesischen und indischen Staatsmännern selbst Kopfweh bereiten. Nach jahrelangem weitgehenden Ignorieren oder Herunterspielen des Geschlechterungleichgewichts bekunden neuerdings in beiden Ländern Funktionsträger echtes Interesse für das Thema.

Im Jahr 2008 erwähnte ein indischer Staatsmann das Thema erstmals in einer öffentlichen Rede; damals nannte Premierminister Manmohan Singh die Abtreibung weiblicher Feten eine »nationale Schande« mit negativen Folgen für die gesamte indische Gesellschaft. Geschlechtsselektion sei »ein grausamer Angriff auf unsere Zivilisation«.[42] Im Nachbarland China gewann in Regierungskreisen ein ähnliches Denken an Boden. Noch vor wenigen Jahren war die offizielle Haltung, dass die überschüssigen Männer ein zu sensibles Thema seien, als dass sie öffentlich diskutiert werden könnten. Dann wechselte die Regierung den Kurs. »In der Vergangenheit dachte jeder, wir hätten da kein Problem«, kommentiert der Demograf Gu Baochang das Ungleichgewicht im Zahlenverhältnis der Geschlechter. »Jetzt fängt man an, sich darum zu kümmern.« Im August 2007 vermeldete Zhang Weiqing, der Vorsitzende der Nationalen Kommission für Bevölkerungsentwicklung und Familienplanung, auf einer Fachtagung, dem Geschlechterungleichgewicht wohne »eine verborgene Gefahr für die gesellschaftliche Stabilität« inne. Nicht lange, und die Funktionsträger im Staatsapparat gaben es auf, der Gefahr die Eigenschaft »verborgen« beizulegen.[43]

* * *

In Wahrheit untersuchten Beamte der Kommission den Problemkomplex Geschlechterungleichgewicht und Geschlechtsselektion in aller Stille schon seit Jahren – genau genommen seit Ende der 1990er Jahre. Die zu den ersten weiblichen Demografen Chinas zählende Zhu Chuzhu hatte bereits seit den frühen 1980er Jahren Fälle von selektivem Infantizid und Abort dokumentiert. Gemeinsam mit Li Shuzhuo, einem in Stanford ausgebildeten jungen Kollegen an der Jiaotong-Universität Xi'an, erwischte sie gerade den richtigen Zeitpunkt, um die Familienplanungskommission zum Umdenken zu bewegen. In Anbetracht sinkender Fertilitätsraten genoss die Eindämmung des Bevölkerungswachstums nicht mehr alleroberste Priorität. Die Beamten der Kommission schauten sich nach anderen Bevölkerungsproblemen um, denen sie sich zuwenden konnten.

Geschlechtsbestimmung war in China 1989 verboten worden, doch das Verbot wurde nicht energisch genug durchgesetzt. Zhu und Li bewogen die zuständigen staatlichen Stellen, mit hartem Vorgehen gegen die schwarzen Schafe unter den Ultraschalltechnikern dem Gesetz zur Geltung zu verhelfen. Dank den Erfahrungen, welche die beiden bei umfangreicher Feldarbeit in Gebieten mit hochgradig asymmetrischem Geschlechterverhältnis bei der Geburt gesammelt hatten, konnten sie mit einer Reihe weiterer Ideen aufwarten, wie diesem Ungleichgewicht beizukommen sei. Der Plan, den sie der Familienplanungskommission vorlegten, propagierte eine Politik von Zuckerbrot und Peitsche, die das Ziel verfolgen sollte, die Bedeutung von weiblichem Nachwuchs herauszustreichen.

Die Kommission stimmte einer Erprobung des Programms in einem eingeschränkten Gebiet zu. Und so lief 1999 in der Stadt Chaohu in der Provinz Anhui das Projekt an, das einen Namen trug, den man im Deutschen etwa mit »Ein Herz für Mädchen« wiedergeben könnte. Der unmittelbare Antrieb, etwas gegen das Geschlechterungleichgewicht zu unternehmen, war für die Ortsbehörde in Chaohu die Aussicht, es bald mit einem Männerüberschuss zu tun zu bekommen, der zum Unruheherd werden konnte. »Wir erkannten die eventuellen gewaltigen gesellschaftlichen Auswirkungen des verschobenen Geschlechterverhältnisses«, sagt mir Cao Rongshan, der Leiter der Ortsbehörde für Familienplanung in Chaohu. »Wir mussten eine Lösung für das Problem finden oder es würde uns instabile gesellschaftliche Verhältnisse bescheren.« Aufgrund des Zusammenhangs zwischen der Ein-Kind-Politik und dem ungleichgewichtigen Geschlechterverhältnis galt jedoch Letzteres im Jahr 1999 als ein so sensibles Thema, dass Cao einer von ganz wenigen Lokalpolitikern blieb, die der Kampagne »Ein Herz für Mädchen« zustimmten. Allein schon sein Ja zu dem Plan genügte Li und Zhu, um sich für Chaohu als Schauplatz des Pilotversuchs zu entscheiden.[44]

Die Umsetzung des Programms begann damit, dass die freiwilligen Helfer der Chaohuer Ortsbehörde für Familienplanung – meistenteils Ruheständlerinnen mittleren Alters aus dem Stadtgebiet, wo sie zum Einsatz kamen – ihre gewohnte, im Überwachen von Geburten und Verteilen von Verhütungsmitteln bestehende Tätigkeit erweiterten. Die Frauen machten jetzt gezielt Besuche bei frischverheirateten Paaren, um ihnen zu erklären, was es mit so etwas wie dem »Geschlechterverhältnis bei der Geburt« auf sich hatte und wie wichtig es sei, Töchter zu haben. Die Familienplanungskommission des Bezirks bot unterdessen Frauen Mikrokredite an, verteilte Barprämien an die Eltern von Mädchen – in der Regel kurz nach der Geburt ausgezahlte 200 Yuan (etwa 26 Euro) – und hielt obligatorische Seminare für ältere Frauen ab, weil man annahm, dass sie ihre Schwiegertöchter bedrängten, auf die Geburt von männlichem Nachwuchs hinzuarbeiten. Auf den Mauern erschienen Botschaften wie »Jungen und Mädchen sind gleichermaßen Kostbarkeiten« oder »Ein Herz für Mädchen – ich bin dabei« und ersetzten dergleichen Sprüche wie »Du kannst es rausprügeln! Du kannst dafür sorgen, dass du es verlierst! Du kannst es abtreiben! Aber du kannst es unmöglich zur Welt bringen!«.

Daneben begann die Familienplanungskommission aber auch, Ultraschalltechniker scharf zu überwachen. Sogar im auskunftsfreudigen Bezirksbüro Chaohu der Behörde beschäftigte man sich mit dieser Aufgabe; stolz demonstrierte mir hier ein Beamter etwas, was er als Zwei-Schlösser-System bezeichnete: Die Tür zu dem Zimmer, in dem das Ultraschallgerät stand, hatte zwei verschiedene Schlösser und kein Mitarbeiter durfte beide Schlüssel gleichzeitig haben. (Was das bringen soll in einem Land, wo es Ultraschalltechniker gibt, die Untersuchungen vom Kofferraum oder von der Ladefläche ihres Autos aus vornehmen, bleibt mir verborgen. Immerhin mag die Maßnahme zumindest als gestische Botschaft verstanden worden sein, dass Geschlechtsselektion nicht mehr toleriert wurde.) Den Unterlagen der Familienplanungskommission und unabhängigen Erhebungen zufolge sank das Geschlechterverhältnis bei der Geburt in Chaohu von 125 im Jahr 1999 auf 114 im Jahr 2002. Daraufhin von der Wirksamkeit der Kampagne »Ein Herz für Mädchen« überzeugt, dehnte die Kommission sie auf 24 weitere Bezirke aus. Auch in diesen Gebieten zeigte sich ein verheißungsvoller Rückgang des Geschlechterverhältnisses: alles in allem von 134 im Jahr 2000 auf 120 im Jahr 2005.[45]

Aber herauszufinden, was genau aus der Kampagne zu lernen ist, ist schwierig. Die schnellen Erfolge, die sie zeitigte, waren nach Meinung der Demografen Zhu und Li dem harten Durchgreifen gegen geschlechtsselektive Abtreibung geschuldet, was erklärt, warum in Städten, die nicht der gleichen Beaufsichtigung wie Chaohu unterliegen, dem Geschlechterungleichgewicht sehr viel schwieriger beizukommen ist. 2006 wurde »Ein Herz für Mädchen« landesweit eingeführt, doch auf den Rückgang, den das Programm der landesweiten Entwicklung des Geschlechterverhältnisses bei der Geburt bringen sollte, wartet man noch heute. In China mangelt es an breit gestreutem politischen Willen, das Verbot der Geschlechtsbestimmung durchzusetzen, und das völlige Fehlen irgendwelcher Sanktionen führt zu nichts. Und vor dem Hintergrund der Tatsache, dass die Eltern, die einen weiblichen Fetus abtreiben, eher zu wohlhabenderen Einwohnern des jeweiligen Gemeinwesens zählen, sind die für die Geburt eines Mädchens angebotenen 26 Euro bedeutungslos.

Inzwischen monieren Kritiker, dass die Kampagne »Ein Herz für Mädchen« außerhalb von Demonstrationszonen wie Chaohu lediglich einen Sinn hätte: der Nationalen Kommission für Bevölkerungsentwicklung und Familienplanung als Rechtfertigungsgrund für ihren Fortbestand noch in einer Ära zu dienen, in der chinesische Familien die Zahl ihrer Kinder schon aus eigenem freien Entschluss konsequent beschränken. Seit der Zeit der großflächigen Zwangsabtreibungen ist die Kommission auf eine halbe Million Mitarbeiter angeschwollen und dennoch weitgehend überflüssig geworden. Ihre Festlegung von Geburtenzielen ist nicht mehr nötig: Umfrageergebnisse zeigen, dass viele chinesische Familien sich bereitwillig mit einem einzigen Kind zufrieden geben.[46] Hinzu kommt, dass Organisationen wie die »Ein Herz für Mädchen« sponsernde Ford Foundation Anfang der 1980er Jahre ihre Lektion gelernt haben und jetzt nicht mehr bereit sind, bevölkerungspolitische Zwangsmaßnahmen zu finanzieren.

In »Ein Herz für Mädchen« gibt sich also das Bemühen des Staatsorgans zu erkennen, sich für die Zukunft Bedeutung zu sichern, indem es sich in die neue Rolle des Vorreiters für die Gleichbehandlung der Geschlechter begibt. »Die Familienplanungskommission ... behandelt die Symptome, nicht die Ursache der Erkrankung«, sagt Wang Feng, ein Demograf bei der Brookings Institution in Beijing. »Sie macht einen Bogen um die schwierigere und fundamentalere Komponente, nämlich die Ein-Kind-Politik.«[47] Chinesische Eltern haben allen Grund, die Kehrtwendung der Kommission skeptisch zu betrachten: Was? Ausgerechnet das Staatsorgan, das einst die Abtreibung weiblicher Feten schweigend geduldet hat, ruft sie nun dazu auf, Töchter zu haben?

* * *

Nicht nur China tritt bei dem Bemühen, mit seinem Männerüberschuss fertigzuwerden, auf der Stelle. Auch Indien ringt um wirksame Maßnahmen.

Mit dem »Prenatal Diagnostic Techniques Regulations and Prevention of Misuse Act« wurde in dem Land 1994 ein umfassendes Gesetz verabschiedet. Es verbietet Ärzten, angehenden Eltern das Geschlecht des Fetus zu offenbaren, schreibt Kliniken vor, ihre Ultraschallgeräte registrieren zu lassen, und ermächtigt die Aufsichtsbehörden zur Durchsuchung der Kliniken. Aber die Bundesstaaten ließen über ein Jahrzehnt verstreichen, bis sie mit der Durchsetzung des Gesetzes begannen. Im Jahr 2006 wurden in Haryana ein Arzt und sein Assistent wegen Verstoßes gegen das »Prenatal Diagnostic Techniques«-Gesetz zu je zwei Jahren Haft verurteilt – es war das erste Mal überhaupt, dass ein indischer Arzt wegen Geschlechtsselektion gerichtlich bestraft wurde.[48]

Die Regierung Manmohan Singh zeigte sich empört über die geschlechtsselektive Abtreibung, und weitere Prozesse folgten. Das Ministerium für Gesundheit und Familienwohlfahrt sponserte eine Volksaufklärungskampagne, die den Massen die Vorzüge von Töchtern anpries; überall in Indien sah man Plakate mit der Botschaft: »Indira Gandhi und Mutter Teresa: Deine Tochter kann eine der beiden sein«.[49] (Fast überflüssig zu sagen, dass Indira Gandhi keine glückliche Wahl ist für ein weibliches Leitbild, das begeistern soll, fanden doch die Geschlechtsbestimmungsexperimente am All-India Institute of Medical Sciences unter ihrer Regierungsverantwortung statt.) Ein eher galliger Versuch, anschaulich darzustellen, worum es im Grunde geht, verbildlicht die zukünftige Situation auf dem indischen Heiratsmarkt anhand von Steckverbindungen an Verlängerungskabelenden: Da sieht man ein Dutzend Stecker

(»männlich«) auf eine einzelne Buchse (»weiblich«) zusteuern.

Den Eltern von Mädchen winkt wie in China auch in einzelnen indischen Bundesstaaten ein finanzieller Vorteil. In der indischen Variante des Programms legt die Staatsregierung nach einer Mädchengeburt einen bestimmten Geldbetrag in einem Fonds an, der am 18. Geburtstag des Mädchens ausgezahlt wird. Der Bundesstaat Haryana seinerseits hat vor Kurzem das ehrgeizige Ziel angekündigt, werdende Mütter während der gesamten Schwangerschaft zu überwachen.[50] Aber nach wie vor ist Geschlechtsselektion eine verbreitete Praxis, was nicht zuletzt daran liegt, dass es mit dem Gesetzesvollzug nicht weit her ist. Als vor Kurzem ein Staatsbeamter in der Stadt Hyderabad an die 400 Anbieter von Ultraschalluntersuchungen einer Buchprüfung unterzog, konnten nur 16 Prozent vollständige Adressdaten für ihre Patienten vorlegen – damit war den Behörden die Möglichkeit genommen, Frauen, welche den Service einer Klinik in Anspruch genommen hatten, aufzusuchen, um zu kontrollieren, ob die Untersuchung im jeweiligen Fall zur Abtreibung geführt hatte.[51]

Überdies werden die Bemühungen, in der Bevölkerung einen Sinn für den Wert von Töchtern zu wecken, in Indien weitgehend konterkariert von einer Verschlechterung der Lebensqualität von Frauen. Im Nordwesten des Landes reagierten Gemeinden und Städte auf den jüngsten Anstieg der Kriminalität bedauerlicherweise mit noch strafferer Reglementierung des Verhaltens von Mädchen und Frauen. Angeblich, um sexueller Belästigung vorzubeugen, verboten mehrere Colleges im Bundesstaat Uttar Pradesh unlängst ihren Studentinnen, Jeans und andere westliche Kleidung zu tragen.[52] In Haryana wiederum nehmen um die Sicherheit ihrer Töchter besorgte Eltern die Mädchen gleich ganz von der Schule.[53] Niemand möchte ein Mädchen zur Welt bringen, solange diese Welt von Entführungen, Sexualdelikten und Unruhen geplagt ist. Wird nichts Entscheidendes dagegen unternommen, wächst das Geschlechterungleichgewicht lawinenartig an.

* * *

Das weltweite Ungleichgewicht im Zahlenverhältnis der Geschlechter hat schon die Inspiration zu Filmen (*Matrubhoomi – A Nation Without Women* des indischen Regisseurs Manish Jha) und Science-Fiction-Literatur (die Erzählung »An Eligible Boy«, die im Asien des Jahres 2047 spielt) abgegeben, und je deutlicher seine Auswirkungen in Erscheinung treten, desto mehr solcher Werke werden wahrscheinlich folgen. Doch die scharfsinnigste Analyse der Lage, vorgetragen in Form einer Erzählung, lieferte der libanesisch-französische Schriftsteller Amin Maalouf.

In seinem Roman *Das erste Jahrhundert nach Béatrice* (deutsch auch unter dem Titel *Wiederkehr des Skarabäus*) ist die Welt der nahen Zukunft, ähnlich wie die heutige, zweigeteilt in den reichen Norden und die Entwicklungsländer des Südens. Die Handlung wird zum Drama, als die Menschen im Süden entdecken, dass ein geheimnisvolles Pulver, vor dem Geschlechtsakt eingenommen, zur Zeugung eines Sohnes führt. Bald kommt es im Geschlechterverhältnis bei der Geburt im Süden zu einem erdrückenden Übergewicht der Jungen.

Über Generationen werden die Völker dort »um ein normales Dasein und um jegliche Zukunft gebracht«, berichtet der Erzähler.[54] Am Ende herrschen Gesetzlosigkeit, Gewalt und allgemeines Chaos. Die nationalen Regierungen weichen einander bekriegenden Clans, die Männer im Süden verwandeln sich »in gewalttrunkene Mutanten«, und die wenigen verbliebenen Frauen, die »wertvolles Eigentum ihrer Stämme und Gegenstand blutiger Auseinandersetzungen sind«, bleiben eingesperrt und können »sich nicht unbewacht auf die Straße hinauswagen«. Ein geschäftiger Handel mit geraubten weiblichen Babys beginnt und die wenigen Töchter, die es noch gibt, werden von ihren Eltern scharf bewacht.

Aber als Nachrichten von dem Chaos und den Gewaltorgien im Norden eintreffen, reagiert man dort eher blasiert.

> »Der Norden hatte doch schließlich seine Bevölkerungsprobleme auch gelöst, hatte gerade die richtige, nämlich eine möglichst flache Wachstumskurve erreicht, ohne Bevölkerungsüber-

> schuss oder gar Bevölkerungsexplosion; aus allen Umfragen ging deutlich hervor, dass den Paaren dort Jungen oder Mädchen völlig gleich willkommen waren. Eine wie auch immer geartete Verzerrung war also nicht zu befürchten. Es konnte über dieses Thema sowie über so manche andere in aller Ruhe debattiert werden; alles würde sich nur im Kopf abspielen, nichts aber im Bauch.«

Erst als Geschlechtsselektion auch in Deutschland Usus wird und Flüchtlinge aus dem Süden die Grenzen der Nordländer überrennen, schickt der Norden Friedenstruppen. Aber da, man ahnt es, ist es bereits zu spät.

Auch das Drama, das sich, Maaloufs Roman kopierend, heute in der realen Welt abspielt, bleibt für viele im Westen in der Hauptsache etwas, was sich nur im Kopf abspielt. Während der Bevölkerungsfonds der Vereinten Nationen sich nicht zu einer entschieden ablehnenden Haltung gegenüber der Geschlechtsselektion durchringen kann, während die US-Regierung sich zu dem Problem ausschweigt und Frauenverbände es unter den Teppich kehren, sind mehrere namhafte westliche Institute mit der Untersuchung des globalen Geschlechterungleichgewichts befasst. Das American Enterprise Institute, ein zur Wahrung von Unternehmerinteressen 1943 gegründeter konservativer Think Tank, veranstaltete vor einigen Jahren eine lang andauernde Podiumsdiskussion über das Thema.[55] Jahre, nachdem die Weltbank Programme zur Bevölkerungskontrolle mit Zwangsmitteln finanziert hatte, die einiges zur Entstehung des ungleichgewichtigen Geschlechterverhältnisses beitrugen, beauftragte sie die indische Demografin Monica Das Gupta, eine der führenden Expertinnen für dieses Problem, mit dessen Untersuchung. Und laut einem für das Pentagon tätigen Unternehmer, mit dem ich sprach, hat das US-Militär ein wachsames Auge auf die überschüssigen Männer in China. (Ob die Militäranalytiker befürchten, Horden von einberufenen Junggesellen könnten die USA angreifen, oder ob ihr Interesse – wie seinerzeit das von General William Draper – der regionalen Stabilität in Asien gilt, vermag ich nicht zu sagen.)

Aber das Ungleichgewicht aus der Ferne zu studieren ist nicht das Gleiche wie etwas dagegen zu tun. Am Schluss von *Das erste Jahrhundert nach Béatrice* sinnt der Erzähler, dessen Leben sich dem Ende nähert, darüber nach, wie seine Welt doch so schnell heruntergekommen ist. »War … alles, was geschehen ist, unvermeidlich? Mir scheint, dass dem nicht so ist. Ich werde den Gedanken nicht los, dass es noch andere Wege gegeben hätte.«

FÜNFZEHNTES KAPITEL

Das Baby

Für jedes menschliche Problem ist immer schon eine Lösung bekannt: klar, einleuchtend und falsch.

H.L. Mencken

Im Jahr 2007 verzeichnete Südkorea zum ersten Mal seit mehr als zwanzig Jahren ein normales Geschlechterverhältnis bei der Geburt und war somit das erste in dieser Beziehung zuvor ungleichgewichtige Land der Welt, das es geschafft hatte, die geschlechtsselektive Abtreibung zu verdrängen. Die Interpretation dieses Erfolgs durch die Experten ließ nicht lange auf sich warten. Bisher hatten sie etliche Jahre lang die Methoden, wie man Paare dazu bringt, Töchter zu haben, gegeneinander abgewogen, jetzt hatten sie es auf einmal mit dem real existierenden Fall eines Landes zu tun, das anscheinend Unmögliches vollbracht hatte. Also durchsuchten sie die Daten nach Informationen, die sich vielleicht andernorts auf der Welt nutzbar machen ließen, verfassten Artikel, gaben Interviews.

Die in der Entwicklungsforschungsgruppe der Weltbank tätige Demografin Monica Das Gupta machte sich als Erste an den Fall. In einer im März 2009 veröffentlichten Studie kam sie zu dem Schluss, dass sich das Geschlechterverhältnis in Südkorea auf Normalmaß eingependelt habe, weil die wirtschaftliche Entwicklung des Landes und eine Welle von gendersensiblen neuen Politikprogrammen den latenten sexistischen Wertvorstellungen den Boden entzogen hätten. »Verstärkte Urbanisierung und vermehrte Bildungsmaßnahmen«, schrieben Das Gupta und ihre Mitverfasser, »zersetzten die der Bevorzugung von Söhnen zugrunde liegenden gesellschaftlichen Strukturen und Werte – und in der Bevölkerung griff ein Wandel sozialer Normen um sich, der den Abbau der Bevorzugung von Söhnen kräftig beschleunigte.«[1] Südkoreas Erfahrung sei ein gutes Zeichen für China und Indien, versicherte Das Gupta, denn die asiatischen Giganten hätten fortschrittlichere Genderpolitikprogramme laufen, als Korea sie auf vergleichbarem Entwicklungsniveau vorzuweisen hatte. »Die gute Nachricht ist«, so Das Gupta, »dass in Asien bei dem Phänomen ›verschwundene Mädchen‹ anscheinend ein Umschwung eingesetzt hat.«[2]

Das war ein Befund, der hoffen ließ: Nicht nur war das Geschlechterverhältnis in Asien im Begriff, sich zur Ausgeglichenheit zurückzuentwickeln, sondern es hatten auch ein kultureller und sozialer Wandel dazu ausgereicht, in den Südkoreanern den Wunsch nach Mädchen in größerer Zahl zu wecken. Bedeutete das nicht, dass Strafmaßnahmen, etwa hartes Vorgehen gegen Anbieter von Ultraschalluntersuchungen, gar nicht nötig sein würden, weder in China noch in Indien noch sonstwo?

Was ich im Verlauf von reichlich zwei Jahren Recherche zur Geschlechtsselektion in Asien erlebt hatte, deutete auf das genaue Gegenteil einer einsetzenden Wende hin. Von den Wissenschaftlern, mit denen ich gesprochen hatte, vertraten die meisten eine Spielart der Guilmoto'schen Übergangstheorie: dass Länder mit unausgeglichenem Geschlechterverhältnis in ihrer wirtschaftlichen Entwicklung zu guter Letzt ein Niveau erreichen werden, auf dem Paare keine weiblichen Feten mehr abtreiben werden. Aber in aller Regel rechnete man damit, dass die Übergangsphase mehrere Jahrzehnte dauern werde. Schließlich war die Praxis der Geschlechtsselektion noch gar nicht in die ärmsten Gegenden von China und Indien vorgedrungen, von Ländern wie Nepal und Bangladesh ganz zu schweigen.

Trotzdem leuchtete mir ein, dass gendersensiblere Politprogramme die Zahl der Paare verringern würden, die bereit waren, es unter Zuhilfenahme technischer Mittel zur Geburt eines Sohnes zu bringen. Nach Südkorea reiste ich mithin mit der Erwartung, von der Wandlung des Landes zu hören. Ich stellte mir vor, eine neue, von weit verbreitetem gesellschaftlichen Wandel und einer toleranten Regierungspolitik vorangetriebene Welle der Geschlechtergleichstellung müsste etwas sein, worüber die Menschen reden und was womöglich sogar den Nationalstolz des Einzelnen befeuern würde. Umso größer meine Überraschung, als ich am Tag zwei meines Aufenthalts in Seoul in einem mondänen Café von Catherine Min zu hören bekomme, sie wünschte, sie hätte einen Sohn. »Offen gesagt mag ich Jungen lieber«, sagt Min, die Managerin einer mittelgroßen Telefongesellschaft Anfang vierzig und Mutter einer Tochter. Sie trägt einen schwarzen Rolli und darüber einen Angorapullover, das Make-up ist tadellos, die Pagenfrisur sitzt perfekt. Sie spricht fließend Englisch. »Jungen sind mir lieber«, sagt sie, nachdem sie an ihrer heißen Schokolade genippt hat, »weil ich selbst erfahren habe, was sexuelle Diskriminierung ist.« Als ich frage, ob die Regierungspolitik zu einer Verbesserung der gesellschaftlichen Stellung der Frau geführt habe, sieht sie mich spöttisch an.

Im Korea Women's Development Institute am anderen Ende der Stadt stelle ich die gleiche Frage der Soziologin Whasoon Byun. Sie antwortet mit einem herzlichen Lachen und meint dann, die Idee, dass die koreanischen Frauen heute wesentlich besser dran seien als vor zehn oder zwanzig Jahren, müsse mir ein Mann untergejubelt haben. Messe man Südkorea an den von dem Entwicklungsprogramm der Vereinten Nationen (United Nations Development Programme, UNDP) benutzten Indikatoren für die Bewertung der Chancen, die den Frauen eines Landes geboten werden, schneide es miserabel ab.[3] »Während es unserer Gesellschaft immer besser geht, erzielen wir beim Gender Empowerment Measure* unter allen entwickelten Ländern immer noch einen der niedrigsten Werte«, sagt Byun.

Und auch die Soziologin Heeran Chun, mit der ich über die Geschichte der Abtreibung in Korea sprach, fasste in einer Publikation aus dem Jahr 2006 in ernüchternden Worten zusammen, was sie über die gesellschaftliche Stellung der koreanischen Frauen zu sagen hatte. »Frauen haben einen niedrigeren sozioökonomischen Status als Männer und sind in ihrer Lebensweise durch die mit dem Konfuzianismus verbundenen kulturellen Werte und Normen merklich eingeschränkt. Trotz

* Indikator der politischen und ökonomischen Partizipation und der Machtgleichstellung von Frauen. – Anm. d. Übers.

höherer Lebenserwartung verzeichnen südkoreanische Frauen noch immer höhere Quoten für Beeinträchtigungen der physischen und psychischen Gesundheit.«[4] Bei unserem Treffen im Café räumt Min ein, dass in Seoul immer mehr Frauen einer Erwerbsarbeit nachgehen; aber Machtpositionen seien für sie nach wie vor unerreichbar, ergänzt sie. »Die gläserne Decke existiert, das ist unbestreitbar«, sagt sie. »Und obendrein haben wir auch noch die Kinder auf die Welt zu bringen.«*

Min entschied sich dafür, eine Tochter zu haben – ihr kleiner Beitrag zu Koreas ausgeglichenem Geschlechterverhältnis bei der Geburt –, nicht etwa, weil das Land plötzlich ein Wohlfühlort für Frauen geworden wäre. Die Tochter habe sie bekommen, sagt sie, weil ihr Mann und sie sich darauf verlassen hätten, beim nächsten Mal werde es ein Sohn werden. Doch zu dem Zeitpunkt, da sie das zweite Baby anpeilten, konnte Min nicht mehr schwanger werden. Sie war zu alt.

So gesehen ist Min die typische Vertreterin von Koreas derzeitiger Frauengeneration, in der man immer weniger Kinder hat – so wenige sogar, dass Korea 2005 mit der niedrigsten Fertilitätsrate der Welt auf der Talsohle der Statistik landete, bei 1,08 Kindern pro Frau. (Die Geburtenrate ist seitdem denkbar knapp angestiegen: auf 1,22.)[5] Viele Frauen bleiben ihre fruchtbarsten Jahre über unverheiratet und stellen dann nach der Heirat fest, dass Einrichtungen zur Kindertagesbetreuung dünn gesät sind und Erziehung und Ausbildung schier unerschwinglich. Ich frage Min, ob ihrer Wahrnehmung nach sich geschlechtsselektive Abtreibung in ihrem Freundes- und Bekanntenkreis verloren habe, woraufhin sie mich traurig ansieht. »Geschlechtsselektive Abtreibung«, sagt sie, sei »eine Sorge von Frauen, die sich glücklich schätzen können. Die sind wenigstens fruchtbar.« Sie betupft sich die Augen mit einem Papiertaschentuch. »Um abzutreiben, musst du immerhin schwanger werden können.«

Die Lage in Südkorea ist eine bizarre Umkehrung der Situation, die Christophe Guilmoto Jahre zuvor in Indien feststellte. Damals verbarg sich in der Tatsache, dass Paare weniger Kin-

* Im Jahr 2005 stellten Frauen lediglich sechs Prozent der höheren Führungskräfte in Wirtschaft und Politik.

der hatten, das Detail, dass diese Kinder meist Jungen waren. Heute verdeckt Koreas ausgeglichenes Geschlechterverhältnis bei der Geburt das wichtige Detail, dass die Koreaner fast keine Kinder mehr bekommen, seien es männliche oder weibliche. Und wenn es darum geht, Jahrzehnte überwiegend männlicher Geburtsjahrgänge wettzumachen und in Korea die Zahl der Frauen zu erhöhen, fällt ein ausgeglichenes Geschlechterverhältnis bei der Geburt kaum ins Gewicht, solange die Geburten selbst ausbleiben.

* * *

Südkoreas inniges Verhältnis zur Geburtenkontrolle währte nicht lang. Im Jahr 1987 wurde in dem Land eine demokratische Regierungsform eingeführt, und mit ihr stellte sich eine vernünftigere Betrachtungsweise in Sachen Fortpflanzung ein. Die neue Regierung sorgte umgehend für ein Verbot der Geschlechtsbestimmung bei Ultraschall- und Fruchtwasseruntersuchungen.[6] 1990 verschärfte das Ministerium für Gesundheit und Soziales die Strafen für Ärzte, die Frauen bei der Geschlechtsselektion halfen, und entzog nach einer medial stark beachteten Reihe von unangemeldeten Kontrollen acht ertappten ärztlichen Gesetzesbrechern die Approbation. Wenige Jahre später unternahm die Regierung Kim Young-sam wiederum eine – hinterher publizierte – Aktion gegen die geschlechtsselektive Abtreibung, bei der schwangere Frauen als Lockspitzel um Geschlechtsbestimmungstests nachsuchten. Mediziner, die solche illegalen Tests durchführten, wurden mit einjähriger Haft, Geldstrafen bis zu umgerechnet 10 000 Euro und Entzug der Approbation im Wiederholungsfall bestraft.[7]

Nicht, dass die koreanische Regierung plötzlich um die Lage der Frauen besorgt gewesen wäre. Es war vielmehr der demografische Wandel, der sie zum Handeln veranlasste. Nachdem das Ziel der nationalen Bevölkerungspolitik hin zu nachhaltigerem Wachstum formuliert wurde, taugte die geschlechtsselektive Abtreibung nicht mehr zum stillen Teilhaber am Abbau der Geburtenrate. Die dringlichste Sorge der Regierungsberater galt jedoch einem drohenden Heiratsengpass.[8] 1995 hatten Demografen berechnet, dass die Hälfte aller 10- bis 14-jährigen Jungen im Erwachsenenalter keine Partnerin in ihrer Altersklasse finden werde.[9] Dreh- und Angelpunkt der auf die Strafaktionen der 1990er Jahre folgenden Kampagne zur Information der Öffentlichkeit war nicht die gesellschaftliche Stellung von Frauen und Mädchen, sondern der für die Zukunft befürchtete Mangel an Bräuten. Auf einem Plakat aus jener Zeit ist ein Klassenzimmer zu sehen, in dem überwiegend kleine Jungen paarweise nebeneinander sitzen. Einer hebt die Hand und fragt: »Frau Lehrerin, wenn ich immer ganz lieb und brav bin, können Sie mir dann eine Klassenkameradin besorgen, die neben mir sitzt?«[10]

In dem Jahr nach der Strafaktion von 1990 sank das Geschlechterverhältnis bei der Geburt von 117 auf 113, und obschon es dann noch mal leicht anstieg, sollte es nie wieder den vorigen Höchststand erreichen.[11] Nach der zweiten Verhaftungswelle 1994 ging das Geschlechterverhältnis bei der Geburt neuerlich zurück und blieb fortan in Abwärtsbewegung.[12] Die Strafaktion »tat vorübergehend ihre Wirkung«, sagt Cho Young-Youl, der im vierten Kapitel erwähnte Gynäkologe, der geschlechtsselektive Abtreibungen vornahm. Die Lockspitzel-Methode hätte vielleicht die Praxis ganz ausgerottet, wenn das Gesundheitsministerium sie beibehalten hätte, fügt er hinzu. Aber der Strafverfolgungsdruck sei nicht aufrechterhalten worden, mit der Folge, dass manche Ärzte recht unbeeindruckt blieben. Sobald diese Mediziner ihre Geldstrafe gezahlt und ihre Haftstrafe abgesessen hatten, hätten sie, schwarz natürlich, im alten Stil weitergemacht. Schwangere hätten gewusst, sagt Cho, dass »sie ...sich an die strafrechtlich belangten Kliniken wenden konnten, um zu einer Geschlechtsbestimmung zu kommen«.

Doch bis die inhaftierten Ärzte wieder zurück im Geschäft waren, hatte sich die Zahl ihrer potenziellen Kundinnen verringert. Nach Jahren der Bestrafung Quoten überschreitender Geburten, der mit staatlichem Anreiz geförderten Sterilisierungen und der Zwangsabtreibungen hatten die koreanischen Frauen schließlich das Handtuch geworfen und das Kinderkriegen eingestellt. Im Jahr 1995 lag die südkoreanische Gesamtfertilitätsrate bei knapp über 1,6 Kindern pro Frau und setzte ihren freien Fall in noch schnellerem Tempo als selbst die chinesische fort.[13] Die ehemals astronomisch hohe Abtreibungsrate des Landes wiederum war um 69 Prozent gesunken, von 64 Abtreibungen pro 1000 Geburten 1980 auf 20 pro 1000 1996.

Mediziner wie Demografen sehen nun in der niedrigen Schwangerschaftsrate die Hauptursache von Südkoreas ausgeglichenem Geschlechterverhältnis bei der Geburt. »Der Rückgang der Fertilität ging zu schnell vonstatten«, erklärt Doo-Sub Kim, Demograf an der Hanyang University in Seoul und Vorsitzender des Koreanischen Bevölkerungsverbands. »Also ist bei den Paaren die Bevorzugung einer bestimmten Zahl ein klein bisschen stärker geworden als die Bevorzugung eines bestimmten Geschlechts.«

Geschlechtsselektion war schon immer etwas, worauf koreanische Paare erst beim zweiten oder dritten Kind zurückgriffen. Erinnern wir uns, dass 1989, am Vorabend des harten Vorgehens gegen die Anbieter von Ultraschalluntersuchungen, das Geschlechterverhältnis bei Erstgeburten bei 104 lag, also nahezu ideal war. Als die Geburtenrate absackte, blieb die Grundeinstellung – kommt es beim ersten Versuch zu einem weiblichen Fetus, wird er ausgetragen – erhalten. Die wenigen Paare, die noch heute mehr Kinder als eines haben, lassen nach wie vor eine Geschlechtsbestimmung vornehmen; bei Drittgeburten, so hat Kim herausgefunden, ist in Korea das Geschlechterverhältnis nach wie vor zu männlichem Übergewicht hin verschoben.[14] Doch Zweit- und Drittgeburten sind größtenteils von der Bildfläche verschwunden. Schon auch nur ein einziges Kind zu haben, ist »heutzutage ein Kann und kein Muss«, erklärt mir Baik Eun-Jeong, ein Geburtshelfer vom Koreanischen Ärzteverband. »Paare wollen einfach nur ein einziges Kind haben – egal, ob Junge oder Mädchen. Das ist der eigentliche Grund dafür, dass das Geschlechterverhältnis bei der Geburt sich normalisiert.«[15]

Die Weltbank-Studie, die ich gelesen habe, so erfahre ich alsbald, liegt total schief. Ein »Umschwung«, der dank gendersensiblen Politikprogrammen »eingesetzt hat«, ist insofern eine bequeme Sache, als er internationale Institutionen davon entbindet, etwas Handfestes zu unternehmen. Wenn Asiens Geschlechterungleichgewicht im Schwinden begriffen ist, braucht man sich nicht einzugestehen, welche Rolle westliche Organisationen bei dessen Zustandekommen gespielt haben – beispielsweise die Weltbank mit den für Maßnahmen zur Bevölkerungskontrolle bestimmten dreißig Millionen US-Dollar, die sie an Korea gab, als dort eine fest gefügte Zwangsherrschaft bestand. Und man braucht sich nicht eingehend mit einer unerquicklichen Abtreibungspolitik zu befassen, was mit der Gefahr verbunden wäre, in eine schwierige Diskussion über den Missbrauch der Wahlfreiheit durch Frauen verwickelt zu werden.

* * *

Wenn das koreanische Beispiel kein Modell für den Abbau des Geschlechterungleichgewichts weltweit ist, was funktioniert wirklich? Wir haben einige Anhaltspunkte, die uns da weiterführen können. Trotz vorhandener Schwächen hat Chinas »Ein Herz für Mädchen«-Programm in Chaohu, wo es erprobt wurde, Ergebnisse gezeitigt, und ähnlich haben im Südkorea der frühen 1990er Jahre die Strafaktionen gegen Ärzte für eine gewisse Zeit danach landesweit das Geschlechterverhältnis bei der Geburt korrigiert. Beide Fälle zusammengenommen signalisieren, dass härtere Maßnahmen Wirkung entfalten können – sofern Staatsregierungen dazu gebracht werden können, über vereinzelte Demonstrationsprojekte und sporadische Verhaftungswellen hinaus zu konsequentem Handeln auf breiter Front überzugehen.

Aktivistinnen für reproduktive Rechte lehnen gewöhnlich jegliche Einschränkung des Rechts auf Schwangerschaftsabbruch ab und bringen in diesem Zusammenhang gern vor, scharfes Durchgreifen gegen geschlechtsselektive Abtreibung sei kaum praktikabel. Vielfach suchten Frauen für die Ultraschalluntersuchung den einen Anbieter und für die Abtreibung einen anderen auf – wie wolle man da bestimmen, welche Frau den Schwangerschaftsabbruch vornehmen lasse, weil sie einen Sohn haben wolle?

Eine Strategie besteht darin, sich auf die Anbieter von Ultraschalluntersuchungen zu konzentrieren und ihnen Schwangere als Lockspitzel zu schicken, wie man es in Südkorea gemacht hat – das aber routinemäßig über Jahre hin, statt nur ein einziges Mal einige Fälle abzuwickeln –, und versteckte Hinweise auf das fetale Geschlecht (»Es wird Zeit, dass Sie das Kinderzimmer in Rosa ausschmücken«) genauso hart zu bestrafen wie die offene Auskunft darüber. Weil man jedoch auch mit fliegenden Anbietern von Ultraschalluntersuchungen rechnen muss und mit mobilen Geräten durchgeführten Untersuchungen schwer auf die Spur zu kommen ist, muss auch die Überwachung von Medizinern, die Abtreibungen durchführen, verschärft werden. Da mit der gegenwärtig in den meisten Entwicklungsländern verfügbaren Technik das fetale Geschlecht nur im zweiten und dritten Trimenon bestimmt werden kann und in den Ländern mit starkem Geschlechterungleichgewicht ein Schwangerschaftsabbruch in der Regel im ersten Trimenon am leichtesten zu haben und noch am erschwinglichsten ist, ist die Wahrscheinlichkeit groß, dass Frauen, die in der Klinik um eine Spätabtreibung nachsuchen, dies tun, weil die Leibesfrucht weiblichen Geschlechts ist.

»Auf die Ärzte bin ich nicht sonderlich gut zu sprechen«, sagt die britische Gesundheitswissenschaftlerin Thérèse Hesketh, die selbst Kinderärztin ist. »Man könnte jetzt sagen, sie sind ahnungslos. Aber in China ist eine Abtreibung überall und schon frühzeitig zu haben. Zu denen kommt es in der zwanzigsten Woche.« Zwar werde »China … in den nächsten zwei Jahrzehnten in der Altersklasse der Gebärfähigen hochgradig asymmetrische und sich stetig verschlimmernde Geschlechterverhältnisse erleben«, schrieb sie kürzlich im *British Medical Journal*. Doch könnte »die Durchsetzung des geltenden Verbots der geschlechtsselektiven Abtreibung … zur Normalisierung der Verhältnisse führen«.[16]

Ärzte könnten, so wie es in Albanien Rubena Moisiu in ihrer Geburtsklinik machte, Frauen, die im zweiten oder dritten Trimenon um einen Schwangerschaftsabbruch nachsuchen, nach ihrem Motiv befragen, um sicherzugehen, dass nicht ein weiblicher Fetus der Grund für den Eingriff ist. Sie könnten sogar so weit gehen, selbst eine Schwangerschaftskontrolle vorzunehmen und mit einem Mädchen schwangere Frauen eingehender zu befragen – und im Unterlassungsfall zur Verantwortung zu ziehen. Auch hier wäre der Einsatz von Lockspitzeln zur Überführung von Gesetzesbrechern sinnvoll. Doch ohne weltweiten Druck und weltweite Aufmerksamkeit, ohne irgendwelche konkreten Schritte von Organisationen für Frauengesundheit und Bevölkerungsfragen, ohne ein UN-Organ, das den Kampf gegen Geschlechtsselektion finanziell unterstützt, geschieht nichts.

* * *

Das soll nicht heißen, dass es keine Bewegung zum Stopp der geschlechtsselektiven Abtreibung gibt. Die christliche Rechte – die kein Problem mit dem »A-Wort« (wie Sharada Srinivasan es nennt) hat – hat das Thema begierig aufgegriffen. Konservative Gruppierungen führen Buch über die Zahlen der in Asien abgetriebenen weiblichen Feten. Sie machen dem Bevölkerungsfonds der Vereinten Nationen scharfe Vorhaltungen (schießen hier freilich oftmals über das Ziel hinaus, so etwa, wenn sie das UN-Organ fälschlich der Komplizenschaft bei einer langen Reihe finsterer Unternehmungen bezichtigen). Sie bringen Videos in Umlauf und führen Spendenaktionen durch. Sie wollen die Geschlechtsselektion abschaffen, aber natürlich wollen sie noch mehr. Ihr lautstarkes Pathos wird befeuert von dem Ziel, den Weg zum Schwangerschaftsabbruch rund um den Globus so weit, wie es nur geht, zu erschweren – angefangen in den Vereinigten Staaten.

Die lauteste unter den rechts stehenden Organisationen, die zum Kampf gegen die Geschlechtsselektion angetreten sind, ist das in der Umgebung von Washington, D. C., ansässige Population Research Institute. Das PRI wird geleitet von Steven Mosher, jenem ehemaligen Anthropologiestudenten an der Stanford University, der Anfang der 1980er Jahre Fotos verbreitete, auf denen zu sehen ist, wie in China Schwangere noch im siebten Monat einer Zwangsabtreibung unterzogen werden. Was er in China gesehen hat, hat seine Einstellung grundlegend verändert, erzählt er mir: »Es ist eine Sache, wenn man rein theoretisch einen freien Schwangerschaftsabbruch befürwortet. Es ist eine andere Sache, wenn man miterlebt, wie eine Schwangere im dritten Trimenon, mit einem längst lebensfähigen Kind im Bauch, eine Frau in einer guten Ehe und mit einem Wunschkind schwanger – wenn man miterlebt, wie diese Frau gezwungen wird, ihr Kind abtreiben zu lassen.« Nach seinem Rauswurf von der Stanford University konvertierte der einstige Paul-Ehrlich-Fan zum Katholizismus, schrieb das Buch *Hegemon: China's Plan to Dominate Asia*, zeugte neun Kinder und erfand sich neu als Anti-Abtreibungs-Aktivist, der besonders gern Bestrebungen zur Bevölkerungskontrolle in aller Welt ins Visier nimmt.[17]

Im Jahr 1995 kassierte er den Lohn für seine Arbeit: Er avancierte zum Präsidenten des PRI, das denselben Gründer und auch einige Direktoriumsmitglieder wie die berüchtigte Anti-Abtreibungs-Organisation Human Life International hat.[18] Laut eigenem Bekunden ist es unter anderem Ziel des PRI, »die unermüdliche Werbung für Abtreibung bloßzustellen« sowie selbst »für eine geburten- und familienfreundliche Einstellung und eine entsprechende Politik zu werben«.[19] Aus Moshers Sicht kommt man dabei am besten mit einer langsamen, aber stetigen Unterminierung des Abtreibungsrechts weiter. 2008 schwor er seine Anhänger auf die geschlechtsselektive Abtreibung als das folgerichtigerweise nächste Schlachtfeld im Anti-Abtreibungs-Krieg ein – nicht etwa, weil sie in sich frauenverachtend ist und im Endeffekt die Lage der Frauen verschlechtert, sondern weil beim Verbot von Abtreibung ein »schrittweises Vorgehen« politisch leichter durchzusetzen sei als ein sofortiger kompletter Bann. »Ich schlage vor, dass wir – die Lebensrechtsbewegung – uns im nächsten Schritt das Verbot der geschlechtsselektiven Abtreibung zum Ziel setzen«, schrieb Mosher in der Hauszeitschrift des PRI. »Indem wir alle weibliche Feten ausdrücklich vor Abtreibung des Geschlechts wegen schützen, praktizieren wir in das Recht den Grundsatz hinein, dass das werdende Kind ein Wesen ist, dessen Ansprüche an uns nicht von seinem Geschlecht abhängig gemacht werden dürfen.«[20]

Einige Monate vor der Publikation von Moshers Artikel war in den *Proceedings of the National Academy of the Sciences* die Studie erschienen, in der Lena Edlund das Vorkommen geschlechtsselektiver Abtreibung im asiatisch-amerikanischen Bevölkerungssegment aufdeckte. Die dabei genannten Fallzahlen, wir erinnern uns, waren nicht groß. Wenn sich aus dem Vorkommen von geschlechtsselektiver Abtreibung in asiatischstämmigen Kreisen in den USA überhaupt etwas folgern ließ, dann betraf es mehr die Sogwirkung von Fertilitätstrends in Asien als das Angebot von Abtreibungsgelegenheiten in Amerika. Die Studie fand jedoch erhebliche Beachtung in den Medien und Mosher witterte eine Chance. Wenn es ihm und seinen Mitstreitern gelänge, in das amerikanische Recht ein Verbot geschlechtsselektiver Abtreibungen einzuschleusen, wäre damit vielleicht ein Präzedens für spätere Restriktionen geschaffen.

Dieser Gedanke datierte zurück auf einen 1994 veröffentlichten Artikel des Politikwissenschaftlers am Amherst College, Hadley Arkes. Darin skizzierte der konservative Theoretiker einen wohldurchdachten Bahnverlauf für aktivistische Schritte.[21] »Wir suchen zunächst einfach nur das Leben des Kindes zu erhalten, das die Abtreibung überlebt«, schrieb er. »Von diesem bescheidenen Anfang könnten wir weiterschreiten zur Abschaffung von Abtreibungen nach Erreichen der ›Lebensfähigkeit‹, oder wir könnten solche Abtreibungen verbieten, die einfach nur deswegen beschlossen werden, weil das Kind zufällig ein weibliches Wesen ist. So könnten wir in moderaten Schritten vorankommen, die jeweils die öffentliche Meinung auf ihrer Seite haben und jeweils klar auf das Endziel ausgerichtet sind: das Kind vom ersten Augenblick an zu schützen.«[22] Geschlechtsselektion hatte man im Westen so gut wie gar nicht auf dem Radar, dennoch begriff Arkes rasch, dass ein Verbot von »Abtreibungen, die einfach nur deswegen beschlossen werden, weil das Kind zufällig ein weibliches Wesen ist«, der Anti-Abtreibungs-Bewegung für ihr Hauptziel, dem Verbot jeglicher Abtreibung, dienlich sein könnte. Das war unter politischem Aspekt ein cleverer Schachzug, bedeutete es doch, dass der Vorwurf der Geschlechtsdiskriminierung als Vorwand für die Beschneidung von Frauenrechten benutzt werden konnte.

Verflüchtigen sich Offenheit und Ehrlichkeit der christlichen Rechten schnell, sobald es um die Misere von Frauen und Mädchen in Asien geht, so ist dafür ihr politisches Wollen umso dauerhafter. Über die nächsten 14 Jahre surften Anti-Abtreibungs-Aktivisten auf dem Thema geschlechtsselektive Abtreibung herum, bis sie schließlich 2008 einen wichtigen Sieg verbuchen konnten, als der Kongressabgeordnete Trent Franks aus Arizona im Repräsentantenhaus einen Gesetzentwurf zur Verhinderung der »Diskriminierung des Ungeborenen aufgrund des Geschlechts« (Susan B. Anthony and Frederick Douglass Prenatal Nondiscrimination Act) einbrachte, der auf ein Totalverbot geschlechtsselektiver Abtreibung abzielte.* Franks, der den Klimawandel bezweifelt und für Ermittlungen gegen muslimische Bürgerrechtsorganisationen eintritt, ist ein radikaler Republikaner, das *National Journal* stufte ihn 2010 unter die fünf konservativsten Mitglieder des Repräsentantenhauses ein.[23] (Er teilte sich den ersten Platz mit einem anderen Abgeordneten.) Für ihn war der Prenatal Nondiscrimination Act – der erste Versuch der Lebensrechtsbewegung, »in das amerikanische Recht den Grundsatz hineinzupraktizieren«, wie Mosher schrieb, dass der Fetus ein vollwertiger Mensch ist – der Kulminationspunkt jahrzehntelanger Bekämpfung der Abtreibungsrechte.

Im Text des Prenatal Nondiscrimination Act zeigte sich ein bestenfalls unklarer Umgang mit Fakten. An keiner Stelle erwähnte der Gesetzentwurf, dass das Vorkommen von Geschlechtsselektion in den USA nur in Kreisen asiatischstämmiger Bürger festgestellt worden war. Stattdessen bediente er sich vager Formulierungen wie »bestimmte Segmente der US-Bevölkerung«.[24] Bei der Pressekonferenz, die Franks anlässlich der Vorlage des Entwurfs auf dem Capitol Hill gab, vermied

* Verboten werden sollten durch das geplante Gesetz auch »rasseselektive Abtreibungen«. Die hohen Abtreibungsraten in der afroamerikanischen Bevölkerung wurden in diesem Zusammenhang als Beweis dafür zitiert, dass in amerikanischen Abtreibungskliniken rassistische Diskriminierung stattfand – eine Argumentation, die geschickt auf die Erinnerung der schwarzen Gemeinschaft an die Zwangsabtreibungen der 1970er Jahre setzte.

er jegliche Erwähnung von Asien und Asiaten – und nannte gleichwohl Zahlen, die sich ausschließlich auf diesen Erdteil bezogen. Sein Gesetzentwurf, sagte er, werde »vorgelegt vor der Kulisse von hundert Millionen kleinen Mädchen, die einfach nur deswegen abgetrieben werden, weil sie kleine Mädchen und keine kleinen Jungen sind«.[25] Hundert Millionen, das hörte sich wohl beeindruckender an als einige Tausend, die vermutete Zahl der in den USA ihres Geschlechts wegen abgetriebenen Feten.[26] Doch Mogeleien à la Franks sollten ausgesprochen typisch für eine Kampagne werden, die im Ausland aufgestöberten Missbrauch instrumentalisiert, um die Einschränkung heimischer Rechte zu erreichen.*

Als der Prenatal Nondiscrimination Act im bearbeitenden Ausschuss scheiterte, waren die Anti-Abtreibungs-Aktivisten keineswegs entmutigt.[27] Franks' Gesetzesinitiative hatte, um das Mindeste zu sagen, die Aktivisten für reproduktive Rechte in die Defensive gedrängt. Die Anti-Abtreibungs-Aktivisten machten beharrlich weiter, indem sie zu der alten amerikanischen Alternativstrategie übergingen, den Kampf auf die Bundesstaatenebene zu verlagern, wo sie anti-abortionistisch eingestellte Parlamentsabgeordnete dazu bewegten, Klone des Prenatal Nondiscrimination Act als Gesetzesvorschläge einzubringen.

Und dabei hatte die Bewegung mehr Erfolg. Zur Zeit der Drucklegung dieses Buches sind in zehn Bundesstaaten Gesetze gegen geschlechtsselektive Abtreibungen entweder bereits verabschiedet oder in Beratung: in Illinois, Pennsylvania, Oklahoma, Michigan, Minnesota, Georgia, New Jersey, Arizona, Mississippi und Idaho. Arkes' instinktive Erkenntnis hat sich als richtig erwiesen: Die geschlechtsselektive Abtreibung ist eine zweckdienliche Handhabe für einen Winkelzug in dem Streben nach dem Verbot jedweder Abtreibung. Und sie emp-

* Mosher erzählt mir auch, Christen praktizierten in der Regel keine Geschlechtsselektion und auf den Philippinen bestehe kein Ungleichgewicht im Zahlenverhältnis der Geschlechter, weil die Bevölkerung dort überwiegend römisch-katholisch sei. Tatsächlich ist Abtreibung auf den Philippinen illegal; das Land hat eine Fertilitätsrate von über drei Kindern pro Frau.

fiehlt sich nicht zuletzt als ein großartiges Angriffsziel, denn sie schafft Spaltungen mitten durch die Organisationen für reproduktive Rechte.

* * *

Eine der linksgerichteten Organisationen in den USA, die sich gegen Geschlechtsselektion aussprechen, ist Generations Ahead, eine noch junge Nichtregierungsorganisation in der Bay Area, dem Gebiet um die Bucht von San Francisco.* Sujatha Jesudason schuf diese Organisation im Jahr 2008, nachdem sie erkannt hatte, dass die Politik der amerikanischen Organisationen für die reproduktive Autonomie der Frau dringend eines neuen Anschubes bedurfte. »Das Thema Geschlechtsselektion wurde politisiert und in die Abtreibungsdebatte hineingezogen«, erklärt sie mir bei meinem Besuch in dem kleinen Büro der Organisation, einigen spärlich eingerichteten Räumen in der heruntergekommenen Innenstadt von Oakland. Jesudason hat schulterlanges schwarzes Haar mit grauen Strähnen; sie trägt ein schwarzes T-Shirt und Jeans. Die Aktivisten für reproduktive Rechte, sagt sie, hätten »eine Organisation benötigt, die in Sachen Geschlechtsselektion wirklich die Führung übernimmt und sagt, so und so gehört die Sache der Öffentlichkeit dargestellt, so und so sollte sie organisatorisch gehandhabt werden, so und so sieht die Politik aus, die wir in der Sache verfolgen sollten«.

Nachdem Franks den Entwurf für den Prenatal Nondiscrimination Act eingebracht hatte, trommelte Jesudason Vertreterinnen von 25 Organisationen für Abtreibungsrechte zu einer 24-stündigen Strategieplanungstagung zusammen. Aber schon bald war ihr klar, dass es schwierig sein würde, Leuten wie Franks und Mosher eine Einheitsfront entgegenzustellen, und das nicht nur, weil die Konservativen über viel mehr Finanzmittel verfügten. »Die Leute betrachteten die Geschlechtsselektion eigentlich mit gemischten Gefühlen«, erinnert sie sich. Vie-

* Die Organisation stellte ihre Arbeit zum 31. Januar 2012 ein. Näheres dazu auf http://www.generations-ahead.org/. – Anm. d. Übers.

len Tagungsteilnehmerinnen erschien sie nicht eindeutig falsch. Für manche war Geschlechtsselektion nur dann zu verwerfen, wenn sie Mädchen benachteiligte; Selektion *auf* Mädchen war etwas anderes.

Gemeinsam mit dem National Asian Pacific American Women's Forum und den Asian Communities for Reproductive Justice veröffentlichte Generations Ahead eine Informationsbroschüre zur Vorbereitung der Aktivistinnen auf mögliche Meinungsverschiedenheiten in der Frage der Geschlechtsselektion. Als Gedankenspiel wird den Leserinnen unter anderem empfohlen, sich vorzustellen, wie ihre Organisation auf ein gesetzliches Verbot der geschlechtsselektiven Abtreibung in ihrem Land reagieren würde. Deren Mitarbeiter seien geteilter Meinung, erklärt die Broschüre. Die Standpunkte reichten von »jegliche Einschränkung der Freiheit zum Schwangerschaftsabbruch steht im Gegensatz zu den Frauenrechten« über »mir als Südasiatin macht das Problem Geschlechtsselektion große Sorgen« bis zu »das Problem ist zu kompliziert, wir sollten es ganz übergehen«. Falls es eine richtige Reaktion gibt, so hat die Infobroschüre sie jedenfalls nicht genannt, und tatsächlich sind denn auch die meisten feministischen Organisationen in ihrer Praxis dem zuletzt genannten Standpunkt gefolgt. Bisher hat weder die National Organization for Women noch die Gruppe NARAL Pro-Choice America zur Geschlechtsselektion Stellung bezogen.

Abgesehen von einer Rhetorik, die über den Charakter der Geschlechtsselektion in Amerika in die Irre führt, und von einer Sprache, die Schwangerschaftsabbruch mit Tötung gleichsetzt, ist der Prenatal Nondiscrimination Act gar kein so schlechtes Gesetz – vorausgesetzt, er würde in Ländern in Kraft gesetzt, die ein solches Gesetz tatsächlich benötigen. Der Entwurf sieht bis zu fünf Jahre Haft für Ärzte und andere Heilberufler vor, die geschlechtsselektive Abtreibungen vornehmen, und einjährige Haft für Personen, die davon wissen und keine Anzeige erstatten. Frauen, die um eine geschlechtsselektive Abtreibung nachsuchen, werden ihrerseits nicht zur Verantwortung gezogen.[28] Doch das Gesetz ist – wie seine Abkömmlinge auf Bundesstaatenebene – nicht für Entwicklungsländer mit hoher Abtreibungsrate gedacht, sondern für die Vereinigten Staaten, wo eine Frau, die eine Abtreibung haben will, schon längst eine ganze Latte von Hürden überspringen muss.

Ob ein solches Gesetz in den USA benötigt wird, ist nicht auf Anhieb klar. Manche sagen, damit Verbote im Ausland Wirkung zeitigen, müssen wir die Geschlechtsselektion zu Hause kriminalisieren. »Unter dem ethischen Gesichtspunkt ist es eine gute Idee zu sagen, dass wir geschlechtsselektive Abtreibung nicht tolerieren werden«, sagt Joseph Chamie, der ehemalige Direktor des Bevölkerungsfonds der Vereinten Nationen, jetzt Direktor des Zentrums für Migrationsstudien des Staates New York. »Sie ist verkehrt. Sie schädigt die Gesellschaft. Wir brauchen das Gleichgewicht. Wenn wir keine Umstände benennen, unter denen Abtreibung verweigert werden kann, dann folgt daraus logischerweise, dass Frauen das Recht zum Abtreiben haben, wenn der Fetus weiblich ist.«

Jesudason dagegen ist der Ansicht, dass man der geschlechtsselektiven Abtreibung zu Leibe rücken kann und die Abtreibungsrechte in den USA trotzdem so lassen, wie sie sind. Eines steht fest: Wenn die Linke nicht bald eine durchdachte Position in dieser Frage bezieht, werden sie von der Rechten binnen Kurzem in die Ecke gedrängt werden. »Nicht nur werden [Anti-Abtreibungs-Gruppen] in der Diskussion das Wort führen, sondern die meisten feministischen und Reproduktive-Rechte-Gruppen werden auch feststellen, dass sie Gesetzesvorschläge ablehnen mit der Begründung, dass es sich um Anti-Abtreibungs-Gesetzgebung handelt«, sagt Jesudason. »Wir möchten aber dafür sorgen, dass sie sich nicht nur als Befürworterinnen eines freien Schwangerschaftsabbruchs, sondern auch als Kämpferinnen für Geschlechterrechte positionieren.«

* * *

Im Jahr 2005 machte Südkorea Knall auf Fall Schluss mit der Vergangenheit und begann für Geburten zu werben.[29] Zu diesem Zeitpunkt waren die Anzeichen einer rapiden Vergreisung der Landesbevölkerung nicht mehr zu übersehen. Auf den Bedarf von Senioren ausgerichtete Spezialgeschäfte hatten sich längs der Straßen von Seoul etabliert; auf dem Weg zu Catherine Min, der Mutter, die so gern einen Sohn gehabt hätte, kam ich an einer Plakatwand mit munterer Werbung für ein »Anti-Aging-Café« vorbei. Entbindungskliniken waren zu Heimen für betreutes Wohnen umfunktioniert worden.[30] Und Kinder waren rar geworden. Nach Hochrechnungen des koreanischen Nationalen Amts für Statistik würde, falls die Geburtenrate nicht sprunghaft anstieg, spätestens 2026 ein Fünftel der koreanischen Bevölkerung älter als 65 sein – eine Relation, die Korea unter die »überalterten Gesellschaften« dieser Welt versetzen würde.[31] Ein Menschenalter nach alle Rekorde schlagenden Abtreibungsraten verzeichnete das Land den am schnellsten steigenden Altenquotienten (Zahlenverhältnis der 65-Jährigen und Älteren zur Bevölkerung im erwerbsfähigen Alter zwischen 15 und 64 Jahren) der Menschheitsgeschichte.[32] Nach in Regierungskreisen vorherrschender Meinung würde Korea es ohne Sofortmaßnahmen zur Steigerung der Geburtenrate binnen Kurzem mit einem Arbeitskräftemangel, einer Rentenkrise und einem allgemeinen Wirtschaftsrückgang zu tun bekommen.

Ein erster Plan der Regierung für die Anhebung der Geburtenrate sah die Investition von umgerechnet 37 Milliarden US-Dollar, über fünf Jahre verteilt, vor.[33] Im darauffolgenden Planungszyklus erhöhte Präsident Lee Myung-bak die Investitionssumme auf 67 Milliarden US-Dollar und setzte das Ziel, die Gesamtfertilitätsrate bis 2020 auf den OECD-Durchschnitt von 1,7 Kinder pro Frau zu erhöhen.[34] Demografen, die ehemals die Regierung über Methoden zur Absenkung der Geburtenrate beraten hatten, wandten nun ihre Aufmerksamkeit deren Erhöhung zu, während der koreanische Ärzteverband – dessen Mitglieder zuvor die Maßnahmen zur Bevölkerungskontrolle um geschlechtsselektive Abtreibungen bereichert hatten – eine den Wert und die Vorzüge von Babys propagierende Kampagne startete.[35]

Es folgten Maßnahmen, die zum Teil längst überfällig waren.[36] Der bezahlte Mutterschaftsurlaub wurde auf neunzig Tage erhöht, dazu gab es einen Anspruch auf eine unbezahlte Elternzeit von bis zu zwölf Monaten und der Staat erhöhte die Ausgaben sowohl für Kinderbetreuung wie für die sozialen Leistungen für erwerbstätige Mütter.[37] Andere Initiativen grenzten an Albernheit. So ordnete beispielsweise das koreanische Ministerium für Gesundheit, Wohlfahrt und Familie in einem breit veröffentlichten Schritt an, dass einmal im Monat in seinem Amtsgebäude um sieben Uhr abends das Licht abgedreht wurde, was als Aufruf an die Beschäftigten verstanden sein wollte, nach Hause zu gehen und Kinder zu zeugen.[38] Die Bezirksämter in Seoul wiederum gingen dazu über, Partnervermittlungs-Veranstaltungen für junge Singles zu organisieren.[39]

Aber Südkoreas beträchtlicher Aktionismus in Sachen Geburtenförderung funktioniert nicht. Laut einem aus jüngerer Zeit stammenden Bericht der Organisation Population Action International zeitigen »finanzielle Anreize kaum Wirkung auf Koreas extrem niedrige Fertilitätsraten, und die Besorgnis wächst, dass eine Knappheit an nachwachsenden Arbeitskräften bereits die Unternehmensgründungsrate drückt«.[40] In der Tat scheint die größte Wirkung der Geburtenförderungskampagne eine weitere Beschneidung der Frauenrechte zu sein. Nachdem der Staat jahrelang Abtreibung als Mittel der Geburtenkontrolle propagiert hat, agiert er nun *gegen* Abtreibung – gegen Abtreibungen samt und sonders, nicht nur solche, deren Grund das weibliche Geschlecht des Fetus ist.

Abtreibung ist in Südkorea seit eh und je illegal, außer bei erheblicher Gesundheitsgefährdung der werdenden Mutter durch die Schwangerschaft. Keine Regierung hat je versucht, Schwangerschaftsabbrüche zu legalisieren, denn es war nie ein Anlass dazu gegeben: In den Jahren, als ausländische Gelder zur Finanzierung der Bevölkerungskontrolle in das Land flossen, wurde Abtreibung zu einer so verbreiteten Praxis, dass deren Unrechtmäßigkeit den meisten Menschen gar nicht bewusst war.[41] Aber nach Jahrzehnten, in denen sich koreanische Kliniken ungeniert über das geltende Recht hinwegsetzten, begann Lee unvermittelt, auf dessen Einhaltung zu pochen, führte wie gesehen Aktionen mit Lockspitzeln durch und brachte delinquente Frauenärzte hinter Gitter.

Lee ist nie ein besonders populärer Präsident gewesen, aber bei seiner Anti-Abtreibungs-Kampagne hat er ausnahmsweise einmal breite politische Unterstützung. In einem vor Kurzem in der Stadt Ulsan vor Gericht verhandelten Fall entzog der Richter einem Arzt die Approbation, der einen Schwangerschaftsabbruch bei einer Teenagerin im ersten Trimenon vorgenommen hatte – also bei Gegebenheiten genau der Art, wie sie nach Ansicht vieler eine Abtreibung zu rechtfertigen vermögen –, und schuf einen beunruhigenden Präzedenzfall mit der Entscheidung: »Das Leben des Fetus ist dem Leben einer Person gleichzustellen und hat in vollem Umfang Anspruch auf die Fürsorge und den Schutz der Gesetze.«[42] Der Anti-Abtreibungs-Offensive haben sich sogar Ärzte angeschlossen. 2009 trat eine Gruppe von Medizinern aus dem koreanischen Ärzteverband aus, um sich zu dem abtreibungsfeindlichen koreanischen Gynäkologenverband zusammenzuschließen. Der Gründer der Organisation, der Geburtshelfer Shim Sang-duk, sagte, keineswegs hätten religiöse Bedenken Anlass zu diesem Schritt gegeben. Er sei es einfach nur leid gewesen, mehr Babys abzutreiben als zu entbinden.[43]

Besorgt, die Repressalien gegen den Schwangerschaftsabbruch könnten zur Gefahr für die Frauengesundheit werden, schließen sich die feministischen Organisationen in Korea zu gemeinsamen Protestaktionen zusammen.[44] Berichte über Schwangere kursieren, die einen zweiten Job annehmen, um das Geld für einen Arzt zusammenzubringen, der bereit ist, die Verhaftung zu riskieren.[45] Tatsächlich ist die Abtreibungsrate des Landes so niedrig, wie sie es über Jahrzehnte nicht gewesen war. Aber in den Augen der Befürworter der Politik der harten Hand hat diese Tatsache kaum etwas zu besagen. Müssen sie doch mit den unerfreulichen Nachwirkungen jahrzehntelanger fehlgeleiteter Abtreibungspraxis leben: mit Zehntausenden überschüssiger Männer, dem Zustrom bildungsferner Ehefrauen aus dem Ausland und einer ergrauenden Gesellschaft, deren Altersentwicklung zum Teil der geschrumpften Zahl der Mütter geschuldet war. Das Versäumnis, der geschlechtsselektiven Abtreibung früher zu Leibe zu rücken, hat den schlimmsten Albtraum der Feministinnen wahr werden lassen: das Verbot der Abtreibungen samt und sonders.

Hierin liegt die eigentliche Lehre, welche China, Indien und die zahlreichen kleineren Länder, in denen das Zahlenverhältnis der Geschlechter aus dem Gleichgewicht geraten ist, ziehen können – und genau genommen ist es auch eine Lehre für feministische Organisationen und solche für Familienplanung. Wer es heute unterlässt, ein Problem anzupacken, weil es für ihn ein politisch allzu heißes Eisen ist, dem kann das Versäumnis morgen umso saurer aufstoßen.

Catherine Min für ihren Teil ist zur Befürworterin der frühzeitigen Schwangerschaft geworden. »Dazu rate ich meinen Mitarbeiterinnen«, sagt sie. »Ich sage ihnen, sie sollen nicht warten.« Ihre Besorgnis hat allerdings insofern an Bedeutung verloren, als der technische Fortschritt es Frauen inzwischen erlaubt, bis in ihre Vierziger und sogar Fünfziger Kinder zu bekommen. In Seoul kommt die *In-vitro*-Fertilisation (IVF) in Mode: Dutzende »Kinderwunsch-Kliniken« haben dort in den vergangenen Jahren eröffnet.[46]

Ist die geschlechtsselektive Abtreibung in Kreisen der Elite, in denen sie als ein krudes Instrument der 1990er Jahre abgetan wird, auch fast gänzlich außer Gebrauch gekommen, so haben doch viele Eltern ein Interesse an der Manipulation des Geschlechts ihrer Kinder behalten. Allerdings ist dazu Abtreibung nun nicht mehr nötig. »Heutzutage haben Eltern dank der IVF-Technik die Auswahl aus einer Menge unterschiedlicher Embryonen«, sagt Sohyun Kim, ein Arzt, der in einem noblen Quartier von Seoul eine kleine Klinik betreibt. »Sie möchten, dass die ungewollten« – die Embryonen des ungewünschten Geschlechts – »aussortiert werden. Die Mädchen können eliminiert werden. Übrig bleiben die Jungen.«

Epilog

Habt ihr immer von einer graziösen Tochter geträumt, aber stattdessen schließlich ungefügige Söhne bekommen? ... Holt euch Unterstützung und Rat bei anderen Eltern, die über die Launen von Mutter Natur triumphieren wollen.

babycenter.com[1]

O wie schwebten ihnen rosa Rüschen und große blaue Augen vor, blonde Locken und Einkaufstouren zur Besorgung der Kleider für die Abschlussfeiern, Fahrten zum Beauty Salon, wo die schicke Frisur und die Maniküre warteten! Wie stolz würden sie eines Tages diese Tochter zum Altar geleiten und sie einem stattlichen Mann überlassen, der dafür sorgen würde, dass sie herrliche blauäugige Enkelkinder bekamen. Nun ja, ich kam mit blauen Augen auf die Welt, aber damit hatte sichs auch schon.

Briarpatch Magazine, 2005[1]

Meine Geschichte endet nicht in Korea. Sie endet in Los Angeles, in einer Nobelklinik namens Fertility Institutes am Ventura Boulevard.

Der Ventura Boulevard, eine von hohen Palmen gesäumte alte Prachtstraße im San Fernando Valley, ist den Einwohnern von Los Angeles als Einkaufsparadies bekannt; auf dem Weg zu den Fertility Institutes kam ich an einem Laden für »Betten, Bad und mehr« vorbei, an einem Land-Rover-Händler, einem Pilatesstudio, einem Wellness-Tempel und an einer ganzen Anzahl in tonziegelgedeckten Gebäudeensembles integrierter kleiner Boutiquen. Die Klinik nimmt das vierte Geschoss eines eintönigen Bürogebäudes ein, das direkt gegenüber einer Ladenzeile liegt. Ich stelle mir vor, wie eine Frau einfach mal so zwischen einem Termin bei der Maniküre und einer Verabredung zum Nachmittagskaffee hier vorbeikommt.

Siebzig Prozent der Patientinnen von L.A.'s berühmtester

Fertilisationsklinik kommen zum Zweck der Geschlechtsselektion. »Seien Sie sicher, dass Ihr nächstes Kind das erhoffte Geschlecht hat«, verspricht die Website der Fertility Institutes. »Keine andere Methode reicht in puncto Zuverlässigkeit an die PGD heran … Die PGD bietet praktisch hundertprozentige Treffsicherheit.«[3] Die PGD, *»preimplantation genetic diagnosis«*, zu Deutsch: Präimplantationsdiagnostik (PID), ist gewissermaßen ein Erweiterungsmodul zur *In-vitro*-Fertilisation, deren sich Amerikaner in wachsender Zahl bedienen, wenn sie ein Kind haben wollen. Nachdem die Eizellen der Frau – oder einer Spenderin – gewonnen und mit Spermien befruchtet wurden und die Zellteilung der so geschaffenen Zygoten das Acht-Zellen-Stadium erreicht hat, wird einem oder zwei Embryonen je eine Zelle entnommen und auf Schädigungen, Behinderungen oder die Veranlagung zu bestimmten Krankheiten untersucht.

Die Labortechniker sind aber auch in der Lage, die Geschlechtschromosomen zu identifizieren und XY-Embryonen von XX-Chromosomen zu trennen, anders gesagt, das Geschlecht – und damit erstmals eine nicht mit körperlicher oder geistiger Beeinträchtigung zusammenhängende beziehungsweise nichtmedizinische Gegebenheit als Grundlage einer Auswahl – zu bestimmen. Die PID wird so für Amerikaner attraktiv, die zwar durchaus fähig wären, Kinder auf die althergebrachte Art zu bekommen, aber ebenso versessen auf ein Kind von einem bestimmten Geschlecht sind wie Eltern in Delhi oder Tirana. So stark ist diese Versessenheit, dass sie, um zu diesem Kind zu kommen, bereitwillig für die zur ovariellen Stimulation erforderliche Hormonbehandlung den Preis von 12 000 bis 18 000 US-Dollar und die niedrige Erfolgsrate der *In-vitro*-Fertilisation hinnehmen.* Jahrzehnte, nachdem Amerikas Elite den Entwicklungsländern die Geschlechtsselektion aufgedrängt hat, fängt sie nun selbst damit an.

* Nach Angaben der Centers for Disease Control and Prevention (Zentren für die Kontrolle und Prävention von Krankheiten) enden in den Vereinigten Staaten nur um die vierzig Prozent der IVF-Zyklen für Frauen unter 35 Jahren mit einer Lebendgeburt. Bei älteren Frauen liegt die Erfolgsquote noch niedriger.

Das Geschlechtsselektionsprogramm der Fertility Institutes ist das Werk von Dr. Jeffrey Steinberg, der 1986 die Klinik gründete. Der kahle gedrungene Mann, der eine heitere Selbstgewissheit ausstrahlt, führt mich in sein geräumiges Eckbüro, erzählt, als hätte er alle Zeit der Welt, und würzt seine Geschichten ab und an mit Hollywood-Klatsch. (In dem Stil: Einmal kamen die Produzenten der TV-Serie *CSI* in der Klinik vorbei, um herauszufinden, ob es gut möglich ist, einen Spermienkryokonservierungstank als Waffe zu verwenden.) Damals in den 1980ern, so Steinberg, fing er an, Paaren, die es mit ihren Mitteln nicht zu Zeugung und Empfängnis zu bringen vermochten, die *In-vitro*-Fertilisation zu offerieren.

Als dann Anfang der 1990er Jahre die PID verfügbar wurde, begann er, Embryonen auf Chromosomenaberrationen wie das Down-Syndrom (Trisomie 21) zu untersuchen. Dann richtete er seinen Blick auf Mutationen einzelner Gene wie jene, welche die Ursache der zystischen Fibrose (Mukoviszidose) ist. Als Nächstes bot er Geschlechtsselektion für Paare an, in deren Familienanamnese eine geschlechtsgebundene Krankheit auftauchte. Schließlich ging er dazu über, das Verfahren auch für Paare ohne Krankheitsvorgeschichte anzubieten.

Patienten hatten ihn auf eine Geschlechtswahl ohne lästige Fragen angesprochen, und Steinberg witterte eine Chance. 2003 ließ er einen Presseagenten ankündigen, dass seine Klinik demnächst »Geschlechtsselektion aus sozialen Gründen« – wie Geschlechtsselektion ohne Krankheitsbezug gelegentlich genannt wird – anbieten werde. »Das Medienecho war der Wahnsinn«, sagt er. »Das Patientenecho war der Wahnsinn. In der Zentrale sind zwanzig Anrufe gleichzeitig eingelaufen. Wir haben uns gesagt: ›Na prima. Das lässt sich ja gut an.‹«

Nicht lange, und Steinberg war Mittelpunkt eines Medienrummels, der an die Begeisterung für die Ultraschalltechnik im Amerika der 1960er Jahre erinnerte. Zwei blonde Neugeborene, identisch bis auf die Windeln – die eine war rosa, die andere blau –, zierten die Titelseite von *Newsweek*: »Mädchen oder Junge? Jetzt haben Sie die Wahl.« »Die schöne neue Welt ist da, das steht fest«, hieß es in dem dazugehörigen Artikel.[4] In den folgenden Wochen hatte Steinberg Auftritte in den TV-Magazinen *60 Minutes*, *Sunday* (CNN) und *Good Morning America*.

Nicht jeder war von Steinbergs Tun begeistert. Kritiker verwiesen auf eine lange Liste ethischer Bedenken: dass präimplantative Geschlechtsselektion nur den Reichen zu Gebote stehe, dass sie Eltern eine so weitreichende Kontrolle ihrer Nachkommenschaft verschaffe, wie sie ihnen nicht zustehe, und dass sie das Aufkommen von Designerbabys einleite. Alles in allem jedoch nimmt in den USA die Akzeptanz der Geschlechtsselektion zu – sehr im Gegensatz zu Europa, wo Geschlechtsselektion ohne Krankheitsbezug weithin verboten ist. »Den Amerikanern macht die Technik keine Bange«, sagt Steinberg. Wir hätten auch nichts gegen ein kommerzialisiertes, Kundenwünsche bedienendes Gesundheitswesen, meint er. »Geschlechtsselektion ist eine Handelsware. Wenn sie Ihnen nicht gefällt, dann kaufen Sie sie nicht.«[5]

Die Fertilisationsärzte, die präimplantative Geschlechtsselektion praktizieren, können zu deren Rechtfertigung jedoch noch ein anderes Argument aufbieten, das erklärt, warum in den Fertility Institutes überall in der ein oder anderen Schattierung die Farbe Rosa zu sehen ist. Die Wand, an der in sanft geschwungener Schreibschrift der Name der Klinik prangt, ist magenta. Der Hintergrundfilz in dem Bilderrahmen mit einer Collage aus Babyfotos ist korallenrot. Die Laboranten an den Mikroskopen tragen fuchsienfarbige Kutten. Wie die Asiaten und die Osteuropäer bevorzugen auch die Amerikaner zuallermeist Babys eines bestimmten Geschlechts. Doch in Amerika liegen die Dinge anders, denn hier wünschen wir uns Mädchen.

* * *

Einerseits betonen die Reproduktionsmediziner, die präimplantative Geschlechtsselektion unterscheide sich sehr von geschlechtsselektiver Abtreibung, doch beide Techniken haben in vieler Hinsicht eine gleiche Vorgeschichte. Wie die intrauterine Geschlechtsbestimmung wurde die PID zu dem Zweck entwickelt, Paaren mit der Disposition zu schweren Erkrankungen im Erbgut zu gesunden Kindern zu verhelfen. Mit der

Untersuchung von Embryonen auf Leiden wie Mukoviszidose führte der Genetiker Mark Hughes in den frühen 1990er Jahren die PID in den USA ein. Die Geschlechtschromosomen waren leicht zu identifizieren, doch Hughes glaubte nicht, dass es je eine erhebliche Nachfrage nach nicht zwingend gebotener Geschlechtsselektion geben werde. Wären sie vor die Wahl zwischen der mit Unannehmlichkeiten verbundenen Gewissheit der PID und der mit lustvollen Empfindungen verbundenen Ungewissheit des Sex gestellt, »würden die meisten Menschen lieber Sex haben«, meinte Hughes.[6]

Aber Soziologen, Bioethiker und Mediziner wussten es besser. Sie registrierten bei Amerikanern schon früh ein hohes Interesse an prägraviden (»vorschwangerschaftlichen«) Geschlechtsselektionsmethoden. »Wir haben hier ein Massenmarkt-Potenzial«, schrieb der Soziologe Amitai Etzioni 1968 bei dem Versuch, die Forschung zur Geschlechtsselektion zu stoppen, in *Science*. »Die Nachfrage nach der neuen Wahlfreiheit scheint völlig gesichert.«[7] 17 Jahre später – die Perfektionierung der Technik war bereits im Gange – warnte die Bioethikerin Helen Bequaert Holmes: »Das Verlangen, über das Geschlecht des eigenen Kindes zu entscheiden, ist weit verbreitet und jedes Kind ist in Bezug darauf ein ›Risiko‹. Auf diese Fragen ... sollten sich Bioethiker ernsthaft vorbereiten.«[8]

An geschlechtsselektiver Abtreibung waren wir Amerikaner im Ganzen gesehen zwar nie sonderlich interessiert, aber trotzdem bemühen wir uns schon seit Langem, das Fortpflanzungsgeschäft zu manipulieren. Vor langer Zeit, im Jahr 1899, schafften sich viele das Buch *Suggestion: The Secret of Sex* an, in dem Clarence Wilbur Taber den Ehemännern anriet, ihre Frau vor dem Sex in Trance zu versetzen, damit sie leichter die Vorstellung, sie werde einen Sohn empfangen, in ihrem Kopf verankern könne.[9] Die ersten Jahrzehnte des 20. Jahrhunderts bescherten uns eine ganze Menge konkurrierender Titel: *Will It Be a Boy?*, *The Causation of Sex in Man*, *The Key to Sex Control* und andere gleicher Art, die den vermeintlichen Einfluss der Ernährung der Mutter auf das Geschlecht ihres Babys untersuchten.[10] 1970 präsentierte ein Dr. Landrum B. Shettles in seinem *Choose Your Baby's Sex* betitelten Bestseller eine als wissenschaftlich fundierte und wirksam angepriesene Methode hausgemachter Geschlechtsselektion. Mittels bestimmter Stellungen beim Sex und des genauen Timings der Empfängnis, so Shettles, könne ein Paar das Geschlecht des solchermaßen gezeugten Kindes beeinflussen. Inzwischen haben einschlägige Studien Shettles' Hypothese als falsch erwiesen, aber eine zweifelhafte wissenschaftliche Fundierung hat eine ganze Generation von Frauen nicht davon abgehalten, den Geschlechtsverkehr zwecks Messung ihrer Basaltemperatur zu unterbrechen.*[11]

In den 1980er Jahren bestimmte ein latentes Laissez-faire die Einstellung zu reproduktionsmedizinischen Techniken. Bald nach der Geburt von Louise Brown, des ersten Retortenbabys im Jahr 1978, entbrannte eine Debatte über die ethischen Aspekte der Geschlechtsselektion. Viele Wissenschaftler hatten starke Einwände gegen die Praxis; die Expertin für Genetik Tabitha Powledge nannte sie »die sexistische Ursünde«. Aber allen Bedenken zum Trotz taten sich die Bioethiker schwer damit, für ein Verbot der Praxis zu plädieren, weil es dem Nichteinmischungsgebot des Staats widersprach.[12] Wie der Oberste Gerichtshof 1973 in seiner Entscheidung in dem Rechtsstreit *Roe v. Wade* die Legalisierung der Abtreibung mit dem Recht auf Achtung der Privatsphäre begründet hatte, war die präimplantative Geschlechtswahl schlicht zur Privatsache geworden.

Mark Hughes wurde bald zu einem der lautstärksten Kritiker der Geschlechtsselektion ohne Krankheitsbezug. »Ich wurde Arzt und Wissenschaftler, um Erkrankungen zu diagnostizieren und zu behandeln und hoffentlich auch zu heilen«, sagte er der *60 Minutes*-Korrespondentin Vicky Mabrey. »Welches Geschlecht man hat, ist keine Erkrankung, wenigstens war das noch so, als ich es das letzte Mal kontrolliert habe.«[13]

Allein die Verbreitung der Technik ließ und lässt sich schwer

* Der Do-it-yourself-Reiz der Shettles-Methode hat sich gehalten; das Buch ist noch heute auf dem Markt. In der Auflage von 2006 wird für Leser, die Bedenken haben könnten, der Evolution ins Handwerk zu pfuschen, sogar auf das ungleichgewichtige Geschlechterverhältnis in den Entwicklungsländern eingegangen – und die Auswirkungen der empfohlenen Methode werden dann rundweg als unerheblich abgetan.

aufhalten. Jeffrey Steinberg mag zwar der bekannteste Arzt der Welt sein, der Geschlechtsselektionen ausführt, aber viele andere Reproduktionsmediziner haben die lukrative Dienstleistung inzwischen ebenfalls in ihr Angebot aufgenommen. Bei einer 2006 vom Genetics and Public Policy Center der Johns Hopkins University durchgeführten Umfrage unter amerikanischen Fertilisationskliniken, die mit der PID arbeiten, zeigte sich, dass 42 Prozent der antwortenden Kliniken eine Geschlechtsbestimmung »aus sozialen Gründen« dem Belieben der Patienten anheimstellen.[14] Und weil eines von hundert Neugeborenen in den Vereinigten Staaten ein Retortenbaby ist und der Prozentsatz von Jahr zu Jahr zunimmt, verfügen diese Kliniken über ein rasant wachsendes Kundenreservoir.

Auf der anderen Seite von Los Angeles, in Pasadena, bietet die Klinik Huntington Reproductive Center Fertility den etwas gedämpfteren Gegenentwurf zu den Fertility Institutes. Die meisten der Patienten, die sich in dem in einem ausdruckslosen Beige gehaltenen Warteraum der HRC Fertility einfinden, seien klassische Befruchtungsfälle, sagt Dr. John G. Wilcox, ein Mann mit glatt und platt gesträhltem, scharf gescheiteltem Haar und einem perfekten Kalifornier-Lächeln. Allerdings »ist da eine definitiv zunehmende Nachfrage« nach Geschlechtsselektion, fügt er hinzu, »weil immer mehr Menschen sich damit anfreunden, es in der Hand haben, die Fortpflanzung in dieser Weise zu steuern«. HRC Fertility hat Geschlechtsselektion erst vor fünf Jahren in ihr Angebot aufgenommen, aber sie macht jetzt schon fast zehn Prozent der Geschäftstätigkeit aus.

Reproduktionsmediziner bescheinigen der PID gern eine 99,9-prozentige Treffsicherheit, und in der Tat kommt es dabei nur ganz vereinzelt zu einer Fehldiagnose des embryonalen Geschlechts. Diese Rate kann jedoch falsche Erwartungen wecken, denn die Möglichkeit, dass ein Paar keine lebensfähigen Embryonen oder nur solche des »falschen« Geschlechts produziert, ist immer gegeben. Eine derzeit von der US-Food and Drug Administration erprobte neue Technik könnte jedoch die Chancen der Eltern erhöhen, gleich beim ersten Versuch das gewünschte Geschlecht zu bekommen. Beim MicroSort, wie dieses Verfahren zur präkonzeptionellen Geschlechtswahl genannt wird, werden durch Schleudern der männlichen Samenzellen in einer Zentrifuge die X-Spermien und Y-Spermien voneinander getrennt und anschließend die Eizellen in der Petrischale mit den Spermien der Wahl befruchtet. (Das vom amerikanischen Landwirtschaftsministerium ursprünglich für die Viehzucht entwickelte Trennverfahren nutzt den Umstand, dass die Geschlechtschromosomen unterschiedlich groß sind, sodass X-Spermien infolge ihres höheren DNA-Gehalts schwerer als Y-Spermien sind.)[15] Paare können sich auch ohne PID allein des MicroSort-Verfahrens bedienen, das zwar eine geringere Erfolgsquote hat, aber weitaus preisgünstiger und technisch einfacher ist.

Die PID ermöglicht die Aufklärung künftiger Eltern über Krankheitsgene, die später im Leben auftreten können, aber einer Behandlung zugänglich sind, wenn sie frühzeitig erkannt werden: Brustkrebs, Darmkrebs, Alzheimer. (Manche Fertilisationskliniken nennen das »den Familienstammbaum auslichten«.)[16] Die Untersuchung auf weniger gravierende krankhafte Störungen – Neigung zu Adipositas (Fettleibigkeit) zum Beispiel – dürfte nicht mehr lange auf sich warten lassen.[17] Aber als die von Paaren ohne Gesundheitsprobleme in der Familiengeschichte meistgewünschte Zusatzleistung ist Geschlechtsselektion für Reproduktionsmediziner ein wahrer Segen, weil sich die gesamte Bevölkerung als potenzielle Kunden anbietet.

Bei ihrem hohem Preis können sich gegenwärtig nur wohlhabende Amerikaner die PID leisten. Das Genetics & IVF Institute in Fairfax, Virginia, das, von der Food and Drug Administration überwacht, die klinische Erprobung des MicroSort-Verfahrens durchführt, suchte mit Anzeigen im »Stilish«-Teil der *New York Times* nach Paaren, die bereit waren, sich als Probanden zur Verfügung zu stellen.[18] Doch die Praxis könnte – wie es mit der geschlechtsselektiven Abtreibung der Fall war – bei sinkendem Preis und leichterer Zugänglichkeit in die Mittelschicht hinabsickern. Bei Umfragen unter amerikanischen Eltern, die in den vergangenen zehn Jahren durchgeführt wurden, gaben zwischen 25 und 35 Prozent der Befragten an, dass sie von einer Geschlechtswahltechnik Gebrauch machen würden, wenn diese bequemer verfügbar – was vermutlich heißen sollte: erschwinglich und weniger invasiv – wäre.[19] In Amerika ist die Ratgeberliteratur des frühen 20. Jahrhunderts inzwischen ersetzt worden durch Orientierungshilfen zu den Reproduktionstechniken wie *Guarantee the Sex of Your Baby* oder *Chasing the Gender Dream*. Beim Schreiben dieses Buches nach »*sex selection*« googelnd erhalte ich als zweiten Link (nach Wikipedia) nicht etwa einen Artikel über die Misere des weiblichen Geschlechts in Asien, sondern ein Stück Ratgeberliteratur auf Ask.com mit dem Titel *Girl or Boy? Sex Selection Techniques for Everyone Before Pregnancy* (Mädchen oder Junge? Prägravide Geschlechtswahltechniken für jedermann).[20]

Und wie die Ärzte, die in Asien Geschlechtsbestimmungstests und geschlechtsselektive Abtreibungen vornehmen, sagen auch die in Amerika Geschlechtsselektion praktizierenden Mediziner, sich dem Ansinnen zu verweigern sei keine Option. »Wenn du es nicht machst, suchen sie sich eine Klinik, wo sie es gemacht kriegen.«

Nur das Sprachgewand, in dem die Geschlechtswahl *à l'américaine* daherkommt, ist anders. Wir Amerikaner sprechen nicht von Geschlechtspräferenz. Wir nennen das *family balancing* (Ausgewogenheit in der Familie herstellen), ein Ausdruck, der implizit unterstellt, dass Paare ein Recht auf die gleiche Anzahl Jungen und Mädchen haben. Wir sprechen von *gender disappointment* (Enttäuschung über das Geschlecht) und meinen damit einen tiefen Gram, der uns ergreift, wenn wir nicht bekommen, was wir uns gewünscht haben. Die Verfasserin von *Guarantee the Sex of Your Baby* erläutert mitfühlend: »Der Schmerz, den diese Mütter empfinden, wenn sie ein Kind geboren haben, das nicht das ›richtige‹ Geschlecht hat, ist mehr als nur emotionale Verunsicherung. Die Sehnsucht und das Verlangen in ihrem Herzen können sich in echter körperlicher Qual ausprägen.«[21] Ein in jüngerer Zeit in dem Magazin *Elle* erschienener Artikel über »GD« – wie Frauen diese Gemütsverfassung neuerdings in Internet-Foren nur noch nennen – schildert den Fall der Schriftstellerin und Partyplanerin Stephanie Lewis aus San Diego, die zur Dauerkonsumentin des Antidepressivums *Prozac* wurde, nachdem sie statt des erhofften Mädchens Zwillingsjungen geboren hatte. »Ich blieb in meinem Zimmer«, wird Lewis zitiert. »Ich zog die Vorhänge zu. Mir war so, als müsste eine Trauerfeier abgehalten werden.«[22]

Während man asiatischen Eltern, die auf das Geschlecht hin selektieren, oft Sexismus als Motiv nachsagt, suggeriert die Art und Weise, wie in Amerika über Fertilisationsbehandlungen geredet wird, dass Eltern, die hier »aus sozialen Gründen« zur Geschlechtswahl greifen, dies entweder einer rationalen Familienplanung zuliebe tun oder weil sie einer ihnen anderenfalls drohenden Depression vorbeugen wollen. »Ich wollte diese Enttäuschung vermeiden, dass ich es wegen eines Jungen probiere und es dann doch wieder ein Mädchen wird«, erzählt mir eine von Jeffrey Steinbergs Patientinnen zur Erklärung, warum sie sich mehrmaligen IVF-Zyklen unterzieht, um ein Kind mit dem Wunschgeschlecht zu bekommen. »Ich weiß nicht, was ich für ein Mädchen empfinden würde.«

Die Mehrzahl der Eltern, die auf die PID oder die Spermienseparationstechnik zurückgreifen, fürchten allerdings eher, auf dem Weg der natürlichen Reproduktion einen Sohn zu bekommen. Ein Mädchen ist das Wunschziel von achtzig Prozent der Patientinnen von HRC Fertility, bei den Patientinnen des mit der Spermienseparationstechnik arbeitenden Genetics & IVF Institute beläuft sich der entsprechende Anteil auf 75 Prozent.[23] Angesichts dieser Präferenzen stellte Hanna Rosin vor Kurzem in einer – provokant »The End of Men« (Das Ende der Männer) überschriebenen – Titelgeschichte des Magazins *The Atlantic* fest, dass »die überkommene Ordnung auf den Kopf gestellt ist«.[24]

Genau genommen ist die überkommene Ordnung nur in den Vereinigten Staaten auf den Kopf gestellt; eine Veränderung der Geschlechtspräferenzen dort wirkt sich kaum auf das weltweite Ungleichgewicht aus. Doch untersucht man, warum amerikanische Eltern sich eher Mädchen wünschen, stößt man auf Dinge, die hier gar nicht so sehr anders liegen als anderswo.

* * *

Häufig zählen amerikanische Eltern, die sich darum bemühen, eine Tochter zu bekommen, genau die Gründe auf, die man erwarten würde. Mütter sprechen von Kindergeburtstagspartys mit dem Thema »Prinzessin«, von Ballettunterricht, von einem Mädchen, das vor allem eines ist: feminin. Von den von der Ärztin Sunita Puri befragten Paaren aus der Bay Area, die sich der PID zum Zweck der Geschlechtswahl unterzogen – die meisten weiß, älter und wohlhabend –, wollten zehn von zwölf ein Mädchen haben wegen solcher Sachen wie »Haarspangen und rosa Kleidchen«.[25] »Einem Jungen werd ich keine Handtasche kaufen und ich werd nicht mit ihm Kleider einkaufen gehen«, sagt mir die in einem Vorort von Chicago lebende 24-jährige Hausfrau und Mutter Mallory Stout.[26]

Nicht alle Eltern haben Visionen in Rosa. Manche bringen vor, dass Mädchen besser in der Schule sind, und was das angeht, haben sie die Forschung auf ihrer Seite: Mit höherer Wahrscheinlichkeit sind von Mädchen gute Leistungen, mit geringerer ist schlechtes Betragen zu erwarten; Jungen hingegen sind in letzter Zeit zu einer Quelle beträchtlicher Besorgnis um die Kultur geworden. Andere nennen hehrere Ziele. Sie sprechen davon, eine starke Tochter heranzuziehen; Frauen reden von einer engen Mutter-Tochter-Beziehung, wie sie sie zu ihrer eigenen Mutter hatten – oder auch nicht. Für schwule und lesbische Eltern stellt sich die Frage des einen oder anderen Geschlechts beim Kind oftmals komplexer dar, ist aber allemal sehr wichtig. Manche schwulen Männerpaare erzählen Forschern, ihrer Ansicht nach müssten Mädchen weniger Hänseleien wegen ihrer schwulen Eltern erdulden und deshalb möchten sie eine Tochter haben. Bei lesbischen Paaren wiederum kann es vorkommen, dass sie sich sorgen, ob sie den Aufgaben der Sozialisierung eines Jungen und der Fürsorge für ihn überhaupt gewachsen sind.[27]

Aber letzten Endes ist solchen Begründungen eines gemeinsam: Die bei geschlechtsselektiv handelnden Amerikanern bestehende Bevorzugung von Mädchen beruht auf einer vorgefassten Idee davon, wie Mädchen einmal werden. Die Bioethikerin Dena S. Davis schreibt, dass Menschen, die es sich einige Mühe kosten lassen, ein Kind von einem bestimmten Geschlecht zu bekommen, »nicht einfach nur die richtigen Chromosomen und entsprechende anatomische Merkmale haben wollen, sondern auch einen zum »Mädchentum« oder »Jungentum« gehörenden Merkmalskomplex erwarten … Wenn Eltern sich so dringend ein Mädchen wünschen, dass sie die ganzen Umstände der Spermienseparation und der Insemination auf sich nehmen, dann werden sie es dem Mädchen, wenn es erst einmal da ist, schwermachen, sich ihren Erwartungen zu widersetzen und seinen eigenen Weg zu gehen.«[28] In dieser Hinsicht unterscheiden sich amerikanische Eltern, die mit konkreten Maßnahmen auf eine Tochter hinarbeiten, nicht von dem indischen Paar, das in der Erwartung, auf diesem Weg zu einem rechtschaffenen Erben zu kommen, auf einen Jungen hin selektiert. »Es ist nicht etwa so, dass Eltern in der Dritten Welt, die das machen, irgendwie seltsam sind«, sagt Marcy Darnovsky, der Direktor des Center for Genetics and Society, einer auf Gen- und Reproduktionstechnik im Humanbereich spezialisierten Nichtregierungsorganisation mit Sitz in Berkeley. »Wir machen es ja auch. Also lasst uns in den Spiegel schauen, Leute.«[29]

Vor Jahrzehnten wandelte die Bevölkerungskontrollbewegung das Kinderkriegen in eine Angelegenheit der Staatsverwaltung um, indem sie Menschen abstrahierend auf ihre Zählbarkeit reduzierte. Den Eltern in Entwicklungsländern wurde beigebracht, dass die Kleinfamilie für die Kinder der Weg zum Erfolg und zu einer guten Ausbildung sei – dass die *Qualität* des Nachwuchses umgekehrt proportional zu seiner *Quantität* sei, so, als ob Kinder Fabrikware wären. Heute sind wir mit unseren Sorgen hinsichtlich der Bevölkerungsentwicklung wieder am Ausgangspunkt angelangt. Südkorea ist der extremste Fall einer rapide alternden Gesellschaft, zugleich aber auch Vorbote kommender Dinge. In der Hälfte aller Länder der Welt liegt die Fertilitätsrate auf oder unter Ersatzniveau.[30] Politische Entscheidungsträger in Europa sehen sich durch die Besorgnis angesichts einer ergrauenden Gesellschaft zu steuerlichen und sonstigen Vergünstigungen veranlasst, die fachlich qualifizierte junge Migranten ins Land locken sollen. In den Vereinigten Staaten, wo die Fertilitätsrate leicht über Ersatzniveau liegt, spricht man neuerdings davon, dass Bevölkerungswachstum die technische Innovation vorantreibt.[31] Selbst bei Umweltschützern hat sich der Fokus von Gesamtbevölkerungszahlen auf den CO_2-Fußabdruck verschoben: Die Einwirkung eines amerikanischen Babys auf die Welt ist größer als die eines aus Bangladesh. Aber mag uns auch die Idee einer staatlichen Bevölkerungskontrolle heute als überholt vorkommen, so haben wir den Gedanken, dass Fortpflanzung kontrolliert betrieben werden sollte, dennoch nicht aufgegeben; wir haben lediglich seinen Geltungsbereich in verkleinertem Maßstab neu definiert, und zwar als die eigene Familie. In China wie in Kalifornien praktizieren Mütter ihre eigene Art von Eugenik: Eugenik für den Hausgebrauch.

* * *

Techniken wie die PID sind vielleicht der beste Beweis dafür, dass der Kampf gegen die Geschlechtsselektion sich nicht einfach schon darin erschöpft, Geschlechterstereotypen aufzulösen. Stellen wir uns vor, die USA starten eine Pro-Jungengeburten-Kampagne im Stil der volkspädagogischen Kampagnen, wie sie derzeit in Asien verbreitet sind. Auf Plakaten sind Jungen in Softie-Situationen zu sehen: lesend auf dem Bett zusammengerollt oder im grünen Gras liegend und einen Gänseblümchenkranz flechtend. Jungen können gute Schüler und vertrauenswürdige Freunde sein, versichern die Plakate. Eine ebenfalls mögliche Werbestrategie könnte darin bestehen, unser verklärtes Mädchenbild zu entzaubern, etwa mit der Verbreitung von Fotos von Mädchen, die knietief im Schlick herumstapfen oder auf Geländefahrrädern einen steilen Abhang hinunterrasen. »Sie bekommen vielleicht nicht die Tochter, die Sie sich wünschen«, könnte dann auf den Plakaten stehen.

Selbstverständlich würde das nicht funktionieren. Solange eine Technik legal und verfügbar ist, finden Menschen auch Verwendung für sie, und der freie Zugang zu fragwürdigen Fertilisationsbehandlungen regt leichtfertige elterliche Entscheidungen an. Und das nicht nur in Amerika. In Kaliforniens Fertilisationskliniken finden sich auch in erstaunlicher Zahl Briten, Australier und Kanadier ein – ebenso gut betuchte Inder und Chinesen. (Laut Jeffrey Steinberg zählen zu seinen Patienten einige von Chinas kultigsten Promis.) Aufgrund ihrer außergewöhnlich liberalen Bestimmungen sind die Vereinigen Staaten zu einem Mekka für PID-Patienten geworden. Selbst wenn es um fortgeschrittenste Techniken geht, die wir kaum verstehen, lässt sich Amerika vom Prinzip der Wahlfreiheit leiten.

Laut der Website BioPolicyWiki ist Geschlechtswahl zu nichtmedizinischen Zwecken in 36 Ländern verboten.[32] Im Vereinigten Königreich wägt eine speziell für diesen Zweck eingerichtete Behörde die ethischen Implikationen und potenziellen gesellschaftlichen Auswirkungen neuer Reproduktionstechniken ab, bevor sie auf den Markt kommen; diese veröffentlichte 2003 einen 44-seitigen Bericht über den Schaden, den PID und Spermienseparation im Falle ihrer Legalisierung möglicherweise verursachen könnten.[33] In den USA hingegen gibt es nur die Food and Drug Administration, deren Auftrag die Bewertung neuer Techniken unter dem Gesichtspunkt der Sicherheit und Wirksamkeit, aber nicht der Ethik ist. (Beiläufig sei erwähnt, dass die FDA aus Sicherheitsgründen in die Arbeit der Fertility Institutes eingriff).[34] Die American Society for Reproductive Medicine befürwortet die Spermienseparation zum Zweck des *familiy balancing*, hat sich aber in der Frage der Geschlechtswahl bei der PID schwankend, zuletzt ablehnend verhalten.[35]

Die Einstellung der ASRM ist jedoch nur eine Orientierungshilfe; nichts zwingt Fertilisationskliniken, sich ihr anzuschließen. US-Kliniken sind auch nicht verpflichtet, die Gründe, warum Patienten sich einer PID unterziehen, an die für die Überwachung der Fertilisationsindustrie zuständige Bundesbehörde, die Centers for Disease Control and Prevention, zu melden.[36] Die amerikanischen Fertilisationskliniken benötigen dringend eine Regulierungsbehörde nach dem Muster von Großbritanniens Human Fertilisation and Embryology Authority – wie die Ethikkommission heißt –, sagt Marcy Darnovsky am Center for Genetics and Society: »Alles bleibt dem Markt überlassen. Und deswegen haben sich eine Menge bedauerlicher Praktiken einbürgern können.«

Tatsächlich ist der amerikanischen Gesundheitslobby nicht entgangen, dass Fertilisationsbehandlungen heute Multimilliarden-Umsätze generieren.[37] Das Geld, das da im Spiel ist, hat die Menschen gespalten. Den Konservativen, die aus religiösen Gründen gegen die Untersuchung und Aussonderung von Embryonen sind, stehen in gleicher Stärke jene gegenüber, die dafür sind, dass man die Kräfte des Marktes die Gesundheitsfürsorge regeln lässt.[38]

Während die Rechte dergestalt in Lager zerfallen ist, könnte sich eine Quelle der Hoffnung womöglich dort auftun, wo man sie nicht vermutet hätte: in der Gemeinde der Reproduktive-Rechte-Aktivistinnen. Es waren die innovativen Reproduktionstechniken, die Sujatha Jesudason veranlassten, Generations Ahead zu gründen, die Oaklander Nichtregierungsorganisation, die sich nicht nur gegen Geschlechtsselektion ausspricht. Präimplantative Geschlechtsselektion ist nur eines ihrer kritisch gesehenen Themen. Sorgen macht ihr auch das Leihmutterwesen; Leihmütter sind meist arm, während die Paare, die eine Leihmutter engagieren, im Regelfall wohlhabend sind. Und wie steht es mit den Rechten von Eizellenspenderinnen? Wie ist die Technisierung und Kommerzialisierung eines zum Wesen der Weiblichkeit gehörenden Vorgangs zu bewerten? Oder die soziale Ungleichheit, die dadurch geschaffen wird, dass nur Reiche Zugang zu Fertilisationsbehandlungen erhalten? »Für die Reproduktive-Rechte-Bewegung in den Vereinigten Staaten … ist der konzeptionelle Rahmen schon immer die individuelle Wahlfreiheit gewesen«, sagt Jesudason. »Wenn man die Reproduktions- und die Gentechnik in dieses politische Rahmenkonzept mit einbezieht, bleibt man im Grunde auf dem Kurs, dass der oder die Einzelne in alleiniger Verantwortung darüber befindet, was zu tun das Beste für ihn oder sie ist.« Mit dem Zusammenführen von präimplantativer Geschlechtswahl und geschlechtsselektiver Abtreibung hofft Jesudason, dass andere Organisationen für reproduktive Rechte ein neues Problembewusstein entwickeln.

Bioethiker haben meist die Wahlfreiheit und die Privatsphäre als Ausgangsbasis für das Nachdenken über die humane Reproduktion aufgegeben. Gegenwärtig reden sie über ein Rahmenkonzept, das Ausgewogenheit zwischen den Rechten der Frau und den Rechten ihrer potenziellen Kinder schafft. Eine zentrale Rolle spielt bei diesem Neuansatz die Prämisse, dass jedes Individuum das Recht auf eine »offene Zukunft« hat – und nicht vielmehr ihm oder ihr sogar noch vor der Geburt Erwartungen aufgehalst werden. Die präimplantative Geschlechtswahl nun, so sehen es manche Theoretiker, räumt den Bedürfnissen einer Generation höhere Priorität als denen der nächsten Generation ein und gibt dem Kinderhaben eher den Sinn, Wünsche der Eltern zu befriedigen, als den, verantwortungsbewusst einen eigenständigen Menschen zu schaffen.

Das scheint auch im Hinblick auf die geschlechtsselektive Abtreibung eine gute Ausgangsbasis zu sein. Eine Frau sollte das Recht haben, eine Schwangerschaft zu beenden, aber sie sollte nicht das Recht haben, der in der Schwangerschaft verkörperten Person eine Form nach ihrer Laune zu geben. Als mein Bruder und ich in die Adoleszenzphase traten, heftete meine Mutter Khalil Gibrans Gedicht »Von den Kindern« an den Kühlschrank, damit es sie stets daran erinnere, uns selbst unseren Lebensweg suchen zu lassen:

»Eure Kinder sind nicht eure Kinder.
Sie sind die Söhne und die Töchter der Sehnsucht
des Lebens nach sich selbst.

Sie kommen durch euch, doch nicht aus euch.
Und sind sie auch bei euch, gehören sie euch doch
nicht.«[39]

Oder wie Puneet Bedi, der Gynäkologe auf der Entbindungsstation der Apollo-Klinik in Delhi, es ausdrückte: »Man hat die Wahl, ob man ein Kind haben will oder nicht. Aber sobald man sich dafür entschieden hat, gibt es keine Wahlfreiheit mehr, da kann man sich nicht aussuchen, ob es ein Junge oder ein Mädchen wird, ob schwarz oder weiß, groß oder klein.«

* * *

Das Ungleichgewicht im Zahlenverhältnis der Geschlechter ist seit Langem ein dringliches – und gleichwohl beharrlich übersehenes – Problem. Aber in jüngster Zeit ist es noch sehr viel dringlicher geworden. Zusammen mit Mailorder-Bluttests wie dem Baby Gender Mentor (siehe Kapitel 4) verbreiten sich in aller Stille präimplantative Reproduktionstechniken in der Dritten Welt, wo sich zahlende Interessenten bei jenen Paaren finden, denen es um diskrete Geschlechtswahl ohne Mitwisserschaft von Verwandten und Nachbarn geht. Das Interesse, das Seouls Elite für die IVF bezeugt, deutet darauf hin, dass in Asien Südkorea die Vorreiterrolle übernommen hat. Doch andere Länder holen rasch auf. Geschlechtsselektion via PID wird inzwischen in China, Indien, Zypern, Thailand, Jordanien, Ägypten, Brasilien und Russland angeboten. (Geschlechtsselektion zu nichtmedizinischen Zwecken ist in Russland illegal, aber ein russischer Medizinreisen-Organisator, mit dem ich sprach, sagt, dass er routinemäßig an PID-Geschlechtswahl interessierte US-amerikanische Paare zu Discount-Behandlungen nach Moskau fliegt.)[40] In Mexiko haben die Fertility Institutes in der Stadt Guadalajara ein Büro eröffnet.

Einst waren Finanzspritzen von US-Organisationen für Bevölkerungskontrolle in Millionenhöhe nötig, dazu Tausende von ambulanten Helfern und eine ganze Flotte von mobilen Kliniken, um Geschlechtsbestimmung und Abtreibung in den Entwicklungsländern durchzusetzen. Heute überqueren die Menschen bereitwillig Landesgrenzen, um in den Genuss tief in ihr Leben eingreifender Techniken zu kommen, und die Verbreitung dieser Techniken geht sehr schnell vonstatten, dazu bedarf es keines Anschubs durch die Weltbank mehr. Mit diesem Wandel geht eine neue Verantwortung einher. Wir Amerikaner können zwar in Fragen wie der von Legalität oder Illegalität reproduktionsmedizinischer Techniken in Ägypten nicht viel tun. Aber wir können bessere Arbeit leisten, um die Nachfrage nach diesen Techniken bereits im Frühstadium einzudämmen. Der Standpunkt, dass die Art von Selektion, die in den Labors der Fertility Institutes vorgenommen wird, etwas grundsätzlich anderes sei als das, was in indischen Abtreibungskliniken passiert, ist wahrlich purer Hochmut. Der »amerikanische Exzeptionalismus« – die Überzeugung der Amerikaner von ihrer Sonderstellung und Sonderrolle gegenüber allen anderen Nationen – hat schon genug Unheil angerichtet.

Zudem steht bei der präimplantativen Geschlechtswahl weit mehr auf dem Spiel als das globale Gleichgewicht von Männern und Frauen – als ob das nicht schon genug wäre. Die geschlechtsselektive Embryonenimplantation ist der Schritt, der auf eine schiefe und dabei sehr glatte Ebene führt, auf der es dann unaufhaltsam weiter abwärts geht. »Man kann sich gut vorstellen, welche Argumente vorgebracht werden«, sagt Darnovsky. »Wenn wir die Leute diese wichtige Sache, welches Geschlecht ihr Kind haben soll, erst mal selbst bestimmen lassen, warum sollten wir ihnen dann widersprechen, wenn sie die Intelligenz ihrer Kinder beziehungsweise den Intelligenzquotienten um zwanzig Punkte hochpuschen wollen?« Embryonenselektion auf Intelligenz ist noch nicht möglich, vielleicht aber auch nicht mehr fern. »Rein technisch gesehen können wir auf alles testen«, sagte der Pionier der PID vor einiger Zeit. »Die Frage wird sein, was so gravierend ist, dass es den Test rechtfertigt, und wer das entscheidet.«[41]

Erst mal entscheidet Jeffrey Steinberg. 2009 kündigte er auf der Website der Fertility Institutes an, seine Klinik werde bald Selektion auf Augenfarbe, Haarfarbe und Hautfarbe anbieten (Letztere hieß bei ihm »Teint«). Er hätte das wohl auch durchgezogen, wäre auf die Anzeige hin nicht ein Sturm der Entrüstung losgebrochen. Die Presse fiel über ihn her, der Vatikan gab eine kritische Stellungnahme ab, in der er die »obsessive Suche nach dem ›perfekten Kind‹« geißelte, und Paare, die sich der PID zu medizinischen Zwecken bedient hatten, protestierten, weil sie befürchteten, die leichtfertige Nutzung der Reproduktionstechnik werde in der Öffentlichkeit Stimmung auch gegen Fälle wie den ihrigen erregen.[42] Es stellte sich heraus, dass die Amerikaner mehr Probleme mit der Selektion auf körperliche Eigenschaften als mit der Geschlechtsselektion hatten, und Steinberg ruderte zurück.

Er bleibt jedoch optimistisch. »Das Timing war daneben, das ist alles«, erklärt er mir in seinem Büro, wo wir uns vor der Kulisse von Palmen draußen vor dem Fenster über die Zukunft der Reproduktionstechnik unterhalten. »Damals waren wir einfach nur zu früh dran. Wir sind unserer Zeit weit voraus gewesen. Also haben wir uns gesagt: ›Schön und gut. Legen wir die Sache eben auf Eis.‹« Seit damals rufen immer wieder von blauen oder grünen Augen schwärmende Paare im Büro an, sagt er. Er wartet auf einen Stimmungswandel in der Öffentlichkeit und trägt unterdessen die Daten der Anrufer in ein Adressbuch ein.

Danksagung

Am Anfang war nur eine Idee, ein kleiner Plan für einen Zeitschriftenartikel über die Auswirkungen des Ungleichgewichts im Zahlenverhältnis der Geschlechter in China. Ted Genoways bei der *Virginia Quarterly Review* glaubte an die Idee und überließ mir Platz, wo ich sie entwickeln konnte. Von unschätzbarem Wert war mir auch seine Ermutigung, mich über Sexhandel und Brautkauf hinaus nach anderen Strukturveränderungen umzuschauen, die Geschlechtsselektion in einer Gesellschaft bewirken kann. Als sich der Artikel dann zu einem Buch auswuchs, blieb mir seine beratende Stimme erhalten.

Ariana Lindquist arbeitete mit mir zusammen an der Erledigung jenes ersten Auftrags und erwies sich als eine Fotografin, wie ich sie mir besser nicht hätte wünschen können. Ariana machte mich mit den Familien in Suining bekannt, deren Erfahrungen das Rückgrat meiner Reportage bildeten, und ihre von echter Menschlichkeit zeugenden Fotos hoben meinen Text auf ein anderes Niveau. Nachdem wir den Artikel fertiggestellt hatten, half sie mir weiterhin bei der Klärung von Sachfragen und las Kapitelentwürfe durch. Ich kenne nicht viele Menschen, die sich ihrer Arbeit so hingebungsvoll widmen wie sie.

Ich schulde den Redakteuren Dank, die mir Auszeiten von meinem regulären Korrespondentenjob gewährten, damit ich dieses Buch schreiben konnte, so insbesondere Beth McMurtrie bei *The Chronicle of Higher Education* und Richard Stone bei *Science*. Andere bestellten und redigierten Artikel, die später in die vorstehenden Seiten einflossen: Britt Peterson, damals bei *The New Republic*, und Ben Austen, damals bei *Harper's*. Zu Dank verpflichtet bin ich ferner den Redakteuren, deren Aufträge mich in den vergangenen drei Jahren wirtschaftlich und intellektuell bei Kräften gehalten haben: Paul

Adams, George Black, David Malakoff, Mike May, Michael Moyer, John Parman, Samir Patel, Jennifer Ruark, Greg Veis und Jacob Ward.

Dieses Buch wäre vielleicht ganz anders ausgefallen ohne den Enthusiasmus meiner Agentin Gillian MacKenzie, die für den Gedanken an eine Darstellung aus globaler Sicht auf Anhieb offen war und in der Konzeptionsphase scharfsinnige Anregungen beisteuerte. Sie war eine ausgezeichnete Hirtin des Vorhabens.

Mit seiner frühzeitigen einsichtsvollen Beratung schubste mich Clive Prittle, mein Lektor beim Verlag Foreign Affairs, in die richtige Richtung. Zu den weiteren Lektoren, die an dem Buch arbeiteten, aber inzwischen aus dem Haus ausgeschieden sind, zählen Morgen VanVorst und Lindsay Jones. Chrisona Schmidt redigierte, Melissa Raymond vollendete zusammen mit Sandra Beris von Perseus Books den Job bis zur Druckreife. Katherine Schreiber sah das Manuskript gewissenhaft auf Faktentreue durch und machte nebenbei hilfreiche Vorschläge. Etwaige verbliebene Irrtümer habe allein ich zu verantworten.

Mehrere Freunde und Familienmitglieder lasen und kommentierten Entwurfsfassungen. Vielen Dank, Laura Danielson, Glenn Ford, Doris Klein, Jessica Pulver und Renee Witlen, für eure Erkenntnisse und Korrekturen. Rebecca Catching stellte für die Fahnenkorrektur ein zusätzliches Augenpaar zur Verfügung.

Bei meinen Recherchen zur Bevölkerungskontrollbewegung stützte ich mich ganz erheblich auf die verblüffend genaue und ungemein gut geschriebene Darstellung des Historikers Matthew Connelly in seinem Buch *Fatal Misconception*. Ich danke ihm für die generöse Empfehlung von Quellen und die Überlassung für mich wichtiger Dokumente. Wertvolle Hilfe leisteten mir auch die Bibliothekare der Sophia Smith Collection des Smith College – besonders Amy Hague, die mir sachkundig den Weg zu für mich relevanten Akten in den Boxen des Planned-Parenthood-Federation-of-America-Archivs wies – und der Verwalterin des Archivs des Center for Women's Development Studies in Delhi. (Ich wollte, ich wüsste Ihren Namen!) Und schließlich griff ich auch auf die vielschichtige Website des Rockefeller Archive Center zurück sowie auf die *oral histories* auf den Websites der Sophia Smith Collection und der Truman Library.

Im Verlauf der Vorarbeiten zu diesem Buch suchte ich immer wieder das Gespräch mit Demografen. Einige von ihnen schafften es nicht in die Endfassung. S. Irudaya Rajan war mir in Kerala eine liebenswürdige Gastgeberin, und Isabelle Attané unterhielt sich mit mir in Paris. Cai Yong prägte ganz entscheidend mein Verständnis der Ein-Kind-Politik. Aufklärung über diesen Gegenstand verdanke ich auch anderen Wissenschaftlerinnen und Aktivistinnen, nicht zuletzt Mary E. John und Ratna Sudarshan in Delhi.

Meine Vorarbeiten würden eine sehr viel einsamere Veranstaltung geworden sein – und das daraus resultierende Buch eine weniger breit gefächerte Angelegenheit –, wären da nicht die Freunde in vielen Städten rund um den Globus gewesen, die mich beherbergten und mir den Fremdenführer ersetzten: Herr und Frau Shiv Suri in Delhi, Nana Eeun-A Seo in Seoul, Amanda Hong in Taipeh, Tracey Suen in London, Zac Wyman in Paris, Dayna und Ember Frank und Angela Kim in Los Angeles, James Luke David in San Francisco und Megan Shank und Adam Feeney in New York.

Freunde – mitunter die Freunde von Freunden – machten mich mit Informanten bekannt und vermittelten Interviews: Jennifer Cheng, Yoonhee Cho, Gia Dinh, Karen Hyun, Christian Laudet und Shravya K. Reddy. Im Vorfeld meiner Reise nach Südkorea nahm ich die Hilfe von Soyeon Gun in Anspruch, die meine E-Mails übersetzte und Telefongespräche für mich führte. In Seoul angekommen, begab ich mich vertrauensvoll in die Hände der erfahrenen Dolmetscherin Ashley Sunya Yoon.

Der Schreibprozess wäre längst nicht solch ein Vergnügen gewesen ohne den bunten Verein von Bücherfreunden aus Sam Freedmans legendärem Seminar über das Bücherschreiben an der Columbia Graduate School of Journalism: Gal Beckerman, David Biello, Shoshana Guy, Allan Jalon und Kavitha Rajagopalan. Sam danke ich dafür, dass er mich gelehrt hat, wie man ein Manuskriptangebot abfasst, und auch für seine Beratung, als ich den ersten Versuch wagte. Dank auch an Paul

Hendrickson an der University of Pennsylvania, der mir zuvor das Schreiben – und das Beobachten – beigebracht hatte.

Zwei Kapitel des Buches erwuchsen aus einer spätabendlichen Unterhaltung mit Adam Minter. Mein Mentor und enger Freund Adam redete mir eindringlich zu, bei der Wahl meiner Themen nicht vor »heißen Eisen« zurückzuscheuen – und gab selber mit seiner Berichterstattung über China das beste Beispiel.

Eine maßgebliche Rolle spielte für meine Arbeit auch die schneidend intelligente Laurel Kilgour. Mit Handreichungen, die sich von Lektürevorschlägen zum Thema Bioethik über das Bekanntmachen mit potenziellen Informanten bis zur peinlich genauen Zeile-für-Zeile-Redaktion des Gesamtmanuskripts in einer Entwurfsfassung erstreckten, war sie mir eine außerordentliche Hilfe. Mit meinen entfernten Verwandten habe ich Glück gehabt.

Dankbar bin ich auch mehreren Freundinnen und Familienmitgliedern, die mir über ihre Erfahrungen mit Schwangerschaft, Abtreibung, IVF und Eizellenspende berichteten oder mir erlaubten, bei intimen Ultraschalluntersuchungen oder Arztterminen dabei zu sein. Man kennt sich ja.

Zu den Menschen, die mich in der Entstehungszeit des Buches mit Ideen oder in sonstiger hier noch nicht erwähnter Form unterstützten, zählen Parisa Yousef Dorst, Isaac Stone Fish, Ken Kostel, Hien Le, Renee Reynolds, Dawn Stover und Jiyoung Yoon.

Da in diesem Buch schon viel von Familien die Rede war, möchte ich nicht versäumen, auch meine eigene zu erwähnen. Mein Bruder Jake Hvistendahl und mein Beinahe-Bruder Barrs Lang waren die Allerersten, die mich darüber belehrten, was ungleichgewichtiges Geschlechterverhältnis ist. (In unserem Haushalt trafen die generellen Erkenntnisse über Testosteronwirkung nicht immer zu: Oft war ich es, die Jake und Barrs terrorisierte.) Von Hongyu Lang, die mir über wichtige Jahre meines Lebens eine liebevolle Ziehmutter war, erhielt ich obendrein meinen ersten Chinesischunterricht. Mein Vater war der Ur-Reporter und hat mich immer in meiner Arbeit bestärkt. Und eine weitere Generation zurück verdanke ich viel der lebenslustigen Joan Danielson und dem vom Gottesmann zum Romancier mutierten Dave Danielson, die mir vorgemacht haben, was es heißt, sich des Lebens zu freuen, und was es heißt, das Schreiben zu lieben (was beides oft nicht Hand in Hand geht), sowie der Englischprofessorin Marion Hvistendahl, die mich frühzeitig in die Regeln und die Wunder der Sprache einführte.

Vor allem danke ich Aksel Çoruh dafür, dass er Gleichgewicht – Geschlechtergleichgewicht und anderes – in mein Leben bringt und das Alter Ego in meinem Glück ist.

Anmerkungen

PROLOG

1 Nicholas Bakalar, »Sex Ratio Seen to Vary by Latitude«, *New York Times*, 20. April 2009, http://tinyurl.com/dmwx6k.
2 Johann Peter Süßmilch, *Die göttliche Ordnung in den Veränderungen des menschlichen Geschlechts*, Bd. 2 (Berlin 1762), 269.
3 Siehe Stichwort »Süßmilch, Johann Peter« im Katalog der Deutschen Nationalbibliothek, http://tinyurl.com/66larpo.
4 Charles Darwin, *Die Abstammung des Menschen und die geschlechtliche Zuchtwahl*, Bd. 1 (Stuttgart 1871), 227.
5 Darwin, *Abstammung*, 230.
6 Darwin, *Abstammung*, 3. Aufl. (*Gesammelte Werke*, Bd. 5, Stuttgart 1875), 340.
7 Veronica di Mambro, »The University of Cambridge Eugenics Society from 1911–1913 and 1930–1933«, *Galton Institute Newsletter*, Juni-September 2003, http://tinyurl.com/23o5vml.
8 Guillaume Chapron, zitiert in »French Male Bears in Immediate Need of More Females«, *ScienceDaily*, 29. Oktober 2009, http://tinyurl.com/4zruv82.
9 Dena S. Davis, *Genetic Dilemmas: Reproductive Technology, Parental Choices, and Children's Futures* (New York 2001), 91.
10 M. Ruth Nentwig, »Technical Aspects of Sex Preselection«, in *The Custom-Made Child? Women-Centered Perspectives*, hg. von Helen B. Holmes, Betty B. Hoskins und Michael Gross (New York 1981), 181.
11 Aristoteles, *On the Generation of Animals* [Über die Zeugung und Entwicklung der Tiere] (Whitefish, MT 2004), http://tinyurl.com/4tcpsv7.
12 Menachem Mendl Brayer, *The Jewish Woman in Rabbinic Literature* (Jersey City, NJ 1986), 2:208.
13 Forum Against Sex Determination and Sex Pre-selection, »Using Technology, Choosing Sex«, *development dialogue* 1992:1–2, 91, http://tinyurl.com/6jmqrmt.
14 Olivia P. Judson, »Killing the Sex Ratio«, *Nature*, 8. Dezember 1994, 503.

ERSTES KAPITEL

1 Amartya Sen, »More Than 100 Million Women Are Missing«, *New York Review of Books*, 20. Dezember 1990, http://tinyurl.com/4-zxe2s6.
2 South India Fertility Project, http://tinyurl.com/4gfjb8v.
3 Christophe Z. Guilmoto, »Characteristics of Sex-Ratio Imbalance in India, and Future Scenarios« (Referat, gehalten auf der Fourth Asia Pacific Conference on Reproductive and Sexual Health and Rights, 2007), 9, http://tinyurl.com/4okjqdu.
4 Guilmoto, »Characteristics«, 9.
5 Die Zahlen für Singapur und Taiwan stammen aus: Elspeth Graham, »Son Preference, Female Deficit and Singapore's Fertility Transition«, in *Watering the Neighbour's Garden*, hg. von Isabelle Attané und Christophe Z. Guilmoto (Paris 2007), 89–106.
6 Die Zahl für Indien stammt aus: »Field Listing: Sex Ratio«, in *CIA World Factbook 2010*, http://tinyurl.com/576yck; die für China aus: Shuzhuo Li, »Imbalanced Sex Ratio at Birth and Comprehensive Intervention in China« (Referat, gehalten auf der Fourth Asia Pacific Conference on Reproductive and Sexual Health and Rights, 2007), 7.
7 Attané und Guilmoto, *Watering*, IX.
8 Christophe Z.Guilmoto, »Sex Ratio Imbalance in Asia: Trends, Consequences, and Policy Responses« (Referat, gehalten auf der Fourth Asia Pacific Conference on Reproductive and Sexual Health and Rights, 2007), 1, http://tinyurl.com/4ldcpgd.
9 Da weniger Frauen weniger Geburten bedeuten, führt die Berücksichtigung eines asymmetrischen Geschlechterverhältnisses bei der Geburt in der Hochrechnung der Weltbevölkerungszahlen für einen 25 oder 50 Jahre in der Zukunft liegenden Zeitpunkt zu niedrigeren Schätzungen, und die Beamten der UNO-Abteilung für Bevölkerungsfragen nehmen sich, vielleicht aus guten Gründen, sehr in Acht, damit sie diese Zahlen nicht unterschätzen. So Christophe Guilmoto im persönlichen Gespräch mit der Verfasserin in Paris, 11. August 2009; Joseph Chamie im telefonischen Gespräch mit der Verfasserin, 19. Januar 2011.
10 Die Gesamtbevölkerung der USA zum Zeitpunkt Juli 2010 belief sich auf 310 Millionen. Knapp 160 Millionen dieser Menschen sind weiblichen Geschlechts. Siehe »North America: United States«, in *CIA World Fact Book 2010*, http://tinyurl.com/2l9rcv.
11 »World«, in *CIA World Factbook 2010*, http://tinyurl.com/yrmnyw, und »Population«, ebd., http://tinyurl.com/6cgwbj.
12 Christophe Guilmoto im persönlichen Gespräch mit der Verfasserin in Paris, 11. August 2009. Siehe auch »Field Listing: Sex Ratio«, in *CIA World Factbook 2010*, http://tinyurl.com/576yck.

13 Guilmoto, »Characteristics«.
14 Guilmoto im persönlichen Gespräch mit der Verfasserin, 11. August 2009.
15 Mara Hvistendahl, »No Country for Young Men«, *The New Republic*, 9. Juli 1008, http://tinyurl.com/48m844m.
16 Guilmoto im persönlichen Gespräch mit der Verfasserin, 11. August 2009.
17 Südkorea trat 1996 der OECD bei. Siehe »Countries: Korea«, *OECD Observer*, http://tinyurl.com/4j7tazh.
18 Sen, »More Than 100 Million«.
19 M. Giovanna Merli und Adrian E. Raftery, »Are Births Underreported in Rural China? Manipulation of Statistical Records in Response to China's Population Politics«, *Demography*, Februar 2000, 109–126; P.N. Mari Bhat, »On the Trail of ›Missing‹ Indian Females: Search for Clues«, *Economic and Political Weekly*, 28. Dezember 2002, 5105–5118.
20 Emily Oster, »Hepatitis B and the Case of Missing Women«, *Journal of Political Economy* 113, Nr. 6 (2005), http://tinyurl.com/4-lqxylv.
21 Emily Oster u.a., »Hepatitis B Does Not Explain Male-Biased Sex Ratios in China« (2008), http://home.uchicago.edu/~eoster/hbvnotecon.pdf.
22 Christophe Guilmoto im telefonischen Gespräch mit der Verfasserin, 9. November 2010.
23 Christophe Z. Guilmoto, *The Sex Ratio Transition in Asia*, Center for Population and Development Working Paper Series (Paris 2009), 5, http://tinyurl.com/63ax2fb.
24 »Asia's Declining Fertility«, South Asia Research Institute for Policy and Development, 20. Dezember 2006, http://tinyurl.com/47-pv4na; siehe auch *Population and Social Integration Section Fact Sheets*, United Nations Economic and Social Commission for Asia and the Pacific, http://tinyurl.com/46o2e4z.
25 Guilmoto, *Sex Ratio Transition*, 33.
26 »Country Comparison: Total Fertility«, in *CIA World Fact Book 2010*, http://tinyurl.com/3yur88.
27 Guilmoto, *Sex Ratio Transition*, 9.
28 Guilmoto, »Characteristics«, 8.
29 Richa Sharma, »Gender Imbalance Highest Among Affluent: Study«, *Headlines India*, 15. 12. 2008, http://tinyurl.com/29kyb3h.
30 Guilmoto, *Sex Ratio Transition*, 8.
31 France Meslé im telefonischen Gespräch mit der Verfasserin, 16. Dezember 2008.
32 France Meslé, Jacques Vallin und Irina Badurashvili, »A Sharp Increase in Sex Ratio at Birth in the Caucasus. Why? How?«, in *Watering*, 73–88.

33 »Brides and Prejudice in China«, *China Daily*, 23. August 2010, http://tinyurl.com/4abld7z.
34 Attané und Guilmoto, *Watering*, 3.
35 »HIV Funding Priority Shift Call«, BBC, 9. Mai 2008, http://tinyurl.com/23csdbq.

ZWEITES KAPITEL

1 Ein ausführlicherer Bericht über die Entwicklung Suinings in Mara Hvistendahl, »Half the Sky: How China's Gender Imbalance Threatens Its Future«, *Virginia Quarterly Review*, Herbst 2008, 188–215.
2 Guilmoto, *Sex Ratio Transition*, 33.
3 Hvistendahl, »Half the Sky«. Währungsumrechnung nach Kurs von 2011.
4 Barbara Miller, »Female-Selective Abortion in Asia: Patterns, Policies, and Debates«, *American Anthropologist*, Dezember 2001, 1087.
5 Das Haushaltseinkommen in China lag 2006 bei ca. 7200 Yuan. Marcos Chamon und Eswar Prasad, *Why Are Saving Rates of Urban Households in China Rising?* IMF Working Paper WP/08/145 (International Monetary Fund, Juni 2008), 37, http://tinyurl.com/67xt3rx.
6 Zwillinge fallen nicht unter die Regelungen der Ein-Kind-Politik und sind in den letzten Jahren in China häufiger geworden, weil Ehepaare in dem Bemühen, auf legale Weise das Gesetz zu umgehen, gern zu preisgünstigen Fruchtbarkeitspillen greifen. James Reynolds, »Chinese Challenge One-Child Policy«, BBC, 25. Mai 2007, http://tinyurl.com/277w77y; siehe auch Michael Sheridan, »Fertility-Drug Twins Beat China's One-Child Law«, *The Times* (London), 27. Februar 2005, http://tinyurl.com/22olj4n; ersatzweise: http://tinyurl.com/cqn6aul.
7 »China Warned on Gender Imbalance«, BBC, 24. August 2007, http://tinyurl.com/c64xaze.
8 Hvistendahl, »No Country«.
9 Hvistendahl, »Half the Sky«.
10 Therese Heskes und Zhu Wei Xing, »Abnormal Sex Ratios in Human Populations: Causes and Consequences«, *Proceedings of the National Academy of Sciences*, 5. September 2006, 13272, http://tinyurl.com/67p5g2b.
11 Guilmoto im persönlichen Gespräch mit der Verfasserin, 11. August 2009.
12 Michelle Goldberg, *The Means of Reproduction: Sex, Power, and the Future of the World* (New York 2009), 191.

13 Centre for Women's Development Studies, Planning Gender, *Planning Families: Addressing the Adverse Sex Ratio* (Delhi 2008), 64.
14 Danièle Bélanger, »Sex Selective Abortions: Short-term and Long-term Perspectives«, *Reproductive Health Matters*, Mai 2002, 194.
15 Hvistendahl, »Half the Sky«.
16 Hvistendahl, »Half the Sky«.

DRITTES KAPITEL

1 *India: Achieving Rapid and Inclusive Growth, Sustainable Development*, http://tinyurl.com/2g2fjgp.
2 »Women Shoot Past Men Across the Spectrum«, *Economic Times*, 22. Juni 2009, http://tinyurl.com/ck4rjwe.
3 Ranjit Devraj, »No Stpping Reserved Seats for Women in Parliament«, *IPS News*, 8. März 2010, http://tinyurl.com/ylz4zs9.
4 Didi Kirsten Tatlow, »For China's Women, More Opportunities, More Pitfalls«, *New York Times*, 25. November 2010, http://tinyurl.com/23er2xf.
5 Matthew Connelly, *Fatal Misconception* (Cambridge, MA 2008), 213.
6 Connelly, *Fatal Misconception*, 119f.
7 Connelly, *Fatal Misconception*, 114.
8 Connelly, *Fatal Misconception*, 162.
9 Matthew Connelly, »Population Control in India: Prologue to the Emergency Period«, *Population and Development Review*, Dezember 2006, 633.
10 Connelly, »Population Control in India«, 636.
11 Connelly, *Fatal Misconception*.
12 U.S. Office of Technology Assessment, *World Population and Fertility Planning Technologies: The Next Twenty Years* (Washington, DC 1982), 108.
13 Connelly, »Population Control in India«, 657; siehe auch Kristin L. Ahlberg, *Transplanting the Great Society: Lyndon Johnson and Food for Peace* (Columbia, MO 1981).
14 Connelly, *Fatal Misconception*, 263.
15 Barbara A. Crane und Jason L. Finkle, *Organizational Impediments to Development Assistance: The World Bank's Population Programme* (Princeton, NJ 1981), 519.
16 Edward Goldsmith u. a., »Preface: A Blueprint for Survival«, *Ecologist*, Januar 1972, http://tinyurl.com/ctacwnq (dt. *Planspiel zum Überleben*, Stuttgart 1972, Vorwort).
17 »Treading Lightly: Does Mankind Need More Than One Planet?«, *Economist*, 19. September 2002, http://tinyurl.com/buog5bf.

18 Connelly, *Fatal Misconception*, 264.
19 Goldberg, *Means of Reproduction*, 71.
20 Seungsook Moon, *Militarized Modernity and Gendered Citizenship in South Korea* (Durham, NC 2005), 81.
21 Connelly, *Fatal Misconception*, 181, 265.
22 John Fields Aird, Slaughter of the Innocents: Coercive Birth Control in China (Washington, DC 1990), 6.
23 Mara Hvistendahl, »Has China Outgrown the One-Child-Policy?, *Science*, 17. September 2010, 1458.
24 Hvistendahl, »Has China Outgrown«, 1458.
25 Mara Hvistendahl, »Of Population Projections and Projectiles«, *Science*, 17. September 2010, 1460.
26 Susan Greenhalgh, Just One Child: *Science and Policy in Deng's China* (Berkeley, CA 2008), 130.
27 Greenhalgh, *Just One Child*, 127.
28 Später von der Anthropologin Susan Greenhalgh nach dem Zeitpunkt seines Zusammentreffens mit Olsder befragt, gab Song das Jahr 1978 an. Meine Datumsangabe (1975) basiert auf dem Interview, das ich mit Olsder führte.
29 Hvistendahl, »Of Population Projections«.
30 Greenhalgh, *Just One Child*, 133.
31 Hvistendahl, »Of Population Projections«.
32 Greenhalgh, *Just One Child*, 152.
33 Hvistendahl, »Of Population Projections«.
34 Greenhalgh, *Just One Child*, 154.
35 Hvistendahl, »Has China Outgrown«, 1458f.
36 Mary-Jane Schneider, *Introduction to Public Health*, 2. Aufl. (Sudbury, MA 2006), 428.
37 Sukanya Harika von der Public Health Foundation of India im persönlichen Gespräch mit der Verfasserin, Delhi, 29. Juni 2009. Siehe auch Muhamad Yunus, *Banker to the Poor: Micro-Lending and the Battle Against World Poverty* (New York 2003), 134.
38 Phillip B. Levine und Douglas Staiger, »Abortion Policy and Fertility Outcomes: The Eastern European Experience«, *Journal of Law and Economics*, April 2004, 229.
39 Timothy Heleniak, »Causes and Demographic Consequences of Fertility Decline in the Former Soviet Union and Central and Eastern Europe«, *Marriage & Family Review*, Januar 2010.
40 Wolfgang Lutz, Warren Sanderson und Sergei Scherbov, »The End of World Population Growth«, *Nature*, 2. August 2001.
41 Christophe Z. Guilmoto, *The Sex Ratio Transition in Asia*, Center for Population and Development Working Paper Series (Paris 2009), 23, http://tinyurl.com/63ax2fb.
42 http://tinyurl.com/ceovhex.

43 United Nations Fund for Population Activities, »Guidance Note on Prenatal Sex Selection«, 2010, http://tinyurl.com/62hz39h.
44 Diese Ergebnisse wurden noch nicht mit albanischen Zensusdaten verglichen.
45 Manuela Bello in einem E-Mail-Wechsel mit der Verfasserin, 9. Juli 2010.
46 Die Hälfte der Schwangerschaften endete mit Abtreibung: United Nations Population Division Department of Economic and Social Affairs, »Albania«, in *Abortion Policies: A Global Review* (United Nations 2002), http://tinyurl.com/2eg6lpb. Prozentsatz der Albaner, die Kontrazeptiva benutzen: Flora Ismaili im persönlichen Gespräch mit der Verfasserin, Tirana, 5. Juli 2010.
47 Preis einer Ultraschalluntersuchung: Flora Ismaili im Gespräch mit der Verfasserin. Verfügbar ab den 1990er Jahren: Louise Grogan im E-Mail-Wechsel mit der Verfasserin, 9. Juli 2010.
48 Flora Ismaili im Gespräch mit der Verfasserin.
49 Manuela Bello, Email-Wechsel mit der Verfasserin.
50 Douglas Almond und Lena Edlund, »Son-Biased Sex Ratios in the 2000 United States Census«, *Proceedings of the National Academy of Sciences*, 15. April 2008, 5681 f., http://tinyurl.com/2f5e3db.
51 Almond und Edlund, »Son-Based Sex Ratios«.
52 »U.S. Birth Rate: Still Fueling Population Growth?, Online-Diskussion, Population Reference Bureau, 22. März 2007, http://tinyurl.com/29memvr.
53 Lisa Wong Macabasco, »Why the Abortion Rate Among Asian-American Women Is So High«, *Hyphen*, 2. September 2010; in Betreff der 18-prozentigen Abtreibungsrate im weißen Bevölkerungsteil siehe: http://tinyurl.com/2cvo3l2.

VIERTES KAPITEL

1 Roger Jeffery, Patricia Jeffery und Andrew Lyon, »Female Infanticide and Amniocentesis«, *Social Science and Medicine* 19, Nr. 11 (1984): 1207–1212.
2 Indraprastha Apollo Hospitals, New Delhi, http://tinyurl.com/48-sn6x3. Jay Solomon, »India's New Coup in Outsourcing: Inpatient Care«, *Wall Street Journal*, 26. April 2004.
3 »Doctor Sought over Illegal Scans«, BBC, 5. Dezember 2007, http://tinyurl.com/2mf8oe.
4 Elisabeth Bumiller, *May You Be the Mother of a Hundred Sons: A Journey Among the Women of India* (New York 1990), 113.
5 U.S. Office of Technology Assessment, *World Population and Fertility Planning Technologies: The Next Twenty Years* (Washington, D.C. 1982), 99.

6 Chai Bin Park und Nam-Hoon Cho, »Consequences of Son Preference in a Low-Fertility Society: Imbalance of the Sex Ratio at Birth in Korea«, *Population and Development Review*, März 1995, 79.
7 Bumiller, *May You Be the Mother*, 115.
8 Vibhuti Patel, »The Political Economy of Missing Girls in India«, in Tulsi Patel (Hg.), *Sex-Selective Abortion in India: Gender, Society, and New Reproductive Technologies* (Thousand Oaks, CA 2007), 300.
9 Connelly, *Fatal Misconception*, 357.
10 Jeffrey R. Immelt, Vijay Govindajaran und Chris Trimble, »How GE Is Disrupting Itself«, *Harvard Business Review*, Oktober 2009, 8.
11 Immelt, Govindajaran und Trimble, »How GE Is Disrupting Itself«, 8 f.
12 Peter Wonacott, »India's Skewed Sex Ratio Puts GE Sales in Spotlight«, *Wall Street Journal*, 18. April 2007.
13 Siehe Robin Elise Weiss, »Telling Your Baby's Sex by Ultrasound«, http://tinyurl.com/5uyq9an.
14 Paul Glaser, »Mindray Eyes U.S. As West Looks East«, *Wall Street Journal*, 14. September 2010, http://tinyurl.com/39aw9ez.
15 Laura Lederer, »›Missing Girls‹ in Asia: Magnitudes, Implications, and Possible Responses« (Podiumsdiskussion im American Enterprise Institute, Washington, D.C., 17. September 2008), http://www.aei.org./event/1796.
16 Wonacott, »India's Skewed Sex Ratio«.
17 Wonacott, »India's Skewed Sex Ratio«.
18 Kum Sung: Heeran Chun im Gespräch mit der Verfasserin, Seoul, 14. Dezember 2009.
19 Rubena Moisiu im Gespräch mit der Verfasserin, Tirana, 5. Juli 2010.
20 »Google, Microsoft Pull Sex Ads After India Legal Threat«, Agence France-Press, 18. September 2008.
21 Nell Boyce, »Revisiting the Baby Gender Mentor«, in der *Morning Edition* des NPR (National Public Radio), 27. Februar 2006, http://tinyurl.com/63urvrc.
22 Nell Greenfieldboyce, »Critics Question Accuracy of Fetus Sex Test«, in der *Morning Edition* des NPR, 29. September 2005, http://tinyurl.com/9uy33.
23 Julie M. Donnelly, »Acu-Gen Biolab Files for Ch. 11 Bankruptcy«, *Mass High Tech*, 17. Dezember 2009, http://tinyurl.com/ybdqde4.

FÜNFTES KAPITEL

1 Barbara D. Metcalf und Thomas R. Metcalf, *A Concise History of Modern India*, 2. Aufl. (Cambridge, UK 2006), 62.
2 Duncans Äußeres: James Douglas, *Bombay and Western India: A Series of Stray Papers* (London 1893), 175. Sein Ruf: C. Colin Davies, »Review of *Jonathan Duncan and Varanasi* by V.A. Narain«, *English Historical Review* 1962.
3 John William Kaye, *The Administration of the East India Company: A History of Indian Progress* (London 1853), 553.
4 Jonathan Duncan, Brief an Lord Cornwallis, 2. Oktober 1789, in *Selections from the Duncan Records* (Benares 1873), 134.
5 Philip Woodruff, *The Men Who Ruled India: The Founders* (Oxford 1953), 179.
6 Kaye, *Administration of the East India Company*, 554; siehe auch Duncan, Brief an Lord Cornwallis, 134.
7 Kaye, *Administration of the East India Company*, 555 f.
8 L.S. Vishwanath, *Female Infanticide and Social Structure: A Socio-Historical Study in Western and Northern India* (Delhi 2000), 8.
9 L.S. Vishwanath, »Efforts of Colonial State to Suppress Female Infanticide: Use of Sacred Texts, Generation of Knowledge«, *Economic and Political Weekly*, 9. Mai 1998, 1104–1112, http://tinyurl.com/85pkdt4.
10 Kaye, *Administration of the East India Company*, 557.
11 John Wilson, *History of the Suppression of Infanticide in Western India Under the Government of Bombay: Including Notices of the Provinces and Tribes in Which the Practice Has Prevailed* (Cornell University Library 1855), 43.
12 Kaye, *Administration of the East India Company*, passim.
13 Frederick Wilse Bateson, *The Cambridge Bibliography of English Literature: Index, Volume III* (London 1940), 907.
14 Kaye, *Administration of the East India Company*, 549.
15 Kaye, *Administration of the East India Company*, 549.
16 Kaye, *Administration of the East India Company*, 558.
17 Epidemischer Anstieg nach Lionel Rose, *The Massacre of the Innocents: Infanticide in Britain, 1800–1939* (London 1986). *Journal of Social Science* nach Hilary Marland (University of Warwick), zitiert in »Infant-killing and the Victorian Mother«, BBC-News, 15. Juni 2003, http://tinyurl.com/34658x5.
18 Kaye, *Administration of the East India Company*, 545.
19 Die angegebenen Zensuszahlen beziehen sich auf das Jahr 1901.
20 Vishwanath, »Efforts of Colonial State to Suppress Female Infanticide«.
21 Kaye, *Administration of the East India Company*, 555.

22 Kaye, *Administration of the East India Company*, 552.
23 Vishwanath, »Female Infanticide«, 123.
24 Vishwanath, »Female Infanticide«.
25 Vishwanath, »Female Infanticide«, 95.
26 L. S. Vishwanath, »Female Infanticide, Property, and the Colonial State«, in *Sex-Selective Abortion in India*, hg. von Tulsi Patel (Thousand Oaks, CA 2007).
27 Philip Gourevitch, *We Wish to Inform You That Tomorrow We Will Be Killed With Our Families: Stories from Rwanda* (New York 1999).
28 L. W. G. Malcolm, »Sex Ratio in African Peoples«, *American Anthropologist*, Neue Folge, Oktober-Dezember 1924, 464.
29 Kaye, *Administration of the East India Company*, 552.
30 Darwin, *Die Abstammung des Menschen und die geschlechtliche Zuchtwahl*, 2. Aufl. (*Gesammelte Werke*, Bd. 5, Stuttgart 1875), 335.
31 Darwin, *Abstammung*, 3. Aufl., 335 ff.
32 Darwin, *Abstammung*, 3. Aufl., 339.
33 C. A. Bayly, *Indian Society and the Making of the British Empire* (London 1990), 7.
34 Metcalf und Metcalf, *Concise History*.
35 Metcalf und Metcalf, *Concise History*, 91.
36 Peter Marshall, »British History in Depth: The British Presence in India in the 18th Century«, BBC, 15. Oktober 2010, http://tinyurl.com/nt2ncc.
37 Bernard S. Cohn, »The Initial British Impact on India: A Case Study of the Benares Region«, *Journal of Asian Studies*, August 1960, 429.
38 Metcalf und Metcalf, *Concise History*, 78 f.
39 Bernard S. Cohn, »Structural Change in Indian Rural Society 1596–1885«, in *An Anthropologist Among the Historians and Other Essays*, (Delhi 1987), 183; zitiert nach Vishwanath, *Female Infanticide and Social Structure*, 133.
40 L. S. Vishwanath, »Female Infanticide«, 274.
41 Vishwanath, *Female Infanticide and Social Structure*, 133 f.
42 Puneet Bedi im Gespräch mit der Verfasserin, Delhi, 2. Juli 2009.
43 Vishwanath, *Female Infanticide and Social Structure*, 98.
44 Vishwanath, *Female Infanticide and Social Structure*, 50.
45 Heeran Chun im Gespräch mit der Verfasserin, Seoul, 14. Dezember 2009.
46 »Sex-selection: A Brain-bending Intersection of Ideals«, http://tinyurl.com/35v263d.
47 *The Missing Daughters of India/Sex Selection: The Issue; and What You Can Do* (vom Indienbüro der UNFPA verteilte Broschüre).

48 Mark Landler, »A New Gender Agenda«, *New York Times Magazine*, 18. August 2009, http://tinyurl.com/358ttun.
49 Stephen W. Mosher, »Opinion: Ban Sex-selective Abortions, in the U.S.«, 28. August 2008, http://tinyurl.com/5vw7sp8.
50 Institute for Social Development Studies, »New ›Common Sense‹: Family-Planning Policy and Sex Ratio in Vietnam« (Referat, gehalten auf der Fourth Asia Pacific Conference on Reproductive and Sexual Health and Rights, 2007), 9, http://tinyurl.com/7mwogy4.
51 Elisabeth Bumiller, *May You Be the Mother of a Hundred Sons: A Journey Among the Women of India* (New York 1990), 115.
52 Tina Rosenberg, »The Daughter Deficit«, *New York Times Magazine*, 19. August 2009, http://tinyurl.com/2vmbncq.
53 Institute for Social Development Studies, »New ›Common Sense‹«, 7.
54 William Saletan, »Fetal Subtraction«, *Slate*, 3. April 2008, http://tinyurl.com/3717fxa.
55 Goldberg, *Means of Reproduction*, 194, 196.
56 »Gujarat Minister's Motorbike Campaign Against Female Foeticide«, *Indian Health News*, 20. April 2006, http://tinyurl.com/4-huq53j.
57 »Anand Jon's Sister Lends Support to Save Girl Child Campaign in India«, *Thaindian News*, 14. Oktober 2009, http://tinyurl.com/2-vexmga.

SECHSTES KAPITEL

1 Connelly, *Fatal Misconception*, 165 f.
2 Puneet Bedi im telefonischen Gespräch mit der Verfasserin, 14. Juli 2010.
3 Connelly, *Fatal Misconception*, 310.
4 Connelly, *Fatal Misconception*, 171.
5 Puneet Bedi im telefonischen Gespräch mit der Verfasserin, 14. Juli 2010.
6 Sabu George im persönlichen Gespräch mit der Verfasserin, Delhi, 3. Juli 2009.
7 Ishmar C. Verma u.a., »Prenatal Diagnosis of Genetic Disorders«, *Indian Pediatrics*, Mai 1975, 384.
8 Puneet Bedi im telefonischen Gespräch mit der Verfasserin, 14. Juli 2010.
9 Sabha Hussain, »Population Policy«, *Social Scientist*, Oktober/November 1985, 25.
10 Verma u.a., »Prenatal Diagnosis«.
11 William Grimes, »Sheldon J. Segal, Who Developed Contracepti-

ves, Dies at 83«, *New York Times*, 20. Oktober 2009, http://tinyurl.com/33qvawm.

12 Gary R. Hess, »The Role of American Philanthropic Foundations in India's Road to Globalization During the Cold War Era«, in *Globalization, Philanthropy, and Civil Soiety: Toward a New Political Culture in the Twenty-first Century*, hg. von Soma Heward und Darwin H. Stepleton (New York 2005), 62 f.

13 Connelly, »Population Control in India«, 649.

14 Connelly, *Fatal Misconception*, 216.

15 »In Memoriam: Christopher Tietze«, *Studies in Family Planning*, Mai/Juni 1984, 152.

16 Stephen Miller, »Sheldon Segal, Leading Developer of Contraceptives, Dies at 83«, *Wall Street Journal*, 21. Oktober 2009, http://tinyurl.com/77x98lx.

17 Connelly, *Fatal Misconception*, 199.

18 *Annual Report for 1966*, The Rockefeller Foundation (New York 1967).

19 Connelly, »Population Control in India«, 646.

20 Connelly, *Fatal Misconception*, 217; Connelly, »Population Control in India«, 651.

21 Connelly, »Population Control in India«, 634.

22 Connelly, »Population Control in India«, 646, 656.

23 Roger Jeffery, »New Patterns in Health Sector Aid«, *Economic and Political Weekly*, 11. September 1982, 1500.

24 Hess, »The Role of American Philanthropic Foundations«, 63.

25 Sheldon J. Segal, *Under the Banyan Tree: A Population Scientist's Odyssey* (New York 2003), 191.

26 Connelly, *Fatal Misconception*, 172.

27 S. N. Agarwala, »Social and Cultural Factors Affecting Fertility in India«, in *Proceedings of the Seventh Conference of the IPPF*, 100–105, Series VIII, Box 202, Sophia Smith Collection, Smith College, Northampton, MA.

28 List of Conference Participants, International Conference on Planned Parenthood Program, February 10–16, 1963, Series VIII, Box 202, Sophia Smith Collection, Smith College, Northampton, MA.

29 S. N. Agarwala, »Social and Cultural Factors«.

30 Rockefeller Foundation Archives Collection, Rockefeller Foundation Field Offices, Record Group 6.7 – New Delhi, India, 1835–1976, Subgroup II – »Medical and Natural Sciences Program«, http://tinyurl.com/4f8sjjb.

31 Ford Foundation Grants Database, 1969 Grants, http://tinyurl.com/6xzsjan, abgefragt 15. Juni 2010.

32 Internationales Seminar: B. Pastakia, »Doctors and Overpopulation«, Brief an das *British Medical Journal*, 6. Mai 1972, 534. Symposion der Weltgesundheitsorganisation: K. R. Laumas, *Recent*

Developments in Contraceptive Technology: Proceedings of an International Symposium Held on 18th and 19th October, 1974, at New Delhi (Delhi 1974).

33 Roger Jeffery, »New Patterns in Health Sector Aid«, 1498, 1500.
34 Connelly, *Fatal Misconception*, 318.
35 Connelly, *Fatal Misconception*, 324.
36 Goldberg, *Means of Reproduction*, 83.
37 Connelly, *Fatal Misconception*, 322.
38 6,2 Millionen: Connelly, *Fatal Misconception*, 323. Opfer von Zwangssterilisierung im Dritten Reich: Ian Kershaw, *Hitler. 1889–1936* (München 2002), 616.
39 Kingsley Davis, »Asia's Cities: Problems and Options«, *Population and Development Review*, September 1975, 83.
40 Connelly, *Fatal Misconception*, 321.
41 Connelly, *Fatal Misconception*, 321.
42 Connelly, *Fatal Misconception*, 310, 322.
43 Barbara B. Crane und Jaon L. Finkle, »Organizational Impediments to Development Assistance: The World Bank's Population Program«, *World Politics*, Juli 1981, 552.
44 Connelly, *Fatal Misconception*, 323.
45 Hussain, »Population Policy«. Bumiller, *May You Be the Mother*, 113.
46 Barbara Miller, »Female-Selective Abortion in Asia: Patterns, Policies, and Debates«, *American Anthropologist*, Neue Folge, Dezember 2001, 1091.
47 *CIA World Factbook*; Arjun Adlakha, *Population Trends: India*, U.S. Department of Commerce, Economics and Statistics Administration, Bureau of the Census, http://tinyurl.com/6rvp2pw.
48 »China's Population to Peak at 1,4 Billion Around 2026«, Pressemitteilung des U.S. Census Bureau, 15. Dezember 2009, http://tinyurl.com/45t2h8j.
49 Vina Mazumdar, »Changing Terms of Political Discourse: Women's Movement in India, 1970s-1990s«, *Economic and Political Weekly*, 22. Juli 1995, 1872.
50 UNFPA [Bevölkerungsfonds der Vereinten Nationen] Ministry of Health and Family Welfare, and National Human Rights Commission, *Uphold My Reproductive Rights* (vom Indien-Büro des UNFPA ausgegebene Broschüre).
51 Vina Mazumdar, *Amniocentesis and Sex Selection*, Center for Women's Development Studies Occasional Papers Series (Delhi 1994), http://tinyurl.com/6chg5zu.
52 Mazumdar, *Amniocentesis and Sex Selection*.

SIEBTES KAPITEL

1 John Postgate, »Bat's Chance in Hell«, *New Scientist*, 5. April 1973, 14.
2 Buddy Hackett, Paul Ehrlich, Ben Wattenberg, *The Tonight Show*, 13. August 1970.
3 Connelly, *Fatal Misconception*, 258.
4 Paul R. Ehrlich und Anne H. Ehrlich, »*The Population Bomb* Revisited«, *Electronic Journal of Sustainable Development*, 1, Nr. 3, (2009).
5 Ehrlich und Ehrlich, »*Population Bomb* Revisited«.
6 Paul Ehrlich, *The Population Bomb* (London 1971), 1.
7 Ehrlich, *Population Bomb*, 85.
8 Connelly, *Fatal Misconception*, 259.
9 John Tierney, »Betting on the Planet«, *New York Times Magazine*, 2. Dezember 1990, http://tinyurl.com/4m7wwdq.
10 Connelly, *Fatal Misconception*, 259.
11 Ehrlich, *The Population Bomb*.
12 Ehrlich, *The Population Bomb*, 141.
13 »U.S. Population Tops 300 Million and Shows Accelerating Growth«, *PBS* [Public Broadcasting Service] *NewsHour*, 17. Oktober 2006, http://tinyurl.com/26ynry3.
14 »Campaign Aims to Cut Size of U.S. Families«, *Los Angeles Times*, 11. August 1971. Planned Parenthood Federation of America Papers, Series IV, Box 130, Sophia Smith Collection, Smith College, Northampton, MA.
15 Zu Berelson: John D. Rockefeller, »The Commission on Population Growth and the American Future«, *Studies in Family Planning*, Mai 1972, 78.
16 Margaret Snyder, »A Summary of the Discussions«, in »The Behavioral Sciences and Family Planning Programs: Report on a Conference«, *Studies in Familiy Planning*, Oktober 1967.
17 Vera Rubin, »Steven Polgar 1931–1978«, *American Anthropologist*, Neue Folge, März 1979, 79–84.
18 Hudson Hoagland, »The Control of Fertility: AAAS Symposium, 27. Dezember 1968«, *Science*, 20. September 1968, 1261; Landrum B. Shettles und David M. Rorvik, *How to Choose the Sex of Your Baby: The Method Best Supported by Scientific Evidence* (New York 2006), 18.
19 Rubin, »Steven Polgar 1931–1978«.
20 Deepankar Basu und Robert de Jong, »Son Targeting Fertility Behavior: Some Consequences and Determinants«, *Demography*, Mai 2020, 521–536.
21 Charles S. Westoff und Roland R. Rindfuss, »Sex Preselection in the United States: Some Implications«, *Science*, 10. Mai 1974, 633.

22 »Family Planning Case Record«, Planned Parenthood Federation of America Papers, Series VIII, Box 203 (Taiwan), Sophia Smith Collection, Smith College, Northampton, MA.
23 Gale Largey, »Sex Control and Society: A Critical Assessment of Sociological Speculations«, *Social Problems*, Winter 1973, 314 f.
24 Chai Bin Park und Nam-Hoon Cho, »Consequences of Son Preference in a Low-Fertility Society: Imbalance of the Sex Ratio at Birth in Korea«, *Population and Development Review*, März 1995, 59.
25 Edgar Snow, *Population Care and Control*, Bericht des Victor-Bostrom Fund Committee und des Population Crisis Committee, Frühjahr 1971, Planned Parenthood Federation of America Papers, Series VIII, Box 203, Sophia Smith Collection, Smith College, Northampton, MA.
26 Mindel C. Sheps, »Effects of Family Size and Sex Ratio of Preference Regarding the Sex of Children«, *Population Studies* 17 (1963): 66–72.
27 Snyder, »A Summary of the Discussions«.
28 Connelly, »Population Control in India«, 644.
29 Snyder, »A Summary of the Discussions«.
30 Jaswant Raj Mathur, an Alan F. Guttmacher gerichtetes Ersuchen um Finanzierung vom April 1967, Planned Parenthood Federation of America Papers, Series VIII, Box 204, Sophia Smith Collection, Smith College, Northampton, MA.
31 Richard Day, Memorandum z. Hd. Alan F. Guttmacher, 4. Mai 1967, Planned Parenthood Federation of America Papers, Series VIII, Box 204, Sophia Smith Collection, Smith College, Northampton, MA.
32 Alan F. Guttmacher, Brief an Dudley Kirk, 23. Mai 1967, Planned Parenthood Federation of America Papers, Series VIII, Box 204, Sophia Smith Collection, Smith College, Northampton, MA.
33 Kenneth A. Lawrence, Brief an Alan F. Guttmacher, 21. Juli 1967, Planned Parenthood Federation of America Papers, Series VIII, Box 204, Sophia Smith Collection, Smith College, Northampton, MA.
34 William D. McElroy, »Biomedical Aspects of Population Control«, *BioScience*, Januar 1969, 23.
35 Arno G.Motulsky, »Brave New World?«, *Science*, 23. August 1974.
36 Postgate, »Bat's Chance in Hell«, 12–16.
37 Bernard Berelson, »Beyond Family Planning«, *Science*, 7. Februar 1969.
38 Connelly, *Fatal Misconception*, 257.
39 Matthew Connelly, »Controlling Passions«, *Wilson Quarterly*, Sommer 2008, 63.

40 Alexandra Minna Stern, *Eugenic Nation: Faults and Frontiers of Better Breeding in Modern America* (Berkeley, CA 2005), 202.
41 Frederick S. Jaffe, »Scientific Foundations of Population Policy with Particular Attention to Population Growth and Distribution in the U. S.« (Notizen über eine Konferenz beim Population Council, New York, 6./7. März 1970), Planned Parenthood Federation of America Papers, Series IV, Box 109, Sophia Smith Collection, Smith College, Northampton, MA.
42 »The 1970 Meeting of the Population Association«, *Population Index*, Juli/September 1970, 319.
43 Arthur C. Campbell und Bernard Berelson, »Contraceptive Specifications: Report on a Workshop«, *Studies in Family Planning*, Januar 1972, 14–19.
44 Campbell und Berenson, »Contraceptive Specifications«.
45 »Child Health Institute Population Research Now Shaping Up Rapidly; Initial Research Areas Pinpointed as Advisory Cmte. Staff Are Named«, National Institutes of Health Memo, 4. Dezember 1968, Planned Parenthood Federation of America Papers, Series IV, Box 130, Sophia Smith Collection, Smith College, Northampton, MA.
46 »In Memoriam«, *Studies in Family Planning*.
47 Campbell und Berenson, »Contraceptive Specifications«, 18.
48 Helen Bequaert Holmes, »Sex Preselection: Eugenics for Everyone«, in *Biomedical Ethics Reviews: 1985*, hg. von James M. Humber und Robert F. Almeder (Clifton, N. J., 1985), 57.
49 Gregg Easterbrook, »Forgotten Benefactor of Humanity, *The Atlantic*, Januar 1997, http://tinyurl.com/345m4y6.
50 P. R. Ehrlich u. a., »Checkerspot Butterflies: A Historical Perspective«, *Science*, 18. April 1975, 221–228, http://tinyurl.com/7sh47aj.
51 Center for Conservation Biology: Bücher von Paul R. Ehrlich, http://tinyurl.com/7o4qhm8.
52 Paul Ehrlich im Gespräch mit der Verfasserin, Stanford, CA, 30. April 2010.
53 Paul R. Ehrlich und Anne H. Ehrlich, »*The Population Bomb* Revisited«, *Electronic Journal of Sustainable Development*, 1, Nr. 3, (2009).
54 »Editorial: Obama's Mad Science Adviser«, *Washington Times*, 16. August 2009, http://tinyurl.com/qv2hh6.

ACHTES KAPITEL

1 Charles Thorpe, *Oppenheimer: The Tragic Intellect* (Chicago 2006), 177.

2 Murray L. Barr, »A Morphological Distinction Between Neurones of the Male and Female«, *Nature*, 30. April 1949, 676–677.
3 Barr, »Morphological Distinction«, 676.
4 Ruth Schwartz Cowan, »Women's Roles in the History of Amniocentesis and Chorionic Villi Sampling«, in *Women and Prenatal Testing: Facing the Challenges of Genetic Technology*, hg. von Karen H. Rothenberg und Elizabeth J. Thomson (Columbus, OH 1994), 37.
5 »Dr. Murray L. Barr«, Canadian Medical Hall of Fame, http://tinyurl.com/6u5uunx.
6 Barbara L. Drinkwater (Hg.), *Women in Sport* (Oxford 2000), 184 f.
7 Cowan, »Women's Roles«, 37.
8 Cowan, »Women's Roles«, 37.
9 Cowan, »Women's Roles«, 38.
10 Joan Rothschild, *Dream of the Perfect Child* (Bloomington, IN 2005), 77.
11 Cowan, »Women's Roles«, 38.
12 Joseph Woo, »A Short History of the Development of Ultrasound in Obstetrics and Gynecology«, Collège Français d'Echographie Foetale, http://tinyurl.com/7sz5xek.
13 Glen Wade, »Human Uses of Ultrasound: Ancient and Modern«, *Ultrasonics* 38 (2000): 1–5.
14 George D. Ludwig und Francis W. Struthers, »Considerations Underlying the Use of Ultrasound to Detect Gallstones and Foreign Bodies in Tissue«, Naval Medical Research Institute, National Naval Medical Center, 16. Juni 1949, http://www.ob-ultrasound.net/ludwig_june_1949.html; Joseph Woo, »Dr. George D. Ludwig, Pioneer in Medical Ultrasound«, http://www.ob-ultrasound.net/ludwig.html.
15 Woo, »Short History«.
16 Joseph Woo, »Wright and Meyerdirk Articulated Arm Scanner«, http://tinyurl.com/4mfprcv.
17 Donald Fleming, »On Living in a Biological Revolution«, *The Atlantic*, Februar 1969, http://tinyurl.com/39jpxjk.
18 »Ultrasound Device Takes Guessing Out of Pregnancy«, *Pittsburgh-Press*, 9. November 1971; Edward Edelson, »Knowledge Is Key to Happy Childbirth«, *Los Angeles Times*, 7. Dezember 1975; Lee Edson, »A New Eye into the Womb: Ultrasonics«, *New York Times*, 9. Juni 1972; Joseph Woo, »Short History«.
19 »Control of Life: Audacious Experiments Promise Decades of Added Life, Superbabies with Improved Minds and Bodies, and Even a Kind of Immortality«, *Life*, 10. September 1965.
20 Siehe z.B. Willard Gaylin, »We Have the Awful Knowledge to Make Exact Copies of Human Beings: The Frankenstein Myth Is Real«, *New York Times*, 5. März 1972.

21 Amitai Etzioni, »Sex Control, Science, and Society«, *Science*, 13. September 1968, 1109, 1110.
22 Amitai Etzioni im telefonischen Gespräch mit der Verfasserin, 21. Dezember 2010.
23 Etzioni, »Sex Control«, 1110.
24 John Brigham, Janet Rifkin und Christine G. Solt, »Birth Technologies: Prenatal Diagnosis and Abortion Policies«, *Politics and the Life Sciences*, Februar 1993, 33.
25 Brigham, Rifkin und Solt, »Birth Technologies«, 33.
26 Cowan, »Women's Roles«, 41.
27 Brigham, Rifkin und Solt, »Birth Technologies«, 35.
28 Tietung Hospital Department of Obstetrics and Gynecology, »Fetal Sex Prediction by Sex Chromatin of Chorionic Villi Cells During Early Pregnancy«, *Chinese Medical Journal* 1 (1975): 117–126; Audrey Milunsky und Jeff M. Milunsky, *Genetic Disorders and the Fetus: Diagnosis, Prevention, and Treatment*, 6. Aufl. (Oxford 2010), 161.
29 Brigham, Rifkin und Solt, »Birth Technologies«, 35.
30 Cowan, »Women's Roles«, 41. Milunsky und Milunsky, *Genetic Disorders*, 161.
31 Cowan, »Women's Roles«, 38.
32 Jane M. Friedman, »Legal Implications of Amniocentesis«, *University of Pennsylvania Law Review*, November 1974, 92–156.
33 Patricia McCormack, »Prenatal Medicine Brings Up Moral Questions«, *Star-News*, 2. Juni 1976.
34 P.K. Lynch, »Women: The Next Endangered Species?«, *Mademoiselle*, Mai 1977.
35 Connelly, *Fatal Misconception*, 265 f.
36 Goldberg, *Means of Reproduction*, 81.
37 »Nafis Sadik: Former UNFPA Executive Director, UN Under-Secretary General«, http://tinyurl.com/4eugdgb.

NEUNTES KAPITEL

1 Zitiert nach Jing-Bao Nie, *Behind the Silence* (Lanham, MD), 82.
2 William H. Draper Jr., interviewt von Jerry N. Hess, Niederschrift einer Tonbandaufzeichnung, 11. Januar 1972, Harry S. Truman Library and Museum, http://tinyurl.com/6evzwy; Connelly, *Fatal Misconception*, 186.
3 Phyllis Tilson Piotrow, interviewt von Rebecca Sharpless, Niederschrift einer Tonbandaufzeichnung, 16. September 2003, Population and Reproductive Health Oral History Project, Sophia Smith Collection, Smith College, Northampton, MA, http://www.smith.edu/libraries/libs/ssc/prh/prh-narrators.html#Piotrow.

4 Draper, Oral History, http://tinyurl.com/6evzwy.
5 Draper, Oral History, http://tinyurl.com/6evzwy.
6 Piotrow, Oral History, 22.
7 Irene B. Taeuber, »Fertility and Research on Fertility in Japan«, *Milbank Memorial Fund Quarterly*, April 1956, 129–149.
8 Goldberg, *Means of Reproduction*, 47. Siehe auch Deborah Oakley, »American-Japanese Interaction in the Development of Population Policy in Japan, 1945–1952«, *Population and Development Review* 4, Nr. 4 (Dezember 1978), 617–643.
9 UNFPA, »The State of World Population 1999 – Chapter 3«, http://tinyurl.com/5umtz3l.
10 Connelly, *Fatal Misconception*, 141.
11 Phyllis Tilson Piotrow, *World Population Crisis: The United States Response* (New York 1973), 38.
12 Betsy Hartmann, *Reproductive Rights and Wrongs: The Global Politics of Population Control* (Boston 1995), 105, http://tinyurl.com/6fzbc73.
13 Anliegen der politischen Elite: Connelly, *Fatal Misconception*, 186.
14 Connelly, *Fatal Misconception*, 231.
15 Connelly, *Fatal Misconception*, 243.
16 Connelly, *Fatal Misconception*, 244.
17 Hintergrundinformationen über dieses Gesetz finden sich in den Schriften des indischen Demografen Malini Karkal.
18 Connelly, *Fatal Misconception*, 244.
19 George H. W. Bush, Vorwort, in Piotrow, *World Population Crisis*, VII-IX.
20 »The NSSM 200 Directive and the Study Requested«, Steven D. Mumford, population-security.org, http://tinyurl.com/2tuodh. Siehe auch Goldberg, *Means of Reproduction*, 47 f.
21 Nie, *Behind the Silence*, 213.
22 »Religions: Hinduism and Abortion«, BBC, http://tinyurl.com/6-j5alcn.
23 Brian Peter Harvey, *An Introduction to Buddhist Ethics: Foundations, Values, and Issues* (Cambridge, UK 2000), 316.
24 Nie, *Behind the Silence*, 73.
25 Nie, *Behind the Silence*, 6.
26 Seungsook Moon, *Militarized Modernity and Gendered Citizenship in South Korea* (Durham, NC 2005) 81.
27 Mark Clifford, Troubled Tiger: Businessmen, Bureaucrats, and Generals in South Korea (Armonk, NY 1998), 36.
28 Draper, Oral History, http://tinyurl.com/6evzwy.
29 Jae-Mo Yang, »An Overwiew of Family Planning in Korea (1961–1978)«, *Yonsei Medical Journal* 20, Nr. 2 (1979): 186.
30 Yu-ling Huang, »The Population Council and Population Control

in Post-War Asia«, Rockefeller Archive Center Reports Online, 2009, http://tinyurl.com/6stzcne; Yu-ling Huang, E-Mail an die Verfasserin, 3. Februar 2011.

31 P.J. Donaldson, D.J. Nichols und Ehn Hyun Choe, »Abortion and Contraception in the Korean Fertility Transition«, *Population Studies*, Juli 1982, 229.

32 John A. Ross and Oliver D. Finnigan, »Within Family Planning – Korea«, *Demography* 5, Nr. 2 (1969): 685.

33 Jae-Mo Yang, »An Overwiew«, 188.

34 John A. Ross u.a., »Korea and Taiwan: Review of Progress in 1968«, *Studies in Family Planning*, April 1969, 8.

35 S.M. Keeny, George Cernada und John Ross, »Korea and Taiwan: The Record for 1967«, *Studies in Family Planning*, April 1968, 4.

36 Keeny, Cernada und Ross, »Korea and Taiwan«, 2.

37 Keeny, Cernada und Ross, »Korea and Taiwan«, 9.

38 Edward S. Mason u.a., *The Economic and Social Modernization of the Republic of Korea* (Cambridge, MA 1980), 390.

39 Ross und Finnigan, »Family Planning«, 685.

40 Paul Hartman, »Medical Referral System and Mobile Services«, *Studies in Family Planning*, August 1966, 1012.

41 Keeny, Cernada und Ross, »Korea and Taiwan«, 5.

42 Hartman, »Medical Referral System«, 10.

43 Hartman, »Medical Referral System«, 12.

44 Moon, *Militarized Modernity*, 84; Hartman, »Medical Referral System«, 10.

45 Ross und Finnigan, »Family Planning«, 680.

46 »Seoul National University, Vasectomies in Experimental Animals, 1963«, Population Council, Grant File, Regular, Box 53; »Seoul National University, Korea, Fertility Studies«, Population Council, Grant File, Regular, Box 59; »Seoul National University, Population Research and Training Center«, Population Council, Grant File, Regular, Box 65, Rockefeller Archive Center, Sleepy Hollow, N.Y. Siehe auch Huang, »Population Council«, 16.

47 Hartman, »Medical Referral System«, 12.

48 Hartman, »Medical Referral System«, 11.

49 Kyung Shik Chang, George C. Worth und Peter H. Michael, »Korea (South)«, *Studies in Family Planning* 5, Nr. 5 (Mai 1974): 153.

50 Paul W. Kuznets, »Review of *Economic Development, Population Policy, and Demographic Transition in the Republic of Korea*«, *Population and Development Review*, Juni 1982, 404–407.

51 Ross und Finnigan, »Family Planning«, 687.

52 Heeran Chun, E-Mail an die Verfasserin, 3. Dezember 2010.

53 Hinter den Erwartungen zurück: John A. Ross u.a., »Korea and Taiwan: Review of Progress in 1968«, *Studies in Family Planning*, April 1969, 1.

54 Sung-bong Hong und Christopher Tietze, »Survey of Abortion Providers in Seoul, Korea«, *Studies in Family Planning*, Mai 1979, 163.
55 Hong und Tietze, »Survey of Abortion Providers«, 161 ff.
56 Mehr Teenager als jüngere Kinder: Population Action International, *The Shape of Things to Come: Country Case Study South Korea*, http://tinyurl.com/7vv5lul. Ersatzniveau: Doo-sub Kim, »Theoretical Explanations of Rapid Fertility Decline in Korea«, *Japanese Journal of Population*, 10. Juni 2005, http://tinyurl.com/7l994u2.
57 Barbara B. Crane und Jason L. Finkle, »Organizational Impediments to Development Assistance: The World Bank's Population Program«, *World Politics*, 1981, 552; Heeran Chun, E-Mail an die Verfasserin, 28. November 2010.
58 Norimitsu Onishi, »A New Korean Goal: Having a Big Family«, *New York Times*, 22. August 2005, http://tinyurl.com/4jsfpa3.
59 »Republic of Korea: Intensified Drive to Curb Population Growth«, National Security Council Bureau of Intelligence and Research, 9. Februar 1984. Executive Secretariat, NSC Records, Subject File, Box 82, Reagan Presidential Library, Simi Valley, CA.
60 Sang-yong Song, »The Hwang Woo-Suk Scandal Hasn't Ended«, *Journal of Korean Bioethics Association*, 1. Dezember 2007.
61 Ross und Finnigan, »Family Planning«, 689.
62 Die Tatsache, dass es damals noch keine Anti-Abtreibungs-Bewegung gab, erklärt auch, warum – anders als im Fall der Zwangsabtreibungen in China – so wenige Menschen im Westen Kenntnis von den in Korea begangenen menschenverachtenden Übergriffen haben.
63 C.H. Yen u.a., »Taiwan«, *Studies in Family Planning*, Mai 1974, 165–169.
64 Warren C. Robinson, *The Global Family Planning Revolution: Three Decades of Population Policies and Programs* (Washington, D.C. 2007), http://tinyurl.com/69emmvx.
65 Geoffrey McNicoll, »Policy Lessons of the East Asian Demographic Transition«, *Population and Development Review*, März 2006, 2, http://tinyurl.com/6qbv7hg.
66 D.M. Potts, »The Implementation of Family Planning Programmes«, *Proceedings of the Royal Society of London*, 10. Dezember 1976, 221.
67 Tyrene White, *China's Longest Campaign: Birth Planning in the People's Republic*, 1949–2005 (Ithaca, N.Y. 2006), 107 ff.
68 »Abortion or Starvation: China's Plan to Cut Population«, *Sydney Morning Herald*, 20. September 1973, http://tinyurl.com/7-s46mb4.
69 William H. Draper Jr., »Table Tennis and Family Planning«, *The*

Victor-Bostrom Fund and The Population Crisis Committee magazine, Frühjahr 1971, Planned Parenthood Federation of America Papers, Series VIII, Box 203, Sophia Smith Collection, Smith College, Northampton, MA.

70 Edgar Snow, »Mao Skeptical«, *The Victor-Bostrom Fund and The Population Crisis Committee* magazine, Frühjahr 1971, 10, Planned Parenthood Federation of America Papers, Series VIII, Box 203, Sophia Smith Collection, Smith College, Northampton, MA.

71 Edgar Snow, »Population Care and Control«, *The Victor-Bostrom Fund and The Population Crisis Committee* magazine, Frühjahr 1971, Planned Parenthood Federation of America Papers, Series VIII, Box 203, Sophia Smith Collection, Smith College, Northampton, MA.

72 Draper, »Table Tennis and Family Planning«.

73 *Family Planning Perspectives*, Mai/Juni 1975.

74 Connelly, *Fatal Misconception*, 340.

75 Benjamin Viel, »Trip Report: Three Weeks in China, September 23 – October 15, 1977«, 8. Februar 1978, 12, Planned Parenthood Federation of America Papers, Series VIII, Box 203, Sophia Smith Collection, Smith College, Northampton, MA.

ZEHNTES KAPITEL

1 Connelly, *Fatal Misconception*, 343.

2 Bernard D. Nossiter, »U.N. Agency to Help China Curb Population Growth«, *New York Times*, 16. März 1980.

3 Nossiter, »U.N. Agency«.

4 Nossiter, »U.N. Agency«.

5 Office of Technology Assessment, *World Population and Fertility Planning Technologies: The Next 20 Years*, Februar 1982, http://tinyurl.com/7p5f3l6.

6 »Forced Abortions Claimed«, *The Day*, 9. Mai 1980.

7 Victoria Graham, »Measures Taken in China to Stem Population Growth: Price Paid for Forbidden Child«, *Sarasota Herald-Tribune*, 10. August 1980.

8 Connelly, *Fatal Misconception*, 343.

9 Nossiter, »U.N. Agency«.

10 Nossiter, »U.N. Agency«.

11 John S. Aird, *Slaughter of the Innocents: Coercive Birth Control in China* (Washington, D.C. 1990), 8.

12 Nossiter, »U.N. Agency«.

13 Hvistendahl, »Half the Sky«.

14 Aird, *Slaughter*, 40.

15 Aird, *Slaughter*, 124.

16 Michele Vink, »Abortion and Birth Control in Canton, China«, *Wall Street Journal*, 30. November 1982.
17 Steven Mosher, *Broken Earth: The Rural Chinese* (New York 1983), 225.
18 Mosher, *Broken Earth*, 226.
19 Steven Mosher im telefonischen Gespräch mit der Verfasserin, 3. Februar 2011.
20 Mosher, *Broken Earth*, 226.
21 Christopher S. Wren, »Old Nemesis Haunts China on Birth Plan«, *New York Times*, 1. August 1982, http://tinyurl.com/4vtf8pg.
22 Wren, »Old Nemesis«.
23 Victoria Graham, »Wife Abuse Rampant in China: Birth or Girls Dreaded«, *Daytona Beach Morning Journal*, 6. November 1982.
24 Aird, *Slaughter*, 14.
25 Sidney B. Westley und Minja Kim Choe, *How Does Son Preference Affect Populations in Asia?*, Analysis from the East-West Center Series, Nr. 84 (Honolulu, HI, September 2007), 3; Aird, *Slaughter*, 40.
26 Connelly, *Fatal Misconception*, 347.
27 »Scholar to Fight Expulsion from Stanford«, Associated Press, *Tri City Herald*, 25. Februar 1983, http://tinyurl.com/6zme6qc; Ross H. Munro, Ellie McGrath und Donald Shapiro, »Education: Battle in the Scholarly World«, *Time*, 14. März 1983, http://tinyurl.com/ydgfoxk.
28 Munro u.a., »Education: Battle in the Scholarly World«.
29 Connelly, *Fatal Misconception*, 350.
30 Bernard D. Nossiter, »Population Prizes from U.N. Assailed«, *New York Times*, 24. Juli 1983, http://tinyurl.com/46zjsf6.
31 Loretta McLaughlin, »Mexico to Host Population Meeting: UN Conference in Crowded City Will Focus on Soaring World Problem«, *Boston Globe*, 22. Juli 1984.
32 »U.S. Withholding U.N. Contribution«, *Victoria Advocate*, 7. Februar 1985; »U.S. Cuts Off Funds Aimed for UNFPA«, *Park City Daily News*, 27. August 1986.
33 Marguerite Sullivan, »Sociologists Study Abortion Laws«, *Rock Hill Herald*, 29. März 1976; Attané und Guilmoto, *Watering*, 3.
34 Paul Lewis, »U.N. Population Plan for China a Test for U.S.«, *New York Times*, 12. März 1989.
35 Rob Stein und Michael Shear, »Funding Restored to Groups That Perform Abortion, Other Care«, *Washington Post*, 24. Januar 2009, http://tinyurl.com/a9s6pa.
36 Aird, *Slaughter*, 40.
37 Stanley K. Henshaw, Susheela Sing und Taylor Haas, »Recent Trends in Abortion Rates Worldwide«, *International Family Planning Perspectives*, März 1999, 47.

38 Whasoon Byun im Gespräch mit der Verfasserin, Seoul, 15. Dezember 2010.
39 Charles E. Westoff, »Recent Trends in Abortion and Contraception in 12 Countries«, *DHS Analytical Studies* 8 (Februar 2005): 1.
40 Nie, *Behind the Silence*, 135.
41 Nie, *Behind the Silence*, 138.
42 Institute for Social Development Studies, »New ›Common Sense‹: Family-Planning Policy and Sex Ratio in Vietnam« (Referat, gehalten auf der Fourth Asia Pacific Conference on Reproductive and Sexual Health and Rights, 2007), 8 http://tinyurl.com/7mwogy4.
43 Centre for Youth Development and Activities, *Reflections on the Campaign for Against Sex Selection and Exploring Ways Forward* (Pune 2007), 18.
44 Elaine Chow, »Made in China Deal: Half Off Abortions with Your Student ID«, http://tinyurl.com/pk998s.
45 Nie, *Behind the Silence*, 105.
46 Nie, *Behind the Silence*, 98.
47 Vijaya Nidadavolu und Hillary Bracken, »Abortion and Sex Determination: Conflicting Messages in Information Materials in a District of Rajasthan, India«, *Reproductive Health Matters*, Mai 2006, 160–171.
48 Centre for Youth Development and Activities, *Reflections on the Campaign*, 8.
49 2006 bezifferte eine in *Lancet* veröffentlichte Studie die Zahl der weltweit verpfuschten Abtreibungen auf 68 000 pro Jahr. http://tinyurl.com/4kv24ob.
50 *The Missing Daughters of India*.
51 Dhanashri Brahme im Gespräch mit der Verfasserin, 30. Juni 2009.
52 *The Missing Daughters of India*.
53 »Beijing Declaration and Platform for Action«, Fourth World Conference on Women, Beijing, China, 4. –15. September 1995, www.uneca.org/acgd/gender/en_beijing.doc; deutsche Version unter http://tinyurl.com/cl8ydjx.
54 »UNFPA Guidance Note«.
55 Sutapa Agrawal, Public Health Foundation of India, im Gespräch mit der Verfasserin, Delhi, 29. Juni 2009.
56 Goldberg, *Means of Reproduction*, 185.

ELFTES KAPITEL

1 »Bride Dumped at Matchmaking Agency«, *The Star*, 11. April 2009, http://tinyurl.com/c74otd.
2 Ungleichgewicht in der 1980er-Jahre-Generation: Wen-shan Yang im Gespräch mit der Verfasserin, Taipeh, 31. Dezember 2009. Zahl

der Erwachsenen im erwerbsfähigen Alter: »East & Southeast Asia: Taiwan«, *CIA World Factbook*, http://tinyurl.com/2bslwk.
3 »Vietnamese Wife's Taiwan Dream Sours«, *Taipei Times*, 6. März 2997, http://tinyurl.com/5v5y95g.
4 Siehe die Websites der Agenturen: http://www.idealbride.sg; http://tinyurl.com/63jksj9; http://www.qq-99.com/en.
5 Norimitsu Onishi, »Marriage Brokers in Vietnam Cater to S. Korean Bachelors«, *New York Times*, 21. Februar 2007, http://tinyurl.com/4rh9dvr.
6 Graeme Hugo und Nguyen Thi Hong Xoan, »Marriage Migration Between Vietnam and Taiwan: A View from Vietnam«, in *Watering the Neighbour's Garden* (Paris 2007), 368.
7 Lee Jiyeon, »South Korean Foreign Bride Matches Often End in Tears«, Reuters, 29. Mai 2008, http://tinyurl.com/76rj4wr.
8 Martin Fackler, »Baby Boom of Mixed Children Tests South Korea«, *New York Times*, 28. November 2009.
9 »Marriage Agency to Curb Abuse«, AFP, 8. Januar 2009. Siehe auch die Heiratsstatistik in Hugo und Nguyen Thi, »Marriage Migration Between Vietnam and Taiwan«, 367.
10 Michael Bristow, »Taiwan's Foreign Brides«, BBC, 25. Dezember 2002, http://tinyurl.com/4hyhcsh.
11 Marcia Guttentag und Paul F. Secord, *Too Many Women? The Sex Ratio Question* (Beverly Hills, CA 1983).
12 Zhu Chuzhu im Gespräch mit der Verfasserin, Xi'an, China, 21. Dezember 2009.
13 Chai Bin Park und Nam-Hoon Cho, »Consequences of Son Preference in a Low-Fertility Society«, 75.
14 »Sans Females, Men Go Gay in Mehsana«, *Times of India*, 15. Juli 2008, http://tinyurl.com/59yv4x.
15 Hvistendahl, »Half the Sky«.
16 Jiang Quanbao u.a., »Son Preference and the Marriage Squeeze in China: An Integrated Analysis of the First Marriage and the Remarriage Market«, in *Watering the Neighbour's Garden* (Paris 2007).
17 Die Angabe beruht auf einer Hochrechnung für das Jahr 2020. Nicholas Eberstadt, zitiert in »6.3 Brides for Seven Brothers«, *Economist*, 17. Dezember 1998, http://www.economist.com/node/179826.
18 Christophe Z. Guilmoto, »Characteristics of Sex-Ratio Imbalance in India, and Future Scenarios« (Referat, gehalten auf der Fourth Asia Pacific Conference on Reproductive and Sexual Health and Rights, 2007), 11 f., http://tinyurl.com/4okjqdu.
19 *Holding Up Half the Sky: Women's Rights in China's Changing Economy* (Washington, D.C. 2003), 12.
20 Monica Das Gupta, »›Missing Girls‹ in Asia: Magnitudes, Impli-

cations, and Possible Responses« (Podiumsdiskussion im American Enterprise Institute, Washington, D.C., 17. September 2008), http://www.aei.org./event/1796.

21 Graeme Hugo im telefonischen Gespräch mit der Verfasserin, 14. Oktober 2009.

22 Abgerufen am 15. Dezember 2009.

23 Yeong Sug-heo, Women Migrants Human Rights Center, im Gespräch mit der Verfasserin, Seoul, 16. Dezember 2009.

24 Lee Jiyeon, »South Korean Foreign Bride Matches«.

25 Aruna Lee, »Korea's Desperate Housewives: Foreign Wives Find Korea a Bad Fit«, *New America Media*, 14. Mai 2007, http://tinyurl.com/4cfqdvr.

26 Xoan Nguyen im Gespräch mit der Verfasserin, Ho-Chi-Minh-Stadt, 17. Dezember 2009.

27 »YWCA of Taiwan«, National Council of Women of Taiwan, http://tinyurl.com/4op,hzcs. *Handbook of Living Information for Foreign Spouses in Taiwan* (Ho-Chi-Minh-Stadt o.J.), http://tinyurl.com/6jkdmxo.

28 He Huifeng, »Mainland Bachelors Seek Marital Bliss in Vietnam«, *South China Morning Post*, 31. März 2010.

29 Gary S. Becker und Richard A. Posner, *Uncommon Sense: Economic Insights, from Marriage to Terrorism* (Chicago 2010), 33.

30 Siehe auch Rhys Blakely, »Show Us Your Loo Before You Woo, Indian Men Are Told«, *Times* (London), 26. März 2009, http://tinyurl.com/dhdzgy.

31 Nguyen im Gespräch mit der Verfasserin.

32 *Why Virgin Bride*, Video, Life Partner Matchmaker, http://tinyurl.com/4rvfl5p.

33 »Foreign Brides Rejuvenate Korea's Aging Society«, Deutsche Presse-Agentur, 28. Oktober 2009.

34 Christopher Shay, »After Murder, South-Korea Rethinks Marriage Brokers«, *Time* (Magazin),17. August 2010, http://tinyurl.com/4-z826l5.

35 »eBay Acts over Human Trafficking«, Reuters, 13. März 2004, http://tinyurl.com/47ru3h8.

36 Hugo und Nguyen, »Marriage Migration«, 379.

37 Die Gebühr eines taiwanischen Heiratsvermittlers kann sich auf umgerechnet bis zu 10 000 US-Dollar belaufen, so Peter Hung im Gespräch mit der Verfasserin, Taoyuan, 3. Januar 2009. 2009 betrug das jährliche Pro-Kopf-Einkommen in Vietnam umgerechnet 1052 US-Dollar, U.S. Department of State Bureau of East Asian and Pacific Affairs, »Background Note: Vietnam«, 30. November 2010, http://tinyurl.com/d4z27.

38 Tran Giang Linh, »Female Marriage-Based International Migration and Its Impacts on Sending Households« (Vortrag, gehalten

im Seminar des Institute for Social Development Studies, Hanoi, 9. Mai 2008).

39 Valerie M. Hudson und Andrea M. den Boer, *Bare Branches: The Security Implications of Asia's Surplus Male Population* (Cambridge, MA 2005), 203.

40 »Vietnamese Women Wed Foreigners to Aid Family«, Associated Press, 10. August 2008, http://tinyurl.com/c3c79pm.

41 Hugo und Nguyen, »Marriage Migration«, 374.

42 Tran, »Female Marriage-Based International Migration«.

43 Hugo und Nguyen, »Marriage Migration«, 384.

44 Tran, »Female Marriage-Based International Migration«.

45 Tran, »Female Marriage-Based International Migration«.

46 Tuoi Tre, »Sex Imbalance to Leave Vietnamese Men Single«, *Vietnews*, 28. Dezember 2009, http://tinyurl.com/4t5hz4j.

47 »Vietnamese Girls Marrying Taiwanese Men: The Harbouring of Illusions«, *Lao Dong*, 5. Februar 2001, http://tinyurl.com/48bf9e3.

48 Hugo und Nguyen, »Marriage Migration«, 385.

49 »Vietnamese Women«, Associated Press.

50 »Wife Buyers Turn to Cambodia After Crackdown on Marriage Brokers in Vietnam«, Associated Press, 25. März 2008, http://tinyurl.com/47jgx2g.

51 Tran, »Female Marriage-Based International Migration«.

52 Xoan Nguyen und Xuyen Tran, »Vietnamese-Taiwanese Marriages«, in *Asian Cross-border Marriage Migration*, hg. von Wenshan Yang und Melody Chiawen Lu (Amsterdam 2010), 168. Siehe auch Louise Brown, *Sex Slaves: The Trafficking of Women in Asia* (London 2001), 53.

53 Lena Edlund, »Son Preference, Sex Ratios, and Marriage Patterns«, *Journal of Political Economy*, Dezember 1999, 1276.

ZWÖLFTES KAPITEL

1 Mara Hvistendahl, »No Country for Young Men«, *The New Republic*, 9. Juli 2008, http://tinyurl.com/48m844m.

2 Die Geschichte erzählte mir Tran in einem persönlichen Gespräch (Hanoi, 22. Oktober 2009) sowie, unabhängig von Tran, Doan Thuy Dung und Nguyen Quoc Nam von der Internationalen Organisation für Migration (im persönlichen Gespräch, Hanoi, 21. Oktober 2009).

3 Ta Thu Giang, »Vietnamese Women Fall Prey to Traffickers«, *Asia Times*, 27. September 2002, http://tinyurl.com/47k3jbx.

4 Hoang Thi To Linh, *Cross-Border Trafficking in Quang Ninh Province*, International Organization for Migration (vom Büro Hanoi vertriebenes 10-seitiges Paper), http://tinyurl.com/4okg7yx.

5 Erica J. Peters, »Colonial Cholon and Its ›Missing‹ Métisses, 1859–1919«, *Intersection: Gender and Sexuality in Asia and the Pacific*, September 2009, http://tinyurl.com/4cg8a59.
6 Yi Wang, *Anti-Human Trafficking Program in Vietnam*, Oxfam Québec, August 2005, 7, http://tinyurl.com/67zs6x7.
7 Tuoi Tre, »China Is Biggest Trafficking Destination: Report«, *Vietnews*, 22. Februar 2010, http://tinyurl.com/4l2h8ok.
8 Hoang, »Cross-Border Trafficking«.
9 Siehe auch Kritaya Archavanitkul u. a., *Combating the Trafficking in Children and Their Exploitation in Prostitution and Other Intolerable Forms of Child Labour in Mekong Basin Countries*, Southeast Asian Ministers of Education Organization, Juni 1998, http://tinyurl.com/4mfx3so.
10 Hoang, »Cross-Border Trafficking«, 4.
11 Hoang, »Cross-Border Trafficking«, 5.
12 Tiantian Zheng, *Red Lights: The Lives of Sex Workers in Postsocialist China* (Minneapolis, MN 2009), 52.
13 Nam You-Sun, »N. Korean Women up for Sale in China: Activist«, AFP, 12. Mai 2010, http://tinyurl.com/4zl7h7m.
14 Hannah Beech, »Buy Freedom«, *Time*, 17. November 2003, http://tinyurl.com/4j2qvom.
15 Lee Tae-hoon, »Female North Korean Defectors Priced at $ 1,500«, *Korea Times*, 5. Mai 2010, http://tinyurl.com/32r3pj9.
16 Mark Lagon, »›Missing Girls‹ in Asia: Magnitudes, Implications, and Possible Responses« (Podiumsdiskussion im American Enterprise Institute, Washington, D.C., 17. September 2008), http://www.aei.org./event/1796.
17 »China Faces Growing Gender Imbalance«, BBC, 11. Januar 2010, http://tinyurl.com/4lzut6k.
18 Timothy J. Gilfoyle, »Prostitutes in History: From Parables of Pornography to Metaphors of Modernity«, *American Historical Review*, Februar 1999, 131.
19 Gail Hershatter, *Dangerous Pleasures: Prostitution and Modernity in Twentieth-Century Shanghai* (Taipeh 1998), 40.
20 Avraham Y. Ebenstein und Ethan Jennings Sharygin, »The Consequences of the ›Missing Girls‹ of China«, *World Bank Economic Review* 23, Nr. 3 (2009): 409 f, http://tinyurl.com/d87k859.
21 John Kennedy, »China: Sex Workers Demand Legalization, Organizer Detained«, 1. August 2010, *Global Voices Online*, http://tinyurl.com/27dkfd4.
22 Hseng Khio Fah, »China's Imbalanced Sex Ratio at Birth Causing Women Trafficking from Neighbours«, *Shan Herald*, 15. Dezember 2009.
23 Beech, »Buy Freedom«.
24 *Gao v. Gonzales*, 04–1874-ag, 2nd Circuit Court of Appeals, 2006.

25 Zhangs Geschichte ausführlicher in Hvistendahl, »Half the Sky«.
26 Hvistendahl, »Half the Sky«.
27 Zhu Hui'e von der Internationalen Arbeitsorganisation im Gespräch mit der Verfasserin, Kunming, China, 28. August 2008.
28 Es handelt sich um die Mindestpreise, die ein Mann im Jahr 2008 für eine Frau zu zahlen hatte. Andernorts verlangten Agenturen bis zum Zehnfachen für Frauen »in Topverfassung«. Hvistendahl, »Half the Sky«.
29 Keith B. Richburg, »Chinese Border Town Emerges as New Front Line in Fight Against Human Trafficking«, *Washington Post*, 26. Dezember 2009, http://tinyurl.com/ye6u788.
30 Valerie M. Hudson und Andrea M. den Boer, *Bare Branches: The Security Implications of Asia's Surplus Male Population* (Cambrige, MA 2005), 214.
31 Ravinder Kaur im telefonischen Gespräch mit der Verfasserin, 15. Juni 2009.
32 Ravinder Kaur, »Across-Region Marriages: Poverty, Female Migration, and the Sex Ratio«, *Econonomic and Political Weekly*, 19. Juni 2004, 2601.
33 Doan Thuy Dung, Internationale Organisation für Migration, im persönlichen Gespräch mit der Verfasserin, Hanoi, 21. Oktober 2009.
34 Der indische Anteil an Kinderheiraten weltweit: »Child Marriage in India Endangers Maternal Health: UNICEF«, AFP, 15. Januar 2009, http://tinyurl.com/4nzw9uc.
35 John F. Burns, »Though Illegal, Child Marriage Is Popular in Part of India«, *New York Times*, 11. Mai 1998, http://tinyurl.com/4-mtcqrg.
36 Hvistendahl, »Half the Sky«.
37 Michael Sheridan, »Kidnappers Swoop on China's Girls«, *Times* (London), 31. Mai 2009.
38 Sushil Manav, »Men Fall Prey to ›Fake Wives‹ Racket«, *Times of India*, 27. Mai 2008.
39 Mei Fong, »It's Cold Cash, Not Cold Feet, Motivating Runaway Brides in China«, *Wall Street Journal*, 5. Juni 2009, http://tinyurl.com/qext8v.
40 Justin Lahart, »Preference for Sons in China May Lead to Bubbles in U.S.«, *Wall Street Journal*, 18. Juni 2009, http://tinyurl.com/5-w9q92d.
41 »2009 Official AIDS Report«, *People's Daily*, 22. November 2009, http://tinyurl.com/6h4qzbm.
42 Ebenstein und Sharygin, »Consequences«, 409.
43 Ebenstein und Sharygin, »Consequences«, 412.
44 Joseph D. Tucker u.a., »Surplus Men, Sex Work, and the Spread of HIV in China«, *AIDS* 19, Nr. 6 (2005): 239–545. Siehe auch Joseph

D. Tucker und Dudley L. Poston (Hg.), *Gender Policy and HIV in China: Catalyzing Policy Change* (Dordrecht, NL 2009) sowie Joseph D. Tucker u. a., »Syphilis and Social Upheaval in China«, *New England Journal of Medicine*, 6. Mai 2010, 1658–1661.

DREIZEHNTES KAPITEL

1 Marcia Guttentag und Paul F. Secord, *Too Many Women? The Sex Ratio Question* (Beverly Hills, CA 1983), 116.
2 Der Flyer, der eines Tages in meinem Fitnesscenter in Shanghai auslag, lotste Teilnahmeinteressierte zu einem Event, das von einer Gruppierung namens Club 1937 veranstaltet wurde. URL der (chinesischsprachigen) Website der Gruppierung: 1937club.com.
3 Philip L. Walker, »A Bioarchaeological Perspective on the History of Violence«, *Annual Review of Anthropology* 30 (2001): 587.
4 David Courtwright, *Violent Land* (Cambridge, MA 1996), 13.
5 Valerie M. Hudson und Andrea M. den Boer, *Bare Branches: The Security Implications of Asia's Surplus Male Population* (Cambrige, MA 2005), 193.
6 Christopher Mims, »Strange but True: Testosterone Alone Does Not Cause Violence«, *Scientific American*, 5. Juli 2007, http://tinyurl.com/6fo2cne.
7 James M. Debbs u. a., »Testosterone, Crime, and Misbehavior Among 692 Male Prison Inmates«, *Personality and Individual Differences*, Mai 1995; siehe auch Mims, »Strange but True«.
8 A. Salvador u. a., »Correlating Testosterone and Fighting in Male Participants in Judo Contests«, *Physiology and Behavior* 68 (1999): 205–209.
9 »Wrestler Chris Benoit Used Steroid Testosterone; Son Sedated Before Murders«, FOXNews.com, 17. Juli 2007, http://tinyurl.com/ypzaco. »›Roid Rage‹ Questions Surround Benoit Murder-Suicide«, CNN.com, 27. Juni 2007, http://tinyurl.com/4grpuew. Anahad O'Connor, »Wrestler in Apparent Murder-Suicide Had High Levels of Testosterone«, *New York Times*, 17. Juli 2007, http://tinyurl.com/69ezktx.
10 Alan Booth u. a., »Testosterone and Social Behavior«, Social Forces, September 2006, 171.
11 Booth u. a., »Testosterone and Social Behavior«, 175.
12 Booth u. a., »Testosterone and Social Behavior«, 176.
13 J. M. Dabbs, »Testosterone, Smiling, and Facial Appearance«, *Journal of Nonverbal Behavior* 21 (1997): 45–55.
14 James M. Dabbs und Robin Morris, »Testosterone, Social Class, and Antisocial Behavior in a Sample of 4462 Men«, *Psychological Science*, Mai 1990, 209.

15 »Marriage and Fatherhood Linked to Lower Testosterone Levels«, *Science Daily*, 11. Oktober 2007, http://tinyurl.com/49gz7rf.
16 Allan Mazur und Joel Michalek, »Marriage, Divorce, and Male Testosterone«, *Social Forces*, September 1998, http://tinyurl.com/4-qoa36n.
17 Mazur und Michalek, »Marriage«, 327.
18 Rose McDermott u.a., »Testosterone, Cortisol, and Aggression in a Simulated Crisis Game« (Referat, gehalten auf der Hendricks Conference on Biology and Political Behavior, Lincoln, NE, 13.-14. Oktober 2006), http://tinyurl.com/5wpndgm.
19 Booth u.a., »Testosterone and Social Behavior«, 175.
20 Martin Daly und Margo Wilson, »Killing the Competition: Female/Female and Male/Male Homicide«, *Human Nature* 1 (1990): 83–109.
21 Robert Wright, *Diesseits von Gut und Böse. Die biologischen Grundlagen unserer Ethik* (München 1996), 166.
22 Dieses und die folgenden Livius-Zitate aus *The Early History of Rome: Books 1–4* (Harmondsworth, UK 1973), 42–46.
23 Guttentag und Secord, *Too Many Women*, 42.
24 Guttentag und Secord, *Too Many Women*, 42.
25 Guttentag und Secord, *Too Many Women*, 40–47.
26 James L. Boone III, »Parental Investment and Elite Family Structure in Preindustrial States: A Case Study of Late Medieval-Early Modern Portuguese Genealogies«, *American Anthropologist*, Dezember 1986, 872, http://tinyurl.com/83xxwnk.
27 Boone, »Parental Investment«, 860.
28 Lionel Tiger. »Osama Bin Laden's Man Trouble«, *Slate*, 28. September 2001, http://www.slate.com/id/116236.
29 United Nations Office on Drugs and Crime, »Homicide Statistics, Criminal Justice Sources: Latest Year Available (2003–2008)«, http://tinyurl.com/47fpcy8.
30 United Nations Office on Drugs and Crime, »Homicide Statistics, Criminal Justice Sources: Trends (2003–2008)«, http://tinyurl.com/5ttogu3.
31 Lois A. Fingerhut und Joel C. Cleinman, »International and Interstate Comparisons of Homicide Among Young Males«, JAMA, 29. Juni 1990.
32 Courtwright, *Violent Land*, 69.
33 Courtwright, *Violent Land*, 58f.
34 Richard Florida, »A Singles Map of the United States of America«, *Boston Globe*, 30. März 2008, http://tinyurl.com/yvv9f8.
35 Courtwright, *Violent Land*, 69.
36 Courtwright, *Violent Land*, 94.
37 Courtwright, *Violent Land*, 77.
38 Courtwright, *Violent Land*, 81.

39 Courtwright, *Violent Land*, 137.
40 Courtwright, *Violent Land*, 64.
41 Courtwright, *Violent Land*, 65.
42 Malcolm Gladwell, *Outliers* (New York 2008), 168 f.
43 Philip B. Kunhardt III, *Violence: An American Tradition* (Dokumentarfilm, HBO, 1995, Produzentin: Sheila Nevins).
44 Courtwright, *Violent Land*, 74, 81.
45 Paul Trachtman, »Tombstone: History and Archaeology«, *Smithsonian*, Mai 2006, http://tinyurl.com/4u89nd9.
46 Courtwright, *Violent Land*, 112.
47 Courtwright, *Violent Land*, 114.
48 Hinton Helper, *The Land of Gold. Reality versus Fiction* (Baltimore, MD 18ff), http://tinyurl.com/4j6bdqh.
49 Eliza Farnham, *California, In-Doors and Out* (New York 1856), 386, http://tinyurl.com/4s9har9.
50 Ellen Carol DuBois, »Seneca Falls in Santa Cruz«, *Common-Place*, Januar 2009, http://tinyurl.com/4gfupjj; J.S.Holliday, *Rush for Riches: Gold Fever and the Making of California* (Berkeley, CA 1999), 92, http://tinyurl.com/6rw4k8.
51 Chris Enss, *Hearts West: True Stories of Mail Order Brides on the Frontier* (Guilford, CT 2005), XI.
52 Courtwright, *Violent Land*.
53 James Z. Lee und Wang Feng, *One Quarter of Humanity: Malthusian Mythology and Chinese Realities* (Cambridge, MA 2001), 51.
54 Lee und Wang, *One Quarter of Humanity*, 49.
55 Zhu, G., »Preliminary Study of International Migration of the Chinese People«, *China Journal of Population Science* 6, Nr. 4 (1994): 403–415; siehe auch Courtwright, *Violent Land*.
56 Lee und Wang, *One Quarter of Humanity*, 71.
57 Elizabeth J. Perry, *Rebels and Revolutionaries in North China, 1845–1945* (Stanford, CA 1980), 277.
58 James L. Watons, »Self-Defense Corps, Violence and the Bachelor Subculture in North China: Two Case Studies«, in *Proceedings of the Second International Conference on Sinology, Section on Folklore and Culture* (Taipeh 1989), 209–221.
59 Claude Lévi-Strauss, Joachim Neugroschel und Phoebe Hoss, *The View from Afar* (Chicago 1992), 46.
60 Perry, *Rebels and Revolutionaries*, 102.
61 Jonathan D. Spence, *The Search for Modern China* (New York 1991), 185.
62 Perry, *Rebels*, 121.
63 Perry, *Rebels*, 108, 121.
64 Perry, *Rebels*, 65.
65 Perry, *Rebels*, 112.
66 Jonathan D. Spence, *God's Chinese Son* (New York 1997).

67 Spence, *God's Chinese Son*, 62.
68 Spence, *God's Chinese Son*, 162.
69 Spence, *God's Chinese Son*, 55; Spence, *Search for Modern China*, 172 f.
70 Spence, *Search for Modern China*, 170.
71 Spence, *God's Chinese Son*, 211, 249.
72 Spence, *God's Chinese Son*, 305.
73 Spence, *God's Chinese Son*, 171.
74 Spence, *Search for Modern China*, 178.
75 Matthew H. Sommer, *Sex, Law, and Society in Late Imperial China* (Stanford, CA 2000), 12.
76 Hvistendahl, »No Country«.
77 Danielle Laraque und Committee on Injury, Violence, and Poison Prevention, »Injury Risk of Nonpowder Guns«, *Pediatrics*, November 2004, 1357–1361.

VIERZEHNTES KAPITEL

1 Douglas Colligan, »Tipping the Balance of the Sexes« *New York* (Magazin), 7. November 1977.
2 »China Schedules Probe into Japanese Sex Romb«, Associated Press, 20. November 2003, http://tinyurl.com/6697w9r.
3 John Pomfret, »Wild Weekend's Hangover: Outrage Follows Japanese Tourists' Orgy with Chinese Prostitutes«, *Washington Post*, 3. Oktober 2003.
4 Peter Gries, *China's New Nationalism* (Berkeley, CA 2004).
5 Michael Tyler, »I Stepped out of the Lift and into an Orgy«, *Telegraph*, 5. Oktober 2003, http://tinyurl.com/64uc65y.
6 Schließung des Hotels: »Japanese Orgy Trial Opens in China«, CNN.com, 12. Dezember 2003, http://tinyurl.com/4n7cuso.
7 »Masterminds of Japanese Orgy Get Life«, *China Daily*, 17. Dezember 2003, http://tinyurl.com/4vc9olr.
8 »China Jails 14 on Sex Party for Japanese«, *New York Times*, 18. Dezember 2003, http://tinyurl.com/4asr2bm.
9 »China Jails Orgy Organizers«, BBC, 17, Dezember 2003, http://tinyurl.com/4mjkgmy.
10 Japanische Ermittlungen: »Sex Party Trial in China Ends«, Associated Press, 14. Dezember 2003, http://tinyurl.com/4s95myr.
11 Mara Hvistendahl, »The Boxer Shorts Rebellion«, *The New Republic*, 26. März 2008, http://tinyurl.com/7dv8cey.
12 Hvistendahl, »Boxer Shorts«; »Chinese in Belgrade, Beijing Potest NATO Embassy Bombing«, CNN, 9. Mai 1999, http://tinyurl.com/6yef9rx.

13 Zheng Wang, »National Humiliation, History Education, and the Politics of Historical Memory: Patriotic Education«, *International Studies Quarterly* 52 (2008): 784, http://tinyurl.com/4rgtknh.
14 Hvistendahl, »Boxer Shorts«; s.a. http://tinyurl.com/c6ayrzc.
15 »The Immoral Foreign Blogger«, *EastSouthWestNorth*, 28. August 2008, http://tinyurl.com/4u48nxr.
16 Zhang Jeihai, »Die Suche nach dem liederlichen Ausländer im Internet« [in Mandarin], 25. August 2006, http://tinyurl.com/4-nzdopl.
17 Hvistendahl, »Boxer Shorts«.
18 Lena Edlund u.a., *Sex Ratios and Crime: Evidence from China's One-Child Policy*, IZA Discussion Paper 3214 (Bonn 2007), http://ftp.iza.org/dp3214.pdf.
19 Jim Yardley, »Indian Women Find New Peace in Rail Commute«, *New York Times*, 15. September 2009, http://tinyurl.com/mrlj2k.
20 Edlund u.a., *Sex Ratios.*
21 Edlund u.a., *Sex Ratios.*
22 Mary E. John u.a., *Planning Families, Planning Gender* (Bangalore 2008), 84.
23 Soutik Biswas, »India's ›Pink‹ Vigilante Women«, BBC News, 26. November 2007, http://tinyurl.com/2ddgmjj.
24 Biswas, »India's ›Pink‹ Vigilante Women«.
25 Jean Dreze und Reetika Khera, »Crime, Gender, and Society in India: Insights from Homicide Data«, *Population and Development Review*, Juni 2000, 347.
26 John u.a., *Planning Families*, 77.
27 Avraham Y. Ebenstein und Ethan Jennings Sharygin, »The Consequences of the ›Missing Girls‹ of China«, *World Bank Economic Review*, 5. November 2009, 417.
28 Evenstein und Sharygin, »Consequences«, 417.
29 Thérèse Hesketh im Gespräch mit der Verfasserin, London, 25. November 2008.
30 »China Youth Crime ›in Rapid Rise‹«, BBC, 5. Dezember 2007, http://tinyurl.com/yoc8jl.
31 John u.a., *Planning Families*, 56.
32 Michael Wines, »Stunned China Looks Inward After School Attacks«, *New York Times*, 1. Mai 2010, http://tinyurl.com/2fte7fe.
33 Michael Wines, »Attacker Stabs 28 Chinese Children«, *New York Times*, 29. April 2010, http://tinyurl.com/38qajge.
34 »China Executes Killer of Eight School Children«, BBC, 28. April 2010, http://tinyurl.com/4j97jeo.
35 Hudson und den Boer, *Bare Branches*, 202.
36 Tim Mason, »Women in Germany, 1925–1940: Family, Welfare and Work, Part I«, *History Workshop*, Frühjahr 1976, 77.
37 Hudson und den Boer, *Bare Branches*, 255.

38 Hudson und den Boer, *Bare Branches*, 257.
39 Ehrlich, *Population Bomb*, 48.
40 Therese Hesketh und Zhu Wei Xing, »Abnormal Sex Ratios in Human Populations: Causes and Consequences«, *Proceedings of the National Academy of the Sciences*, 5. September 2006, http://tinyurl.com/67p5g2b.
41 Xiong Peiyun, »Aiguo ruhe zhuyi«, *Südliche Brise*, 2008, http://tinyurl.com/4vo8q4v. Siehe auch »Chinas Nationalism, and How Not to Deal with It«, *China Digital Times*, 10. Mai 2008, http://tinyurl.com/6295g2.
42 Amelia Gentleman, »Indian Prime Minister Denounces Abortion of Females«, *New York Times*, 29. April 2008, http://tinyurl.com/44n7dt.
43 Hvistendahl, »No Country«.
44 Mara Hvistendahl, »Making Every Baby Girl Count«, *Science*, 27. Februar 2009, 1164–1166.
45 Hvistendahl, »Making Every Baby Girl Count«.
46 Hvistendahl, »Has China Outgrown?«.
47 Hvistendahl, »Making Every Baby Girl Count«, 1165.
48 »India Sex Selection Doctor Jailed«, BBC, 26. März 2006, http://tinyurl.com/lyf69.
49 Carla Power, »But What If It's a Girl?«, *New Statesman*, 24. April 2010, http://tinyurl.com/cmul58c.
50 Sukhbir Siwach, »Haryana to Keep Track of Expectant Mothers«, *Times of India*, 10. Dezember 2010.
51 Wonacott, »India's Skewed Sex Ratio.
52 »Indian Colleges Ban Jeans to ›Protect‹ Girls«, AFP, 10. Juni 2008.
53 Tulsi Patel (Hg.), Einleitung zu *Sex-selective Abortion in India: Gender, Society, and New Reproductive Technologies* (New Delhi 2007), 51.
54 Dieses und die folgenden Zitate aus Amin Maalouf, *Das erste Jahrhundert nach Béatrice* (Frankfurt am Main 2004), 188, 197, 119, 209.
55 »›Missing Girls‹ in Asia: Magnitudes, Implications, and Possible Responses« (Podiumsdiskussion im American Enterprise Institute, Washington, D.C., 17. September 2008), http://www.aei.org./event/1796.

FÜNFZEHNTES KAPITEL

1 Monica Das Gupta, Woojin Chung und Li Shuzhuo, *Is There an Incipient Turnaround in Asia's »Missing Girls« Phenomenon?*, World Bank Development Research Group, 2. Februar 2009, 2, http://tinyurl.com/cguno7u.

2 Das Gupta, Chung und Li, *Incipient Turnaround*, 9.
3 UNDP, *Asia-Pacific Human Development Report: Power, Voce, and Rights: A Turning Point for Gender Equality in Asia* (Colombo, Sri Lanka 2010), 145, http://tinyurl.com/4gwmjjo. Siehe auch Augusto Lopez-Claros und Saadia Zahidi, *Women's Empowerment: Measuring the Global Gender Gap* (Köln, Genf 2005), 1, http://tinyurl.com/4zn8mtw.
4 Heeran Chun u.a., »Understanding Women, Health, and Social Change: The Case of South Korea«, *International Journal of Health Services* 36, Nr. 3 (2006): 575.
5 »Country Comparison: Total Fertility Rate«, *CIA World Factbook 2010*, http://tinyurl.com/3yur88. Carl Haub, »Did South Korea's Population Policy Work Too Well?«, Population Reference Bureau, http://tinyurl.com/48w2xf3.
6 Sidney B. Westley und Minja Kim Choe, *How Does Son Preference Affect Populations in Asia?*, Analysis from the East-West Center Series, Nr. 84 (Honolulu, HI, September 2007), 9.
7 Westley und Choe, *How Does Son Preference*, 9.
8 Heeran Chun im Gespräch mit der Verfasserin.
9 Diese Hochrechnungen beruhen auf Datenmaterial aus dem Jahr 1990 für damals neun- bis zehnjährige Jungen. Chai Bin Park und Nam-Hoon Cho, »Consequences of Son Preference in a Low-Fertility Society: Imbalance of the Sex Ratio at Birth in Korea«, *Population and Development Review*, März 1995, 74.
10 Heeran Chun, E-Mail an die Verfasserin, 28. November 2010.
11 Park und Cho, *Consequences of Son Preference*, 80.
12 Westley und Choe, *Son Preference*, 6.
13 Kyun-Sup Chang, »The State and Families in South Korea's Compressed Fertility Transition: A Time for Policy Reversal?«, *Journal of Population and Social Security (Population)*, Supplement 1 (2003): 1, http://tinyurl.com/6dgagdu.
14 Doo-Sub Kim im Gespräch mit der Verfasserin.
15 Baik Eun-Jeong, Koreanischer Ärzteverband, im Gespräch mit der Verfasserin, 19. Dezember 2009.
16 Therese Hesketh, Zhu Weixing und Li Lu, »China's Excess Males, Sex Selective Abortion, and One Child Policy: Analysis of Data from 2005 National Intercensus Survey«, *British Medical Journal*, 9. April 2009, http://tinyurl.com/4tb5wfw.
17 Biografische Einzelheiten: Steven Mosher im telefonischen Gespräch mit der Verfasserin, 3. Februar 2011.
18 U.S. Committee for the United Nations Population Fund, »Who Is Steven Mosher?«, http://tinyurl.com/cvc3ku2.
19 Population Research Institute, »Our Mission«, http://www.pop.org/about/our-mission-801.
20 Steven Mosher, »A New Front in the Abortion Wars: PreNDA

Seeks Race and Sex-based Equality for the Unborn«, *PRI Review*, November/Dezember 2008, http://tinyurl.com/4ata5eo.

21 »Hadley Arkes: Senior Fellow«, Ethics and Public Policy Center, Washington, D.C., http://tinyurl.com/4koj2rx.

22 Hadley Arkes, »Abortion Facts and Feelings«, *First Things*, April 1994, 34–38, http://tinyurl.com/4jdy7os3.

23 Richard E. Cohen und Brian Friel, »2009 Vote Ratings: Politics As Usual«, *National Journal*, 25. November 2010, http://tinyurl.com/y8d66cv.

24 »Text of H.R. 1822 as Introduced in House«, http://tinyurl.com/4-fuc69k.

25 *Special Alert: New Civil Rights Legislation*, Video, Population Research Institute, http://tinyurl.com/47z5loh.

26 Die in Edlunds Studie genannten Zahlen spiegeln die Praxis von 230 000 Familien, von welchen lediglich ein Bruchteil weibliche Feten abtrieb. Lena Edlund, E-Mail an die Verfasserin, 27. November 2010.

27 »H.R. 1822: Susan B. Anthony and Frederick Douglass Prenatal Nondiscrimination Act of 2009«, http://tinyurl.com/65lpccn.

28 »Text of H.R. 1822 as Introduced in House«, http://tinyurl.com/4-fuc69k.

29 Population Action International, *The Shape of Things to Come: Why Age Structure Matters To A Safer, More Equitable World*, http://tinyurl.com/cvtqkea.

30 Cho Young-Youl im Gespräch mit der Verfasserin.

31 Florence Lowe-Lee, *Is Korea Ready for the Demographic Revolution?: The World's Rapidly Aging Society with the Most Rapidly Declining Fertility Rate* (Referat für das Korea Economic Institute), http://tinyurl.com/co3kd33.

32 Lowe-Lee, *Is Korea Ready?*.

33 Population Action International, *Shape of Things to Come.*

34 Jaeyeon Woo, »Government Plays Matchmaker«, *Wall Street Journal*, 26. November 2010, http://tinyurl.com/4jluro3.

35 Baik im Gespräch mit der Verfasserin.

36 Baik im Gespräch mit der Verfasserin.

37 Geun Tae Kim, »Korea: Quality Childcare«, *OECD Observer*, http://tinyurl.com/7kkzujs.

38 John Sudworth, »South Koreans Told to Go Home and Make Babies«, BBC, 20. Januar 2010, http://tinyurl.com/yfzgj3m.

39 Woo, »Government Plays Matchmaker«.

40 Population Action International, *Shape of Things to Come*, 63.

41 Hong und Tietze, »Survey of Abortion Providers«.

42 »Continued Sentences for Abortion Crimes Are Unjust«, Network for Pregnancy and Birth Decision Rights (Seoul), http://tinyurl.

com/4af8cuh. Übersetzung: in »Resisting the Criminalization of Abortion in South Korea«, http://tinyurl.com/5sg74dn.

43 John M. Glionna, »In South Korea Abortion Foes Gain Ground, *Los Angeles Times*, 29. November 2009, http://tinyurl.com/y8vwmrl.

44 »Reaffirming Reproductive Rights«, *Hankyoreh*, 6. März 2010, http://tinyurl.com/4hnbbka.

45 Sangwon Yoon, »›Abortion Republic‹ Makes an About Face«, Associated Press, 18. März 2010, http://tinyurl.com/65a2efx.

46 David Plotz, »The Seoul of Clones«, *Slate*, 19. Oktober 2005, http://www.slate.com/id/2128361.

EPILOG

1 »Swaying for Gender«, BabyCenter.com, abgerufen am 2. April 2009.

2 Jesse Invik, Suzanne Mills und Tyler McCreary, »The Third Sex: Supporting the Struggle of Transgendered People«, *Briarpatch Magazine*, November 2005, http://tinyurl.com/6daes9o.

3 »Sex Selection and Family Balancing«, Website der Fertility Institutes, http://www.fertility-docs.com/fertility_gender.phtml.

4 Claudia Kalb, »Brave New Babies«, *Newsweek*, 26. Januar 2004, http://tinyurl.com/6grvhof.

5 Mimi Rohr, »Fertility Institutes: The Clinic that Helps Couples to Choose the Sex of Their Babies«, Frédéric Neema Photography, http://tinyurl.com/65h64u4.

6 Debora L. Spar, *The Baby Business: How Money, Science, and Politics Drive the Commerce of Conception* (Boston 2006), 127.

7 Etzioni, »Sex Control, Science, and Society«, 1108.

8 Helen Bequaert Holmes, »Sex Preselection: Eugenics for Everyone«, in *Biomedical Reviews: 1985*, hg. von James M. Humber und Robert F. Almeder (Clifton, NJ 1985), 43.

9 Landrum B. Shettles und David M. Rorvik, *How to Choose the Sex of Your Baby: The Best Method Supported by Scientific Evidence* (New York 2006), 51 f.

10 Shettles und Rorvik, *How to Choose the Sex of Your Baby*, 51 ff.; F. Økland, »Excerpt: *Will It Be a Boy?: Sex-Determination According to Superstition and to Science*«, *Journal of the American Medical Association* 99, Nr. 7 (1932): 587.

11 Allen J. Wilcox, Clarice R. Weinberg und Donna D. Baird, »Timing of Sexual Intercourse in Relation to Ovulation«, *New England Journal of Medicine*, 7. Dezember 1995, 1517–1521, http://tinyurl.com/48zsyl8.

12 The President's Council on Bioethics, »Choosing Sex of Chil-

dren«, *Population and Development Review*, Dezember 2003, 754 f.

13 Vicki Mabrey, »Choosing the Sex«, *60 Minutes*, produziert von Miriam Weintraub, 14. April 2004.

14 »Half of Fertility Clinics Allow Parents to Pick Gender«, Associated Press, 20. September 2006.

15 Meredith Wadman, »So You Want a Girl?«, *Fortune*, 19. Februar 2001, http://tinyurl.com/5srhget.

16 Dena Braun, »Pruning the Family Tree«, http://tinyurl.com/6agw5ob.

17 Amy Harmon, »Embryo Screening« (Video), *New York Times*, 1. September 2006; Spar, *Baby Business*, 98 f.

18 Marcy Darnovsky im Gespräch mit der Verfasserin, Berkeley, CA, 29. April 2010.

19 Spar, *Baby Business*, 100.

20 Robin Elise Weiss, »Girl or Boy?: Sex Selection Techniques for Everyone Before Pregnancy«, http://tinyurl.com/344c67.

21 Robin Elise Weiss, *Guarantee the Sex of Your Baby* (Berkeley, CA 2007), 6.

22 Ruth Shalit Barrett, »Girl Crazy: Women Who Suffer from Gender Disappointment«, *Elle*, 9. Okober 2009.

23 Die Zahl für das Huntington Reproductive Center: Lonny Shavelson, »Many Clinics Use Genetic Diagnosis to Choose Sex«, NPR, 20. Dezember 2006, http://tinyurl.com/4sqr85m; die Zahl für das Genetics & IVF Institute: Liza Mundy, *Everything Conceivable: How Assisted Reproduction Is Changing Our World* (New York 2007), 318.

24 Hanna Rosin, »The End of Men«, *The Atlantic*, Juli/August 2010, http://tinyurl.com/2c4vnxs.

25 Sunita Puri im Gespräch mit der Verfasserin, San Francisco, 1. Mai 2010.

26 Mallory Stout im telefonischen Gespräch mit der Verfasserin, 5. Mai 2010.

27 Abbie E. Goldberg, »Heterosexual, Lesbian, and Gay Preadoptive Parents' Preferences About Child Gender«, Springer Science/Business Media 2009.

28 Dena S. Davis, *Genetic Dilemmas: Reproductive Technology, Parental Choices, and Children's Futures* (New York 2001), 101.

29 Darnovsky im Gespräch mit der Verfasserin.

30 »Country Comparison: Total Fertility Rate«, *CIA World Factbook 2010*, http://tinyurl.com/3yur88.

31 Casey B. Mulligan, »The More, the Merrier: Population Growth Promotes Innovation«, *New York Times*, 23. September 2009, http://tinyurl.com/mdfdxw.

32 »Sex Selection«, BioPolicyWiki, http://tinyurl.com/46d8hfp.

33 »Sex Selection: Options for Regulation«, Human Fertilisation Embryology Authority, 12. November 2003, http://tinyurl.com/7yvsgxb.

34 2008 fertigte die Behörde eine öffentliche Abmahnung an die Klinik aus, in welcher sie unter anderem Fälle benannte, in denen Klinikangestellte es unterließen, Sperma vor der Insemination der Leihmutter auf Chlamydien und Gonorrhoe untersuchen zu lassen. Steinberg sagt dazu, er habe die fraglichen Proben hausintern untersuchen lassen, in Unkenntnis des Umstands, dass er aufgrund einer Abänderung der Bestimmungen der FDA ein externes Labor mit der Untersuchung hätte beauftragen müssen. U.S. Food and Drug Administration, Department of Inspections, Compliance, Enforcement, and Criminal Investigations, Warning Letter to Jeffrey Steinberg MD Inc., d/b/a The Fertility Institutes, 18. November 2008, http://tinyurl.com/5wz43wa.

35 Ethics Committee of the American Society for Reproductive Medicine, »Preconceptive Gender Selection for Nonmedical Reasons«, *Fertility and Sterility*, Mai 2001, http://tinyurl.com/4euesq4; President's Council on Bioethics, »Choosing the Sex of Children«, 755 f.; Darnovsky im Gespräch mit der Verfasserin.

36 Darnovsky im Gespräch mit der Verfasserin.

37 Spar, *Baby Business*, 3; Zahl der Kliniken: Stephanie Saul, »Birth of Octuplets Puts Focus on Fertility Industry and Risks«, *New York Times*, 11. Februar 2009, http://tinyurl.com/4rburmv.

38 Mundy, *Everything Conceivable*, 315.

39 Khalil Gibran, *Der Prophet* (München ^{8}2011), 19.

40 Taras Kuzin im Gespräch mit der Verfasserin via Skype, 28. Mai 2010.

41 Amy Harmon, »Couples Cull Embryos to Halt Heritage of Cancer«, *New York Times*, 3. September 2006, http://tinyurl.com/4umf9dr.

42 Allen Goldberg, »Select a Baby's Health, Not Eye Color«, *Los Angeles Times*, 17. Februar 2009, http://tinyurl.com/arfjdo.

Personenregister